Eugene E. Whitworth

LES NEUF VISAGES DU CHRIST

Un récit des neuf grandes initiations mystiques de Joseph-bar-Joseph à la religion éternelle

Traduit de l'américain par Jean Hudon

ARIANE
www.editions-ariane.com

Titre original anglais :
Nine Faces of Christ : Quest of the True Initiate

545 Sutter Street, San Francisco, CA 94102 USA

Ariane Éditions Inc.
1217, av. Bernard O., Bureau 101, Outremont, Qc Canada H2V 1V7
Tél. : 514-276-2949, Fax. : 514-276-4121
info@editions-ariane.com
www.editions-ariane.com
www.editions-ariane.com/boutique/
www.facebook.com/EditionsAriane

Traduction et mise en page : Jean Hudon
Conception de la page couverture : Marc Vallée
Graphisme : Carl Lemyre
Illustration : Louis Tremblay
Révision : Jeanne Barry, Cécile D'Auteuil, Sylvain Archambeault
Première impression : mars 1996
Septième impression : août 2012
ISBN : 978-2-89626-116-1

Dépôt légal : 2e trimestre 1996
Bibliothèque nationale du Québec
Bibliothèque nationale du Canada
Bibliothèque nationale de Paris

Diffusion

France, Belgique : D.G. Diffusion — 05.61.000.999 — www.dgdiffusion.com
Suisse : Transat — 23.42.77.40 — http ://www.servidis.ch/

Gouvernement du Québec — Programme de crédit d'impôt
pour l'édition de livres — Gestion SODEC

Imprimé au Canada

Préface de l'auteur

Vous êtes sur le point d'entamer une expérience riche en émotions – tenez-vous donc prêt! Afin de vous aider, permettez-moi de vous exposer la thèse sur laquelle repose cet ouvrage.

Des recherches montrent qu'il y a eu tout au long de l'histoire un groupe d'initiés érudits qui ont œuvré secrètement au sein des grandes religions pour le bien de toute l'humanité afin de contrer les faux prêtres, la bigoterie et la suffisance.

Ces recherches n'ont pu fournir un seul compte rendu historique officiel faisant état de la vie et de la crucifixion de l'homme appelé Jésus. Il vous faut accepter la réalité de Son existence sur la base de rapports non officiels – c'est-à-dire uniquement sur un acte de foi. N'est-ce pas là du mysticisme à l'état pur? Et pourtant, ne croyez-vous pas à la promesse qu'Il vous a faite : « *Tout ce que je fais, vous pouvez le faire, et davantage encore!* »?

Ces deux aspects du mysticisme – étayés par l'étude de plus de quatre cents livres portant sur la vie des Avatars et sur les grandes religions – forment la thèse de base sur laquelle repose ce livre.

Le personnage central n'est pas Jésus.

Des événements ressemblant à ceux rapportés sur Sa vie sont utilisés dans ce livre, mais ils sont également semblables à ceux entourant la vie des Avatars d'autres religions. Le personnage principal n'est pas Jésus. Il n'existe aucune preuve écrite historique et officielle de Sa vie, ne l'oubliez pas.

Certains documents font état de la vie d'un homme qui fut crucifié cinquante-six ans avant l'année que l'on dit être celle de la naissance de notre Sauveur et Seigneur. Selon Ses disciples, cet homme était le Messie et Il est ressuscité du royaume des morts. On peut lire dans les rares et étranges archives disponibles que Son nom était Joseph-bar-Joseph, ou Jeshuau-Jeshua – qu'il conviendrait probablement mieux d'écrire Jeshua-U-Jeshua.

Le personnage central de cette histoire est Jeshuau-Jeshua, ou Joseph-bar-Joseph, investi des pouvoirs authentifiés et réputés des Oints (Christ signifie 'l'Oint du Seigneur') des Mages perses et des pouvoirs des Avatars de maintes autres religions.

À présent, voici le plus étrange des paradoxes – un véritable mystère des âges. Si vous prenez Jeshuau, ou Jeshu de son diminutif, et que vous le placez dans le contexte de l'époque, soit environ quatre-vingts années après sa crucifixion, vous avez une histoire semblable à celle de notre Jésus. Si vous allez un peu plus loin et que vous lui donnez la formation que recevaient les Esséniens, les mages, les brahmanes, de même que certains éléments de la religion de Hermès-Thoth des Égyptiens, vous avez alors créé un personnage qui ressemble à notre Christ.

Néanmoins, de nombreuses choses concernant la vie du Christ ne sont pas expliquées de façon satisfaisante pour la plupart des gens. Pour que cet ouvrage puisse porter ses meilleurs fruits entre les mains d'une personne qui se donne la peine de réfléchir, il doit contribuer à une meilleure compréhension de tous les hommes et de toutes les religions. Si au personnage qui ressemble déjà au Christ des Chrétiens vous ajoutez les attributs de l'Initié éternel, l'aspirant à la qualité de Maître ou d'Adepte, dans toutes les anciennes religions connues de l'homme, vous obtenez alors un double identique du Christ chrétien créé *non pas comme un personnage fictif* mais constitué à partir du réservoir commun des croyances les plus sacrées des hommes de toutes les grandes religions. Vous obtenez en vérité le Christ du Nouvel âge créé à partir de toutes les religions grâce au yoga universel.

N'est-il pas étrange que dans toutes les religions du monde nous retrouvions les façons d'agir et la personnalité du Messie – un étonnant et presque métaphysique présage du Christ? N'est-il pas étrange que de la vie des grands Avatars nous retenions des actes à maints égards semblables à ceux que l'on dit avoir été accomplis par notre propre Sauveur? De fait, lorsque des Chrétiens tombent par hasard sur ce fait sans y être préparés, cela peut s'avérer des plus déconcertants – particulièrement dans un monde enclin au scepticisme scientifique.

Ajoutez à ceci un autre truisme déroutant. Certains gestes du Christ rapportés dans le Nouveau Testament sont énigmatiques et en apparence irrationnels si on les soumet à une analyse logique.

Malgré tout – et ici le mystère s'épaissit – si on les examine à partir du point de vue d'un grand Avatar possédant les *connaissances* mystiques d'un Initié avancé, tous Ses gestes sont clairs et d'une indiscutable logique. Une telle façon d'aborder le sujet est sûrement acceptable.

Vous êtes sur le point de vous engager dans une tentative visant à utiliser le Fil d'Or de la Formation secrète, qui semble constituer le tronc commun de chacune des grandes religions, afin de joindre des idées éparpillées en une continuité logique qui soit compréhensible et acceptable pour tous les hommes en tous lieux, et pour toutes les religions.

Le personnage central de ce livre est l'Initié éternel, le grand Aspirant de toutes les religions. Espérons qu'au fil de votre lecture vous en viendrez à vous identifier à un point tel aux difficultés que rencontre ce grand Initié, que vous aurez le sentiment d'être *vous-même* là, à mesure que se succéderont les initiations dans sa préparation pour l'Effort Final sur la croix.

Espérons que le lecteur aimera l'Initié éternel avec une totale compréhension, sachant *pourquoi* il en est ainsi.

Si l'histoire non consignée de la grande Cabale recèle quelque vérité, le personnage central de ce livre ne peut être autre que le grand Aspirant à l'Initiation éternelle – l'Esprit-Soi *de la personne qui lit!*

Eugene E. Whitworth
San Francisco, Californie.

Table des matières

« Ma soif de comprendre
ne pouvait être étanchée
qu'en buvant l'eau vivante
de la connaissance
de la pure vérité. »

Avant-propos

Vous devriez savoir avant de l'entreprendre si la lecture de ce livre vous sera bénéfique. Voici quelques tests auxquels vous pourriez vous soumettre.

Pouvez-vous dire avec certitude la différence exacte entre un rêve et une vision? Pouvez-vous distinguer de façon *formelle* et infaillible la différence entre l'actualité et la réalité? Pouvez-vous affirmer catégoriquement que vous détenez toutes les réponses aux questions religieuses et morales?

Si vous répondez par l'affirmative à ces questions, n'allez pas plus avant dans votre lecture car cet ouvrage n'est pas destiné aux voyants, aux saints, aux égocentriques, aux bigots ni à ceux et celles qui ont la certitude de connaître les réponses à toutes choses pour tous les âges.

Avez-vous déjà parlé face à face avec votre Seigneur et Sauveur? Avez-vous déjà entendu de Ses lèvres la Vérité telle qu'Il l'a enseignée – non pervertie par les interprétations erronées de missionnaires trop zélés? Êtes-vous capable de trouver la véritable Foi du Christ dans ce qui reste après des siècles d'excès de zèle pour l'organisation, de contrôle doctrinal et de centralisation de la pensée? Si vous répondez oui à toutes ces questions, sauf pour dernière, ne poursuivez pas votre lecture, car ce livre n'est pas pour les visionnaires, les fakirs ou les prophètes.

Connaissez-vous toutes les pensées secrètes d'un Messie devenu Christ? Affirmez-vous pouvoir lire dans un livre traduit trois fois les desseins profonds et sacrés du grand mystique qui a pris chair il y a 2 000 ans? Si vous le pouvez, posez ce livre car votre esprit est fermé ou bien vous n'avez besoin d'aucune formation pouvant venir de la plume d'un homme ou d'un Maître.

Avez-vous secrètement aspiré à plus que ce qui est donné à travers une puissante orthodoxie bien établie, ou par l'intermédiaire de soi-disant prêtres infaillibles? Avez-vous senti monter *en vous* l'incœrcible évidence de l'immortalité, senti dans les cellules mêmes de votre corps l'irrésistible puissance de l'esprit qui l'habite? Avez-vous senti votre moi supérieur s'élever du sein de votre être tel un véritable Serpent de Sagesse, pour être immédiatement endormi et ramené à l'état latent par la flûte de vos prétendus supérieurs, tel le musicien hindou qui, jouant de sa flûte, ramène le serpent dans son panier? Vous est-il déjà arrivé de vouloir scier les barreaux et détruire les murs de votre hypnotisante prison culturelle imposée par la société? Avez-vous eu le désir de laisser le magnifique moi intérieur secret – le Serpent de la Sagesse – emporter votre conscience jusqu'aux confins de l'espace et du temps? Avez-vous ardemment désiré connaître la Vérité au-delà de la prétendue vérité? Avez-vous senti sur votre chair l'effleurement des bras de Dieu tandis qu'Il vous élève de vos cellules rattachées à la Terre jusqu'à une certaine magnificence du soi toute proche du paradis? Vous êtes-vous demandé quelle pouvait être la signification au-delà du sens premier d'un grand nombre d'expressions employées par notre Seigneur et Sauveur? Si vous répondez *oui* à ces questions, poursuivez votre lecture, continuez à lire sans la moindre hésitation! Car ce livre va peut-être apporter la réponse à certaines de vos aspirations, orienter dans une autre direction votre pensée vagabonde, raviver votre foi en une orthodoxie *apparemment mal fondée*.

Avez-vous ardemment désiré recevoir la merveilleuse formation sacrée et secrète des Adeptes et Initiés de tous les âges? Avez-vous songé au pouvoir dont disposaient ces Étudiants au fil des âges? Avez-vous été déconcerté de constater à quel point les pouvoirs et les dons de ces Adeptes ressemblaient à ceux que l'on dit avoir été utilisés par l'Initié Divin, qui aurait vécu à l'époque d'Hérode et de Ponce Pilate? Avez-vous éprouvé en vous l'ardent désir d'acquérir la maîtrise de ces techniques secrètes, et cru véritablement que cette maîtrise pouvait être à votre portée, même si, en raison de l'hypnose culturelle, vous avez accepté la défaite et les idées de vos 'supérieurs' selon lesquelles vous étiez incapables d'utiliser ces pouvoirs pour le bien de l'humanité sans vous blesser vous-même? Si vous répondez *oui* à ces questions, *Oh, mon Dieu, OUI!*, alors étreignez ce livre tout contre votre cœur – car ceci est pour vous le souffle de la vie spirituelle.

Lisez donc ce qui suit à propos de l'Avatar mystique. Imaginez, au fur et à mesure de votre lecture, que vous êtes au cœur de l'esprit du Grand Initié, et vous pourriez fort bien découvrir que ce livre est votre autobiographie – l'histoire de votre moi intérieur sacré, éternel.......

UN

Joseph, mon père bien-aimé

Il existe peu de véritables preuves historiques établissant qu'il y ait bien eu un Jeshuau, parfois appelé Joseph-bar-Joseph, un homme qui devint un Messie. Par conséquent, pendant des siècles les hommes, surtout les sceptiques, ont mis en doute ma vie et ma naissance, tout comme j'ai mis en doute ma prime jeunesse. Même pour moi, le premier concerné, le concept d'une Naissance virginale était très difficile à croire lorsque j'en ai entendu parler pour la première fois. Alors même moi j'ai demandé, tout comme les hommes ont à juste titre demandé au cours des âges depuis : « Qui est cet homme? Et d'où vient-il, en vérité? »

Ce mystère et de nombreux autres seront maintenant dévoilés, si telle est la volonté de Dieu. En vérité, je vous le dis : « Ce qui a été écrit à propos de la vie de quiconque est devenu un Christ n'est ni faux ni vrai. » Comment il peut en être ainsi sera expliqué à mesure que se déroulera ma vie. Mais remarquez que ce qui va maintenant être écrit sera davantage vrai que faux! Sachez la vérité car la vérité vous rendra libre. Mais n'est-il pas plus difficile de condenser une grande vérité dans un petit livre que de conserver des poissons dans un panier pour en tirer de quoi nourrir la multitude? À vrai dire il est tout probable que ceci, ma première tentative comme écrivain, laisse beaucoup à désirer aux plans du style et de la forme. Mais les vérités éternelles ne résident ni dans le style ni dans la forme; les vérités éternelles résident dans la magnificence du pouvoir de notre Père Tout-Puissant et nulle part ailleurs. Lisez et notez bien la véritable signification des concepts. Lisez avec des yeux ouverts, une intelligence aux aguets, un cœur embrasé et un esprit rayonnant en quête de vérité. Sachez que c'est le Père en chacun de nous qui fait le travail, à la fois mon travail d'explication et votre travail de compréhension du message spirituel parfois dissimulé.

Le tout début, tel que j'en avais connaissance, tournait autour du temple humain mouvant qu'était mon père bien-aimé, Joseph. Les premières années de ma vie ont été marquées par le stress causé par ma mère, Marie. En vérité, il y avait beaucoup de mystère et mon cœur était souvent en proie à la douleur et au doute. Car, très tôt dans ma vie, je me suis rendu compte que ma douce et belle mère ne croyait pas que j'étais le fils de mon Joseph bien-aimé. Toutefois, elle considérait que mes frères et sœurs étaient de sa chair, de son sang et de sa lignée. Ses manières étaient étranges et voilées. Cela m'attristait d'être mis à part comme n'étant pas de la chair et de la force vitale de mon père bien-aimé.

Ma mère, Marie, était une femme étrange et énergique en dépit de sa petite stature. Elle était pleine de bonne volonté ne rechignant pas à la tâche, et elle était très puissante avec ses petites mains. Elle aimait par-dessus tout lire son précieux manuscrit d'histoire et la Loi, et demeurait assise des heures durant à lire et relire les passages portant sur celui qui devait venir, le Messie, celui qui rendrait aux Juifs la place leur revenant de droit. Mes premiers souvenirs précis ne portent pas sur elle s'occupant de moi et veillant à mes besoins; ils se rapportent à sa façon de lire, de sa voix suave, certains des passages de l'histoire ayant trait au Messie à venir. Ces passages, elle ne se lassait pas de me les lire et de me les relire.

Un autre souvenir que j'ai est celui de ses psalmodies lors des services au temple juif. Elle les connaissait bien car son oncle était grand prêtre, et sa tante, prêtresse. Ma mère avait été destinée à devenir prêtresse de la foi jusqu'à ce qu'elle fasse la connaissance de mon père Joseph et qu'elle en devienne amoureuse.

Joseph chantait des chansons plus ravissantes et beaucoup plus belles et sa voix aux accents profonds amenait même les oiseaux et les animaux à s'arrêter pour l'écouter lorsqu'il chantait ou parlait. Ses chansons n'étaient jamais empreintes de mélancolie comme l'étaient les chants de Marie.

Ses chansons tiraient leur origine, comme je l'ai appris plus tard, des Esséniens de Nazar, une secte qui n'acceptait que les Gentils et où le mariage était permis. Cet Ordre était petit mais très puissant en raison de ses nombreuses compétences. Ses membres se donnaient pour nom la Confrérie de Dieu, mais les gens de notre village les appelaient les Nazar-Esséniens. Ce nom était abrégé par manque de respect, et souvent par paresse, en Nazar-ines. Ce qui peut expliquer pour certains pourquoi on ne retrouve aucune mention du village de Nazareth jusqu'à de très nombreuses années après mon temps sur la Terre; car les Nazar-Esséniens vivaient à mille pas à l'extérieur de notre village dans un quadrilatère de terres cultivées comportant de nombreux bâtiments; le domaine qu'ils détenaient avait pendant des siècles été appelé 'Nazar', nom araméen signifiant 'non physique'.

Le quadrilatère hébergeait tous les membres célibataires de l'Ordre, mais bon nombre des hommes les plus puissants avaient de grosses familles qui vivaient à l'extérieur des murs d'enceinte. Seuls les Initiés étaient autorisés à pénétrer à l'intérieur de l'enceinte. De nombreux hommes venaient de tous les coins de la Terre pour être initiés à la Confrérie et recevoir l'enseignement des chefs de l'Ordre. Mon père bien-aimé, Joseph, appartenait à cet Ordre et était l'un des trois membres du Conseil suprême. Il avait été accepté au sein de l'Ordre parce qu'il était de souche aryenne, tout comme l'était Marie d'ailleurs, et son appartenance à l'Ordre était pour lui aussi précieuse que la vie.

D'aussi loin que je me souvienne, je sais que j'adorais mon père plus que tout. Le timbre de sa voix évoquait la joie. C'était, selon le souvenir que j'en ai maintenant, un homme de haute taille aux cheveux auburn et aux yeux gris vert. Lorsqu'il était debout à côté de ma mère, elle aurait pu se tenir sous son bras levé. Souvent dans sa joie, car il rayonnait d'un bonheur resplendissant – que vous comprendrez plus loin –, il lui arrivait d'étendre son bras au-dessus de la tête de Marie et de regarder d'un air ahuri autour de lui en nous disant : « Les enfants, où, oh! où est votre adorable mère? »

Cela provoquait toujours un éclat de rire général, car il avait le don de nous faire tous jubiler de rire. Puis il prétendait soudain la trouver et la serrait dans ses bras en l'embrassant comme si elle avait vraiment été perdue, et elle en rougissait de joie et de plaisir. Joseph était comique et tendre, affectueux et gentil, mais il y avait en lui quelque chose qui était si... si *universel* que même un petit garçon de cinq ans comme moi commençait à sentir sa véritable magnificence. Il était strict en matière de discipline et sévère lorsque nous manquions à notre tâche. Il était encore plus sévère si nous manquions à une promesse ou à un devoir. Pour lui, un devoir avait autant d'importance que la vie, et la première preuve d'obéissance au devoir consistait à tenir nos promesses et à être fidèles à notre parole.

Mon père bien-aimé était également *clairvoyant*. C'était un *Hanif*, un mystique joyeux. Il pouvait pressentir des événements, selon le souvenir que j'en ai, dès mon plus jeune âge. Il nous a toujours parlé de ses visions de l'avenir de manière légère, habituellement sous forme de comptine. Peut-être arriverai-je à me souvenir d'un exemple même s'il y a de nombreuses années de cela – Oh! par exemple, il y a celle qu'il a dite avant mon septième anniversaire :

« Joseph-bar-Joseph aura bientôt sept ans.
Il donnera une leçon aux Juifs à onze ans!
Car la façon de sauver leur religion semblera simple,
Lorsque par le fouet il chassera les obsédés de l'argent hors du temple! »

Ce que mes frères et sœurs ont pu me la chanter, pendant des jours et des jours! Comme cette prédiction semblait joyeuse et innocente lorsque pour la première fois Joseph la récita de sa voix profonde.

Je pensais secrètement que Joseph m'aimait plus qu'il n'aimait les six autres enfants, et que du fond de son cœur il m'aimait comme son fils et son compagnon. De cette façon, il m'aimait plus que Marie ne m'aimait. Elle semblait toujours aimer un certain potentiel en moi, jamais le *moi* du moment. J'en fus très affecté au début de ma jeunesse et ce fut pour moi la cause de beaucoup de chagrin, de souci et de doute; mais Joseph m'aimait, LUI. Il m'enseigna son métier de charpentier et de constructeur de maison à partir de l'âge de cinq ans.

Un jour, dans une de ses astucieuses petites comptines, il nous dit qu'il me fallait trouver un marteau et une scie. Ce n'est que beaucoup plus tard que je compris la sagesse d'initié derrière ses drôleries en apparence anodines.

« Joseph-bar-Joseph ne perdra aucune dent de sa mâchoire

Tant qu'il n'aura pas maîtrisé la hachette, le marteau et la scie! »

Il répéta à maintes reprises ce petit couplet jusqu'à ce qu'il en vienne à faire partie intégrante de mon être. Ce n'est que plus tard qu'il put se servir des autres enfants pour répéter et répéter ses messages jusqu'à ce qu'ils s'enfoncent dans la fibre même de mon être. Et il ne s'était pas trompé!

Au jour de fête suivant, je reçus un marteau et une scie de grande personne. J'avais de la difficulté, beaucoup de difficulté, à soulever ces lourds outils; mais j'appréciais beaucoup le fait que l'on m'ait donné des outils d'homme avec lesquels je pouvais faire un travail d'homme. Transportant mes outils, je pouvais alors suivre Joseph chaque fois qu'il se rendait dans son atelier derrière notre maison et je l'accompagnais partout où je pouvais. Bien des fois, alors que nous travaillions sur les meubles qu'il fabriquait pour vendre (il me confiait des tâches importantes, pas des travaux pour jouer), il me parlait des religions du monde, et de l'histoire et de la religion des Juifs. Il lui arrivait souvent de me parler de la Vraie Religion de Dieu et rarement, pour ne pas dire jamais, concluait-il un discours sans répéter : « Les religions de toute l'histoire sont cousues ensemble par le fil d'or intérieur secret, car il n'y a aucune religion plus élevée que la Vérité. » Même avant d'atteindre l'âge de six ans, je savais que mon père était féru d'une sagesse ancienne et importante, qu'il était un véritable puits de science et un homme humble qui attribuait tous ses talents à son Dieu et à sa formation secrète.

À quel point mon père bien-aimé était tel un Dieu sur Terre ne devint clair pour moi qu'après mon cinquième anniversaire lorsqu'un des hommes vivant à l'intérieur de l'enceinte vint nous trouver dans l'atelier, sa tunique rouge écarlate du sang qui giclait de son poignet. Sa main avait été presque complètement sectionnée par la tête d'une grosse hache que l'on utilisait pour tailler des poutres destinées à agrandir la Salle de l'Assemblée des Esséniens qui leur servait de temple, et qui s'était délogée de son manche pour venir atterrir sur son poignet . Joseph se tourna vers moi et me demanda mon aide. Je me dépêchai de grimper sur la table inachevée que nous étions en train de faire et, selon ses directives, tins la main sectionnée en place.

Il dit alors rapidement et sans tension dans la voix :

« Joseph-bar-Joseph doit *maintenant* apprendre à se consacrer aux affaires de son Père,

Et même à la vue du sang, il ne connaîtra aucune défaillance. »

Ce qui émanait de lui et la façon dont il parlait me rendirent curieux et vivement attentif à tout ce qui se passa au cours des miraculeuses secondes qui suivirent. Joseph remit correctement en place l'os et la chair, prenant un soin particulier des tendons et de l'artère d'où un sang rouge vif jaillissait sur nous deux. Il se redressa soudain de toute sa hauteur et sans faire un geste dit d'une voix de commandement vibrante : « Dieu Intérieur Tout-Puissant, *guéris!* Guéris instantanément et parfaitement! Je te le commande, *guéris!* Car c'est le droit de Dieu de guérir! »

Maintes et maintes fois il prononça ces paroles. Puis je remarquai que de ses mains un fourmillement passait dans les miennes et dans la chair mutilée de Johanan l'Essénien. Je demeurai parfaitement calme et immobile, les yeux presque fermés pour éviter la vue du sang, mais je vis nettement une flamme d'un blanc bleuté ou violet argenté surgir du front de Joseph et toucher la tête de l'homme blessé. Puis nous parûmes tous être enveloppés d'une lumière violette tandis que les sons émanant des villages éloignés s'estompaient entièrement. Il n'y avait plus rien dans le monde, aurait-on dit, sauf cette lumière! Même si j'étais pleinement conscient de ce qui se produisait, c'était comme si le temps s'était arrêté, comme si un pouvoir plus grand que tout ce que j'avais connu jusqu'alors s'était emparé de moi. Nous semblions tous être portés par le pouvoir, suspendus entre terre et ciel et maintenus immobiles dans le temps. La voix de mon père semblait provenir de très loin et, tandis que j'observais la main, elle commença à remuer dans la mienne. Tout d'abord, le saignement cessa puis la chair se referma et guérit sous mes yeux! J'avais déjà pu voir des fleurs s'épanouir sous le chaud soleil, et ceci était comme l'éclosion d'une fleur en bouton, mais en sens contraire.

Soudain, Johanan l'Essénien enleva sa main de la mienne et regarda mon père. Dans ses yeux se lisait une adoration semblable à celle que je devais observer maintes fois par la suite. « Joseph, vous êtes vraiment un faiseur de miracles! »

Mon père bien-aimé secoua sa torpeur, comme s'il avait dormi debout, et dit calmement : « Mon Frère, tu sais bien que ce n'est pas moi qui fais le travail mais le Père qui est en nous tous. Va, tu es guéri Johanan! N'en souffle mot à aucun homme du commun de crainte que nous soyons tous méprisés et lapidés par ceux qui sont incapables de croire. »

Johanan l'Essénien marmonna une prière, s'inclina respectueusement devant mon père et retourna d'un pas rapide vers l'enceinte regardant non pas le sentier, mais ses mains.

Je regardais mon père et, malgré mon très jeune âge, je savais que j'étais en présence d'un grand maître, d'un Véritable Homme. Il vit ma totale stupéfaction, étendit son bras au-dessus de ma tête, comme il le faisait parfois avec ma mère, et chanta de sa drôle de manière :

« Quelqu'un a-t-il vu le petit Joseph-bar-Joseph?

Où peut-il bien être passé à votre avis? »

Je tenais de Marie une certaine obstination, et je sus que cet homme était plus qu'humain. Dans mon cerveau de petit garçon de cinq ans, un plan germa – je voulais être comme lui et guérir! Quelque chose en moi me fit soudain devenir adulte, car ici se trouvaient le sens et le but de la vie, et cela avait effectivement à voir avec les affaires de mon Père. De tout mon cœur et toujours plus je savais que j'adorais ce père grand, fort et rieur à la démarche paisible. Mais en plus, je voulais *savoir* et *faire* ce qu'il savait et pouvait faire. Je voulais tout savoir de lui et de son travail, et je savais qu'il serait capable de me l'enseigner.

« Enseigne-moi comment faire cela! » dis-je.

Mon père cessa de faire le clown et me regarda avec des yeux ronds et perplexes – et un peu craintifs, pensais-je alors. « Mon fils, c'est à toi que je préférerais enseigner plutôt qu'à n'importe qui d'autre dans le monde, mais j'ai fait le Serment du Secret et il ne m'est pas permis de transmettre ce savoir à quelqu'un qui n'est pas membre de la Confrérie et qui n'a pas lui-même fait le Serment du Secret. »

« Je vais faire le Serment », dis-je.

Dans mon empressement, je fis un mouvement un peu vif et faillis tomber de la table inachevée. Mon père éclata d'un rire long, profond et joyeux. Puis il s'arrêta brusquement et me regarda d'un air débordant d'amour et de profonde compréhension. « Pourquoi pas! » Je ne savais pas s'il réfléchissait tout haut ou s'il n'avait fait que le penser. « Cela ne s'est jamais fait dans le passé, mais un homme ne pourrait-il pas être à la fois le père et le maître d'un tel fils? Il n'y a ni précédent ni règle, par conséquent un vote de l'Assemblée de Dieu... » Il caressa doucement ma tête et dit d'une voix vibrante : « Il en sera ainsi, si telle est la volonté de Dieu. »

Il me déposa sur le sol et nous reprîmes le travail. Nous avons travaillé côte à côte comme nous le fîmes par la suite pendant des années et, dès ce moment, j'étais devenu un adulte. Ma vie avait un but et un sens, j'étais guidé avec amour et je brûlais du désir d'être aussi bon que mon père adoré. Bien des jours plus tard, j'allais comprendre ce qu'il avait fait. Il ne m'avait rien dit des efforts déployés au cours des multiples heures de conversation que nous tenions alors que nous travaillions dans l'atelier.

Un matin, ma mère me réveilla avant le lever du jour et, à la lumière vacillante d'une bougie, elle m'habilla d'une robe propre et noua une large ceinture colorée autour de ma taille. Elle était en larmes. Je ne me rendis compte que quelque chose de très important était sur le point de se produire qu'au moment où elle sortit mes sandales et me dit de les mettre! Ce n'était que pour des événements de la plus haute importance que l'on me faisait mettre mes petits pieds endurcis dans des sandales. Alors même que je me penchais pour les attacher, elle fondit en larmes et quitta la pièce. Un instant plus tard, je l'entendis protester auprès de Joseph qui lui répondit d'une voix douce mais ferme.

« Il se peut qu'ils ne le prennent pas et cela lui brisera le cœur! »

« Ma chérie, il en sera selon la volonté de Dieu. C'est un puissant petit homme maintenant, et son idée est faite. »

« Mais il est si petit, et il sera avec des brutes de quinze ans. »

« De douze à seize ans, ma chérie, mais pas des brutes. Car aucune brute reconnue comme telle ne pourrait demeurer un Essénien plus que le temps d'un repas. »

« Il est si petit, si jeune! »

« Je le sais, mais il est *tenace*! Et il surpasse en sagesse la plupart des adultes. Il sera entre bonnes mains là-bas et entre nos mains ici. Nous conviendrons qu'il est suffisant que lui et moi consentions à ce que cette chose soit. »

Marie pleura, et dit ensuite à mon père les paroles qui provoquèrent torture et doute en mon esprit pendant des années. « C'est facile pour toi de parler mais rappelle-toi qu'il n'est pas ton enfant, et que je suis sa mère. C'est *moi* qui en ai la garde! »

Je sentis le pouvoir de décision dans la voix et le ton de Joseph alors qu'il lui répondait avec douceur et fermeté : « Il est mon fils, Marie, et *nous* en avons la garde. Gardons le silence à ce sujet. »

Je m'avançai dans la pièce en faisant comme si je n'avais rien entendu et Joseph me regarda avec des yeux remplis d'amour. Ma mère se mit à sangloter et sortit de la pièce en courant tandis que, d'un air solennel, Joseph m'adressait un clin d'œil. « Les mères n'aiment pas voir leurs fils devenir adultes trop vite. »

Sans ajouter un mot, nous nous mîmes en route vers l'enceinte et je marchais à grandes enjambées comme un homme à ses côtés, faisant deux pas pour chacun des siens. Subitement, il me demanda : « Tu as entendu ce qu'elle a dit? »

« Oui. N'êtes-vous pas mon père? » Je levai les yeux vers les siens et y lus de l'amour et un étrange tourment de l'esprit.

Il sourit et me dit gentiment : « Mon fils, pose-moi cette question dans dix ans et je serai en mesure de te répondre correctement, en des termes que tu comprendras sans le moindre doute. Pour le moment, qu'il suffise que je t'appelle mon fils. »

Ma panique était dissipée car j'avais pleinement confiance en lui, et je savais que jamais il ne me mentirait pour quelque motif que ce soit. Nous avons franchi en silence, par un sentier poussiéreux, la distance nous séparant de la porte de l'enceinte. Nous nous sommes ensuite rendus directement vers la Salle de l'Assemblée, l'édifice le plus imposant de l'endroit.

Aucune femme n'avait jamais été autorisée à pénétrer en ces murs à Nazar, ni aucun enfant! Et j'éprouvais une grande fierté de savoir que moi, du moins, je n'étais plus considéré comme un enfant par les hommes revêtus de magnifiques robes de lin qui nous ouvraient les portes. Lorsque nous entrâmes dans la vaste salle, je sus que l'on s'attendait à me voir ébahi par les hommes en robes longues et à l'air sérieux qui étaient assis en silence, le visage sévère et attentif, tandis que mon père exposait son plan et son raisonnement. Les membres de l'Ordre montraient des signes d'impatience au moment où mon père se leva debout, le visage résolu, sa chevelure auburn dominant tel un étendard ses compagnons plus petits. Même s'il était empreint de sérieux, son visage était également bienveillant tandis qu'il promenait son regard à la ronde, ses yeux se posant un moment sur Johanan l'Essénien qui se tenait debout derrière un pilier.

Mon père se mit à parler d'un ton convaincant, et un grand silence ému s'empara bientôt de l'Assemblée. Le souvenir de ses paroles est demeuré clair, car ma destinée dépendait de l'acceptation par ses pairs de ce qu'il avançait.

« Mes Frères, ce que je suis venu vous demander de sanctionner est inhabituel. Il n'y a aucun précédent dans l'histoire ni aucune règle de l'Ordre pour nous guider. Quelle que soit la décision prise ici, elle doit recevoir l'assentiment des Anciens et faire l'objet d'un vote unanime. Nous établissons un précédent et faisons l'histoire. Je propose d'initier mon fils de cinq ans à l'Ordre et de le placer sous le Serment du Secret. Alors, et seulement alors, je pourrai lui enseigner les Vérités réservées aux Initiés et les techniques de guérison qu'il m'a demandé de lui apprendre. Mais ce qui, je l'espère, résultera de cette démarche est que la Confrérie trouvera une manière selon laquelle un père pourra enseigner à son propre fils en abaissant l'âge d'admission de douze à cinq ans. Dès lors, tout membre pourra être père et maître pour son propre fils, si tel est son désir. »

« Un enfant de cinq ans, quel qu'il soit, peut-il en connaître assez pour entrer dans notre Ordre? » C'était un homme plus âgé, à l'air grave, qui avait prononcé ces paroles; son ton ne dénotait ni désir d'argumenter ni passion, mais plutôt de la curiosité.

« Peut-être pas. » Lorsque Joseph dit cela, le découragement s'empara de moi. « Certainement pas, à moins qu'il ne soit possédé de l'Esprit de Dieu et rendu sage au-delà de son âge physique. »

« C'est juste, Frère Joseph, lorsque le Père œuvre à l'intérieur, tout le savoir est du domaine de l'homme! Mais comment pouvons-nous déterminer si cet enfant est suffisamment avancé pour entrer dans notre Ordre? Ou n'importe quel enfant? Selon les règles de la Confrérie, tout garçon ayant atteint l'âge de douze ans peut être admis à étudier. Mais il doit avoir une connaissance suffisante pour passer l'examen à la fin de la première année. »

« Nous pouvons le mettre à l'épreuve! »

« Mais comment? Nous n'avons aucun examen d'entrée! Seulement des examens de sortie! »

« Bien! Soumettons-le à un test oral portant sur n'importe quel sujet enseigné dans la première année de nos études, quoique sa connaissance des caractères écrits et des chiffres soit encore insuffisante. »

« Cela serait-il équitable pour lui? » La question émanait de Johanan l'Essénien.

« Peut-être pas à son égard, Johanan, mais assurément pour l'Ordre. Nous lui en demandons plus qu'il n'en serait demandé à tout autre jeune garçon ordinaire de douze ans parce que nous souhaitons être certains de ce dont il est capable avant de changer les règles de l'Ordre en sa faveur. N'est-il pas juste que l'individu donne beaucoup à la Société? »

« Si telle est votre volonté, mon Frère. »

Mais soudain, l'homme plus âgé prit brusquement la parole. « Suggérez-vous que nous le mettions à l'épreuve sur la matière enseignée en première année? Cela n'équivaudrait-il pas à le soumettre à un examen correspondant au niveau d'un enfant de treize ans? »

« Oui, mais qu'il en soit ainsi! »

Ainsi parla mon père. Il me tapota l'épaule et me laissa seul, debout au centre de la Salle de l'Assemblée. Il fit quelques pas et s'assit sur le plancher reluisant de propreté, appuyant son dos confortablement au pilier derrière lequel se tenait Johanan. Je sentis ses yeux se poser sur moi et j'aperçus un court instant la flamme violet argenté. Elle bondit de son front et sembla me toucher, m'apportant chaleur et amour. Elle fit disparaître mes tremblements et me procura courage et paix, ainsi qu'une intense volonté de réussir.

Un homme fort, de petite taille, aux yeux étroits de couleur fauve, s'avança vers moi sur un signe de tête de l'homme plus âgé. Ses cheveux bruns étaient ondulés. Son visage aurait pu être aimable, mais il était à ce moment figé en un rictus de plaisir. Il avait l'air d'un chat qui venait de capturer un oiseau et qui s'apprêtait à s'en faire un repas. Je devais apprendre plus tard qu'il s'agissait d'un Maître de la Première Année, et d'un homme sage et juste, mais plus strict que les autres. Mais, pour le moment, il représentait un obstacle à mes yeux.

« Eh bien, mon garçon! Peux-tu me dire ceci quelle est l'origine de la religion juive et comment elle fut fondée? »

Je le regardai sans pouvoir cacher un sentiment de défaite, de désespoir et de stupeur absolus, car je voyais dans son aura la réponse qu'il désirait entendre. Mais cette réponse n'était pas la vérité, et j'étais conscient de connaître la vérité. La véritable réponse émergeait d'une source de certitude quelque part au fond de moi. Je me rendais compte également que ce n'était pas la réponse que j'étais censé donner pour réussir l'examen. Je regardai désespérément mon père et j'aurais bien couru me réfugier dans ses bras affectueux pour y chercher du réconfort, mais le faisceau blanc bleuté me retint à ma place. Je sentis des larmes de frustration et de peur ruisseler sur mes joues. Car je ne pouvais pas mentir et pourtant je connaissais la réponse qui me permettrait d'obtenir la seule chose que je désirais tant.

« Eh bien, petit... » Le vieux patriarche me regardait avec bonté et je me précipitai dans ses bras. Il m'entoura avec douceur et dit : « Ce n'est pas grave d'échouer, petit. »

« Oh, vénérable Maître, je connais la réponse qu'il attend de moi. Mais je connais aussi la vérité. Si je ne dis pas la vérité lorsque je la discerne, je vais à l'encontre de l'enseignement de mon père. Si je dis la vérité, je ne réussirai pas cet examen. »

« Par ma foi! », s'exclama-t-il, tandis que les hommes qui s'apprêtaient à quitter la salle de réunion s'arrêtèrent net et se retournèrent. Le vieux patriarche rit gentiment et fit signe aux hommes qui s'en allaient de revenir. D'un geste de la main, il apaisa le brouhaha dans la salle. « Écoutez, mes Frères. En vérité, ce fougueux garçon est aux prises avec un dilemme aussi subtil que tout autre de notre philosophie. Maître Habakkuk, avec votre bienveillante permission, puis-je essayer d'obtenir votre réponse pour vous? Bien! Maintenant, mon enfant, retourne au centre de la salle et fait face aux Frères! »

Je fis ce qu'il m'ordonnait si gentiment. « À présent, mon enfant, réponds en deux fois à la question. D'abord, donne la réponse que tu penses être celle que Maître Habakkuk veut entendre de toi; ensuite, donne la réponse que tu penses être la vérité, comme tu dis. »

Je tressaillis, car je ne *pensais* pas qu'elle était la vérité, je le *savais*! Je levai les yeux et pris la parole en regardant le groupe avec toute la courtoisie que ma mère m'avait inculquée.

« Vénérable Maître, hommes de savoir, père adoré. Dans l'aura de mon Maître aux Yeux de Lion, j'ai vu la réponse qu'il attendait de moi : La religion juive fut fondée par le Dieu Tout-Puissant dans ses contacts avec Adam, Noé, Abraham, Jessé, et surtout Moïse, à qui Dieu est censé avoir donné les Dix Commandements, gravés dans la pierre par les flammes sur le Mont Sinaï, quarante ans après que les Israélites soient sortis d'Égypte. »

L'homme aux yeux fauves fit un signe de tête affirmatif. « C'est là notre histoire religieuse externe, mon enfant, et seul un Initié connaît la véritable histoire. »

« Mon père m'a enseigné qu'aucune religion n'est supérieure à la Vérité, vénérable Maître. Je vous dis maintenant la vérité, non pas comme je pense qu'elle est, mais telle que je la connais! En vérité, les Juifs n'ont aucune religion qui soit véritablement la leur et ils n'en ont jamais eu dans toute l'histoire. Au fil des années, ils ont puisé ici et là parmi les tribus plus évoluées qui les entouraient et auprès des cultures plus fortes au sein desquelles ils étaient détenus en captivité. Des Chaldéens, des Hittites et des Uraniens, ils ont pris plus ou moins telle quelle l'histoire de la création du monde et de l'homme, ainsi que l'histoire du Déluge. Des Mittaniens, ils ont pris leur croyance au ciel, à l'enfer, à Dieu et aux anges. En outre, ils ont conservé la prédisposition nordique qui est dans les veines des descendants de Jessé, car la maison dominante des Juifs n'était pas d'origine sémite mais mittanique-nordique, autrement dit non pas juive, mais gentille. Au mépris de la Vérité, ils ont effrontément pris les Dix Commandements de sectes d'hommes de l'Indus qui savaient qu'ils ne représentaient pas la loi de Dieu, mais le mode de vie vertueux des hommes de bien. L'histoire juive du Messie devant naître de la Vierge et dont la naissance doit être annoncée par une étoile transformant la nuit en un jour resplendissant – tout cela a été puisé dans les anciennes croyances de l'une des tribus de Média, une religion fondée par Zarathoustra, un Mède-Persan ayant vécu il y a une centaine de siècles. »

Je terminai et regardai mon père. Sa tête était confortablement appuyée contre le pilier et il avait fermé les yeux mais son visage était souriant, et je savais qu'il était content de moi. Johanan l'Essénien me regardait d'un air ébahi, mais également satisfait. Le Patriarche, qui allait plus tard être mon professeur pour la Thora, hochait la tête en signe d'assentiment à mesure que les mots se bousculaient hors de ma bouche à une vitesse et avec une force des plus irrésistibles.

Je ne comprenais pas l'explosion soudaine de signes de stupéfaction de la part des membres de l'Assemblée. Quelques-uns des hommes sortirent à la hâte de la salle et revinrent avec bon nombre de Frères. Bientôt la salle fut tellement remplie de curieux que certains s'assirent à mes pieds sur le vaste plancher tandis que d'autres continuaient à affluer pendant que je poursuivais. Ceux qui étaient dans la salle et qui semblaient enchantés de ma voix d'enfant et des idées qui jaillissaient de moi à un rythme si parfait leur demandèrent de se taire et de rester tranquilles.

Je ne me souviens pas de toutes les questions. Elles portaient sur l'histoire de la Bible juive comme la connaît la secte externe et comme l'enseignent les érudits rabbiniques de cette époque et des temps anciens. Mais il n'y eut pas une seule question à laquelle je pus répondre uniquement comme Maître Habakkuk semblait le désirer. Toutefois, il m'apparaissait être de plus en plus satisfait de moi à mesure que le temps passait. En vérité, je répondais ainsi que son aura me l'indiquait, et ensuite j'expliquais la Vérité pour que mon père continue d'être content de ma réponse.

Il y a une question dont je me souviens bien car c'était une question piège. « Qui était Moïse et qu'a-t-il fait? »

« Maître Habakkuk, dans votre classe vous voulez que l'on réponde que Moïse mena les Israélites hors d'Égypte, qu'il ouvrit en deux la Mer Rouge avec son bâton, et qu'ensuite il guida les Juifs pendant presque quarante ans vers la Terre promise. Il est aussi réputé avoir reçu les Dix Commandements de Dieu Lui-même, pour être ensuite enlevé dans les cieux. »

« C'est là la réponse habituelle, Maître Joseph-bar-Joseph. »

« Vous savez aussi qu'il y a eu trois Moïse. »

« *Mo-se* est simplement un mot égyptien qui, anciennement, voulait dire 'enfant', ou 'enfant de ', et qu'on retrouve dans notre Talmud sous la forme de *Mosheh.* Le premier Mosheh était un jeune homme à l'époque du juste et puissant pharaon Amenhotep IV, qui devint le premier véritable prêtre mystique de l'histoire, et changea son nom pour celui d'Akhenaton. Le jeune *Mosheh* fut formé à l'université du Dieu Soleil, le dieu Ra, à Héliopolis. Lorsque le puissant pharaon mourut, sa religion mystique fut renversée par les puissants prêtres d'Amon et les disciples de la vraie religion furent envoyés à un fort abandonné des *Hyskos,* près de la cité d'Avaris. Là, les disciples du Dieu Unique s'organisèrent et choisirent *Mosheh,* dont le nom égyptien était Osarsiph, pour les guider. Ils fondèrent une confédération et élaborèrent une convention stipulant qu'ils ne fabriqueraient ni n'adoreraient aucune image de Dieu; ils ne devaient en outre accorder aucun respect particulier à des animaux sacrés.

Au début, le guerrier *Mosheh* réussit à reconquérir une bonne partie de l'Égypte avec l'aide des tribus sémites qui avaient été asservies par les faux prêtres, et des *Jébuséens* de *Canaan.* Mais le cours de la guerre changea, les armées furent détruites et les alliés mis en déroute dans les prairies de la région du Sinaï. Quelques-uns furent poursuivis à travers les prairies jusqu'aux rives du Jourdain. C'est à cet endroit que disparut le premier *Mosheh.* Un prêtre guerrier, commandant originaire de *Shechem,* s'enfuit avec ses compagnons dans le centre de la péninsule du Sinaï et devint *Mosheh* de *Shechem,* c'est-à-dire l'Enfant de l'Égypte originaire de *Shechem.* C'était des Cananéens et ils eurent tôt fait de conquérir les petites tribus de la région et de leur imposer le Dieu de la Guerre, Israël, symbolisé par le veau d'or. Le premier ou le troisième *Mosheh,* ou Moïse, prit avec lui les esclaves hébreux de la région du delta en Égypte et, avec leur bétail, s'enfuit vers le sud à travers le Goshen et ensuite sortit d'Égypte dans la partie sud de la péninsule du Sinaï.

Bientôt ce Moïse établit une convention et des lois écrites pour les prêtres et les laïques survivants de l'Atonisme du puissant pharaon Akhenaton, que l'on appela Livre de la Convention. Il était fondé sur l'accord d'Avaris et englobait la plupart des éléments de l'Atonisme, notamment la circoncision universelle, des règles alimentaires et sanitaires, une loi interdisant les images de Dieu ainsi que des règles et des lois éprouvées contre le vol, le meurtre, les faux témoins, la convoitise, l'adultère et pour le respect dû à la famille et aux parents. Cette constitution fut mise en vigueur en toute simplicité lors d'une cérémonie sur le Mont Sinaï, et voilà pourquoi les Dix Commandements proviennent du puissant pharaon mystique Akhenaton, et non de Dieu.

Au bout de quarante ans, les deux groupes sous la conduite de deux Moïse, qui étaient deux personnages distincts, furent à nouveau réunis. Il y eut le problème du veau d'or, et ils furent alors dirigés par un troisième ou un quatrième Moïse. Mais il est clair que nous avons au moins trois Moïse : un véritable Égyptien et deux autres; un Cananéen, et un autre qui était peut-être un mélange des deux. Plus tard, les Lévites, qui n'étaient autres que les héritiers des prêtres d'Aton, firent des trois Moïse un seul et même personnage, ajoutant des mythes pour donner à ces tribus faibles une raison d'être unies et fortes. Aucun des Moïse ne fut un grand chef religieux, mais chacun d'eux fut un grand homme. Le passé mystique du Moïse composite dont on ne retrouve aucune trace dans les annales fut ajouté plus tard par les Lévites et les Scribes. »

Il y eut une étrange pause lorsque j'eus fini de parler et que plus personne ne semblait vouloir me poser de questions. Ma dernière question, la seule qui me fut posée par mon père est la suivante : « En regard de l'histoire, à quelle conclusion parviens-tu en ce qui concerne la Vérité et la religion? »

« Que la religion n'est qu'une partie de la Vérité. La religion est habituellement enseignée au moyen de méthodes formelles, dans des groupes dont le principal objectif est le contrôle des pensées et des actions des hommes. Mais en leur centre, au sein de chaque secte religieuse acceptée se trouve un fil d'or. Il s'agit de techniques et de pouvoirs sacrés, secrets et cachés, qui permettent aux hommes d'accomplir des miracles. Il s'agit en fait du merveilleux cœur d'or de Vérité que je désire apprendre. »

Il y eut un vif débat entre les membres de l'Ordre puis une question fut lancée à mon père : « Il n'est pas en âge d'être responsable, aussi brillant soit-il! S'il ne peut être tenu responsable de la parole donnée, comment peut-il prêter serment? S'il devait rompre ce serment, l'Ordre ne serait pas en mesure, en vertu des lois de la Confrérie, de le toucher pour le punir! Que suggères-tu pour parer à cet impondérable? »

Mon père ouvrit les yeux, regarda longuement l'homme qui lui avait posé la question et dit simplement : « Demande-le lui! »

C'est ce qu'ils firent et, en vérité, voici la réponse que je me souviens avoir faite : « Maîtres, mon père m'a dit que je dois faire un Serment dans lequel je promets de le payer de ma vie si je viole ce Serment. Pour obtenir la connaissance permettant de guérir, je suis prêt à risquer ma vie. Ne vous souvenez-vous pas de l'histoire d'Abraham et d'Isaac? Ce père était prêt à sacrifier son fils pour obéir au commandement de son Dieu et conserver Sa faveur. Confiez donc à mon père la responsabilité de me punir si je romps mon Serment, et astreignez-le par un serment spécial à me tuer si je romps le mien. Vous pouvez sans hésiter lui en faire prendre l'engagement car je sais, et il sait, qu'il me tuera de toute façon. »

Maître Habakkuk dit simplement : « Mes Frères, je l'ai mis à l'épreuve avec des questions allant jusqu'au niveau de la cinquième année. Je suis aussi satisfait de lui que je le serais de tout autre élève de dix-huit ans. »

Il y eut un vote et mon père reçut l'ordre de me ramener le lendemain matin au lever du soleil, car j'allais être placé sous un serment sacré et il allait être lié par serment de la manière que j'avais indiquée. Il sourit et il y eut de bruyantes acclamations alors que de nombreux hommes se massaient autour de moi pour me poser des questions. Je me faufilai entre eux et me frayai un chemin jusqu'à mon père toujours adossé au pilier Je me précipitai dans ses bras, grimpai sur son ventre, et lui chuchotai mes besoins urgents à l'oreille. Il éclata de rire tout en me guidant rapidement vers la porte.

« Mes Frères, vos questions devront attendre. Je ne suis pas surpris que cet enfant soit affamé, car nous sommes ici depuis le lever du jour et il est maintenant passé le milieu de l'après-midi. Il a consacré les trois quarts de la journée à répondre à vos questions et il est temps de le laisser se soulager et manger. »

Nous nous retrouvâmes bientôt derrière la Salle de l'Assemblée où des mets fumants apparurent sur les tables, et où des centaines d'hommes mangeaient déjà. Je m'assis entre mon père et le vieux patriarche et mangeai avec délices comme un homme jusqu'à ce que mon estomac soit prêt à éclater. Puis je me rendis compte que j'étais très fatigué, et je tombai endormi, les pieds sur les genoux du Patriarche et la tête sur les genoux de mon père.

DEUX

Marie, mon adorable mère

Sans en avoir conscience à cette époque, j'avais semé les graines de ma plus grande gloire et aussi de mon inévitable crucifixion par les hommes. Ma mère, Marie, avait largement contribué non seulement à ma montée vers la gloire mais aussi à ma plus grande épreuve. Alors même que je me tenais debout devant les Frères dans la Salle de l'Assemblée des Esséniens de Nazar, la façon dont elle m'avait éduqué et sa personnalité faisaient partie intégrante de mon être et étaient pour une bonne part à l'origine de mon étonnant savoir. De ma mère, j'ai hérité bien des choses, parmi lesquelles une impatience face à la stupidité des Juifs; la conviction qu'ils étaient en voie de détruire leur propre religion et leur propre pays; une *fougue* verbale fébrile qui réussissait implacablement à faire comprendre mes convictions en dépit de l'opposition; et un esprit éveillé et agile, doublé d'une mémoire des détails qui était extraordinaire.

Oui, les mains vigoureuses et les opinions bien arrêtées de ma mère avaient été avec moi dans cette rude épreuve. Et quelle épreuve ce fut! Ce fut pourtant une expérience d'une rare félicité. À partir de celle-ci, je devais aussi en venir à prendre conscience de deux choses, que je compris mieux et démontrai plus tard. La première était que, lorsque soumis à un stress, je pouvais m'élever jusqu'en une sorte de gamme d'octaves à la fois physiques et mentales. C'était un peu comme si je ressentais une émotion ou une excitation qui m'élevait jusqu'à une fréquence vibratoire d'une hauteur incroyable. Dans cet état d'être élevé, j'avais l'impression d'entrer dans une étrange harmonie avec l'univers et d'être capable d'avoir accès à une connaissance illimitée ainsi que de voir clairement des choses que ma seule expérience personnelle ne pouvait me permettre de connaître. La seconde chose que je découvris n'était pas aussi agréable : cet état d'être ou cette extrême sensibilité semblait exiger une énorme quantité d'énergie pour être maintenu, ne fut-ce que pour un court moment. Lorsque qu'il me quittait, j'avais toujours l'estomac dans les talons et j'étais exténué. C'était comme si mon énergie vitale pouvait être mobilisée pour accomplir l'incroyable, mais que cela me laissait ensuite épuisé et complètement vidé.

La sensibilité ou l'état d'être en tant que tel m'apportait un plaisir extraordinaire. Lorsque j'en étais envahi, j'avais la sensation d'être totalement isolé et autonome, comme si j'étais un surhomme doté d'une superintelligence. Mais j'avais aussi l'impression de me dilater ou de flotter dans l'espace et de parvenir à une félicité abstraite dans laquelle il n'y avait ni sensation ni effort. C'était délicieux à ressentir et divin à vivre. Lorsque je me trouvais dans cet état exalté, je pouvais voir avec une acuité saisissante et observer d'infimes détails, et je découvris lors d'expériences ultérieures que je pouvais apparemment me trouver en plus d'un endroit à la fois. Mon esprit semblait être séparé en d'étranges aspects physiques de sorte que je pouvais voir mon environnement immédiat, des lieux éloignés, et aussi des choses qui ne sont pas uniquement du monde physique. Oui, tout cela était accompagné par cet indescriptible et divin sentiment de langueur dans lequel tout homme aimerait tant pouvoir s'enfoncer afin d'échapper aux épreuves du monde physique. Mais toujours, succédant impitoyablement aux sublimes moments d'extase, la faim et l'épuisement surgissaient brutalement et sans merci. Cela me faisait l'effet d'un voile d'obscurité que l'on posait sur les couleurs de l'esprit jaillissant dans tous les sens. On aurait dit que mon esprit était compressé dans de sombres crevasses de telle sorte que même la lumière qui parvenait à mes yeux était à peine perceptible et que tout était vu à travers un voile de pénombre. J'avais subitement l'impression de n'être même pas digne de vivre et d'être enveloppé d'un désespoir obscur.

J'ignore de quelle façon on m'a ramené à la maison après que je sois tombé endormi sur les genoux de deux grands prêtres à la Salle de l'Assemblée des Esséniens de Nazar, mais on me réveilla pour notre repas du soir. Je me rendis d'un pas chancelant jusqu'à la table et fus à peine capable de maintenir droit mon corps lourd et amorphe pour manger. Jacques, qui était d'un an plus jeune que moi, s'assit et mangea avec dignité et ce soin ordonné que ma mère avait inculqué à tous ses enfants. Je me sentais déprimé et inutile, comme si un grand poids pesait sur chacune des cellules de mon corps et que mon esprit n'arrivait plus à fonctionner. Même si j'étais affamé, j'avais toute la peine du monde à amener mon ragoût d'agneau et mon lait de chèvre caillé jusqu'à ma bouche; et la nourriture dont je me régalais habituellement avait un goût de paille. Je n'en avais toutefois jamais assez pour combler mon appétit insatiable.

Ma mère était tendue, bougonne et en larmes au moment où elle entra dans sa cuisine sur laquelle elle présidait d'habitude avec tant de calme et de joie sereine.

« Regarde de quoi Jeshuau a l'air à présent! Je t'avais dit que ce serait trop pour lui. Il peut à peine bouger, il est si fatigué. Comment peux-tu penser qu'il arrivera à poursuivre ses études au temple? Et à la Confrérie en plus? Il est trop jeune! Je te le dis, il ne peut le faire! » Son ton était acerbe, ses traits tirés.

Mon père répondit de sa voix pleine de bonté : « Ma chérie, il est léthargique. Je connais la sensation. C'est le résultat d'un effort mental excessif d'un genre particulier. Il n'éprouvera pas en temps normal un tel épuisement de son énergie comme c'est le cas aujourd'hui et certainement pas durant la formation de la Confrérie. Il continuera à aller au temple le jour du sabbat pour y être instruit et deux autres jours le matin seulement. Il recevra sa formation à la Confrérie les autres jours de la semaine. »

« T'attends-tu à ce qu'un si petit enfant soit à l'école tout le temps? »

« Non, seulement du lever au coucher du soleil, quatre jours par semaine. »

« Que vont-ils lui enseigner? »

« Ce qu'il a demandé à apprendre, et plus! »

« Quoi, Joseph? Que vont-ils au juste enseigner à mon fils? » Même dans ma léthargie je pouvais sentir la tension dans son insistance presque hystérique, et mon estomac se nouait devant sa détresse.

Mais mon père riait de sa charmante façon. « Ah, lorsque tu prêteras serment, je te le dirai Marie. »

« Serment! »

C'est tout ce qu'elle dit, mais son ton en disait long sur ses sentiments. Il y eut un long silence mais je pouvais voir l'entêtement se dessiner sur son menton. Dans l'état de détachement où je me trouvais, probablement dû à mon incapacité physique de prendre part aux tensions émotionnelles du moment, je détectai cet étrange je ne sais quoi dans le comportement de ma mère qui provoquait en moi l'inquiétude et l'étonnement à son sujet. C'était comme si elle prenait ombrage de l'intérêt que Joseph me portait et de son influence sur moi et sur ma destinée. Au cours des années qui suivirent, je sentis qu'elle estimait qu'il devait se tenir à l'extérieur de la relation intime qui nous liait elle et moi. Cette nuit-là, d'une manière vague et imprécise, je commençai à m'en apercevoir mais, bien sûr, il m'était alors, et pour des années à venir, impossible d'en comprendre la signification. Mais je partageais la souffrance de ma mère bien-aimée.

Elle semblait prise au piège de quelque émotion dont elle ne pouvait me parler, et elle ne parvenait pas à s'en libérer ni même à demander l'aide de Dieu ou d'une autre personne. J'aimais ma mère et cela me faisait de la peine qu'elle ne soit pas heureuse avec mon père et moi. Mais je savais que je voulais de toutes mes forces faire ces études dans la Confrérie, et j'étais convaincu que mon père avait pris la décision que je devais y avoir accès sans plus tarder. Toutefois, jamais il ne parla de façon irréfléchie ni tenta d'imposer sa volonté à ma mère. Il gagna point par point sur toute sa logique et usa de persuasion pour la faire sortir, à force de rires doux et de tendre fermeté, de sa position purement émotionnelle.

Lorsqu'il jugeait une décision juste pour toutes les personnes intéressées, nul ne pouvait l'infléchir dans son opinion et, tôt ou tard, elle cédait. Cependant, à mesure que les années passèrent et que mes études me permirent de mieux comprendre à quel point mon père était véritablement un homme hors du commun, j'en vins à me demander comment elle pouvait, ne fut-ce qu'un seul instant, s'opposer à sa divine volonté.

On m'autorisa à quitter la table et je pris mon dessert, composé de trois dattes, avec moi sur ma paillasse. Mais j'étais trop fatigué pour demeurer éveillé et les manger.

Une nuit, bien des mois plus tard, je m'éveillai en entendant les chuchotements furieux de ma mère étendue sur sa paillasse en poils de chameaux à l'autre bout de la pièce.

« Tu sais qui est son père, Joseph? »

Et je fus rassuré d'entendre Joseph à moitié endormi répondre avec patience : « Joseph-bar-Joseph est le fils premier-né d'un père qui l'adore. »

« Oh, Joseph! »

Dans ces deux mots transparaissaient si bien l'angoisse de son âme et l'amertume de sa vie que j'éprouvai une certaine pitié pour la détresse de ma mère, une pitié que je ne pouvais comprendre, mais qui s'installa avec un serrement de peur autour de mon cœur.

« Il n'a pas la force pour affronter pareille épreuve », murmura-t-elle, mais cette fois, pensais-je, elle donnait l'impression de commencer à s'endormir.

« Ma chérie, il a répondu aujourd'hui à des questions auxquelles seul un jeune de dix-huit ans aurait été en mesure de répondre. Avec les cours qu'il recevra à l'école, il gagnera en force tout autant qu'en connaissance. Mais plus important encore, il trouvera le travail de sa vie et la paix intérieure. »

« Je sais ce que sera le travail de sa vie! Et toi aussi! »

« Est-ce que tu lui en as parlé? »

« Tu sais bien que cela m'est impossible. Pas avant plusieurs années! »

« Alors, n'est-ce pas ce qu'il y a de mieux à faire que de l'aider à suivre la voie qu'il souhaite emprunter maintenant? »

« Le pauvre enfant, une telle destinée, le seul espoir pour notre nation... »

Ses paroles se perdirent dans les sanglots et j'étais trop fatigué pour continuer à écouter ou à mâcher la datte dans ma bouche. J'avalai tout rond et je sombrai dans un profond sommeil duquel la main douce mais ferme de ma mère me tira. Elle se pencha, m'embrassa sur la joue; elle écarta les cheveux sur mon front et je sentis le parfum de fleurs qui flottait toujours autour d'elle.

Ma mère avait de grands yeux d'un bleu intense, mais à la lumière du petit matin ils paraissaient pourpres et semblaient jeter de brèves lueurs, tel un feu de cuisson se reflétant sur le bord supérieur d'une coupe de jus de raisin. Sa peau était tellement claire; elle était plus blanche que le lin qu'elle portait ou l'écharpe qui retenait ses boucles châtain clair. Plus tard, lorsque mon apprentissage fut suffisamment avancé, je me rendis compte qu'elle aurait pu être une descendante directe de la race nordique qui arriva en Égypte avec les tribus mittaniques conquises. Au moment où elle pencha sur moi son beau visage où se voyait le souci qui la tenaillait, je ressentis une grande tendresse pour elle, même si je ne pouvais comprendre la cause de ses étranges actions. Je l'entourai de mes bras pour la réconforter.

« Mon fils, mon fils, tu es un homme trop tôt. »

Mon père s'activait dans la cuisine et je pouvais sentir l'infusion de feuilles de mûrier avec lesquelles il faisait une savoureuse boisson et le pain qui cuisait sur les pierres tout en haut du four de l'âtre. Mais ma mère ne semblait pas pressée de desserrer son étreinte, et elle s'accrocha à moi avec une ardeur qui ne lui était pas coutumière. D'habitude, elle s'empressait de commencer à m'enseigner des nombres ou des mots ou encore des phrases qu'elle avait apprises par cœur dans le travail que les prêtres de la famille lui donnaient au temple, car elle était l'aînée des filles et le troisième enfant de Lévi, le plus jeune frère de Zacharie. Au cours de ces séances de formation, il lui arrivait fréquemment de me répéter maintes et maintes fois, en araméen, en grec ou en latin : « Tu es l'espoir du monde! » Ce matin-là, elle me le chuchota à l'oreille, mais elle ne me laissa pas répéter les mots avant d'avoir ajouté : « Tu es le seul espoir des Juifs! »

Je la tins serrée contre moi, car elle semblait avoir besoin de sentir l'étreinte de mes bras, et je lui répondis à l'oreille : « Je vais travailler dur, mère! Je serai digne! »

Je pense qu'elle tressaillit, et qu'elle en eut le souffle coupé. Elle eut un mouvement de recul et me fixa longuement dans les yeux. Puis, sans rien ajouter, elle me remit une autre robe propre s'attachant à la taille avec une corde bleu pâle. Mes sandales furent jetées sur le plancher depuis la troisième étagère de l'armoire en bois de rose et en cèdre.

Ma mère était ordonnée et soignée et sa maison était toujours dans un ordre parfait. Les dalles du plancher et les pierres de l'âtre et du four étaient lavées l'après-midi précédant chaque sabbat. Les trois pièces de la maison était balayées chaque jour. Aucune nourriture tombée au sol n'y demeurait bien longtemps et elle ne laissait pas les chèvres entrer dans la maison comme le faisaient nos voisins. Même les tout petits agneaux devaient être gardés à l'extérieur dans un abri.

Elle se rendit tous les jours jusqu'au lointain ruisseau pour y laver les vêtements pendant toutes les années au cours desquelles sa famille grandissait; et chaque jour elle descendait aussi avec une grande cruche, de style grec, jusqu'au puits d'eau douce aux abords de l'enceinte. Là, comme le voulait la coutume de son époque, elle rencontrait amies et voisines et bavardait avec elles. C'est à ce puits qu'au fil des années j'entendis les convictions les plus profondes de ma mère s'exprimer au cours de ses discussions avec des femmes et des hommes.

Je devais me rendre compte des années plus tard que ma jolie mère s'intéressait à la politique et, comme elle ne pouvait participer aux débats sur la place ou au temple, qui étaient les bastions des hommes, elle transformait le puits du village en un lieu de débats. Là, dans son royaume de femme, elle engagea et gagna des joutes verbales avec de nombreux hommes sages et propagea sa propre pensée politique dans tout le village; et, finalement, dans tout le centre de la Galilée.

Ma mère avait été élevée dans une famille de grands prêtres et elle avait entendu parler depuis sa plus tendre enfance des faits relatifs aux changements politiques et sociaux ainsi que des personnalités et des causes à l'origine de ces changements. Dans sa jolie tête, elle avait une intelligence aussi vive et une mémoire aussi fidèle que celles de n'importe quel homme, y compris mon père. Et son corps menu abritait un cœur qui aurait convenu à n'importe quel lion de Juda. Rien n'aurait pu lui apporter une satisfaction plus grande que d'avoir organisé une armée pour faire disparaître cette injustice qu'elle appelait 'la tyrannie et les impôts romains'!

Debout dans sa robe soignée, petite et de peau claire, elle semblait une opposante facile à vaincre pour n'importe quel homme. À mesure que sa renommée se répandait, des hommes importants vinrent au puits relever le gant et s'en retournèrent convaincus. Parfois, elle se faisait des ennemis – des hommes qui tentaient de la réduire au silence à la suite de pressions exercées par les autorités qui estimaient qu'elle exprimait trop ouvertement ses opinions. Mais jamais elle n'aurait retiré ses propos et une fois même elle défia un centurion trop arrogant. L'intérêt de ma mère pour la politique provenait de sa famille et de la réalité de l'époque. À maintes reprises je l'ai entendue citer l'histoire pour prouver ce qu'elle avançait, et rappeler des épisodes comme celui-ci : « Mon grand-père avait vingt ans lorsque Pompée se présenta comme un soi-disant pacificateur entre les clans macchabéens. Mais il se transforma en conquérant et fit de notre pays un vassal de Rome, supprimant les libertés religieuses et politiques pour lesquelles les Juifs avaient combattu et étaient morts sous Mattathias Macchabée. »

Le pouvoir romain avait vaincu la nation juive indépendante soixante-trois ans avant que moi, Jeshuau, ne vienne au monde. Trente-trois ans avant ma naissance, alors que vingt ans devaient encore s'écouler avant la naissance de ma mère, le cruel et sanguinaire Hérode (appelé plus tard le Premier, et le Grand) fut déclaré roi de Judée par le sénat romain. Trois ans plus tard, soit dix-sept ans avant la naissance de ma mère, Hérode avait conquis la Galilée et, au terme d'un long siège, repris la cité sacrée de Jérusalem.

Un des adversaires de ma mère cria dans sa colère : « Hérode le Grand était un fervent bâtisseur. Il édifia des amphithéâtres, des forts, des châteaux, ainsi que le palais royal et de magnifiques cités! Il construisit Césarée en Samarie à partir des dunes de sable de la mer. Il reconstruisit même la citadelle du temple! »

« Ah! ça, on peut le dire qu'il était un bâtisseur! Il bâtit une passion licencieuse pour dix femmes, et dans sa chair il conçut la répugnante maladie dont il mourut. Durant ses derniers jours, il créa un enfer sur terre en assassinant Antipâtre, Alexandre et Aristobule. Et ensuite, non content d'avoir ainsi tué ses fils, il ordonna aussi le meurtre de sa femme, Mariamne. Il se fit construire de nouveaux thermes à Callirrhoé, à l'est du Jourdain, mais même les eaux de cure ne purent le sauver. Les seules choses qu'il n'a pas détruites dans sa vie furent les palmiers de Jéricho, sous lesquelles il se retira et mourut le 5 avril 750 A.U.C.* C'était il y a trois ans! »

« Vous ne vous rappelez des dates que trop bien! »

Ma chère et adorable mère se redressa de toute sa taille et plaça ses mains sur ma tête. « Difficile de ne pas s'en rappeler, car votre grand bâtisseur s'est condamné lui-même pour l'éternité en ordonnant la destruction de tous les premiers enfants mâles nés à Bethléem, l'année où

* 750 A.U.C. signifie 750 Ab Urbe Condita c.-à-d. 750 ans depuis la fondation de la ville.

Jeshuau est né. Il nous a fallu emmener l'enfant en Égypte pendant sept mois et nous n'avons pas osé revenir avant que ce grand Romain ne soit mort. »

« L'impôt de Rome est nominal et on nous accorde la liberté de religion! », lança en guise de défi un autre participant à la discussion. »

Les yeux de ma mère s'enflammèrent tels deux lances bleues.

« C'est vrai, chaque impôt est nominal, mais la capitation et l'impôt foncier ne sont pas tout! Le droit de prélever des taxes à l'importation est vendu aux publicains et pourtant nous devons payer tous ces impôts même si nous n'arrivons pas à trouver de quoi acheter de la nourriture. Je dis que tout impôt est une honte pour notre histoire! Et, bien entendu, nous avons la liberté de religion. C'est pourquoi lorsque nous voulons célébrer un office religieux, les grands prêtres de nos temples doivent aller demander aux conquérants romains la permission de se servir des robes juives sacrées! Avons-nous la liberté parce qu'ils ne nous disent pas quoi croire et à quel moment aller pratiquer notre culte, alors que nous ne pouvons célébrer un office sans devoir quémander les vêtements sacerdotaux de nos prêtres? Est-ce cela la liberté de religion? »

« Mais cela est nécessaire afin qu'ils puissent avoir la certitude qu'il n'y aura aucun prêtre incitant à la révolte, à l'instigation des lévites. »

« Oh, je vois! Tout comme il était nécessaire sans doute d'assassiner tous les enfants innocents nés à Bethléem pour prévenir l'avénement du roi des Juifs? » Sur ces paroles, ma mère s'interrompit pour me serrer dans ses bras et me caresser. Les fréquentes fois où je l'ai entendue user de cet argument, elle se tournait infailliblement vers moi avec une lueur d'adoration dans le regard pour me couvrir de ses caresses.

Selon ma mère, la situation politique déplorable qui prévalait dans les provinces et selon laquelle les conquérants contrôlaient les vêtements rituels des lévites était moins grave que d'autres conditions de l'époque. Bien souvent, lorsque les ombres du soir s'allongeaient, apportant un peu de fraîcheur dans les discussions passionnées du puits, il lui arrivait de s'exprimer ainsi : « Le destin des Juifs n'est pas entre les mains des Romains avides d'impôts mais à l'intérieur du cœur de chacun des Juifs. Nous sommes tous des imbéciles, des poules mouillées et des idiots! Nous avons oublié et renié la fraternité de l'homme au service de Dieu qui fit la grandeur de notre peuple et qui pourrait encore faire notre grandeur – même en ces jours. Nous nous querellons à propos d'insignifiantes questions rituelles. C'est là notre ruine; c'est l'empreinte d'une maladie ignoble qui brûlera l'ensemble de notre pays et détruira notre peuple en tant que nation. Nos prophètes et prêtres ne nous ont-ils pas dit tout au long de l'histoire que notre salut réside dans l'unité? Ne nous ont-ils pas avertis que le temple serait détruit et le peuple dispersé lorsqu'apparaîtraient des factions semant la désobéissance? Quelles sont ces grandes différences? Ces deux modes de pensée ne sont-ils pas avec nous depuis notre retour de Babylone?

En vérité, les Chasidim, c'est à dire les 'pieux', qui revinrent d'exil, adoptèrent eux-mêmes une position trop rigide contre tous les païens et tous les relâchements dans l'application des lois lévitiques. Et ils méritent à juste titre d'être appelés 'Perushim', ce qui signifie 'les séparés' par dérision, et d'où est dérivé le terme 'pharisiens'.

Les opposants ont, quant à eux, naturellement rétorqué qu'ils étaient satisfaits de n'être que les 'Tsadiqim', qui veut dire 'les vertueux', et d'où est dérivé le terme 'sadducéens'. Ceux-ci ont imposé au fil des ans leur domination sur la religion, les grands prêtres et la classe dirigeante de la société juive. Que se passerait-il si les sadducéens refusaient d'admettre l'idée de la résurrection des morts et le principe d'une récompense ou d'une punition après la mort? N'y a-t-il pas des points dans la foi des pharisiens qui sont tout aussi impondérables?

Les pharisiens ne prétendent-ils pas avec insistance qu'il y a un ange ou un archange pour chaque cheveu de la tête? Ne soutiennent-ils pas qu'il y a une graduation ascendante de leur pureté lévitique, c'est-à-dire une séparation d'avec tout ce qui est profane ou même raisonnable? Le Chabher, le plus élevé de leurs quatre degrés de pureté, 'l'associé' de leur organisation, n'est-il pas synonyme de quelqu'un de trop pur et trop pointilleux? D'après eux, la loi écrite n'a-t-elle pas été insuffisante pour guider la conduite quotidienne de l'homme? Au fil des ans, n'ont-ils pas développé, commenté et interprété la loi maintenant connue comme 'la Loi orale' ou la tradition des Anciens? Cela n'a-t-il pas à son tour donné naissance aux prétentieux et arrogants scribes qui se sont donné pour vocation de copier la Loi écrite, de l'enseigner et de débiter des sottises à son sujet? Et aussi d'apprendre la Loi orale afin de pouvoir la vomir dans les esprits de la jeune génération? Ces scribes hautains ne forment-ils pas une guilde à l'intérieur du groupe des pharisiens? Ils sont orgueilleux et vantards parce que leur savoir leur a valu des honneurs, et parce que l'on fait habituellement appel à eux pour prononcer les discours dans les synagogues de notre peuple. Les pharisiens ne sont-ils pas presque tous des hypocrites, dépourvus d'hommes humbles et craignant Dieu, qui ne soient pas bouffis d'orgueil parce qu'ils se croient purs?

Les zélotes, un autre groupe dans les rangs des pharisiens, sont apparus au cours des quarante dernières années. Leur nombre a augmenté sous le règne d'Hérode, le soi-disant 'Grand'. Ils sont prêts à employer la force et le glaive pour faire arriver le règne du Messie, dont nous attendons tous la venue. Eux, et eux seuls à mon avis, sont parfaitement conséquents. Ils sont fidèles à leur slogan : "Nous ne reconnaîtrons pour seul seigneur que Jéhovah! Nous ne paierons aucun impôt sauf celui qui est dû au temple. Nous n'aurons aucun ami qui ne soit un zélote!" Avec le temps, il se peut qu'ils sauvent notre pauvre nation. Mais à défaut de réussir, les pharisiens, les scribes et les sadducéens feront mourir notre nation avec leurs stupides rivalités dont aucun motif ne peut justifier l'existence. Ils vont mener notre peuple à sa perte, pulvériser nos temples et disperser nos croyants dans le monde entier, faisant d'eux des étrangers sans patrie pour longtemps, très longtemps! »

Il nous arrivait souvent de rentrer du puits dans la nuit chaude et ma mère se trouvait alors transportée dans une transe extatique. Au fur et à mesure qu'approchaient mes années de maturité, son influence s'était répandue d'un bout à l'autre du pays jusqu'à ce que des hommes érudits viennent s'asseoir au puits pour l'écouter. Lorsque j'étais encore tout jeune, ils ne venaient que pour la tourmenter et l'ennuyer et elle arrivait fréquemment à les faire changer d'opinion, ce dont elle était fière lorsqu'elle y parvenait. Elle avait conscience, comme tous les gens de mon époque, que les Juifs allaient devoir affronter des jours désespérés à moins de transformer leur insistance hypocrite sur les lois lévitiques. Elle conserva toujours l'espoir que les zélotes allaient l'aider à faire connaître le véritable Messie.

« Vous attendez-vous vraiment à ce que le sauveur des Juifs naisse juste à temps? Autant croire aux miracles! », lui lança en raillant un rabbin.

« Je ne crois pas aux miracles, savant rabbin! Je *sais* qu'ils existent. Vous ai-je raconté l'histoire de mon oncle, le très vieux et vénérable prêtre Zacharie? Et celle de son épouse bien-aimée, âgée de cinquante ans, Élisabeth, qui n'avait jamais pu avoir d'enfant? »

Bien évidemment, elle ne l'avait pas racontée, et c'était là en effet une de ses histoires favorites qui ne manquait jamais de faire bonne impression. Je l'ai entendue si souvent qu'avant même d'avoir six ans je la connaissais par cœur, quoique pendant des années je crus qu'il ne s'agissait que d'un conte issu de son imagination débridée. Mais il s'agissait bien de l'histoire d'un miracle. Je vous le raconte ici avec tous les détails charmants et pittoresques dont elle se plaisait à l'embellir.

« Ce miracle commença dans la première semaine d'octobre 748 A.U.C., et mon oncle venait de célébrer son soixantième anniversaire au service du temple comme prêtre. Ce matin-là, il avait été sélectionné parmi les participants à la Classe des prêtres d'Abia pour être le prêtre superviseur. Il allait être honoré de la fonction d'Encenseur sur l'Autel doré de l'encens, rougeoyant de braises, tout près du lourd voile suspendu devant le Saint des Saints. Puisqu'il était prêtre, et non pas lévite, il était venu de sa maison dans les collines de Judée, au sud du pays. Car il ne vivait pas dans le quartier Ophel de Jérusalem, et pas encore à Jéricho. Et tous ceux et celles d'entre nous qui le connaissions étions fiers, car sa bonté et son amour étaient connus de chaque esprit et de chaque cœur.

Là où se tenait Zacharie, nous savions que Dieu était présent. Nous avions attendu à l'extérieur des portes du temple jusqu'à ce que les trois sonneries de la trompette d'argent tirent la cité de son sommeil, et que commence le sacrifice du matin après l'ouverture du massif portail du temple au point du jour. Car le prêtre qui faisait le guet depuis le pinacle du temple avait lancé le signal annonçant le lever du soleil. Et ceux qui avaient été lavés et purifiés, conformément aux ordonnances, étaient dans la Classe des prêtres sous la direction de mon oncle bien-aimé. Il avait procédé à l'inspection des prêtres et de la cour du temple et fait le tirage au sort pour sélectionner les prêtres de la Classe dans la salle des dalles de pierre taillées et polies. Tout était prêt, et nous qui l'aimions figurions en grand nombre dans l'assistance, avant même que les orgues du temple ne nous appellent tous au service.

Quelle allure splendide il avait en tant que célébrant, portant l'encensoir doré, debout, seul dans le Lieu saint, illuminé par la lueur des sept lumières du candélabre. Ah vraiment, elles étaient superbes les robes de son Office! Et à gauche de l'autel se trouvait la table du pain de proposition. À sa gauche, c'est-à-dire à droite ou au sud de l'autel, resplendissant de beauté, se trouvait le chandelier d'or. Comme il avait l'air serein et confiant alors qu'il attendait debout de recevoir le signal spécial pour encenser l'autel. Les prêtres de la Classe et les assistants avaient reculé en signe de respect et s'étaient prosternés devant l'autel du Seigneur, offrant en silence leur adoration. Zacharie vit l'encens s'allumer et il était sur le point de se prosterner en adoration pour ensuite reculer quand il s'arrêta et regarda fixement à la droite ou au sud de l'autel et entre celui-ci et le chandelier d'or.

Il s'immobilisa soudain et demeura à moitié accroupi, absolument subjugué par ce qu'il voyait. Il était visible que quelque chose troublait son esprit et qu'une grande stupéfaction s'était emparée de lui. Il demeura ainsi sans bouger tandis que les assistants offraient leurs prières et que notre regard était fixé sur la forme immobile de notre bien-aimé Zacharie. Notre attente et notre effroi furent à leur comble lorsqu'il se tourna enfin et se mit à avancer droit devant lui comme un somnambule, pour aller se placer en haut des marches menant du vestibule de l'autel à la cour des prêtres. Car en se tenant ainsi, comme le voulait la tradition, il devait diriger la bénédiction sacerdotale qui fut donnée à Moïse dans les termes suivants :

> "Le Seigneur vous bénit et vous garde!
> Le Seigneur fait briller son visage sur vous et il est miséricordieux envers vous!
> Le Seigneur lève les yeux vers vous et vous donne la paix!"

Mais cette bénédiction formulée chaque jour dans le temple avant l'offrande de viande, il ne parvenait pas à l'exprimer! Il avait beau tendre le cou, remuer la mâchoire et rouler les yeux sous l'effort qu'il faisait, il n'arrivait pas à articuler un mot. Pas plus qu'il ne pouvait diriger le chant des psaumes de louanges, et aucun son ne sortit de sa bouche pour accompagner la joyeuse musique tandis que l'offrande de boisson était versée.

Tous les prêtres, puis tous les assistants, comprirent que quelque chose au pouvoir merveilleux lui avait été montré dans le sanctuaire. Il tenta de montrer par signes qu'il ne pouvait parler. Il fut d'ailleurs dans l'incapacité de parler durant les neuf mois qui suivirent.

Car il avait vu la forme majestueuse d'un ange d'une très grande beauté qu'il fut seul à entendre et à voir. Et l'ange avait dit à mon oncle : "Zacharie, ne crains point en ma présence, mais sache que la femme stérile de ta jeunesse, bien que chargée maintenant du fardeau des ans, concevra et portera un fils. Et lorsque son temps sera arrivé, tu lui donneras le nom de Jehochanan, ce qui signifie 'le Seigneur est miséricordieux'. Grandes seront la joie et l'allégresse car, dès le sein de sa mère, il sera rempli du pouvoir de Dieu. Il ne boira ni vin ni boisson alcoolisée, mais il ouvrira la voie par laquelle de nombreux enfants d'Israël reviendront vers le Seigneur Dieu. Il aura le pouvoir de prophétie, il transformera les cœurs de pères en cœurs d'enfants, et il fera comprendre la sagesse à ceux qui désobéissent."

Mais mon oncle Zacharie avait peur et il demanda des signes lui prouvant que ce miracle était effectivement un miracle de Dieu. "Je suis Gabriel, dit l'ange. Je suis envoyé par la présence de Dieu pour te parler et t'annoncer la joyeuse nouvelle. Et le signe de ma justice sera le suivant : tu seras incapable de parler depuis cet instant jusqu'au jour où toutes ces choses seront accomplies, et tu sauras ainsi que ceci est entièrement l'œuvre de Dieu."

Et lorsque ma tante Élisabeth eut accouché de son fils, ses amis auraient voulu le nommer Zacharie comme son père, mais elle refusa de le nommer ainsi. Lorsqu'on demanda à mon oncle quel nom il choisissait, il prit une ardoise et écrivit le nom que l'ange avait donné, et le mutisme disparut de ses lèvres. Ses premiers mots furent : "En vérité, il s'appellera *Jehochanan*, c'est-à-dire *Jean*."

Telle est la puissance de Dieu, tels sont les miracles dont il est capable et qu'il a accomplis pour sauver notre nation et les Juifs. Mais un miracle encore plus grand se produisit au cours du sixième mois de la grossesse de ma tante – un miracle qui sera raconté au moment opportun. »

Lorsqu'elle parvenait à ce point, les yeux de ma mère se posaient toujours sur moi comme si elle parlait de quelque chose de caché que je devrais normalement comprendre. Très tôt dans ma vie, on fit en sorte que je m'attende à quelque merveilleuse chose qu'elle devait me raconter – dans quelque temps – dans quelque temps! Lorsque je lui demandais de me parler du grand miracle, elle me répondait le plus souvent : « Patiente quelque temps encore, car cette histoire est censée être racontée à des adultes, pas à de tout jeunes enfants. »

Telle était ma mère adorée : forte, sage, intelligente, et pourtant avec un cœur aussi tendre que ne l'aurait la prêtresse d'un temple. Car dès qu'une femme se trouvait malade ou en travail, ma mère était à ses côtés, soulageant la douleur de ses mains fortes et la réconfortant grâce à son esprit vif. Ainsi, au fil des ans tout Nazareth, comme notre village en vint à être appelé, adora, respecta, aima et admira ma mère. On croyait ce qu'elle disait et on faisait ce qu'elle suggérait car elle était un pouvoir et un trésor tels qu'il ne s'en trouve que rarement à la surface de la Terre.

Après m'avoir serré dans ses bras et m'avoir fait une caresse, ma mère se rendit dans la pièce où se trouvaient les feux de la cuisine et me laissa le soin de mettre et d'attacher mes sandales. Je démêlai mes cheveux auburn avec un peigne en écaille de tortue de la même teinte que ceux-ci. Puis avant de me précipiter dehors pour me laver le visage, les mains, les oreilles et le cou dans le bassin de pierre à droite de la porte, je regardai avec sollicitude les membres de ma famille, car je les aimais tendrement. J'adorais voir ma mère jouer avec mes frères et sœurs pendant qu'elle leur donnait leur bain. C'était d'autant plus agréable lorsqu'elle et mon père riaient et jouaient avec nous tous et tout à fait merveilleux lorsqu'ils s'unissaient pour chanter des chants joyeux ou religieux. Ma mère chantait de sa douce voix claire de soprano, tenant sur ses genoux Marie-Beth, c'est-à-dire Marie-Élisabeth, à qui on avait donné les noms de ma mère et de sa tante, la mère de Jehochanan. Marie-Beth était la plus jeune au moment où j'étais allé pour la première fois dans l'enceinte des Nazar-Esséniens; elle n'avait même pas un an. Mon père avait l'habitude de bercer Jo-Jo, c'est-à-dire José, qui avait un an de plus que Marie-Beth, sur sa poitrine; et il faisait rebondir Jim-Jim, comme nous appelions Jacques, sur son genoux osseux. Mais j'avais une bonne année de plus que Jim-Jim et me tenais debout tout seul, aimant chacun d'entre eux avec une intensité et une passion qui faisaient mal à ma petite poitrine.

Même si j'ai décrit ma famille à l'époque où je me suis rendu dans la salle de l'Assemblée, dans les années qui suivirent la scène fut encore plus joyeuse et touchante. Car Simon, que nous avions surnommé Zim-Zim et que les gens appelaient Simon de Nazar – je ne sais si cela avait un rapport avec le village ou la rue où nous vivions –Simon était né deux ans et demi après Marie-Beth et deux bonnes années avant Da-Da, qui était le nom que nous donnions affectueusement à Juda, le cinquième fils de mes parents. La seconde fille, soit le septième enfant, avait onze ans et demi de moins que moi. On lui donna les noms de ma mère et de ma grand-mère, soit Marie-Anne. Nous l'aimions beaucoup et l'appelions Marie-A pour aller avec Marie-B, pour Marie-Beth. Ma plus jeune sœur, qui est venue au monde alors que j'avais dix-sept ans et que j'étais parti en Bretagne, s'appelait Marie-J, ou parfois tout simplement Eena, car son nom était Marie-Joséphine, du fait qu'elle avait reçu les noms de ma mère et de mon père.

Ce matin-là, je m'approchai sur la pointe des pieds du petit lit en cuir brut par-dessus lequel un matelas d'herbe était disposé et sur lequel Jim-Jim dormait profondément. Je touchai ses cheveux blonds et fut surpris que ses yeux bleus pleins de vie ne s'ouvrent pas et que son visage ne s'illumine pas d'un sourire. Non, il continua à dormir et je me tournai vers le berceau à bascule taillé à la main où dormait Jo-Jo. Il était étendu, la tête appuyée contre la planche du haut et le derrière soulevé au-dessus du couvre-lit et penché complètement sur le côté du berceau. Je souris intérieurement à la pensée qu'il arrivait à dormir ainsi sur son cou et ses genoux, d'un sommeil pourtant si profond. Je le touchai doucement et murmurai mon amour pour lui et pour tous ceux et celles qui habitaient cette demeure. Car je savais que j'allais entrer dans un monde d'hommes ayant un but dans la vie et quitter mes heures d'enfance ensoleillée et de jeux sans but.

TROIS

Les secrets des Esséniens

Après la dernière bouffée d'émotions et de larmes de mon adorable mère, nous sortîmes de notre maison dans la fraîcheur précédant l'aurore. Même si nous étions presque à la mi-juin et que seulement trois semaines s'étaient écoulées depuis mon cinquième anniversaire, je frissonnais dans ma robe de coton et la resserrai plus étroitement autour de moi. Ni mon père ni aucun des Aryens ne portaient de coiffe à moins de devoir séjourner longtemps en plein soleil dans le désert chaud. Le vent frisquet de la nuit jouait dans nos cheveux et il passa dans les miens des doigts gémissants comme si l'air aussi accompagnait ma mère dans son chagrin – ce jeune devait voler trop tôt de ses propres ailes! Nous marchâmes d'un pas rapide sur la route de Nazar qui menait de la maison à la grande porte située du côté est de l'enceinte des Esséniens. Bientôt le silence du village, que seules les étoiles éclairaient, céda la place à un remue-ménage d'activités et de sons que chacun faisait en vaquant à ses occupations, alors qu'on nous faisait passer entre les gardes constamment sur le qui-vive au grand portail et que nous entrions dans l'enceinte. Ici, tout n'était qu'activité et mouvement, même s'il restait environ trois heures avant le lever du soleil.

De nombreux groupes ou brigades d'hommes allaient et venaient dans toutes directions, mais il y avait un plan directeur orchestrant tout ce qu'ils faisaient. Chaque brigade de douze hommes avait un chef qui donnait l'impression de diriger le travail aussi bien que d'y contribuer. Plusieurs brigades s'affairaient à balayer la chaussée même sur laquelle nous nous déplacions à l'intérieur de l'enceinte. D'autres filaient rapidement en portant des paniers remplis de pains ou de fruits d'où émanait une odeur appétissante. Il y avait même quelques brigades occupées à faire des exercices, soit se pencher, s'accroupir, sauter; ou encore leur exercice favori qui consistait à se jeter face au sol, puis à se soulever douze fois d'affilée, en ne se soutenant que des orteils et des mains.

Tout se faisait à un rythme agréable. Chaque geste s'accompagnait de paroles, ou d'un chant rythmique. Ceux qui balayaient les rues comptaient de façon rythmée tour à tour en araméen, en hébreu, en grec, en latin et même en égyptien, ou bien récitaient tour à tour l'alphabet de chaque langue. Chaque homme répondait avec ferveur au chef, et je sentais qu'ils s'efforçaient de formuler une harmonie de mouvements et de sons, le tout d'une voix plaisante, sonore et vibrante. Chaque lettre ou chiffre était prononcé d'un ton sonore et d'une voix soutenue qui créaient une continuité de son vivante. Chaque homme semblait s'évertuer à rendre sa voix plus parfaite que celle des autres. Une brigade marchait sur la route avec nous et répétait en cinq langues :

Béni, oh, béni soit le Seigneur,
Dieu de toute compassion et de tout Amour,
Qui m'a accordé la connaissance de la Vérité
Et la sagesse pour raconter Ses merveilles,
Jour et nuit, sans m'arrêter.

Béni, oh, béni soit le Seigneur
De qui je désire ardemment les fardeaux,
Et dont j'ai confiance en la bonté;
Sur qui, tel un rocher vivant,
Se fonde ma foi en Vérité.

Maintenant que je connais Sa Vérité,
Maintenant que je vois Sa gloire,
Et que j'ai l'intelligence pour les comprendre,
Je raconterai sans répit Ses merveilles,
Jour et nuit, sans m'arrêter.

Je rends grâces à mon Dieu
Et Le porte aux nues comme le Roc,
Le fondement solide de la foi,
Et je raconterai volontiers Ses merveilles
Jour et nuit, sans m'arrêter.

J'étais tellement captivé par la beauté des phrases rythmées, répétées en de nombreuses langues, ligne par ligne, que j'en vins à oublier entièrement tout ce qui m'entourait, et je franchis la gigantesque porte menant à l'intérieur de la salle de l'Assemblée où j'entrevis au moins un millier de formes vêtues de blanc, agenouillées sur le plancher poli. Mais je ne pus jeter qu'un bref coup d'œil car une main ferme me ramena dans la nuit.

« Pas si vite, mon fils. Attends ici quelques instants patiemment jusqu'à ce que la Confrérie soit prête et que le Maître appelle. »

Je demeurai debout seul dans l'obscurité, entouré par l'harmonieuse cadence des multiples tâches accomplies avec rythme et énergie. Je pris conscience que ce n'était là qu'un perfectionnement de la technique dont ma mère se servait depuis des années pour mon éducation; un moyen pour faciliter l'apprentissage du plus grand nombre possible de choses dans le plus court laps de temps possible.

Je sursautai lorsqu'une voix aimable près de moi dit : « Mon enfant, ne devrais-tu pas prier? »

Je reconnus la voix du Maître de la première année, Habakkuk. « J'aimerais pouvoir prier, Maître, mais je suis trop effrayé. »

« Ne crains pas, mon enfant, car en toutes choses je suis toujours avec toi. »

Sans que je ne sache trop pourquoi, ces paroles convenaient parfaitement à mon moment de solitude et de tension, et je me retrouvai en train de prier silencieusement en moi-même pour trouver force et direction. Je sentis la chaleur de la présence du Maître Habakkuk bien qu'il ne fusse qu'une silhouette indistincte dans la faible lueur du ciel étoilé. Mais quelques minutes seulement s'écoulèrent avant que la porte ne s'ouvre et qu'une voix demande :

« Qui vient à ce portail sacré? »

« Quelqu'un qui cherche la Lumière, la Vérité et la Sagesse! répondit mon père. »

« Est-il prêt? »

« Il l'est ! Il vient d'une Sainte Famille, et il est propre et sain de corps et d'esprit. »

« Que l'Aspirant soit admis dans la salle de l'Assemblée, et qu'il y attende l'appel du Maître miséricordieux et parfait. »

Un moment plus tard, j'étais à l'intérieur de la vaste salle de réunion, mais il n'y avait personne! Le toit colossal était soutenu par des rangées d'énormes colonnes verticales éloignées d'environ dix pas les unes des autres. La lumière d'un cierge, qui avait été placé entre mes mains, se reflétait à perte de vue sur ces colonnes, aurait-on dit, mais la salle immense était vide et silencieuse. Les seuls sons que j'entendais étaient ceux de ma respiration précipitée et du battement sourd de mon cœur. Je me déplaçai sans but dans la salle et, pour finir, je m'assis au centre et apaisai le battement de mon cœur. Le cierge se consuma entièrement, mais il n'y avait toujours ni son, ni mouvement. J'avais envie de pleurer – de courir me réfugier dans les bras de ma mère adorée, mais la pensée du regard désapprobateur de mon père me fit demeurer immobile. Au bout d'un moment, mon moi physique commença à se calmer, mon mental commença à s'élever et j'éprouvai un sentiment de paix et de sécurité.

La lumière du jour se mit peu à peu à filtrer par les ouvertures pratiquées tout en haut, près du toit. Celles-ci étaient recouvertes d'écrans faits de vessies de chèvre translucides, permettant ainsi à la lumière de pénétrer tout en gardant les poussières et le vent à l'extérieur. Mais je demeurai assis sans bouger, l'esprit tourné à l'intérieur, vers mon cœur, les yeux fixés sur la lumière venant d'en haut, jusqu'à ce que mon père me parle.

« Lève-toi, suis-moi! »

Je le cherchai du regard, mais mes yeux étaient aveuglés par la lumière et je ne pouvais distinguer l'endroit où il se trouvait dans l'intérieur obscur de la salle. Mais je me mis en mouvement rapidement pour suivre le son de sa voix dans une totale confiance. Une main me retint et me guida vers les hautes marches qui descendaient vers le centre de la salle. Dans l'obscurité, mes petites jambes étaient à peine assez longues pour atteindre la marche suivante, mais nous avons suivi les marches jusqu'en bas, puis nous nous sommes retrouvés sur un sentier plat que nous avons suivi main dans la main. Bientôt, le sentier commença à monter, et puis à faire une courbe. Ensuite, nous sommes arrivés à des marches qui montaient dans l'obscurité. Lorsque j'eus l'impression que mes jambes ne pourraient plus me porter très loin, nous arrivâmes sur une surface plane, nous fîmes quarante pas, et on m'indiqua d'une pression que je devais m'agenouiller.

À ma surprise, mes genoux ne touchèrent pas le sol nu mais un coussin. Je savais d'après l'odeur qui nous entourait et l'obscurité absolue que nous étions à l'intérieur d'une salle en terre ou d'une longue grotte. L'air était immobile comme il ne l'est jamais sous le firmament étoilé. L'obscurité était pénétrante telle qu'on ne la retrouve que sous terre dans les cavernes sèches.

Avant de pouvoir orienter mes sens, une voix retentit dans le noir : « Qui se présente devant la Confrérie? »

« L'Aspirant qui sera sans nom s'il ne réussit pas notre épreuve. »

« Est-il disposé à se lier par un Serment pour la vie, un Serment pour lequel il s'engage à faire le sacrifice de sa vie? »

« Es-tu disposé à te lier par un Serment pour la vie, un Serment pour lequel tu t'engages à faire le sacrifice de ta vie, mon fils? »

« Oui, père! »

« Il est prêt, parfait Maître de la Lumière! »

« C'est bien! Que la volonté de la Confrérie soit faite et qu'il prête serment! »

Une voix vibra à travers mon corps distillant des notes liquides qui parvenaient à mes oreilles comme du miel chaud touchant la langue. La voix de mon père était plus merveilleuse et plus sonore, mais cette voix était empreinte de mélodie et de beauté, si belle et si pure que le simple fait de l'entendre éveillait le cœur. J'étais tellement transporté par le son même de cette voix qu'à vrai dire je n'ai pas entendu la première partie du Serment; mais le souvenir m'en étant revenu plus tard, je peux maintenant la révéler.

« Moi, pauvre et obscur Aspirant sans nom, je demande à être admis dans la Confrérie des Élus, les Frères de la Lumière, et me prosternant humblement devant le Maître parfait, je promets et fais l'engagement pour toute ma vie d'honorer le Serment suivant ainsi que chacun des différents points de cet Engagement formel.

Par-dessus tout, j'honorerai mon Père Tout-Puissant dans les Cieux et je Le servirai.

J'obéirai à ceux qui ont autorité sur tout pays où je pourrai me trouver, car sous mon Père qui est dans les Cieux, personne ne détient longtemps l'autorité sur les hommes sans l'aide du Père Tout-Puissant.

J'obéirai à tous mes supérieurs dans la Confrérie de la Lumière. Si je suis élevé par mes Frères à une fonction d'autorité, jamais je n'en abuserai ni ne ferai de tort à quiconque se trouve dans une position d'infériorité. Ma conduite et ma dignité, que ce soit comme votant ou comme électeur de la Confrérie, seront pour les autres un exemple à imiter.

J'entretiendrai des rapports équitables avec mon prochain tout comme j'entretiens des rapports équitables avec mes Frères.

Je ferai de ma vie un exemple d'un cœur vrai et pur et je ferai preuve de justice et d'honnêteté envers tous les hommes. Je ne ferai du mal à aucun homme sous le coup d'une impulsion ou sous l'influence d'autres hommes, ou sous la contrainte. Au lieu de cela, tout au long de ma vie, en secret ou au grand jour, je fuirai l'injustice et je ferai montre d'indulgence, et à jamais indomptable et infatigable, je servirai la cause de la justice et de la Vérité.

Je préserverai mon esprit des pensées impures, des impulsions viles et je préserverai mes mains et mon âme de la tache de gains injustes faits au détriment de mon prochain.

Je me préparerai studieusement pour être fort et sain de corps, pour avoir un esprit résolu et novateur, une mémoire prompte et sûre, et pour être fidèle jusqu'à la mort dans toutes les responsabilités conférées par le Père Tout-Puissant ou le Parfait Père de Lumière.

Je ferai de mon mieux pour réussir les examens des quatre degrés de la Confrérie, et je me soumettrai et j'obéirai à toutes les exigences de mes Aînés et de mes Frères dans le cours des activités quotidiennes.

Je ne me battrai pas avec mes Frères ni avec qui que ce soit, et si l'on me frappe sur une joue, je tendrai l'autre par compassion et par amour.

Je ne m'attribuerai ni pouvoir ni mérite en propre tout comme je ne revendiquerai ni revenu ni propriété sachant que les biens, talents et capacités viennent tous du Père qui est dans les Cieux, à travers son amour parfait; et tout ce que je peux faire, les autres le peuvent également, et plus encore, car c'est le Père en chacun qui fait tout le travail.

En conséquence, je ne me considérerai comme l'enfant d'aucun homme sauf du Père Tout-Puissant et Éternel qui est dans les Cieux, et j'accepterai comme son représentant sur Terre le Père de la Confrérie de la Lumière.»

Jusqu'à ce point, j'étais entièrement d'accord, mais la phrase suivante m'obligea à m'interrompre, et ma voix ne put continuer à suivre celle du récitant. La phrase disait : « Je quitterai et désavouerai la maison de mon père et de ma mère et je ne me marierai jamais, n'aurai jamais de rapports sexuels et ne procréerai jamais d'enfants. Je quitterai et désavouerai la maison de mon père et de ma mère et je ne me marierai jamais. »

Trois fois il répéta les mots. Je n'arrivais pas à les prononcer. C'était comme si une main m'avait baillonné, car je me souvenais de l'amour de mon adorable mère, de la joie que me procuraient mes frères et de l'adoration que j'éprouvais pour mon père. La voix du Patriarche demanda : « Ne souhaites-tu pas poursuivre? »

« Je le veux, vénérable Maître, mais je ne jurerai pas d'abandonner ma famille, mon père et ma mère. Et je ne jurerai pas non plus de ne pas avoir d'enfants, car par-dessus toutes choses, je les aime! Mais j'observerai vos autres commandements dans l'amour et l'obéissance, Maître! »

Il y eut un long silence puis une sorte de gloussement dans l'obscurité. « Chantre, que cette disposition de l'Engagement soit rayée du Serment, si aucun Frère ne s'y oppose. En ce moment, elle a peu de validité de toute façon. »

Je crois que j'entendis alors un murmure et des rires étouffés venant de nombreux hommes, mais la voix majestueuse poursuivit la lecture du Serment : « Je me tournerai vers la Confrérie pour être guidé aux plans spirituel, physique et mental, pour recevoir appui et protection, et pour la satisfaction de tous mes besoins en ce monde. Et je promets que je ne refuserai jamais de secourir, d'aider ou de défendre un Frère dans le besoin, même si je dois perdre la vie pour lui.

En toute circonstance, j'interpréterai et j'expliquerai fidèlement tout ce qui concerne les lois de la Confrérie, mais jamais dans un esprit différent de celui dans lequel je l'aurai moi-même reçu des Aînés qualifiés et saints. Je m'attacherai à préserver les biens et l'avoir de la Confrérie, à cacher les archives, les livres et le matériel d'enseignement de la Confrérie et à veiller sur eux. Et je ne révélerai jamais, en quelque circonstance que ce soit et à quelque étranger que ce soit, l'emplacement des trésors, ou les noms des anges avec lesquels le Maître secret de la Lumière est entré en communication.

À aucun moment, même au péril de ma vie, sous la douleur ou la torture, je ne trahirai ni ne révélerai quelque secret que ce soit de la Confrérie de la Lumière à quiconque n'a pas été préparé à le recevoir par le vote de l'Ordre sacré de ceux qui ont atteint la perfection.

À tout cela, je m'engage pour la vie; et, à l'exclusion de celui-ci, aucun autre Serment ne sera sacré. Toutes les promesses seront tenues par un simple 'Oui' ou 'Non'. Mais à tenir ce Serment Sacré, je m'engage pour tous les jours de ma vie! Et si je viole ce Serment, je me livrerai aux Fils de la Lumière pour avoir mes entrailles arrachées par une épée, ma tête tranchée de mon corps, et ma chair éparpillée sur la terre pour les mangeurs de chair. »

La voix s'arrêta et je crus que le Serment était terminé, mais il ne l'était pas. Le Patriarche demanda : « Frères, accepterez-vous ce Serment et, de ce fait, lierez-vous l'Aspirant aux Fils de la Lumière? »

« Oui, Maître parfait! » Le son devait avoir été émis par un millier de voix, se répercutant dans la caverne.

« Dis-nous, Aspirant, qui vient ainsi se joindre maintenant à la Confrérie? »

« Jeshuau Joseph-bar-Joseph! », me chuchota mon père à l'oreille et je répétai mon nom tout haut.

« Qui se porte garant de l'honneur de cet Aspirant et est prêt à subir le même sort si l'Aspirant viole son Serment et ne se livre pas pour recevoir le châtiment? »

« Moi, Joseph de Nazar, un Essénien de Nazar! »

« Parrain de cet Aspirant qui n'a pas été mis à l'épreuve, pourquoi mettez-vous votre vie en danger comme garant du respect de son engagement solennel? »

« Parce que......... » La tension nerveuse et mentale semblait avoir atteint son paroxysme. Mais je n'étais pas préparé, tout comme n'importe quel Aspirant, à ce qui se produisit dans les instants suivants. Il y eut un bruit, une sorte de grondement, qui remplit l'air et ébranla la terre elle-même. Le coussinet sur lequel mes genoux reposaient sauta en l'air alors même que mon cœur et mes oreilles étaient épouvantés par le bruit puissant. Il y eut au même instant une lumière aveuglante et mon être bondit de terreur et d'extase. Mon corps fut instantanément baigné de chaleur, ce qui agit comme un baume sur mes sens excités et apaisa l'agitation de mon esprit. Mes yeux ahuris furent remplis de la gloire éblouissante du soleil levant qui reposait tel un disque de la couleur d'une orange dorée sur les collines de l'est.

L'extrémité entière d'une crypte géante avait subitement été abaissée et je faisais face au soleil nouveau dont les rayons se déversaient à flots sur moi comme des hampes de lances aux reflets dorés lancées sur moi, et sur moi seul. Je me trouvais dans l'entrée d'une gigantesque caverne et j'étais agenouillé à côté de mon père, quoique légèrement en avant de lui. Le Patriarche, le Maître secret, était assis dans un siège doré et vêtu de robes dorées, son visage tourné vers nous, le dos au soleil. Celui-ci l'entourait d'un magnifique halo de lumière, tellement stupéfiant dans sa soudaine apparition magique que je me sentis transpercé d'émotion.

Mais la tension s'était accrue encore plus. Comme si la phrase commencé par mon père était leur signal, un millier de voix magnifiques poursuivirent à l'unisson : « Voici mon Fils bien-aimé en qui je me complais. »

Un instant plus tard, un millier de voix jaillirent de l'obscurité derrière moi, dans les profondeurs de la caverne : « Voici mon frère bien-aimé, pour qui je sacrifierai ma vie. »

À l'intérieur de la caverne, tout autour de moi, aussi loin que la lumière me permettait de voir, se trouvaient des rangs ou des groupes de formes en robe blanche, toutes à genoux, toutes avec la main droite placée sur leur poitrine, la paume sur le cœur. Et le sentiment que j'éprouvais montait tel un aigle vers le soleil. Le premier chœur formé de ceux qui m'entouraient entama un chant aux voix glorieuses. Lorsque la cadence diminuait à la fin d'une phrase, des voix éloignées reprenaient la pensée comme un canon roulant. L'ensemble formait un cantique de louanges solennel au Maître Universel de tout, suivi immédiatement d'un chant de louanges dédié au Maître secret sur Terre, qui était un symbole de la Confrérie et aussi du Pouvoir Universel venu sur Terre. C'était un *Hymne de double joie*.

Oh, notre Père qui êtes aux Cieux,
    Oh, notre Père qui êtes sur Terre.
Pleinement sanctifié est votre nom;
    Vénéré est votre saint nom;
Votre Royaume sacré est arrivé,
    Le Royaume sacré est vôtre
Et votre volonté peut maintenant être faite
    Et la volonté suprême du Père peut être faite
Sur la Terre comme au ciel
    Sur la Terre comme au ciel.
Donnez-nous aujourd'hui notre pain quotidien
    Donnez-nous aujourd'hui notre repas d'amour
Et pardonnez-nous nos offenses

Et pardonnez-nous nos offenses
Comme nous pardonnons à ceux qui nous ont offensés
Comme nous pardonnons aux Frères qui nous ont offensés.
Car grand est votre Royaume,
Car grand est votre pouvoir
Éternelle est votre gloire
Et nous sommes vos enfants
Pour toujours et à jamais, Amen.
Et nous vous aimons à tout jamais, Amen.

En vérité je vous le dis, la sonorité qui s'en dégageait était une chose d'une émouvante beauté et la symbolique du soleil en tant que représentant céleste du Père Universel et du Maître secret en tant que représentant terrestre était un poème en soi. Le moment revêtait une telle splendeur et évoquait un tel pouvoir transcendant que je me sentis élevé dans une autre dimension de félicité. L'amour et la dévotion de nature personnelle que j'avais éprouvés à l'égard de ma famille prenaient maintenant une dimension universelle et se déversaient sur ces Frères. Pour chacun jaillissait de moi, non pas un amour personnel, mais un amour impersonnel qui était sans limites; je croyais avoir sans nul doute atteint le summum de la joie, mais de plus grandes félicités m'attendaient lors d'autres cérémonies et d'autres initiations.

Dès cet instant, chaque seconde passée avec les Esséniens fut consacrée à l'amélioration des qualités physiques, mentales et morales de mon être. Aucun moment n'était perdu. Jamais toutefois je n'éprouvai le sentiment que l'on précipitait les choses. Lorsque le rituel du Serment fut terminé, on m'avisa du fait que les Esséniens demandaient une continuelle amélioration de tous les aspects du comportement de l'homme et on me dit de me présenter devant le Maître Habakkuk pour recevoir consignes et instruction en matière de langues, de chiffres, de sciences et de tenue. Au Maître Horenhab, celui à la voix d'or, je devais me présenter pour recevoir une formation en matière de voix, de musique, de discours et de rythme. À mon père, le Maître Joseph, le Maître des Maîtres, je devais me présenter pour recevoir un enseignement sur l'histoire et la religion des Juifs et aussi sur l'histoire et l'enseignement religieux et sacré des Frères de la Lumière.

Nous nous sommes alors levés et avons pris le chemin de la sortie par groupes de douze sous la direction d'un chef, vers la Salle de l'Assemblée. Je me rendis compte que nous avions cheminé dans un souterrain passant sous le village de Nazar pour remonter dans un tunnel creusé à l'intérieur de la colline surplombant la vallée à l'est du village, et pénétrer ensuite dans une énorme caverne naturelle qui aurait pu contenir toutes les maisons se trouvant sur ce charmant coteau. Je découvris plus tard que pour obtenir la magie de la terre qui tremblait et de l'apparition soudaine du soleil, on faisait tomber un mur de roches de l'entrée de la caverne sur le rebord d'une caverne située en contrebas. Plus tard, nous avons ramené les pierres en haut de la pente, et nous les avons mises en place pour la prochaine initiation. Et ce même effort fut accompli en chantant, en comptant et en récitant des textes en de nombreuses langues. C'était, disait-on, un exercice destiné à accroître notre force, surtout celle du dos et des jambes. Même le premier jour, on ne m'autorisa pas à manquer l'exercice et on me donna à transporter en haut de la pente des roches qui étaient presque, mais jamais tout à fait trop lourdes pour ma force.

Lorsque le soleil eut déjà bien dépassé la moitié de sa course dans le ciel, nous entendîmes le son cristallin du gong qui nous appelait pour le repas de midi qui s'appelait le Festin d'amour. Nous avons alors tous commencé à nous assembler en nous dirigeant vers la Salle de l'Assemblée, mais en passant à l'intérieur d'une structure dotée d'un toit et ouverte sur les côtés. Là, nous sommes entrés, nous avons enlevé nos habits de travail et nous nous sommes rendus à l'autre bout du bâtiment vêtus seulement d'une pièce de toile devant et derrière, attachée par une corde autour de la taille. À l'autre extrémité du bâtiment, nous sommes arrivés à un bassin maintenu plein par des novices qui apportaient chacun deux seaux d'eau au pas de course depuis le ruisseau situé une centaine de mètres plus loin. Comme le rebord du bassin était plus haut que la tête d'un homme, ils devaient grimper sur une échelle avant de pouvoir vider leur seaux et repartir en courant vers le ruisseau.

Nous prîmes un bain rapide pour ensuite nous rendre à notre casier nous y sécher avec nos serviettes, après quoi nous mîmes nos robes blanches. Puis nous nous assemblâmes en brigades pour ensuite nous diriger vers la Salle de l'Assemblée. Mais en ce premier jour, je n'avais pas encore mérité le privilège de me laver ou de manger en compagnie des Frères, deux actes considérés comme sacrés. De fait, mon premier Festin d'amour fut une leçon en soi, comme pour le reste de ce qui se passait à l'intérieur de l'enceinte.

Lors de mon premier repas, je fus guidé à une table dans un coin éloigné à droite de la table du Maître secret, mais très loin dans le coin. Deux des frères qui s'étaient assis à la table avant que je n'arrive se levèrent et s'en allèrent. On me laissa complètement seul, incapable de voir mon père sans m'étirer le cou, et hors de la vue des autres Frères.

Maître Habakkuk se contenta de me dire : « Assieds-toi là! Garde la tête penchée. Ne mange pas tant que le Maître de la Lumière ne t'aura pas dit de commencer à manger. Demeure assis sans bouger! »

Je m'assis à la table isolée, et même s'il s'agissait d'une table basse, le banc était haut et j'eus bientôt les jambes engourdies et envie de me tortiller. Je demeurai immobile tandis qu'un long passage du Manuel d'obéissance était lu en araméen, en grec et en latin. Avant que la lecture n'en soit terminée, j'avais appris le passage par cœur. Voici ce qu'il disait :

« Chaque personne désirant se joindre à la Communauté des Élus doit s'engager à respecter le Père ainsi que son prochain, à mener une vie conforme aux règles de la communauté, à chercher assidûment le Père, à faire ce qui est bon et louable aux yeux du Père et en accord avec ce qu'Il a ordonné par l'entremise de Moïse et des prophètes qui sont ses serviteurs; à se tenir loin du mal et à persévérer dans le bien, à agir honnêtement, vertueusement et équitablement, et à ne pas marcher avec obstination, le cœur rongé de remords, les yeux pleins de lubricité, ou en faisant toute sorte de mal, en pensée ou en action; à amener dans le lien de l'amour mutuel tous ceux qui ont démontré leur aptitude et leur empressement à obéir aux règles de la Confrérie parfaite de Dieu. »

Après ce paragraphe particulier, une bénédiction était lue en hébreu, en égyptien puis en grec. Elle se lisait comme suit :

« Père céleste, bénis ces Frères dans l'Engagement Éternel qui subsistera à jamais, et du ciel donne-leur accès au Printemps perpétuel de la foi sans faille.

Gratifie-les de toutes sortes de bénédictions et mets-les dans le secret de ce savoir sacré que possède l'Esprit Saint.

Accorde-leur le bonheur d'un Printemps perpétuel et ne refuse pas à ceux qui ont soif les Eaux vivantes de la Vérité et du Bien.

Bénis-les et protège-les de tout mal, et anéantis la frénésie des damnés.

Bénis-les et éloigne-les de tout esprit pouvant les corrompre.

Récompense-les du salut et fais en sorte qu'ils savourent une paix d'une plénitude infinie. Donne-leur la grâce de l'Esprit Saint ainsi que celle d'une bonté et d'une compréhension aimantes, et garde-les dans la vérité, en bonne santé, et dans l'Engagement Éternel.

Accorde-leur le bonheur d'un aperçu de la Vérité éternelle et donne-leur à tout jamais la paix entre chaque homme, de même qu'à leur progéniture. »

Après avoir entendu ces bénédictions reprises plusieurs fois dans ces trois langues, je les connaissais par cœur. Mais je n'étais pas prêt pour souffrir comme j'allais le faire de la faim et de l'affront à ma fierté. Car des novices en vêtements bleus, la couleur des robes de travail, entrèrent dans la salle par petits groupes, apportant du pain frais à l'odeur alléchante, des pots de légumes et d'agneau appétissants, ainsi que des fruits fraîchement cuits.

Ils placèrent également devant moi une grappe de raisins mûrs et chaque raisin m'attirait comme un œil amical. L'arôme était presque irrésistible, si grande était ma faim, et je n'appréciais pas du tout que l'on m'ait dit de ne pas manger jusqu'à ce que j'en reçoive l'ordre. Je jetai à la dérobée un coup d'œil à la ronde et me sentis d'autant plus blessé que personne ne me regardait ni ne se souciait de savoir si je désobéissais.

Mon petit cœur se rebella et mon estomac commença à rugir son ressentiment devant pareil traitement. N'était-ce pas là un ordre idiot? Pourquoi un ordre aussi inutile était-il donné? Il ne pouvait y avoir de raison pour ne pas manger – tous les autres le faisaient! Ma faim et ma rébellion montèrent jusqu'à ce que j'envisage de quitter le banc et de courir à la maison dans les bras de ma mère. Je pourrais lui expliquer que c'était pure sottise que de se laisser mourir de faim devant une table couverte de nourriture et avec des raisins presque à portée de la bouche. Puis je décidai que j'allais demeurer là, mais que je ne goûterais même pas à leur vieille nourriture. Et sous mes yeux, la nourriture chaude, les légumes et l'agneau commencèrent à avoir l'air froids et à se couvrir de cette pellicule de graisse propre seulement aux plats d'agneau!

Imperturbable face à mon apitoiement rebelle sur moi-même, la Confrérie mangeait en silence ou avec un minimum de conversations, et tout au long du repas un Frère se tint debout à l'autre bout de la salle et lut des extraits de la Thora en hébreu et en grec. Il commençait également à en lire en latin lorsque le Maître parfait leva la main.

« Frères, avez-vous tous terminé? Alors que l'on sache que le fils de Joseph a réussi sa première épreuve d'obéissance! Joseph-bar-Joseph, tu peux manger maintenant! »

Je n'osai lever la tête car mes yeux étaient pleins de grosses larmes d'apitoiement et j'étais troublé du fait que ma bonne nourriture chaude avait refroidi. Je fis semblant de dire ma prière personnelle tandis que je faisais sortir les larmes de sous mes paupières. Et pourtant, je m'aperçus que je priais réellement dans mon cœur afin d'avoir la force et l'endurance nécessaires pour apprendre à guérir. J'entendis un petit bruit sec et j'ouvris les yeux pour constater qu'un jeune novice emportait mes plats. J'étais bouche bée, mais un moment plus tard une plus grosse assiette de nourriture toute chaude fut placée devant moi! Je me mis à manger avec ardeur et une grande joie envahit mon cœur, car j'avais vu mon père se lever à moitié pour jeter un regard depuis l'autre côté de la salle – sur mon indignité! Je savais par l'éclat dans ses yeux et le plus subtil des hochements qu'il était satisfait de moi. Je mangeai sans m'arrêter tandis que les Frères récitaient une série de prières que je n'écoutai pas et que je ne retins pas; bientôt mon petit estomac fut rempli et les épreuves de la journée m'apparurent de nouveau supportables.

Les prières se terminèrent au moment où je finissais mon repas et le Maître secret dit : « En signe d'humilité, que chaque homme emporte à l'arrière-cuisine l'assiette du Frère se trouvant à sa droite et qu'il la lave correctement! » Il se trouva que le Maître parfait vint à ma table, prit mon assiette et l'emporta à l'arrière-cuisine.

« Maître, c'est moi qui devrais emporter la vôtre! »

« Non, mon garçon, c'est là notre leçon d'humilité. Car pas même le Seigneur des Frères de la Lumière n'est au-dessus de son devoir envers l'Ordre ou au-dessus des tâches les plus inférieures. Rappelle-toi de cela! »

Chaque geste était utilisé pour former le corps, l'intelligence, le cœur, la moralité ou l'esprit de la Confrérie. Avec quelle rapidité et quelle simplicité ils enseignaient! On m'avait appris la nécessité de l'obéissance sans avoir recours à aucun argument ni aucune justification du pouvoir de l'autorité. On m'avait enseigné la persévérance au mépris du désir personnel ou des épreuves, et on m'avait appris la véritable humilité et le véritable sens du service, tout cela au cours d'un même repas. Et ma formation n'était pas encore commencée. Mais ne l'était-elle pas en réalité? Comment pouvait-on dire quand débutait son instruction officielle dans la Confrérie de la Perfection : chaque tâche ou responsabilité que l'on nous confiait, chaque détail ou acte pouvait avoir et habituellement avait pour objectif de former quelqu'un selon la ligne directrice désirée. La formation était ininterrompue jusqu'à ce que l'on parvienne au Maître secret lui-même. Et par moment on avait l'impression qu'il était le but visé de toute formation et de tout effort. Car la méthode du précepte et de l'exemple était employée en toutes circonstances. Mais il y avait largement assez de temps consacré aux disciplines personnelles comme la gravure, la composition, le chiffrage et l'art. Aucun concept était trop petit ou bien trop grand pour ne pas être délibérément utilisé par la Confrérie.

Chaque semaine, chaque homme d'une brigade était tenu de faire un résumé de ce qu'il avait appris cette semaine-là et malheur à celui qui n'avait pas saisi la signification et la valeur spirituelle de certains des exercices physiques. On m'avait affecté à une brigade de nouvelles recrues et notre première tâche consistait à balayer chaque centimètre carré de la rue de l'enceinte, et à le faire chaque jour. C'est ce que nous fîmes en chantant notre alphabet de façon rythmique, en comptant de un jusqu'à mille et en faisant du calcul mental, ou en répétant des maximes bien connues dans l'une ou l'autre des cinq langues, et au commandement de notre chef.

Notre chef était un homme du désert, Ishmaül, un homme costaud de taille moyenne, comme moi. Mais il avait la peau noire et les yeux bruns, et au bout d'un certain temps, j'en vins à savoir qu'il était un *Hanif*, un mystique naturel, un homme qui avait de soudaines intuitions sur les choses au-delà des plans physique ou mental. Il était, tout comme la plupart des mystiques, un homme dont la joie était puissante et contagieuse, mais il pouvait tout autant être d'humeur à jouer des tours qu'à imposer une discipline de fer. Mais peu importe son humeur, il faisait dix fois le travail des douze autres membres de sa brigade. Nous en sommes venus à l'aimer et à le craindre avec une égale sincérité, car chaque mois il nous fallait exprimer à chacun des membres de notre brigade les sentiments que nous éprouvions envers lui, et notre réaction à son égard ne semblait nullement le toucher. Sous la conduite d'Ishmaül, je ne bénéficiai d'aucune faveur spéciale, mais je devais faire ma part du travail qui était assigné à ma brigade quel qu'il soit, et la faire au mieux de mes capacités et avec toute la force de mon petit corps. Lorsque vint notre tour de transporter l'eau pour le Bain d'amour quotidien, on me donna deux seaux de petite taille. Mais à mesure que les semaines passaient et que ma force grandissait, Ishmaül me donna des seaux toujours plus grands pour hâter le développement de ma force.

« Surpassez-vous! Surpassez-vous! Donnez tout ce que vous pouvez, et plus encore. Car le progrès ne vient pas du simple fait d'acomplir les choses, mais de l'effort que l'on fait pour se surpasser! Celui qui ne repousse pas un peu plus ses limites chaque jour n'atteindra jamais le paradis! »

Un jour au cours de ma deuxième année, tout juste une semaine après que ma mère adorée eut donné le jour à Simon, j'étais en train de transporter de l'eau lorsqu'un soudain éclair d'intuition me frappa. Durant notre période de repos, je coupai une branche incurvée d'un saule, je l'encochai et j'attachai une lanière de cuir à chaque extrémité. J'attachai ensuite ces lanières aux seaux. Me servant de cette palanche rudimentaire, j'étais capable de transporter deux seaux de taille normale. J'étais tellement fier que je m'attendais à recevoir un compliment d'Ishmaül, mais il ne dit rien et n'eut pas l'air d'avoir remarqué mon amélioration. Cependant, le jour suivant, durant notre période de repos, il se rendit discrètement jusqu'au bord du ruisseau et essaya ma palanche. Il attacha ensuite deux seaux à chaque bout et fit un essai ainsi. Je faisais semblant de dormir à l'ombre de l'arbre que nous réservions pour cet usage, mais en mon for intérieur j'avais le cœur rongé par la colère. Le jour suivant, il apporta deux énormes seaux pouvant contenir presque trois fois autant d'eau qu'un seau ordinaire et, pendant notre période de repos, il descendit subrepticement au ruisseau pour mettre la palanche à l'essai avec cet énorme poids. Mais il ne dit toujours rien sauf que le jour précédant le cinquième sabbat, il me dit d'apporter ma palanche à la Salle de l'Assemblée.

C'était le moment du rapport trimestriel à la Confrérie et il me demanda de m'avancer pour démontrer que je pouvais transporter beaucoup plus de poids en toute sécurité avec cette palanche rudimentaire. Il prit ensuite la palanche et la relia à ses énormes seaux, les porta lui-même, puis demanda aux Maîtres de faire l'essai de la palanche. Ce qui fut fait, et les Fils de la Lumière votèrent de faire fabriquer deux cents palanches avec un bois spécial, chacune ayant un profil incurvé au niveau du cou afin de ne pas faire mal à l'os. Notre brigade fut déchargée de sa mission de transport d'eau pour être affectée à la fabrication des palanches sous la supervision experte de mon père.

Ishmaül me donna alors tout le crédit de l'invention de la palanche qui allait permettre de transporter l'eau nécessaire en deux fois moins de temps et avec la moitié de l'effort habituellement requis, libérant ainsi des brigades de Frères pour d'autres travaux.

Mais je ressentais un vif remord de m'être tant laissé emporter à cause des essais qu'il avait effectués avec ma palanche et je dis à l'Assemblée : « Frères, j'aimerais que vous sachiez que Ishmaül du Désert a mis la méthode à l'épreuve et en a fait l'essai et que, grâce à son esprit et à son habileté, il en a perfectionné l'utilisation. Il mérite plus d'honneur que moi, car je n'y vis aucun avantage pour la Confrérie, mais seulement pour moi. »

Le Maître secret passa la main dans les boucles grises de sa longue barbe et hocha la tête. Lorsque Ishmaül protesta, disant que le crédit me revenait – car le fait de mériter un honneur à ce point-ci de la formation pouvait déterminer si l'on était autorisé à aller de l'avant dans les études. Le Fils de l'homme leva la main et dit : « Frères, répartissons le mérite de la façon suivante. Nous rendrons à Joseph-bar-Joseph ce qui lui revient et à Ishmaül ce qui lui revient! Ainsi le Saint Ordre du Père ne sera le théâtre d'aucune dispute. »

Le travail fut long mais pas vraiment difficile, et les études furent aisées; en fait, toutes les études, sauf l'écriture et la composition. J'étais peu habile à graver de beaux symboles et lorsque je tentais de mettre mes pensées par écrit, j'avais l'impression de ne plus savoir m'exprimer. Quel effort cela exigeait! Mais, en deux années à peine, je maîtrisai à fond tout ce qui s'enseignait normalement en quatre années et même plus. Pour cela, je ne méritais aucun crédit. Ma mère et mon père m'avaient donné une bonne instruction. Et le Père céleste m'avait donné un esprit agile et une mémoire aussi prodigieuse que précise. Celle-ci ne cessait d'émerveiller mes précepteurs. Une fois, on fit appel à moi pour un étrange cas d'urgence.

La Confrérie avait pour habitude de payer une fois par année toutes ses dettes aux autres communautés de l'Ordre pour les frais de logement, de nourriture, de matériaux et pour d'autres frais encourus. Cette année-là, j'avais été affecté au Maître des provisions et de la comptabilité pour qu'il me soit donné d'apprendre ces choses. J'avais examiné le rouleau sur lequel tous nos comptes avaient été inscrits avant qu'il ne soit envoyé à notre gardien des rouleaux, Baradas de Hébron, et aux autres communautés de l'Ordre, à des endroits comme Béthanie et le Mont Carmel. Notre Frère fut tué par un lion dans le désert de Samarie, et le rouleau fut détruit à coups de griffes et de dents. On me demanda si je pouvais me rappeler précisément des renseignements inscrits sur le rouleau et dans toutes les colonnes. J'ai alors médité pendant une heure à ce sujet puis, dans une hâte frénétique, j'ai recréé avec exactitude le rouleau, inscrivant les montants dans chaque colonne et me rappelant avec précision si les montants étaient dus en argent romain ou juif. Ceci était des plus importants, puisque, si nous recevions une pièce d'argent romain ou que quelqu'un en demandait, nous étions tenus par la loi romaine de payer avec de l'argent romain. Nous avions également la conviction que la Confrérie se devait de satisfaire avec minutie et rigueur à chacune des exigences légales afin qu'aucune critique ne survienne à l'égard de nos actions.

Les lois juives prescrivaient que chaque personne se rende à la synagogue locale affiliée au Temple de Jérusalem le jour du sabbat et certains jours de fête religieuse. Notre Confrérie était des plus pointilleuses à propos de notre présence assidue, même si en principe nous ne faisions pas partie de la foi juive comme c'était le cas de certaines autres communautés de l'Ordre. Certaines de nos communautés, particulièrement celles situées près de la pointe nord-est de la Mer Morte, étaient entièrement juives. En outre, l'enseignement religieux relatif à la foi juive que nous recevions au sein de notre communauté était encore plus intensif que celui reçu dans la synagogue. En fait, une des épreuves que devaient réussir ceux qui voulaient accéder au rang de Maître, ou d'enseignant de la Confrérie, se fondait sur l'adage suivant :

« Celui qui peut enseigner aux enseignants des autres,
Peut enseigner au plus humble de nos Frères. »

Pour être autorisé à débuter à l'échelon le plus bas comme enseignant dans notre communauté, il fallait parvenir, de façon subtile mais réelle, à enseigner quelque chose au Grand-Prêtre du Temple de Jérusalem. Avant de recevoir la permission de faire pareille tentative, il fallait être capable d'enseigner à son propre rabbin. Ce que l'on enseignait devait faire partie des convictions religieuses des Juifs, et ce, sans susciter de préjugé ou d'antagonisme, et dans un absolu respect du prêtre et de sa croyance.

Lorsque je décidai de tenter ma chance, cela me mena à la surprenante découverte de la Fraternité Blanche.

QUATRE

Des secrets à l'intérieur de secrets

Mon adorable mère n'accepta jamais facilement ma réussite dans la Confrérie. Souvent, lorsque je lui rapportais quelque incident sans importance, elle me regardait toute émerveillée de ce qu'elle voyait. À mesure que les années passaient, elle s'affirma de plus en plus franchement dans sa remise en question de l'autorité que mon père exerçait sur moi. Il lui arrivait à l'occasion de laisser entendre que je n'étais pas son fils. Mais lorsqu'elle se rendait compte que je la dévisageais avec incrédulité, elle fondait en larmes et quittait précipitamment la cuisine. En dehors de cette tension rarement ressentie mais profondément déroutante, elle m'aimait d'une tendresse que nous, de la Confrérie, réservions au Père éternel.

Une fois, cependant, ses convictions politiques l'amenèrent à défier ouvertement mon père, toujours si patient : « Que le Messie ne vienne jamais à notre peuple ne semble pas faire partie de tes préoccupations! Il n'y aura aucun espoir pour notre nation tant que Celui dont on a prédit la venue ne viendra pas sauver notre peuple de l'esclavage politique. »

Mon père se tourna alors vers elle et, à force de poser des questions, fit la démonstration de son point de vue. Une des choses que j'ai apprises grâce à lui est qu'un véritable initié ne fait jamais de déclarations audacieuses, mais établit la pertinence de ses vues à l'aide de questions.

« Es-tu certaine, ma bien-aimée, de bien savoir ce que je pense vraiment? Se pourrait-il que la force future de notre nation ne dépende pas de la rédemption des sadducéens, des pharisiens et des zélotes? Se peut-il qu'il y ait quelque valeur dans le pauvre homme du commun? Se pourrait-il que la valeur de l'homme ordinaire soit plus grande que celle du prêtre ou du rabbin? Se peut-il qu'il y ait quelque valeur exceptionnelle chez les pauvres? Se pourrait-il qu'ils héritent de la Terre? Se pourrait-il qu'ils soient secrètement bénis parce qu'ils sont doux et qu'ils ne luttent pas contre la destinée? Se pourrait-il que dans leur humilité réside plus de pouvoir que dans les légions romaines? Est-il possible que la force du peuple soit diminuée par les Esséniens parce qu'ils ne font aucun effort pour exercer des pressions sur qui que ce soit, ni pour guider la vie de quelque personne que ce soit? Se pourrait-il que les Esséniens puissent rassembler les pauvres comme un berger rassemble son troupeau? Se pourrait-il que celui qui est destiné à être le Roi du monde doive mettre en valeur les humbles, exalter les pauvres, et être un citoyen du royaume des humbles et des gens de modeste origine? »

Je vis la profonde impression que ces paroles produisirent sur elle et de quelle façon ses yeux bleus se tournèrent lentement vers moi, absorbée qu'elle était dans ses pensées.

Mais à partir de ce moment, ma mère sembla éprouver moins de ressentiment à l'égard de mon père et de la relation privilégiée qu'il entretenait avec moi et, parfois, elle donnait presque l'impression de tolérer son autorité. Elle insistait beaucoup pour que j'assiste le plus souvent possible au service du Tabernacle de Nazar, qui avait lieu deux après-midi par semaine en plus du sabbat auquel devait obligatoirement assister toute la Confrérie. Personnellement, j'estimais, tout comme bon nombre de mes Frères, qu'il s'agissait d'une perte de temps. Mais il était de notre devoir d'y assister, et nous accomplissions scrupuleusement notre devoir. Le rabbin Borrenchan était un homme de petite taille, très rougeaud du visage, nerveux et d'apparence maladive. Ce n'était pas un homme brillant bien qu'il soit devenu érudit à force d'études, et de ce fait il était prétentieux et borné dans ses opinions. Il était particulièrement jaloux de sa position sociale et de ses prérogatives, et il était en conséquence sensible à la flatterie. En raison de l'insistance quasi hystérique de ma mère, soutenue par les directives de mon supérieur, je consacrai le temps supplémentaire requis pour recevoir un complément d'enseignement sur la religion juive auprès des prêtres orthodoxes de la grande religion. Avec mon étonnante mémoire, j'aidai bientôt le rabbin et mon père me gronda gentiment en disant que je lui faisais la leçon comme si j'étais son Maître. Mais cette situation plaisait à mon père car il m'en apprit plus sur la religion juive que ce que l'on trouvait dans la Thora et dans les autres Livres de la Loi. Il m'aida à voir clairement le fait que les Juifs étaient eux-mêmes leurs pires ennemis et qu'avec tous les efforts qu'ils faisaient pour vivre conformément à la loi, ils détruisaient par là même tout espoir d'y parvenir.

Il disait souvent : « L'homme ne doit pas vivre selon la lettre des lois mais selon l'esprit de ces mêmes lois. Dieu a transmis l'esprit des lois. L'homme se fait des entraves de la lettre des lois. »

Le temps que j'ai peut-être trouvé le plus difficile à passer avec le rabbin Borrenchan fut avant le voyage annuel au Temple de Jérusalem pour la fête pascale et l'enregistrement de ceux qui avaient atteint leur majorité. Chaque enfant de sexe masculin qui avait atteint son douzième anniversaire avant la fête de Pâques devait se présenter pour être enregistré et questionné par le prêtre afin d'évaluer sa connaissance de la religion, car il arrivait à l'âge de l'acceptation qui correspondait au treizième anniversaire.

Comme il est étrange que ce soit la Fête de Pâques et la stricte loi religieuse juive qui aient rendu possible un moment si important de mon développement. Car peu de temps avant mon douzième anniversaire, j'avais pris la décision de tenter de devenir Maître, ou enseignant, dans la Confrérie qui exigeait pour ce faire que j'enseigne au Grand-Prêtre du Temple. Cela n'était pas rien et bien plus nombreux étaient ceux qui avaient échoué à cette épreuve que ceux qui l'avaient réussie. Les Grands-Prêtres possédaient une connaissance approfondie de chaque petit détail de leurs lois, et ils étaient impatients, arrogants et orgueilleux, tout juste comme les hommes qui héritent du pouvoir ou d'une place.

En premier lieu, le candidat devait réussir les examens ainsi que l'exigeaient les prêtres, pour devenir Fils du commandement. Puis, avec des Frères présents dans l'assistance pour l'observer et contrôler ce qu'il disait, il lui fallait prendre au piège les hommes les plus érudits parmi les Juifs et leur transmettre un enseignement sur leurs propres croyances. Ce n'est que lorsque ses Frères convenaient à l'unanimité qu'il avait réussi qu'il pouvait alors se voir attribuer le titre de *Rabboni*, c'est-à-dire Maître, et prodiguer un enseignement à ses propres Frères.

Bien des choses entrèrent en ligne de compte dans ma décision de devenir enseignant, mais peut-être aucune ne fut plus importante que l'attitude de ma mère à l'égard de mon cousin. Celui-ci était arrivé de la région vallonnée de la Judée dans les hautes terres montagneuses au sud de Jérusalem lorsque j'avais neuf ans, quelques jours après mon anniversaire. Ma tante Élisabeth voulait qu'il ait des enfants autour de lui et se refusait à l'élever dans une maison habitée seulement par une vieille femme puisqu'elle avait plus de cinquante ans lorsqu'il fut conçu. Pour une raison que je ne pouvais alors comprendre, elle voulait à tout prix qu'il vienne à Nazar et qu'il entre dans la Confrérie, tout comme je l'avais fait, et qu'il vive avec nous.

Jim-Jim avait presque huit ans; Jo-Jo, presque six; Mary-B approchait de ses cinq ans; Simon avait deux ans; et il y avait de la place pour un garçon presque adolescent de dix ans. Ma mère était délicieusement impatiente de le voir et mon père était content. Car nous aimions notre famille, et tous les membres de notre famille élargie étaient toujours les bienvenus et pouvaient séjourner avec nous aussi longtemps qu'ils le désiraient. Mon oncle Zacharie était mort subitement, et nous ne savions pas pourquoi.

Jehonachan arriva avec une caravane essénienne en provenance de Béthanie, et il reçut son initiation le jour même grâce au bien que j'avais dit de lui aux Frères. Ce soir-là, il vint à la table de ma mère pour la première fois, avec ses grands yeux bruns un peu timides. Jean-Jean, comme nous avons pris l'habitude de l'appeler, était grand et fort, même s'il n'avait qu'à peine dix ans, et il était comme un adulte qui avait une mission sérieuse dans la vie. Il allait lentement mais inexorablement et tout le monde se prit bientôt d'affection pour lui. C'était un meneur naturel, et il rassemblait les gens autour de lui dans l'amour. C'était également un prédicateur naturel et il pouvait discourir des heures durant de façon passionnante sur les choses les plus insignifiantes.

Lorsque plus tard son esprit fut rempli de ce qui allait devenir le fondement des croyances de toute sa vie, il tenait tellement les hommes sous le charme de ses paroles qu'ils en oubliaient même de respirer. Dès l'instant où il se mit à vivre avec nous, il m'arrivait fréquemment de les observer, lui et ma mère, en train de chuchoter et de conspirer, et ensuite de me regarder avec des yeux débordants d'une étrange tendresse et d'un profond respect. En vérité, Jean-Jean était autant et peut-être même plus doué que moi. Il était calme et très intelligent, et la moindre des suggestions de ma mère était pour lui comme un ordre divin. Il témoignait envers ma mère de l'adoration qu'elle méritait, laquelle, nous avait-on enseigné, était réservée au Maître secret qui représentait le Père éternel sur Terre.

Ah oui! Comme mon père, Jean-Jean était un *Hanif.* Où qu'il soit, il était en contact permanent avec son Père Céleste. Franchement, j'éprouvais même de l'envie à son égard car, dès les premiers jours de sa vie, il semblait savoir exactement ce qu'il voulait faire. Toutes ses actions visaient à le préparer à faire cette chose qu'il était venu accomplir. Il était tellement indépendant, tellement sûr de lui. J'étais peut-être un peu jaloux de sa relation avec mon adorable mère. Pas jaloux de l'amour qu'il prenait, car il y avait toujours de l'amour et de l'affection en surplus, mais jaloux de la compréhension qu'il semblait y avoir entre les deux. J'étais tellement envahi par ce sentiment que j'en ai attrapé un rhume, une maladie dont on n'avait jamais entendu parler dans la maison de mon père. Celui-ci vint me voir et m'envoya immédiatement chez Maître secret avec ces paroles : « Va! Débarrasse-toi de ce qui t'accable! Car ton Soi cellulaire a sûrement l'impression d'avoir péché, sinon ton corps n'attraperait pas de rhume! »

Devant notre vénérable Patriarche, je tremblais, mais je lui confessai ma jalousie et ma confusion au sujet de ma mère. Il m'écouta jusqu'au bout, puis il dit : « Garçon, ta mère porte un lourd fardeau de croyance dont elle te parlera sûrement lorsque tu seras un peu plus vieux. Attends que ce temps vienne avec amour et patience. Maintenant lève-toi, et retourne travailler. Ces péchés te sont pardonnés par le Père! Va! » Je m'en allai et mon rhume disparut. Jamais plus il ne revint, et il ne m'arriva plus jamais ensuite d'être malade.

Lors de mon dixième anniversaire, un honneur et un privilège des plus importants nous furent accordés à Jean-Jean et à moi. La Confrérie décida de prendre acte de notre mérite, en partie pour plaisanter mais avant tout sérieusement, en raison du caractère exceptionnel de notre cas. Ils votèrent en faveur d'un changement à la règle voulant que personne ne soit considéré comme un Frère à part entière avant d'avoir atteint son vingtième anniversaire. Lors de l'assemblée, Jean-Jean se tenait à mes côtés, grand et large de poitrine, son visage calme rendu intense par de grands yeux ronds et une peau presque olivâtre. Nous partagions le même lit et avions le même rabbin ainsi que mon père comme professeurs. Mais nous étions affectés à des brigades différentes au sein de la Confrérie, et nous ne nous voyions qu'en passant durant la journée. Jean-Jean s'efforçait, dans tout ce qu'il faisait, d'alléger mon fardeau, d'éclairer ma voie, de rendre mon chemin plus paisible et plus facile. Mais ce jour-là nous étions côte à côte, partageant un honneur qui jamais n'avait été conféré. Nous avions réussi tous les examens intellectuels d'érudition que les Maîtres pouvaient imaginer, et notre développement physique était plus avancé que la normale pour notre âge. Il nous arrivait parfois de débattre l'un avec l'autre pour affiner notre propre pensée et pour apprendre à mieux exprimer nos convictions. Nous possédions une réelle maturité sur les plans de la raison et des émotions, mais je pense que ce qui a incité la Confrérie à nous conférer cet honneur fut l'amélioration que nous avions apportée au Bain d'amour, une amélioration grâce à laquelle j'ai entendu parler de la Fraternité Blanche, et qui a presque coûté la vie à Jean-Jean.

Nous tentions sans cesse de concevoir des façons d'effectuer le travail physique de la Confrérie en moins de temps et avec moins d'efforts. Trois mois après son arrivée, nous avions inventé et construit un treuil et une courroie qui remontaient en place les roches du Mur de l'initiation. Celui-ci pouvait maintenant être érigé à nouveau en une heure par dix hommes, alors qu'auparavant il fallait presque le même temps à un millier d'hommes.

Peu de temps après, encore grisés par notre succès, nous avions constaté que le petit cours d'eau à partir duquel nous transportions l'eau pour le Bain d'amour, contournait l'enceinte dans sa partie la plus élevée, puis décrivait une courbe au loin et revenait en un vaste cercle pour couper à travers l'extrémité inférieure du domaine. Nous avions également observé qu'une fois que de l'eau était tirée au moyen d'un siphon, elle continuait à couler aussi longtemps qu'on ne faisait rien pour l'arrêter. Profitant de nos périodes de repos, nous avions transporté des roches pour fabriquer un barrage à travers le lit du ruisseau; puis nous avions rempli le ruisseau de paille mêlée à de l'argile, créant ainsi un bassin assez profond là où il n'y avait auparavant que le gargouillis d'un ruisseau. Nous avions ensuite coupé et ajusté les joints de raccordement de nombreuses tiges creuses dans lesquelles nous pouvions enfoncer deux doigts. Puis nous avions incurvé la tige qui était était encore verte en l'attachant entre des piquets enfoncés dans le sol.

Lorsque tout fut prêt, nous avions une tige s'étendant depuis l'étang, à travers le toit d'un bâtiment et se terminant dans la cuvette d'où l'eau était puisée par des robinets pour le bain quotidien. Nous avions attaché les tiges au toit à l'aide d'une sangle de cuir et aussi à la cuvette. Mais pour amorcer le siphon, nous avions eu une idée assez particulière. J'étais à la cuvette, prêt à boucher la tige dès qu'elle serait remplie d'eau. Jean-Jean, là-haut au bassin, devait remplir lentement la tige d'eau, puis plonger et attacher le bout de la tige incurvée à un pieu enfoncé au centre du bassin. Ainsi ancrée, elle ne risquerait pas de tomber, et l'eau pourrait circuler jusqu'à la cuvette. Là, avec un bouchon de bois, nous pourrions interrompre à volonté l'écoulement de l'eau ou la faire couler en enlevant simplement le bouchon. Nous avions fait tout cela durant nos moments de repos sur une période de plusieurs semaines et nous étions prêts; mais aussi trop pressés et, par conséquent, imprudents.

Lorsque les tiges furent remplies d'eau, Jean-Jean entra dans l'eau et s'enfonça avec la tige incurvée pour la fixer au pieu. Il fit surface, me cria d'enlever le bouchon, puis plongea pour inspecter le bout du siphon, afin de s'assurer qu'aucune boue ni saleté n'y entrait.

Il était d'usage dans notre Confrérie de ne jamais offenser le Père céleste par notre nudité. Nous portions autour de la taille une corde faite de sept torons de lin tordu, et devant et derrière, par-dessus nos parties génitales, nous avions une petite toile de lin. J'ignorais que sa pièce de toile s'était accrochée dans le siphon, le retenant sous l'eau par la solide corde entourant sa taille. Je savais seulement que l'eau avait tout d'un coup cessé de couler, et quelque chose ressemblant à une lumière bleue me toucha la tête et me dit le danger qu'il courait. Je courus à toutes jambes jusqu'au bassin et plongeai dedans sans même enlever ma robe de travail; quelques instants plus tard je l'avais libéré et tiré jusqu'à la berge.

Mais il avait passé trop de temps sous l'eau – et Jean-Jean était inconscient. Je le transportai sur mes épaules tandis que de l'eau s'écoulait de sa bouche et de son nez; j'étais néanmoins tout à fait convaincu que la méthode de guérison que mon père m'avait enseignée au fil des années pouvait lui sauver la vie. Je tentai de le réanimer mais en vain, et la panique s'empara de moi.

À partir de l'instant où la vie de Jean-Jean fut mise en danger, son esprit sembla établir quelque connexion magique directe avec le mien, et ses pensées, ses sentiments, son agonie faisaient dès lors partie de moi. Je sentis la douleur de la pression de l'eau dans ses poumons et dans son estomac, la douleur atroce des poumons pris de spasmes par manque d'air, et enfin l'angoisse absolue de la séparation de son esprit de son corps à bout de force. Je ressentis cette séparation comme une souffrance insupportable dans chaque nerf et chaque cellule de mon corps et mes pensées s'embrouillèrent de terreur à la pensée de le perdre, car la mort de mon propre être aurait été plus douce.

La mort en soi ne m'effrayait pas puisqu'on nous enseignait dans la Confrérie que la mort n'était rien de plus qu'une naissance dans le monde de l'esprit où les maux de la chair ne pouvaient entrer. La pensée de le perdre et la pensée de la désolation qu'éprouverait ma mère s'il nous quittait me précipitèrent dans une profonde inquiétude – non pas pour le mort, mais pour les vivants. Je le soulevai comme nous le faisions avec les sacs de blé de notre champ et, le portant sur mon épaule, je courus en direction de l'enceinte, appelant à l'aide de toutes mes forces. Je vis soudain au milieu de l'enceinte, près du portail d'en haut, la silhouette de mon père et il se dirigea vers moi à travers la cour. Je déposai Jean-Jean par terre à l'ombre de la cuvette du bain.

« Oh, père! Aidez-moi! Aidez-moi! Jean-Jean est mort! Il s'est noyé et il est mort! »

Quel étrange aspect avait mon père à mes yeux excités! C'était bien lui – et pourtant il était différent. C'était comme s'il flottait au-dessus de la terre ocrée, ses pieds effleurant à peine la terre. Il était étrangement translucide, comme si le soleil brillait depuis les profondeurs de sa chair. Il se déplaçait avec un calme délibéré qui me poussa à l'inciter à aller plus vite car il semblait être complètement détaché et presque indifférent. Mais son visage était si calme que je pensai qu'il ne m'avait pas entendu au moment où il s'arrêta à côté de moi et baissa les yeux pour regarder le spectacle pitoyable qu'offrait Jean-Jean. Il fit un geste de la main en signe de bénédiction. Puis il me dit calmement : « Tu vois, il n'est pas mort. Il dort seulement. Éveille-le! »

« Mais, Père, j'ai déjà essayé! J'ai échoué! »

« Ce péché d'échec est pardonné! Essaie de nouveau, avec une pleine connaissance et une ferme volonté comme je te l'ai enseigné! »

Docilement, je me retournai vers Jean-Jean. Son visage était cireux et sa chair rigide alors que je m'agenouillai à côté de lui et l'étendis de tout son long sur le dos. Ensuite, puisant dans mes ressources intérieures d'amour, je lui prodiguai mon énergie par la force de la pensée et *voulus* de toutes mes forces qu'il soit vivant. Je fis tout ce que je savais, me rappelant de tout ce que mon père m'avait enseigné, mais Jean-Jean demeura inerte et n'ouvrit pas les yeux.

« Il est mort! Je n'arrive pas à le réveiller! Il est mort! »

« Il n'est pas mort! Il sommeille! Réveille-le! »

J'essayai de nouveau, crispé de terreur à l'idée d'échouer, plein de pitié pour moi-même et ma famille; mais toute ma formation ne servait à rien.

« Il est mort! Aucun homme ne peut le sauver à présent! »

« *Toi, enfant de peu de foi!* Essaie avec la foi d'une graine de moutarde! Et des miracles se produiront autour de toi! »

« Oh, père! » Les larmes ruisselaient de mes yeux à tel point que je ne le percevais plus que comme une vapeur flottante et je sanglotais tellement que je pouvais à peine voir. « J'ai échoué – aucun homme – aucun homme – ne peut le sauver maintenant! »

« Aucun *homme* n'a jamais pu le sauver, mon fils, car ce n'est pas l'homme mais le Père éternel qui fait le travail. La mort n'est qu'un sommeil plus profond. Commande à ton moi physique! Commande à ton Moi divin! *Remets-le debout sur ses pieds!* »

« Je ne peux pas! » Je m'effondrai sur son corps raidi.

Je sentis les doigts sur mes épaules – cette douce force avec laquelle il m'avait fait sortir de la Salle de l'Assemblée et dirigé pour éviter toute blessure ou contrôlé tandis que j'approchais pour mon Serment, ou guidé dans mes études sur la guérison – ces doigts étaient à présent froids et sans merci. Je sentis les coups sur chacune de mes joues qui firent rouler ma tête d'un côté puis de l'autre.

« Ravive ta foi! Ne renie pas ta divinité! Réfléchis! Pour quelle raison as-tu tenté de le sauver? »

« Pour – pour notre amour pour lui – et son amour pour nous. »

« Des motifs personnels! »

« Pour quelle raison puis-je le sauver? »

« Réponds selon ce que tu as appris! »

« P-p-pour un principe éternel à l'égard duquel je suis détaché mais que je ne peux voir. » Je me serais de nouveau effondré mais les doigts étaient comme des bandes d'acier sur mes épaules et peu à peu mon esprit affolé vit la raison pour laquelle j'avais échoué. « Je... je vais essayer de nouveau – en voulant qu'il soit sauvé pour servir le Père éternel et son prochain. »

Les mains s'étaient retirées et je ressentis une grande solitude. « Père. J'ai peur! »

« Fais sortir ta peur! Car si une peur même aussi minuscule qu'une graine de moutarde se trouve en toi, c'est comme si ta foi n'existait pas, et il t'est alors impossible de commander à ta Présence divine intérieure. »

Je m'assis et demeurai parfaitement immobile, et je respirai de la façon dont on me l'avait appris – afin d'apaiser mon moi physique. L'hystérie en moi tomba d'un coup et je sentis le flux chaud émanant de la présence de mon père. Je travaillai sur mon esprit, mes émotions et ma conscience. J'étais enfin capable de me tenir en équilibre dans la sphère de la plus complète indifférence à mes sentiments personnels, ou à l'amour – de demeurer assis dans un équilibre spirituel entre les antipodes du ciel et de l'éternité.

En vérité, j'avais su depuis le début qu'un homme en état d'hystérie ou de panique, ou à la foi incertaine, ne pouvait arriver à faire le travail d'un Maître. Mais à mesure que je calmai mon esprit tourné vers l'extérieur et que je m'enfonçai au creux de mon être, je me mis à sentir une flamme d'un blanc bleuté qui semblait circuler depuis la présence de mon père jusque dans ma tête. J'étais rempli d'un étincellement, d'un rayonnement, d'un pouvoir, et soudain *je ne pouvais plus douter!*

Je savais avec un savoir surpassant la simple croyance, avec une certitude éclipsant toutes les raisons, que j'avais la capacité de guérir et de sauver mon cousin! Je demeurai sans bouger le temps d'une douzaine de respirations, puis je me levai et me tins debout au-dessus du corps.

« Père céleste! Que Ta volonté soit faite! Il sommeille! Qu'il s'éveille maintenant! »

Un peu du pouvoir, de la gloire, de l'énergie du Royaume des cieux bondit de ma tête et de mon corps, toucha Jean-Jean et l'enveloppa d'un éclat éblouissant de flamme d'un blanc bleuté. Je pris doucement mais résolument sa main et, avec une absolue certitude, je me mis à le tirer avec fermeté comme pour l'aider à se mettre debout sur ses pieds. Il y eut d'abord comme une image de lui se levant à l'intérieur de la brume pourpre qui nous entourait. Cela ressemblait à l'image miroitante vue à la surface d'un désert brûlant, et cette image se leva debout sur ses pieds, tandis que le corps gisait toujours sur le sol. Puis, comme s'il était soulevé par ma volonté et guidé par ma main, le corps se mit debout et entra dans la forme miroitante. À ce moment précis, ses grands yeux s'ouvrirent, il poussa un puissant soupir frémissant et inspira un grand coup. La flamme vivante d'un blanc bleuté émanant de mon corps continuait à le baigner alors qu'il cherchait à reprendre sa respiration. Sa peau cendreuse commença à prendre des couleurs, puis revint lentement à une teinte olivâtre unie.

« Merci père », dis-je par-dessus mon épaule, car je savais que sans le secours discipliné et la flamme vivante que mon père m'avait donnés, je n'aurais pu sauver Jean-Jean.

Mais – mon père n'était pas avec nous! Je jetai un regard à la ronde pour voir où il était mais Jean-Jean s'affaissa et je tournai de nouveau mon attention vers lui; il était tout simplement faible et à court de souffle du fait de toute l'énergie perdue parce qu'il avait manqué d'air trop longtemps. Il s'assit par terre, cherchant à reprendre son souffle. Comme je ne pouvais rien faire pour l'aider, je me remis à chercher mon père du regard. Je le vis – pas tout près du portail d'en haut mais juste sous le portail d'en bas où aboutissait le sentier venant de notre maison. Il était en train de courir dans notre direction et, en passant près de la Salle de l'Assemblée, le Maître secret et d'autres enseignants se joignirent à lui. Il s'arrêta à côté de moi et il avait maintenant son aspect habituel – pas celui d'une image. Il vit que je l'examinais attentivement, et ses pensées autant que ses mains me signalèrent de garder le silence. Il hocha la tête et son regard était placide et calme et, lorsqu'il parla, il y avait une pointe de rire dans sa voix.

« Jean-Jean, dis-moi – que penses-tu? Voudras-tu jamais un autre verre d'eau? »

Jean-Jean s'assit le temps de quelques respirations, cloué de surprise devant pareille légèreté. Puis il se mit à rire de bon cœur. « Oncle Joseph, aujourd'hui j'ai juste été un peu trop bien baptisé dans l'eau, mais j'ai aussi été baptisé dans la flamme vivante. »

Nous avons alors expliqué en quoi consistaient les améliorations que nous avions apportées et nous nous sommes contentés de dire que Jean-Jean s'était quasiment noyé au cours de l'opération. Tandis que j'examinais autour de moi les visages de mes Frères, je constatai que seuls trois d'entre eux avaient réellement compris ce qui s'était passé. Il s'agissait de mon père, du Maître secret et de Johanan que mon père avait guéri de son poignet tranché quelques années auparavant. Il y avait plus d'intérêt pour l'amélioration apportée que pour le fait que Jean-Jean avait failli mourir; nous avons d'ailleurs été acclamés par la brigade affectée au transport de l'eau. Deux brigades reçurent pour tâche de rendre le barrage permanent et les tiges creuses plus solides.

Mais mon cœur était émerveillé par les choses qui s'étaient produites. Pourtant, lorsque je voulus exprimer mes remerciements à mon père, il me fixa droit dans les yeux et dit : « Le plus grand péché est de douter de ta divinité! Ne me remercie pas, remercie le Père éternel, car Lui seul peut accomplir des miracles! »

Deux choses survenues peu après suscitèrent en moi une profonde réflexion, des questions et peut-être certains doutes. Je me dépêchai de rentrer à la maison afin de dire à ma mère, à Jim-Jim, Jo-Jo, Marie-B et Simon les choses merveilleuses que mon père m'avait amené à faire – qu'il avait en réalité faites à travers moi. Mon adorable mère m'écouta calmement et son visage ne montra aucune trace de doute quant à l'authenticité des faits rapportés.

Elle dit : « Comme c'est merveilleux, Jeshua! Joseph n'aurait pas pu t'aider comme tu te l'imagines. »

« Pourquoi ne l'aurait-il pas pu? »

« Parce qu'il était ici sur le lit, profondément endormi! Lorsque nous avons entendu ton appel à l'aide, nous ne sommes même pas arrivés à le réveiller! » dit Jim-Jim.

« C'est juste! Jim-Jim et moi étions en train de jouer là sur l'étage du haut lorsque nous t'avons entendu crier à l'aide et t'avons vu porter Jean-Jean depuis le bassin près du portail d'en haut. »

« Ils me racontèrent ce qui était en train de se passer et je fis de mon mieux pour réveiller votre père, mais il demeura endormi! »

« Il était complètement immobile – absolument inerte – et il ne respirait pas. »

« Immobile! » dit Jo-Jo. « Il était raide, complètement rigide! »

« Nous avons tenté de le réveiller », expliqua mère, « puis nous avons couru jusqu'à la porte d'entrée d'en bas pour chercher de l'aide. Nous étions là en train de parler au garde quand Joseph est arrivé en toute hâte. Lorsque nous avons essayé de lui dire ce qui s'était produit, il s'est contenté de continuer à la hâte en disant : "Oui, mon amour, je sais!" Mais, comment pouvait-il savoir? Il dormait à poings fermés! »

Je ne le savais pas. Et cela me tracassa grandement jusqu'à ce que je me décide à discuter face à face de ce mystère avec mon père. Mais mon défi ne le fit même pas sourciller; toutefois, ses yeux se voilèrent d'une brume comme s'il se retirait dans quelque sommet distant par-delà les nuages de mon ignorance. Pendant un long moment il me regarda, ses yeux donnant l'impression de voir à travers ma tête et bien loin au-delà. Je savais qu'il cherchait comment formuler sa réponse et qu'il ne me restait qu'à attendre.

Tout à coup il dit : « Mon fils, il est bon pour toi de chercher à comprendre comment un homme peut être à deux endroits au même instant. Il est bon pour toi de te demander pour quelle raison il ne pouvait être réveillé et pourquoi il était raide et rigide. Mais je ne suis pas encore en mesure de te dire si ça te *fera du bien ou pas de chercher à comprendre.* » Soudain, un sourire illumina son visage, ce merveilleux sourire qui démêle les cordes du doute et de l'incertitude, et il fit vibrer mon cœur à la fréquence de son propre être. Sur le ton de la psalmodie il ajouta :

« Même si tu m'enchaînes et m'attaches,
Et que tu me frappes avec un bâton,
Je ne dirai pas un mot de plus que
Fraternité Blanche et Ordre de Melchisédech. »

Oh, comme j'aimais mon sage et merveilleux père en cet instant. Il me dit avec ces paroles pleines d'humour qu'il ne pouvait rien me dire à propos des Ordres au sein desquels il avait fait le Serment du secret et il me dit les noms des Ordres eux-mêmes. Mais je savais que rien ne pourrait l'amener à m'en dire davantage.

Nous nous sommes donc appliqués à en apprendre plus au sujet de la façon de guérir par l'usage de l'esprit et de la volonté. Cette nuit-là, je me retrouvai à nouveau épuisé et affamé. Après avoir mangé et être tombé endormi sur l'épaule du patient Jean-Jean, on me dit que je pouvais aller au lit. Alors que j'étais couché dans l'état de demi-torpeur qui précède le sommeil, j'entendis mère qui parlait à voix basse à Jean-Jean et à mon père.

« Jeshua a maintenant ressuscité quelqu'un de la mort! N'est-ce pas là une preuve suffisante de sa divinité? Peut-on encore entretenir des doutes? »

« Ma bien-aimée, tout homme n'est-il pas divin à l'intérieur? »

Par la suite, mon père conserva la même attitude dans ses rapports avec moi, excepté qu'il était un peu plus sévère avec moi dans ma formation. Mon adorable mère et Jean-Jean se comportaient envers moi avec une nouvelle intensité et une apparente conviction. Je décelais dans leur esprit et leur comportement une étrange vénération pour la guérison que je savais avoir été effectuée par mon père à travers moi, mais qu'ils attribuaient à quelque pouvoir spécial qui ne pouvait provenir, laissaient-ils entendre, que de moi. Désormais, on aurait dit que Jean-Jean et moi étions des frères en esprit, chacun connaissant le souhait et la réaction physique et émotive de l'autre. C'était comme si nos esprits étaient connectés ensemble de quelque façon magique. Cette connexion allait ultérieurement transformer ma vie à son moment le plus crucial. Mais ces choses étaient encore de nombreuses et heureuses années dans l'avenir et à l'autre bout du monde alors que nous nous retrouvions debout, le jour de mon dixième anniversaire, face à l'Assemblée. Jamais aucun moment n'était perdu pour parfaire notre formation et nos Frères s'amusaient à nous faire pratiquer l'art du débat et celui du discours. Nous ne savions pas que c'était pour plaisanter.

Il était d'usage chez les Fils de la Lumière que chacun, même un apprenti du plus bas niveau, soit en droit de voter pour ou contre toute personne parvenant au quatrième et dernier degré alors qu'elle devait se voir conférer par vote le droit précieux de devenir membre de la Confrérie. Car une telle personne pouvait ensuite occuper une fonction et, si elle en avait la compétence, elle pouvait enseigner ou administrer les affaires de la communauté. Et chaque membre à part entière de notre groupe à Nazar avait la possibilité de devenir le Maître secret, le représentant du Père éternel sur Terre. Par conséquent, alors que nous nous tenions coude à coude, vêtus de nouvelles robes et de nouvelles sandales, le vote de n'importe qui, même de la toute dernière recrue, pouvait nous empêcher de devenir membres, – et nous en étions parfaitement conscients! Tous pouvaient présenter des arguments en faveur de l'action ou contre celle-ci, et ce n'est que lorsque tous avaient été entendus que le vote final était possible.

Nous ne nous attendions absolument pas aux événements que ce jour-là nous réservait. Le Maître secret demanda à savoir si quelqu'un s'opposait à notre admission ou souhaitait être entendu. Tous les membres de nos deux brigades se levèrent comme un seul homme et dirent : « Nous souhaitons pouvoir faire entendre notre opposition, vénérable Maître! »

Notre surprise fut complète, car nous pensions que nos compagnons éprouvaient à notre égard une grande affection et une grande tendresse. Le Maître suprême passa la main dans sa barbe grise d'un air grave.

« Ceci est des plus inhabituels, car votre opposition n'était pas mentionnée dans l'analyse annuelle de ces hommes. Quoi qu'il en soit, parlez! Sur quels motifs fondez-vous votre opposition? »

« Eh bien, vénérable Maître, sur quelle autre base que sur l'échec répété de leurs tentatives visant à réaliser des améliorations pour la Confrérie? »

Jean-Jean était tellement fâché qu'il en devint livide, et j'eus peur qu'il ne pose des gestes physiques, car il était généralement une personne au tempérament énergique et direct.

« N'ont-ils pas apporté de nombreuses améliorations? »

« Oui, Maître. Mais n'ont-ils pas échoué plus souvent qu'ils ont réussi? Rappelez-vous, Maître, la fois où le taureau furieux chargea à travers notre enceinte, et où Jean essaya d'inventer une méthode pour guider un taureau en train de courir en le tenant par la queue? Puis Joseph-bar-Joseph vint à son aide mais, en dépit de toutes ses combines, il ne parvint pas à faire dévier le taureau enragé qui manqua la porte de la rivière et enfonça le muret. Ne nous a-t-il pas coûté les trois jours de travail qu'il a fallu à une brigade pour réparer ce fiasco? »

Oh! Et là les Frères ont commencé à rigoler, puis ils ont ri aux éclats! Car nous avions en effet été incapables de détourner ou de faire changer la course d'un taureau avant qu'il n'endommage un muret pour ensuite s'enfuir dans la rivière.

« Avec tout le respect que nous vous devons, vénérable Maître, n'ont-ils pas échoué dans leur tentative pour améliorer une méthode que la Confrérie utilise pour transporter de l'eau dans le désert? »

« La mémoire me fait défaut sur ce point! » dit le Patriarche de derrière sa main.

« Oh, Maître, vous souvenez-vous lorsque Jean fut déposé tellement plein d'eau qu'il dégoutta pendant un mois comme de la mousse détrempée de pluie? En fait, même à ce jour on l'a rarement vu prendre de l'eau de crainte qu'elle se mette à gicler de ses oreilles! »

La Confrérie se tordit de rire et applaudit de joie. Mais lorsque la plaisanterie fut parvenue à son terme, le chef Ishmaul se leva et s'adressa à l'Assemblée.

« Frères, ces Aspirants qui demandent à être admis en notre Saint Ordre du Bien éternel n'ont que la moitié de l'âge requis. Mais ils sont chacun trois fois plus énergiques qu'un homme normal. Chacun, vénérable Maître, est dix fois plus intelligent, vingt fois plus astucieux et cent fois plus aimé. » Il fit une pause et nous observa à la ronde, son visage sombre et pensif, car il était toujours un homme taciturne et peu enclin aux compliments, mais très porté toutefois vers les bonnes actions. Au bout d'un moment il dit : « 'Impossible' est ce qui s'applique à ces deux Aspirants et à leur adhésion à notre Ordre – car je le dis, il serait impossible pour notre Ordre de se faire un honneur plus grand que de les accepter en toute fraternité et tout amour. »

La Confrérie en eut le souffle coupé, car c'était là effectivement le plus grand compliment que l'on puisse adresser – que nous honorions la Confrérie! Il y eut beaucoup de discussion, et la décision finale rendue fut la plus juste et concise possible compte tenu des circonstances. Nous allions être faits Frères spéciaux à titre provisoire avec tous les droits excepté celui de prendre part au vote pour l'élection du Maître suprême. Ceci devait durer jusqu'à ce que nous ayons atteint notre vingtième année, l'âge auquel tous les droits et privilèges du quatrième Degré de la Confrérie allaient nous être conférés. Dans l'intervalle, on nous accorda le privilège d'occuper une fonction au sein de l'Ordre, et on nous donna un mois pour décider dans quel domaine particulier nous souhaitions travailler. Je savais déjà lequel puisqu'il n'y avait jamais eu aucun doute dans mon esprit que je voulais être un enseignant. Et après avoir acquis une plus grande part du savoir-faire de mon père, je voulais enseigner à tous les méthodes de guérison divine.

Le mois fut rempli de beaucoup de travail et nous nous sommes exercés à faire notre déclaration, notre déclaration devant l'Assemblée de la Mission de vie choisie. Finalement, le grand jour arriva et nous nous sommes retrouvés debout devant nos Frères. Jean-Jean était plus vieux que moi et on lui demanda en premier ce qu'il aimerait faire pour la Confrérie pour le reste de sa vie.

« Messieurs, j'aimerais précéder Jeshuau Joseph-bar-Joseph afin de préparer les esprits des hommes et leur annoncer la bonne nouvelle d'une grande joie. J'aimerais crier aux hommes et redresser le chemin et aplanir la colline, car la divinité et la guérison viennent maintenant à l'humanité. J'aimerais consacrer ma vie à prêcher les croyances de la Confrérie, que le Messie vient et que le temps de se repentir de la foi erronée et de se tourner vers la véritable foi des Fils de la Lumière est maintenant arrivé. »

La Confrérie fut ébahie par la beauté de ses paroles et l'intensité de sa ferveur. Mais lorsqu'il parla, aucun homme ne put empêcher son cœur d'entendre ce qu'il disait et lorsqu'il eut terminé ils lui firent une ovation qui fit trembler toute la salle. Les applaudissements se turent enfin et on me demanda ce que je souhaitais faire pour la Confrérie pour le reste de ma vie.

« Messieurs, j'aimerais suivre les pas de Jehochanan, fils de Zacharias, et apporter la Vérité, la Lumière et l'Amour à tous les hommes, partout et pour tous les temps, et leur enseigner à soigner et à guérir afin que la gloire des Fils de la Lumière et la magnificence du Père céleste soient connues de tous les hommes. J'aimerais enseigner à la Confrérie et à toute l'humanité un peu des pouvoirs de guérison et de la divinité de mon Père. »

Il n'y eut aucun applaudissement – uniquement un profond silence qui me déchira le cœur. Je pensais que j'avais échoué. Mais il y eut soudain un bruissement de mouvement et, comme un seul corps, tous les Frères se levèrent et, ce faisant, ils abaissèrent leur regard vers moi, un sourire de compréhension et de bonheur illuminant leur visage. Dans les yeux de chacun des larmes brillaient. Jamais auparavant de mémoire d'homme la Confrérie ne s'était-elle ainsi levée pour honorer toute autre personne ayant choisi sa Mission de vie. Mais mon choix était fait, et il me fallut me préparer par des études toutes spéciales afin de communiquer un enseignement aux Grands-Prêtres du Temple de Jérusalem au sujet de leur propre religion.

Grande était l'excitation et difficile la tâche même si je considérais l'enseignement de notre rabbin borné et dogmatique comme étant de peu d'intérêt. Mais à la suggestion de mon père, je continuai à me rendre faire la lecture et prendre la parole à la synagogue de Nazar. Grandes étaient les attentes de tous, et encore plus grands étaient mes doutes.

CINQ

Le commencement des mystères

Les questions se bousculaient dans mon esprit. Elles frappaient à la porte de ma conscience. Elles me harcelaient dans mes rêves et me faisaient trébucher quand je marchais. Tout le monde croyait que j'étais plongé dans les préparatifs en vue de ma rencontre avec les prêtres savants du Temple. De fait, tous ceux qui connaissaient ma tâche étaient intéressés, mais cela se limitait bien sûr aux membres de la Confrérie.

Ma mère ne connaissait pas les raisons de mes études intensives, mais elle pensait que j'étais subitement devenu un orthodoxe au sein de la communauté juive et, en son for intérieur, elle était contente de moi. Évidemment, la Confrérie espérait que je réussisse car la confiance envers l'Ordre y gagnerait beaucoup lorsqu'on saurait qu'un Essénien de douze ans a pu être un Maître pour les prêtres les plus puissants parmi les Juifs. Au début, en vérité, je nourrissais une pensée de fierté, la fierté qui serait mienne de réussir une telle conquête. Mais bientôt, à force de questions discrètes et de simples suggestions, mon père et le Patriarche de la Confrérie me firent voir qu'il y avait une plus belle occasion à saisir, une plus grande responsabilité à assumer, une destinée plus noble à servir. Toutefois, je ne sais trop de quelle façon ils sont parvenus à me faire sentir cela, car pas un seul mot à propos de cette plus vaste mission n'a franchi leurs calmes et douces lèvres. C'était comme si je captais le sens de leurs pensées inexprimées. De quelle façon cela pouvait se produire fut l'une des nombreuses questions qui me vinrent à l'esprit. De fait, je me consacrai entièrement à l'étude de la pensée orthodoxe juive. Mais cela n'était pas vraiment un grand sujet de préoccupation pour moi car en deux ans j'aurais pu apprendre par cœur chacun des manuscrits de la Loi des prophètes et je l'ai presque fait. Ma mère disait souvent que je connaissais davantage les livres que son père et ses deux frères aînés, et les trois étaient prêtres.

Mais les questions que mon esprit assoiffé se posait ne pouvaient trouver réponse dans les écrits d'un peuple borné. Ma soif de comprendre ne pouvait être étanchée qu'en buvant l'eau vivante de la connaissance de la pure vérité.

Et, à ce moment-là, mon père était le robinet derrière lequel toute la connaissance était retenue captive. Je savais qu'il n'y avait aucun moyen de l'amener à s'ouvrir plus que ce qu'il estimait être le mieux pour moi.

Comment pouvait-il être possible à un homme d'être en deux endroits au même moment? Comment était-il possible pour cet homme de dormir à poings fermés en un endroit, de dormir si profondément qu'on ne pouvait le tirer de son sommeil? Et, à un autre endroit, d'être persuasif, maître de lui, et capable d'action divine et de colère? Je mentionnai cette question à mes supérieurs chez les Nazar-Esséniens, Ishmaul et Habakkuk. Les deux répondirent sans hésiter que la chose était impossible. Je ne revins pas sur le sujet car je ne voulais pas que mon rapport trimestriel soit défavorable pour avoir dévié des croyances établies. J'étais curieux d'en savoir plus au sujet de la Grande Fraternité Blanche et de l'Ordre de Melchisédech, mais je n'osai faire mention de ces noms à quiconque dans ma brigade. Cependant, mon évaluation et mon examen annuels m'amenèrent en présence du Patriarche. Quelque chose me poussa à lui parler d'un si étrange sujet.

« Vénérable Maître, connaissez-vous la Grande Fraternité Blanche? »

Ses yeux ne bronchèrent pas, son front ne se plissa pas, mais je sentis une émotion soudaine monter en lui et si mon père ne m'avait pas laborieusement enseigné à ne jamais avoir peur, je me serais enfui de l'endroit.

Mais il fut si longtemps silencieux et demeura si immobile que je balbutiai : « Appartenez-vous à la Grande Fraternité Blanche, vénérable Maître? »

« À laquelle des douze? »

Ses paroles me prirent tellement par surprise que je restai sans mot. Finalement, je continuai : « Peut-être l'ai-je rêvé, ou bien j'ai imaginé le nom, l'Ordre de Melchisédech. Cela me tracasse de ne rien savoir à leur sujet, Maître! »

« Vous n'auriez pas rêvé à leur sujet à moins d'avoir voulu savoir. »

« Vénérable Maître, comment pourrais-je me renseigner à leur sujet? Devrais-je demander à quelqu'un? »

« Mon garçon, tu pourrais. Mais la réponse sera la même de chaque homme. Celui qui n'en est pas membre pourrait dire qu'il l'est mais il ne pourra pas t'aider. Celui qui en est membre ne te dira jamais qu'il l'est. »

« Pourquoi? »

« Ces Ordres sont secrets et plus sacrés que ton souffle. Aucun homme n'admettra jamais qu'il en fait partie. Car dès l'instant où il commence à l'admettre, à cet instant même il cesse d'en faire partie. » Mon regard d'incrédulité amena un sourire à peine esquissé sur ses lèvres.

Le Patriarche était vieux, et beaucoup disaient qu'il était en réalité le Fils de la Droiture, caché de ses ennemis dans notre enceinte. Mais il avait l'air assez jeune lorsqu'il souriait. Sa peau était translucide et il donnait l'impression d'être enveloppé dans une sérénité et un rayonnement qui ne connaissaient pas l'âge. Et mon père était la seule autre personne qui était aussi sereine et aussi rayonnante.

Je bredouillai : « Mais, comment l'Ordre peut-il se renouveler... c...comment les jeunes hommes peuvent-ils y... ? » Je m'arrêtai net lorsque je vis son regard amusé. « Maître, n'y a-t-il pas un moyen pour moi de me renseigner à propos de ces organisations? »

« Cela dépend. »

« Maître? »

« Mon garçon, lorsque tu as été admis parmi les Esséniens, on t'a demandé si tu voulais faire un Serment pour lequel tu serais prêt à risquer ta vie. »

« Oui, Maître. »

« Serais-tu prêt à risquer ta vie pour obtenir de l'information sur ces Ordres? »

« Sans savoir quoi que ce soit à leur sujet en premier lieu, Maître? »

« Oui. »

« Sans connaître qui que ce soit qui en est membre, Maître? »

« Cela également. »

« Sans savoir ce qu'ils enseignent, ni ce qu'ils incarnent? »

« Oui. Cela et plus encore! »

J'hésitai, mais pas pour longtemps. Mon père m'avait enseigné que la peur était un piège qui mettait fin à tout espoir de progrès. « Je serais prêt à risquer ma vie, Maître! » Il demeura tout à fait immobile pendant un très long moment et je n'osai bouger. J'en ai presque retenu mon souffle.

Finalement il parla. « Alors tu as ma permission de mentionner cette conversation à ton père. »

Ce fut tout. Rien de plus. Il tourna immédiatement son attention vers d'autres sujets, comme mon manque d'habileté pour la gravure de symboles et la composition et il m'exhorta gentiment à les améliorer. Je promis d'essayer et il me fit signe de la tête de m'en aller.

J'étais en vérité bien silencieux et profondément perplexe, durant toute cette journée et le jour suivant, jusqu'après les études du Tabernacle, au moment où j'arrivai à l'atelier pour travailler avec mon père et en apprendre plus de lui à propos des religions et de la guérison. Il était en train d'assembler avec des goujons un joli panneau de cèdre blanchi au soleil lorsque j'entrai. C'était là un travail qui exigeait beaucoup d'attention mais mon impatience était telle que je bredouillai : « Faites-vous partie de la Grande Fraternité

Blanche? »

« Laquelle des douze? »

D'un geste de la main, il aligna alors avec précision les boiseries. C'était comme s'il avait anticipé ma question.

« Hier, le Maître m'a donné la permission de vous parler au sujet de... »

« Explique-moi en trois phrases : quelle différence y a-t-il entre les pharisiens, les sadducéens et les Esséniens en ce qui a trait au Messie? »

« Les pharisiens, les sadducéens, oh! ceux-ci interprètent littéralement et physiquement les textes sacrés du prophète. Ils attendent un Messie physique qui sauvera leur nation. Les zélotes croient qu'il faut préparer sa venue en utilisant la force. Les Esséniens interprètent la prophétie comme étant faite d'allégories scripturales et ils les considèrent comme étant des secrets divins offerts avec grand sérieux. »

« D'où proviennent les croyances des Juifs orthodoxes et des Esséniens? »

« Dans les deux cas, elles proviennent des Prêtres du Soleil et de l'époque d'Amenhotep IV, le prêtre-roi égyptien, et elles ont été transmises aux Juifs par le Grand-Prêtre Moïse. »

« Comme elles proviennent de la même source, pourquoi les croyances ne sont-elles pas identiques? »

« Les croyances des Juifs ont dévié vers les aspects physiques. Ils voudraient faire une Loi divine de la loi par laquelle la culture est ordonnée et contrôlée. Les Esséniens ont penché vers le spirituel, mais ordonnent et contrôlent la culture par une supervision de la formation et des activités quotidiennes. »

« Laquelle est la plus parfaite? »

« Celle qui est plus proche du spirituel. »

« À propos des pharisiens, quel est leur trait dominant? »

« Le repli sur eux-mêmes, malheureusement doublé d'hypocrisie; ils prétendent suivre à la lettre les lois anciennes. En réalité, ils ne sont que fiers et arrogants et c'est par orgueil et dédain qu'ils font bande à part. »

« À propos des Esséniens, quel est leur trait dominant? »

« Le repli sur eux-mêmes aussi, mais ils vivent à l'écart dans le but de suivre leurs croyances de manière plus intégrale. Aucun homme ne peut y être admis à moins d'avoir fait le serment de garder secrètes leurs croyances et de ne pas révéler les enseignements sacrés. Ils croient également qu'en se tenant à l'écart ils peuvent mener la vie plus pure nécessaire pour préparer leurs âmes éternelles à la félicité qui suit la mort. »

« Comme les pharisiens, les Esséniens sont repliés sur eux-mêmes? »

« Oui, mais sans hypocrisie. »

« Devrions-nous dire“avec moins d’hypocrisie” mon fils, ou alors penses-tu que les Esséniens soient parfaits? »

« Oh non, père, ils n’incluent pas les femmes et ils en ont peur, disant que les femmes sont émotives et rarement fidèles à un seul homme. Il s’ensuit que les prêtres de Zaddok n’ont pas de descendance et qu’ils vont sûrement disparaître. »

« Est-ce sage et juste? »

« Non, père, peut-être que dans toute l’histoire cela s’avérera une myopie intellectuelle plus grave que la croyance erronée du Juif en sa supériorité du fait que Dieu aurait parlé à son ancêtre sur la montagne. Nous savons d’après nos annales que Dieu n’a pas donné les dix Commandements mais que ‘Mosheh’ les a pris dans les anciennes lois égyptiennes! »

Pendant que nous parlions, nous avions terminé le minutieux travail d’assemblage à l’aide des goujons et nous avions commencé à grouper les lattes disjointes en un seul tout bien solide. Mon père rassembla mes idées en une seule idée subite et massive. « Les Esséniens n’ont-ils pas quatre degrés dans leur système d’enseignement? Ne faut-il pas toute une vie de travail et d’apprentissage à l’homme ordinaire pour réussir à s’élever jusqu’au quatrième Degré? N’est-ce pas là le plus qu’il peut espérer parvenir à maîtriser par de continuels efforts? Par conséquent, notre Ordre n’est-il pas soigneusement adapté pour satisfaire aux demandes de l’homme ordinaire tout en demeurant à sa portée? Pourtant, il arrive parfois qu’un être aux dons particuliers se manifeste, une personne dont la capacité d’apprendre est illimitée, et qui possède une profondeur de vision qui ne s’enseigne pas. Un tel être apprend comme si c’était des anges qui l’instruisaient. L’esprit d’un tel homme peut sombrer sous le poids des détails de sa vie ou s’élever jusqu’à comprendre les lois du ciel. Si un tel être bienheureux tourne son esprit vers le Père éternel, il devient vite purifié – mûr – prêt! – tout comme ces lattes de bois formant ce superbe dessus de table ont d’abord mûri dans l’ombre, pour ensuite être torturées et blanchies sous le soleil du désert. Aucune latte ne connaissait sa destinée mais à présent, chacune ayant trouvé sa parfaite place, elles maintiennent toutes les autres lattes dans une véritable harmonie et avec une force considérable. Ces lattes de bois éprouvées et sûres ne pourraient-elles se comparer aux membres de la Grande Fraternité Blanche?

Le savoir de l’homme remonte à sa source suprême. Il concerne la façon dont il interprète la sagesse éternelle et dont il gouverne ses pensées et ses actions. Tout comme le Juif s’en est remis aux lois physiques et au contrôle humain, l’Essénien s’en est remis aux lois spirituelles et au contrôle humain, mais sans cœrcition. Se pourrait-il qu'un savoir plus élevé se tourne vers la formation de toutes les personnes plutôt que de celles qui choisissent de faire partie de la Fraternité? S'il en est ainsi, se pourrait-il que ceux qui en sont membres ne courent le risque de perdre leurs biens et leur vie?

Pour hausser le niveau de l'interrogation au-delà de l'aspect physique, considérons cette table. Aussi longtemps que ces lattes n'avaient pas été sélectionnées et assemblées, aucun homme ne pouvait physiquement détruire cette table car elle n'existait que sous forme d'une idée dans l'esprit. Ce qui n'existe qu'au plan mental et au plan spirituel ne peut être détruit au plan physique. En conséquence, quelle sécurité pour un Ordre secret pourrait être plus grande que celle *de n'avoir jamais été formé ni de n'avoir jamais été connu.* De par sa nature même, une organisation possède une certaine force au plan physique, mais en est-il de même aux plans mental et spirituel? Lorsque le Maître de la Droiture a repris des mains défaillantes des Macchabées la prêtrise de Zaddok et l'a transformée en une organisation comparable à une Église, il a alors incorporé à l'intérieur de l'Ordre essénien les semences de sa propre destruction. Si l'on fixe une limite à une organisation, déterminée en fonction du niveau de capacité de l'homme ordinaire, ne l'astreint-on pas alors à un voile de médiocrité qui devra être porté jusqu'à la fin des temps? Voilà à quoi ressemble la situation de toutes les églises qui ont fondé leur foi sur la croyance que leurs pouvoirs émanent directement de Dieu. Ceci inclut les temples et les synagogues. »

C'est en silence qu'il disposa les lourdes pierres de grès polies sur la surface de la table et qu'il entreprit de meuler et polir le bois afin de lui donner un fini rigoureusement plat et lustré. Une fois le travail terminé, je savais que la surface formerait un magnifique meuble marqueté magistralement exécuté.

« Alors que pour l'esprit exceptionnel une organisation est synonyme de mort, elle est synonyme de naissance et de sécurité pour l'homme ordinaire. Par conséquent, il doit être protégé et utilisé au bénéfice de toute l'humanité. Mais celui qui connaîtrait la véritable divinité ne doit jamais tolérer aucune limite à sa liberté ni à ses capacités ou aptitudes. Il doit en fin de compte devenir son propre enseignant et son propre prêtre, car pour lui tous les autres enseignants ou prêtres ne peuvent qu'être faux. Se pourrait-il qu'un homme devienne membre de la Grande Fraternité Blanche dès l'instant où il est personnellement en mesure de devenir son propre enseignant spirituel? Se pourrait-il qu'il n'existe pas d'organisation *physique* dont il soit membre, mais qu'il en fasse néanmoins partie? Se pourrait-il qu'un homme puisse s'élever toujours de plus en plus haut en raison du seul dynamisme de son propre être, jusqu'à pouvoir commander aux anges eux-mêmes de faire ce qu'il ordonne? »

Il y eut un silence rompu seulement par le bruit de la lourde pierre de grès allant et venant sous l'effort de nos mains. Là-bas, par-delà l'enceinte, sur l'espace plat au creux du méandre de la rivière, j'observais la brigade qui était assignée aux travaux des champs se regrouper pour retourner à la Salle de l'Assemblée. De l'autre côté de notre maison sur la petite colline qui formait notre arrière-cour, j'entendais une alouette gazouiller dans les hautes branches d'un tamaris. L'arôme du pain me parvenait du foyer où mère et Marie-B étaient en train de faire la cuisson. Tout cela était si terre-à-terre, si familier, si cher à mon cœur, et pourtant j'étais obsédé par l'impression que mon père m'en disait plus que je n'étais capable de comprendre. Et malgré tout, même cela n'était pas suffisant!

« Père, comment quelqu'un peut-il être en deux endroits en même temps? »

« Au-dessus des Esséniens, il y a peut-être une Grande Fraternité Blanche. Au-dessus de la Grande Fraternité Blanche, ou confondu avec celle-ci, il y a peut-être un Ordre de Melchisédech. Au-dessus de tout cela, il y a peut-être cet autre Ordre qui est trop sacré pour être nommé, trop saint pour être restreint, trop merveilleux pour être défini. Si un tel Ordre existe, crois-tu que ceux qui se sont mérité le droit de savoir l'appelleraient l'Ordre sans Nom, ou simplement l'Ordre du Soleil? Et t'imagines-tu que si de tels Ordres existent, et je n'ai pas dit que tel est le cas, qu'ils ne disposeraient pas de quelque programme spécial de formation afin de venir en aide à leurs aspirants? »

Un frisson électrisant me traversa soudain de part en part. Mon merveilleux père avait toujours su dans son enseignement parvenir à élever mon esprit et ma compréhension émotionnelle à un nouveau palier de perception. Et la promesse de ses paroles était comme du miel sur ma langue.

« Va, fils, va retrouver Jean-Jean et préparez-vous tous les deux avec une robe chaude et une épaisse couverture. Dis à ta mère que tu pars pour trois jours dans les champs au loin afin qu'elle ne soit ni inquiète, ni étonnée; puis venez vite me rejoindre. Ni toi ni Jean-Jean n'avez encore subi les trois jours d'épreuve dans l'auge de pierre de la Grotte d'isolement. Cela, vous devez le faire, selon le Maître parfait. Aujourd'hui, votre esprit est prêt pour cette expérience. Va! »

Les Esséniens avaient normalement pour coutume de soumettre chaque aspirant à une série d'épreuves difficiles, dont l'une était sa mort et sa résurrection au monde du mouvement, de la lumière, du son et des sensations.

Bon nombre de nos Frères nous avaient affirmé qu'il s'agissait là d'une expérience épuisante. Maintenant, tout d'un coup, notre tour était arrivé.

Nous nous sommes présentés devant le Maître des cavernes, nous avons serpenté à travers l'étroit tunnel sous l'enceinte, gravi les marches dans le tunnel souterrain, et nous sommes arrivés dans la première crypte. Elle n'était guère plus haute qu'un homme, taillée dans la roche, et une autre pierre géante était disposée de telle façon qu'il était possible de la faire rouler en place pour en obstruer l'entrée. Aucun son ne parvenait jusque dans les profondeurs de la caverne, et du tunnel jusqu'à l'embouchure de la caverne on sentait une circulation d'air frais. Lorsque Jean-Jean fut bien installé sur son lit de pierre, on me fit avancer un peu plus loin dans les recoins plus sombres de la grotte jusqu'à une autre auge. On me dit de m'envelopper dans ma couverture et de m'étendre sur les pierres polies sur lesquelles tant d'autres aspirants s'étaient allongés. Un moment plus tard, la pierre fut roulée en place et on me laissa seul dans les profondeurs de la Terre. Il n'y avait rien à voir dans l'obscurité ni aucun son dans la grotte. En tendant les mains, je pouvais toucher les pierres froides de la paroi arrière et de la paroi avant. Au-dessus de moi, je savais qu'il y avait un plafond de pierre, tout juste hors d'atteinte lorsque j'étais debout. C'était comme d'être enfermé dans une tombe exception faite des ouvertures en haut de chaque côté par où l'air pouvait entrer. La crypte ressemblait beaucoup à la mangeoire que nous utilisions pour nourrir notre bétail à l'avant de l'étable. Celle-ci était de pierre, pas de bois, et elle était plus longue et plus profonde, mais elle était aussi fermée aux deux extrémités et presque fermée sur les deux côtés. Il n'existe pas de mots pour décrire la série d'expériences que j'allais vivre dans les heures qui suivirent. Comment celui qui comme moi a toujours été piètre en composition peut-il alors arriver à vous faire ressentir toute la magnificence du mystère? Les expériences elles-mêmes ne se sont déroulées que dans l'esprit. Aucun corps physique n'aurait pu s'élever de cette crypte semblable à une tombe. Néanmoins, ces expériences sont devenues pour moi plus réelles que les pierres sur lesquelles j'étais couché, les bras étendus bien droits de chaque côté de telle façon que mon corps formait une croix.

Les événements vinrent par étapes qui étaient bien distinctes et nettement différentes les unes des autres. Pourtant, elles se fondaient les unes dans les autres. Ces événements étaient en soi banals, mais leur effet cumulatif me faisait penser au battage fait par fort vent lors duquel on pouvait observer que, même si aucun brin de paille n'était grand, ils s'accumulaient bientôt en une meule recouvrant une large surface. La première étape se passa au niveau physique. J'avais intensément conscience des pierres froides, de la laine rêche de la couverture et de la chaleur de ma robe de coton. Je découvris les trous de talon creusés dans la pierre et je palpai du bout des doigts la texture rugueuse de la pierre. Puis une sensation de somnolence commença à me gagner et à grandir comme une douce chaleur de l'intérieur de mon être. Pendant combien de temps ai-je dormi, je l'ignore, mais je me retrouvai tout à coup bien éveillé, conscient de la sensation de faim dans tout mon être. J'avais l'estomac qui tiraillait, gargouillait et s'agitait, et un cognement qui m'emplissait la tête au point que je pouvais compter chaque pulsation trépidante de mon cœur. Un grand calme commença ensuite à envahir mon être, accompagné de la sensation physique du sommeil. Mais il s'agissait d'un sommeil intermittent, ou entrelacé avec toutes les autres expériences. Lentement, je commençai à être très las, mettant mes sens physiques à rude épreuve. Il n'y avait aucune lumière, rien à entendre.

Mon esprit commença à se tourner vers l'intérieur et à dériver vers une indéfinissable mais distincte seconde étape de mon expérience. Dans cette seconde étape, j'avais l'impression de n'être qu'un esprit. Je me rappelai de mes leçons apprises au fil des ans, redisant les Psaumes des Esséniens, et finalement j'en vins aux enseignements de mon père. Puis je me souvins des paroles et des actions de mon adorable mère et à quel point elle avait suscité en moi de l'inquiétude et de vives interrogations. Mais finalement je portai mon attention sur les enseignements spéciaux de mon père concernant les études de l'Initié et je me remémorai avec exactitude chaque idée communiquée au fil de ces années d'apprentissage méthodique qu'il m'avait consacrées. Ensuite, parmi tous ces sujets, je choisis ceux-ci comme étant les plus importants : il m'avait enseigné de quelle façon respirer pour accroître le pouvoir en mon corps; puis, comment parvenir au calme parfait et à la paix intérieure, et comment accentuer cette relaxation avec chaque nouvelle respiration. Il m'avait appris à ne jamais tenir de propos approbateurs ou désapprobateurs s'il était possible de formuler une question à la place. Un Initié ne devait en aucune circonstance se prêter à une dispute, condamner ni critiquer, mais il devait chercher à voir le bien et la beauté en toutes choses.

Jamais ne pouvait-on faire étalage de ses prouesses ou de ses talents, ni accepter de l'argent en retour d'un travail accompli dans la sphère du sacré. Jamais ne devait-on également chercher à imposer des idées à quelqu'un d'autre même en sachant que l'on a raison et que l'autre a tort. Car une loi supérieure s'applique dans cette relation qui pourrait transformer le juste en erroné et l'erroné en juste. Quelles que soient les difficultés émotionnelles, mentales ou religieuses qu'une personne traverse, l'Initié ne doit jamais apporter de l'aide tant qu'on ne l'a pas prié de le faire. Il ne doit jamais s'attaquer à la foi de qui que ce soit, ou miner la confiance de toute personne envers sa foi, ni transmettre une bonne foi pour en remplacer une mauvaise tant qu'on ne lui en a pas fait la demande. Chaque homme doit mériter son propre avancement à force de travail physique. Enseigner est un privilège pour lequel aucun salaire ne doit jamais être accepté.

Mais mon père m'avait transmis un enseignement portant sur un plan encore plus élevé. Il était clair que rien ne pouvait être fait de notre propre chef sauf si ce n'était pour être un canal à l'usage du Pouvoir universel du Père céleste. Par conséquent, l'Initié ne pouvait se permettre aucune liaison émotionnelle avec qui que ce soit, c'est-à-dire qu'il ne pouvait être ni attaché, ni détaché vis-à-vis de quoi que ce soit ou de toute personne au-delà des exigences de sa Mission de vie. Toutefois, les tâches qu'il est de son devoir d'accomplir nécessitent une certaine quantité d'amour et il est également du devoir de l'Initié de s'acquitter de cette contribution d'amour et d'attachement. Pourtant, peu importe la relation, aucune opinion personnelle ne pouvait être imposée à un autre par l'usage de la volonté, ou de la pensée, ou par une habile persuasion en vue d'un gain personnel de quelque nature qu'il soit.

Et il y avait eu des enseignements encore plus élevés. Et je n'avais que vaguement conscience que mon père m'avait guidé à travers un chemin parsemé d'embûches sans jamais me laisser trébucher. Aucun homme ne pouvait atteindre le sommet de la *connaissance et du savoir* sans être devenu son propre enseignant et son propre prêtre. L'encadrement d'une organisation était la mort de l'esprit exceptionnel, mais la naissance et la sécurité de l'esprit médiocre. La réussite est sans importance – *faire* est la seule chose qui importe. Car les choses qu'il est de notre devoir de faire sont beaucoup plus importantes que la réussite ou le succès. Les pensées sont des choses dotées de poids et de substance. Convenablement utilisées et maîtrisées, elles peuvent tuer, guérir, détruire ou sauver. Et c'était là le fondement de son merveilleux talent de guérisseur qu'il m'enseigna.

Malgré toute la foi que j'ai envers ma propre religion, je ne dois jamais être aveugle à la valeur d'une autre foi, car aucune religion ni église ou groupe n'est le seul détenteur de tout le bien ou de toute la connaissance. Et il n'existe pas, pas plus qu'il n'y aura jamais de religion qui soit supérieure à la Vérité! Oh! combien de fois m'avait-il répété cela : « Il n'y a pas en ce moment et il n'y aura jamais de religion qui soit supérieure à la Vérité. »

Et, au sein du cadre de la vérité, il y avait des images symboliques dont la signification ne pouvait apparaître dans toute leur clarté qu'à l'esprit qui poursuivait sa montée sur la spirale de l'apprentissage. Au-delà de la religion juive, par exemple, se trouvaient la foi et la pratique religieuse des Esséniens. Au-dessus des Esséniens se trouvait une Fraternité mythique. Et encore au-dessus de celle-ci, se trouvait un Ordre si sacré, si secret, qu'aucun nom ne lui était donné. À mesure que je réfléchissais à ces choses, j'étais de plus en plus excité, de plus en plus heureux de la formation que je recevais et reconnaissant envers mon père. Mais avec cette montée d'excitation et à sa suite, il y eut un épuisement exalté de la mémoire et du cerveau de sorte que mes pensées commencèrent à ralentir et à échapper au contrôle de ma volonté consciente.

Tout d'un coup, je me rendis compte que je ne pensais plus au sujet résultant de mon choix délibéré, mais à quelque chose qui s'était insinué en mon esprit et qui ne pouvait en être extirpé. En réalité, je commençai à avoir l'impression que j'avais deux esprits, un qui obéissait à mon contrôle conscient, et l'autre qui obéissait à sa propre vérité. Je luttai pour reprendre le contrôle, mais il n'y avait pas de perception visuelle ni de son sur lesquels j'aurais pu m'orienter, et dès l'instant où je me laissais aller au repos, mon esprit en profitait pour se laisser aller à son propre plaisir. Je devins finalement épuisé au point de ne plus pouvoir penser ni même être capable de mouvoir mes doigts pour toucher la pierre froide. Je demeurai dans un état second, suspendu dans le temps et l'espace, incapable de penser ou de ne pas penser.

Soudain, un arc-en-ciel de lumière, zébré et rapide comme l'éclair frappa, transperça ma tête de couleurs si vives que je pus les voir avec mes yeux physiques. C'était si beau que je me mis à pleurer de joie à la vue de ce vibrant arc-en-ciel de couleurs. À n'en pas douter, quiconque ayant vu pareille gloire saurait pourquoi il est dit que l'arc-en-ciel est la promesse de Dieu à l'homme. J'étais saisi et captivé par l'éclatante beauté de lumière et mes pensées étaient totalement figées de fascination de sorte que je ne pouvais penser ni bouger. Quelque part dans l'essence première de mon être j'avais tout à fait conscience de l'expérience qui s'annonçait, mais je n'étais nullement préparé au tour qu'elle allait prendre. Instantanément, sans avertissement, les couleurs furent recouvertes comme si un voile d'obscurité lugubre venait de descendre. C'était comme si de la suie avait été jetée sur un feu rayonnant. Le choc stupéfiant ébranla mes sens et me rendit quelque peu craintif. Du sein de la suie fumante s'élevèrent de cauchemardesques fantômes. Chaque doute ou chaque faiblesse se trouvant dans mon esprit ou mon caractère semblait s'enfler en une forme physique horrifiante pour m'accuser et me tourmenter. Des démons de doutes obscurs et une terrible dépression me déchirèrent et me torturèrent. Je souffris jusque dans mes os sous l'effet de ce supplice émotionnel. Je tentai de m'échapper, mais j'étais presque incapable de bouger, et je ne pus que me recroqueviller sur moi-même en une petite boule, couvrir ma tête et trembler en sanglotant! Mais les démons revinrent encore et encore, me harcelant de remords pour des choses faites ou non accomplies. Je pleurai de pitié sur moi-même et ensuite de dégoût pour ma vie. Je gémis de souffrance en me voyant d'un regard d'une impitoyable vérité, je frappai à grands coups la pierre et je criai pour être soulagé de la torture de ces souvenirs fantomatiques intérieurs. Mais il n'y eut ni soulagement, ni aide, ni intermède, jusqu'à ce que les forces me manquent et que je sombre dans une torpeur d'épuisement sans pouvoir ni penser ni voir.

Plus tard, cela aurait pu être un moment ou une éternité, je fus brusquement réveillé par le chant joyeux d'une alouette et le mugissement du bétail. Le son était si clair et si beau que je me suis mis à rire tout haut et puis à pleurer en l'entendant. Mes oreilles privées de tout son avaient fait remonter des souvenirs rendus agréables par l'ardent désir que le temps avait fait naître. Puis je commençai à entendre des voix, chuchoteuses tout d'abord, et il y eut des paroles nettement perceptibles, et des chansons, puis de nombreuses voix entonnant à pleins poumons de joyeux chants d'allégresse. Le son éveillait un bonheur plus grand que ce qu'un cœur pouvait supporter, et à nouveau je pleurai pour la pure joie de pleurer, jusqu'à ce qu'une fois de plus l'épuisement et le sommeil me gagnent.

Mon réveil fut comme un soubresaut d'atterrissage. Je ressentis la même sensation que si j'étais tombé d'une certaine hauteur et chaque cellule de mon corps était traversée de fourmillements comme si elle avait été engourdie et que maintenant elle s'éveillait douloureusement à la vie. Dans cette alcôve mystique de l'être, je sentis la présence de mon merveilleux père et du Maître secret. Ils semblaient s'appliquer à m'aider à monter, à m'élever plus haut, toujours plus haut. La vague d'émotion en moi était tel un bain chaud de flammes, commençant à s'élever lentement du centre de mon être en direction du cœur. La plénitude de la pression était au-delà de la douleur ou de la joie. Elle était expansion illimitée jaillissant par-delà les sens et se projetant tout d'un coup à la fois vers l'intérieur et vers l'extérieur. C'est comme si une lumière bleue avait explosé de mon cœur, s'était déplacée au centre de ma poitrine et puis s'était mise à faire une incœrcible ascension verticale, prenant une expansion toujours plus grande à mesure qu'elle s'élevait. Dans son mouvement ascensionnel, la lumière s'élevait de sa propre énergie, comme si elle avait acquis une vie propre, sans l'impulsion d'un désir comme parent, d'une émotion comme mère, ou d'une pensée comme père.

Je n'avais aucune idée de ce à quoi je pouvais m'attendre et je demeurai étendu en un sommeil léthargique, suspendu, inébranlable. Tout ce qui survenait semblait arriver à une autre personne. La lumière ascendante toucha ma gorge et le son de chants et de clameurs de joie emplit la crypte. Puis le mouvement de la lumière atteignit ma tête et la caverne de la grotte fut illuminée d'une merveilleuse lumière. Je pouvais voir – j'étais en mesure de discerner d'incroyables détails et jusqu'aux particules qui maintenaient les pierres ensemble. Alors même que je regardais, je sentis que j'étais debout à l'extérieur de la crypte, enveloppé d'une brume violette, mais j'étais retenu à mon corps pétrifié à l'intérieur de la tombe par une corde d'un blanc argenté. Le sens de la perception visuelle avait pris une importance absolue. Je vis par-delà les limites de la caverne, au-delà des barrières du temps. Il me semblait voir ce qui n'avait pas existé, ce qui n'existait pas, et ce qui était encore à venir, et qui pourtant était tout les trois à la fois. Et j'avais conscience que mon père et le Patriarche étaient à mes côtés. C'était comme s'ils m'avaient fait sortir de moi-même, et qu'ils me retenaient maintenant pour contrebalancer la traction exercée par la corde d'argent qui menait jusqu'à mon corps à l'intérieur de la crypte. Puis je vis le grand jeune homme aux cheveux gris qui ressemblait tant à mon père venir dans ma direction en fendant la brume violette à travers l'océan infini. Il débarqua de son bateau à voile et me tendit la main. Il parla et ses paroles retentirent à travers l'espace.

« Je suis un homme d'étain. Viens avec moi en Angleterre pour voir *Caer Gaur* ou Stonehenge dans la ville de Glass. »

Comme il était doux, comme il était engageant le sourire sur son visage et, oh! comme je voulais aller avec lui! Mais je me rendis compte que je ne pouvais aller plus avant. La traction qu'exerçait la corde d'argent devenait maintenant de plus en plus forte. Je laissai s'échapper un cri de douleur. Mais je fus arraché des mains de mon père et du Maître secret et ramené vers le corps prostré dans l'auge de la grotte.

Mes sensations conscientes commencèrent à s'éveiller. J'eus vaguement conscience de tomber et de heurter mon corps et d'être ensuite absorbé par celui-ci. Revenu dans mon corps physique, je sentis à nouveau ce fourmillement en chaque fibre comme si un million d'aiguilles avaient piqué ma chair. Ensuite ma conscience s'accrut jusqu'à ce que je devienne conscient que mes yeux étaient ouverts et que ce n'était plus l'obscurité absolue dans la crypte. Mais la lumière était si ténue que je ne pouvais avoir la certitude que je voyais bien une lumière vacillante avec mes yeux physiques et je crus que mes sens avaient de nouveau échappé à tout contrôle dans une autre direction. Mais j'en eus finalement la certitude, car les nerfs de mes yeux commencèrent à hurler de protestation. Oui, j'étais réveillé!

J'entendis le son de voix chantant dans la grotte les joyeuses harmonies des bien-aimés Psaumes des Esséniens. Leurs paroles disaient :

Oh! je rends hommage au Père céleste
Car Il a façonné une merveille à partir de la poussière
Et démontré la puissance de Son pouvoir
Dans ce qu'Il a moulé à partir de l'argile.
Il m'a accordé de connaître l'ultime Vérité
Et de comprendre Ses merveilleuses œuvres.
Il a mis dans ma bouche le pouvoir de prier
Et sur ma langue les paroles des psaumes
Et donné à mes lèvres bien disposées
L'empressement de chansons
Avec lesquelles chanter Sa bonté
Et, constamment, autant le jour que la nuit
Rappeler Sa puissance et bénir Son nom.
Rappeler Sa puissance et bénir Son nom.
Je vais faire la démonstration de Sa gloire
Aux fils de l'homme
Et dans Sa généreuse bienveillance
Mon âme se réjouira grandement.
Sachant qu'en Ses mains est la générosité
En Sa pensée toute connaissance
En Son pouvoir toute puissance
Et toute gloire et toute vérité.
Il a donné à mes lèvres bien disposées
L'empressement de chansons
Avec lesquelles chanter Sa bonté
Et, constamment, autant le jour que la nuit
Rappeler Sa puissance et bénir Son nom.
Rappeler Sa puissance et bénir Son nom.

Les Esséniens au chant joyeux s'étaient arrêtés à une certaine distance pour chanter et laisser à mes yeux le temps de s'ajuster à la lumière. Par étapes, ils s'avancèrent et le chant devint de plus en plus fort jusqu'à ce que le groupe parvienne au seuil de ma crypte et que la lumière entre à flots dans la partie supérieure de la niche de pierre. La douleur dans mes yeux s'était sans cesse atténuée, mais elle était encore grande lorsque j'entendis les grognements de mes Frères peinant pour soulever la pierre qui obstruait l'entrée de la tombe. À l'instant où la pierre fut soulevée et roulée de côté, la lumière des nombreuses chandelles se déversa sur moi, inondant la crypte de lumière. À travers les larmes s'écoulant de mes yeux plissés, je pouvais vaguement distinguer les Frères disposés en larges cercles qui s'étendaient au-delà de la lumière. Il devait certainement y avoir là une centaine d'Esséniens avancés dans leurs resplendissantes robes blanches. Dès qu'ils m'aperçurent, ils se mirent à chanter de douce joie le Chant de Résurrection dont les paroles étaient :

Chantez, car le Seigneur du Ciel
  Aux mortels a donné
L'amour auquel ils ont tant aspiré
  Cette gloire qu'ils désirent
Chantez, car le Seigneur de la Terre
  A démontré à l'homme sa valeur
La valeur de la naissance humaine
  Et la gloire du feu intérieur.

Comme ils étaient bons mes Frères, comme ils étaient gentils de travailler durant leur période de repos afin de pouvoir prendre un bain, s'habiller tôt le matin, et cheminer laborieusement à travers les tunnels et jusqu'en haut des longs escaliers pour me saluer au sortir de ce qu'il était convenu d'appeler la tombe. Mais que leurs solides formes physiques me semblaient irréelles, que la lumière humaine était chétive pour celui qui avait vu avec une faculté de perception supérieure. Mes yeux avaient aperçu des réalités plus grandes que leur chair beaucoup, beaucoup trop solides, et une lumière plus forte que celle d'un million de soleils. Oh! combien irréel le réel m'apparaissait! Comme était réel l'insubstantiel gravé dans ma mémoire. Le chant s'enfla, s'intensifia et puis se transforma en une clameur de cris et de hourras tandis que je sortais d'un pas hésitant de la tombe. Une douzaine de mains empressées se tendirent pour m'aider et me soutenir. Puis des mains exercées firent disparaître ma robe et ma couverture et je fus baigné avec de l'eau puisée dans d'énormes jarres, des jarres qu'ils avaient dû transporter jusqu'ici, puis ils m'ont rincé avec de l'eau froide, et ensuite enduit d'une huile contenant des épices spéciales.

« Regarde la robe de ta gloire! » Maître Habakkuk prononça ces paroles et me tendit la nouvelle robe de lin tant convoitée, blanche comme neige et étincelante. Lorsque je l'eus revêtue, on me remit une coupe d'or remplie de lait dans lequel du miel avait été dissous. Alors même que je buvais, je sentis l'énergie revenir dans mes membres. Je commençai bientôt à entrer de nouveau en contact avec le réel qui m'entourait. L'exaltation et la joie de chacun de mes Frères se transmirent à moi, car seuls ceux qui avaient vécu l'expérience étaient autorisés à venir voir l'aspirant renaître de la mort.

Ils possédaient une intime connaissance des sensations qu'aucun mot ne saurait traduire fidèlement et leur bienveillance était pour moi telle la chaleur réconfortante d'un feu. C'est véritablement à ce moment que je compris ce que l'Amour fraternel voulait dire.

Jean-Jean avait été éveillé par un autre groupe dans sa crypte, même s'il avait résisté à son éveil. Le plaisir qu'il retirait des expériences de solitude intérieure était si grand qu'à partir de cet instant il en fut transformé. Tandis que nous progressions en un majestueux cortège en direction des marches et de la sortie de la caverne, il murmura : « Oh! quelle félicité! Je veux être un Thérapeute! »

Parmi les Esséniens, il y en avait certains qui se mariaient même si l'union conjugale n'était pas admise dans toutes les communautés. Il y en avait d'autres aussi qui aimaient se retirer dans la solitude pour vivre totalement à l'écart de l'humanité, pour méditer et prier dans un isolement permanent. Ceux-là cherchaient des endroits éloignés dans le désert et essayaient de vivre sans être dérangés dans leur perpétuel contact avec l'Être intérieur. On les appelait les Thérapeutes, et la plupart étaient vraiment des hommes pieux et saints que tous admiraient beaucoup.

On nous mena au milieu de la Salle de l'Assemblée au moment précis où tous les Frères se rassemblaient pour le Festin d'amour. Nous étions debout devant le Maître secret et mon père pour recevoir leurs bénédictions et des prières spéciales et pour apprendre l'accolade de la Confrérie grâce à laquelle nous pourrions être reconnus par tous les Frères en toutes contrées, où que ce soit. Et pendant que ceci nous était communiqué, les yeux de mon père étaient fixés sur les miens comme s'il fouillait dans le tréfonds de mon âme pour voir si j'avais recueilli compréhension et sagesse de l'expérience.

Alors que je travaillais avec lui sous la direction du Maître secret, je lui murmurai doucement : « Merci, père! C'était plus réel que la chair physique! J'ai enfin....... oh! je sais enfin comment on peut être à deux endroits en même temps. »

Un sourire à peine esquissé se dessina sur ses fines lèvres et, au moment où il me faisait l'accolade en une démonstration de pratique, il chuchota à mon oreille : « Es-tu sûr de savoir *comment* il est possible pour un homme de se trouver en deux endroits en même temps? N'est-ce pas plutôt que tu sais maintenant ce qu'un homme peut être? »

SIX

La pierre d'assise ou le rocher de la foi

Comme il voyait juste mon père, quelle détermination inébranlable il avait pour arriver à la perfection dans les Enseignements sacrés! Oui, je savais qu'il était possible pour une personne de se trouver en deux endroits en même temps mais, comme il me l'avait montré, je ne savais expliquer comment cela pouvait être possible. Soudain, le mystère du 'comment' devint le problème central de ma vie et mon père, lui, demeurait taciturne et silencieux. Il refusait de discuter avec moi de l'expérience que j'avais vécue ou des techniques pour étudier le sujet plus à fond. Il m'écoutait avec intérêt, mais ne faisait pas de commentaires lorsque j'en parlais. Un sourire amusé apparut un instant sur ses lèvres lorsque je racontai l'histoire de l'homme impossible qui disait être 'l'Homme d'étain' et qui voulait que je me rende en Angleterre, dans la ville de Glass, pour voir Stonehenge. Pourtant, même si je vis une étincelle, presque de moquerie, dans ses yeux, il ne voulut rien dire.

Je me dis qu'il devait bien exister une technique permettant d'apprendre à utiliser et contrôler la faculté d'être en deux endroits en même temps. Il était alors sûrement possible de l'enseigner! Mais si mon père se refusait à me l'enseigner, vers qui pourrais-je me tourner? Ce problème en vint à m'occuper tellement l'esprit qu'il devint tel un aiguillon qui me faisait accomplir chaque tâche que l'on m'assignait en deux fois moins de temps que d'habitude, et apprendre avec un soin méticuleux tout ce que l'on m'enseignait afin de pouvoir ensuite bénéficier de temps libre pour méditer et réfléchir sur tous les aspects du problème. Mon père poursuivit et élargit son enseignement sur les religions, la philosophie et la guérison. Mais il ne parla plus de la Grande Fraternité Blanche et de l'Ordre de Melchisédech.

Lorsque je me permis de suggérer que nous discutions des choses qui me tracassaient tant, il dit : « Il est bon d'être mû par l'aiguillon d'une vive tension intérieure, car à celui dont le désir est grand, beaucoup sera donné rapidement. »

Ainsi, pendant deux ans mon esprit conscient fut continuellement aiguillonné par ces étranges questions restées sans réponse. Peu de temps après mon douzième anniversaire, nous étions en train de travailler seuls dans la grande maison en haut de la colline au bout du chemin Marmion. Elle donnait vue sur tout le village, le tabernacle, notre vieille demeure, l'enceinte, et au loin sur la rivière et les vallées remplies de troupeaux et de champs fertiles. Espérant que le panorama splendide l'avait mis dans de bonnes dispositions, et sachant que nous étions seuls, je dis : « Père, comment puis-je apprendre ou progresser dans ce qui me tient à cœur s'il n'y a personne pour jeter quelque lumière sur les problèmes qui m'occupent l'esprit? »

Il sourit, et nous continuâmes nos travaux. Mais, au coucher du soleil, alors que nous redescendions à pied le chemin poussiéreux en ce jour de mai, il dit doucement : « Mon fils, beaucoup t'a été donné, et encore plus te le sera. Mais sache ceci – ton développement intérieur ne peut être précipité. Tu es en ce moment dans le cycle de l'apprentissage des choses de la Terre. Plus tard, je serai d'un plus grand secours lorsque tu devras apprendre à maîtriser les choses se rapportant au ciel. Sache ceci et souviens-toi en bien : "Lorsque l'élève est prêt, le Maître apparaît." »

De fait, j'aurais dû m'intéresser plus aux choses de la Terre, car le temps approchait rapidement où j'allais devoir faire face aux prêtres du Temple dans l'épreuve secrète visant à déterminer mon talent pour l'enseignement. L'épreuve devait survenir au cours du mois de *Nisan* puisque nous devions être au Temple pendant la journée du Sacrifice pascal de la pâque juive, communément appelée la Fête, c'est-à-dire la Fête du pain azyme. Cela se passerait durant le mois maintenant appelé le mois d'avril. Puisque mon anniversaire était en mai, j'aurais alors encore douze ans. Mais, pour satisfaire aux exigences de la loi juive, je devais m'inscrire avant d'avoir treize ans. En vérité, le temps m'était compté.

Une grande compagnie de gens de notre village avait projeté de se rendre au Temple. Les raisons d'y aller étaient variées; certains n'y venaient que pour en voir le faste et profiter de vacances, mais beaucoup disaient vouloir s'y rendre pour être témoins de mon admission au sein du Temple. J'étais l'objet d'une popularité plutôt flatteuse parmi les Orthodoxes, puisque fréquemment, le jour du sabbat, on me permettait soit de lire, de traduire ou encore d'expliquer la Loi telle qu'elle était inscrite dans les rouleaux de la synagogue. Il arrivait même parfois au rabbin Borrenchan de m'encourager à parler de l'histoire de la religion des Juifs. Bien sûr, je répétais fidèlement les choses que mon père m'avait enseignées avec tant de soin. Mais j'étais jeune, svelte, d'assez petite taille pour mon âge, et je faisais bonne impression avec mes cheveux auburn et mes yeux bleu clair. Beaucoup parmi les Juifs orthodoxes croyaient que le rabbin m'avait formé et ils m'écoutaient pour cette raison. Il y en avait qui m'écoutaient parce qu'ils aimaient mon allure. Il y en avait qui m'écoutaient parce qu'ils admiraient les propos mêmes que je tenais. Le rabbin Borrenchan, par inférence, s'attribua tout le mérite de ma formation et décida à la dernière minute que lui aussi se rendrait au Temple et qu'il me présenterait à certains des prêtres avec lesquels il avait étudié.

Une certaine fébrilité régnait au sein de l'enceinte puisqu'un grand nombre de Frères voulaient venir et me voir soit échouer dans mon épreuve ou atteindre le summum de la gloire pour un jeune de douze ans. Le jugement du Patriarche était mis à rude épreuve mais à la fin toutes les dispositions furent prises pour assurer le bon fonctionnement des affaires de la communauté tout en permettant aux Frères de m'accompagner. Il s'ensuivit que tous furent extrêmement occupés à préparer, par exemple, leurs robes de voyage. Lorsque nous avions à voyager ou à nous rendre chez les Orthodoxes, il était d'usage dans notre Ordre de porter des vêtements de pauvres et des robes rapiécées. Parfois, lorsqu'une robe n'était pas suffisamment usée ou rapiécée, elle était déchirée et ensuite réparée afin que la personne la portant ait l'air pauvre. C'est pour cela qu'on disait de notre Ordre qu'il était celui 'des pauvres'. La raison pour laquelle nous portions ces vêtements rapiécés était que nous ne devions jamais donner l'impression d'avoir de l'autorité ou d'être riches, évitant ainsi de nous laisser entraîner à oublier notre engagement solennel d'être humbles et obéissants. C'était vraiment une belle compagnie d'Orthodoxes et de dévots qui se préparait à voyager. À mesure que le moment du départ approchait, l'attitude de mon adorable mère à mon égard devenait de plus en plus marquée et confuse. La façon dont elle s'occupait de moi démontrait à quel point elle était tendue et troublée. Pourtant, je savais qu'elle m'aimait, peut-être plus que jamais auparavant.

Un jour, elle annonça son désir d'amener tous les enfants avec nous à Jérusalem... une décision à vrai dire des plus inhabituelles. Lorsque mon père lui demanda pourquoi, elle lança un regard lourd de sens vers moi et dit : « Joseph, tu sais bien qu'ils devraient venir et voir cela. Jamais auparavant et plus jamais dans toute l'histoire un tel événement sera-t-il rapporté! »

Pendant un instant, je crus qu'elle avait entendu parler de l'épreuve d'habileté avec les Grands Prêtres que j'allais subir et qu'elle prophétisait ma réussite. Mais il fut bientôt évident qu'elle pensait avoir elle-même à affronter une épreuve particulière. En outre, il s'agissait de quelque chose qui me concernait et son expression me révélait qu'elle l'envisageait autant avec plaisir qu'avec appréhension. Je voulais à tout prix savoir quelle était cette tâche, mais ses émotions à ce propos étaient si intenses que je n'osai faire plus que de laisser entendre qu'elle pourrait l'expliquer, ou de suggérer que si elle expliquait de quoi il s'agissait, il se pourrait qu'elle ne soit plus aussi tendue et préoccupée. Chaque fois que je le faisais, elle me regardait avec des yeux remplis d'amour et d'adoration, elle retenait son souffle comme si elle était prise de désespoir, et elle fondait en larmes. Jean-Jean était généralement à ses côtés pour la réconforter et il me regardait avec des yeux bruns remplis d'une lumière on ne peut plus insondable.

Père fit montre d'une grande patience et d'un amour infini envers mère, ce qui était tout naturel pour lui. Le contraste était grand. Sa grande agitation était manifeste à côté du sang-froid de père, comme une pièce aux couleurs agressives apposée sur un manteau aux teintes douces. Il m'arrivait souvent de l'entendre pleurer dans son lit la nuit, et parfois ses demandes chuchotées sur un ton féroce parvenaient jusqu'à mes oreilles.

« Joseph, Joseph, pourquoi ne peux-tu lui dire? Je ne suis tellement pas à la hauteur! »

« Ma chérie, à celui sur qui le ciel impose un lourd fardeau est donné la capacité de se sortir de n'importe quelle situation et la force nécessaire pour y parvenir. »

« Je dois le faire! Je le ferai! Mais j'ai si peur, Joseph. Non, je dois attendre... je... je lui dirai au cours du voyage. »

Néanmoins, elle redoutait les conséquences de sa décision. Parfois, lorsque je levais subitement les yeux de ma lecture à la lumière du feu – ou lorsqu'elle venait à l'atelier pour parler pendant que nous étions à travailler et que je levais rapidement les yeux de mon travail – il m'arrivait de surprendre dans ses yeux de la peur mélangée à de l'amour et de l'adoration. Mais lorsque je souriais et lui faisais un clin d'œil ou lui soufflais un baiser, la peur disparaissait pour être remplacée par un amour d'une profondeur dont aucun homme-enfant n'a jamais été digne.

Nous avons soigneusement fait tous nos préparatifs à l'avance. La distance à parcourir était grande et nous étions bien préparés pour les rigueurs de la route. Le fait d'amener les enfants représentait une charge exceptionnelle à assumer pour mon père. Jean-Jean, Jim-Jim, Jo-Jo et moi pouvions bien sûr marcher. Jo-Jo avait déjà neuf ans et il était un garçon fort et brillant qui pouvait faire des choses merveilleuses avec ses mains et sculpter de magnifiques formes dans le bois. Pour amener les autres enfants, nous décidâmes de prendre avec nous un âne noir et brun roux appelé Grand Cri. Son braiment était plus fort que celui de n'importe quel autre dans notre pâturage. Pour mère et Marianne, qui venait tout juste d'avoir un an, nous choisîmes un gros âne brun roux docile, ayant l'expérience des pistes et un pas agréable. Pour transporter nos couvertures pour la nuit, la nourriture et des offrandes spéciales pour le Temple, nous choisîmes une jument de grande taille, très expérimentée sur les pistes et bonne avec les charges. Mais elle avait un jeune poulain qui devait nous suivre car il n'était pas encore sevré. Marie-B et Simon étaient supposés monter Grand Cri, mais ils passaient leur temps à en descendre et à y remonter, les espiègles, comme des grives sur une branche de tamaris. Et le poulain se fatigua à force de gambader partout et d'agiter en tous sens ses trop grandes oreilles d'un brun roux, et il voyagea bientôt à leur place, attaché au bât de Grand Cri. Père porta Marie-B lorsqu'elle fut trop fatiguée, et Jean-Jean et moi prîmes à tour de rôle la relève des grosses jambes courtes de Simon. En dépit d'un sommeil écourté en raison de tous les détails de dernière minute à régler, nous étions prêts à partir avant l'aube du neuvième jour du *Nisan*. Nous quittâmes tous nos maisons lorsque trois sonneries de la trompette dorée se répercutèrent de la colline jusqu'au creux de la vallée.

Le rabbin Borrenchan nous causa bien des soucis lorsque nous fîmes un arrêt pour notre repas du midi à Jesréal. Il voulait que nous changions nos plans et que nous prenions la direction plein sud. Nous avions prévu de virer vers l'est pour rejoindre la grande route bordant le fleuve Jourdain parce que nous étions plus sûrs d'y trouver de l'eau et un meilleur terrain. Mais il fut très difficile à convaincre. Il était un homme adorable, mais tenace dans sa conviction qu'il savait ce qu'il convenait de faire et que quiconque n'était pas du même avis que lui avait soit perdu la raison ou était délibérément un pécheur. Telle est souvent l'attitude des esprits bornés ou des hommes peu instruits, tandis que celui qui a l'esprit ouvert sait qu'il y a plus de choses qu'il n'est possible à l'esprit moyen d'englober. Je savais que père ne voulait ni se disputer ni emprunter cette route plus courte à travers une région plus difficile. Je savais aussi que son refus aurait offensé mère, car elle tenait le rabbin en très haute estime. Elle semblait être fière qu'il nous accompagne pour me faire admirer et s'attribuer le mérite de mon développement.

Le conflit momentané se résolut de lui-même, car un groupe de jeunes garçons avait pris les devants parce qu'ils voulaient quitter la grande route pour aller à la recherche de pierres spéciales sur le flanc nord-est du mont Gilboa. Ils devaient nous rejoindre sur la grande route avant la tombée du jour et être avec nous pour le premier campement de nuit au puits de Barsol. Notre voie était donc toute tracée et nous prîmes la direction de l'est vers le Jourdain. La joie était grande et des voix s'élevèrent pour chanter afin de donner des ailes aux pieds et jambes que la fatigue alourdissait. Lorsque toutes les chansons furent chantées, nous nous mîmes à psalmodier des psaumes à l'unisson, nous préparant ainsi pour le moment d'intense ferveur religieuse qui allait bientôt arriver. C'était une compagnie de gens pieux et pleins d'entrain qui s'approchait de la vallée de Barsol, c'est-à-dire Fils du Soleil, et prépara le campement au Puits des voyageurs. Bientôt nos campements furent prêts et les feux allumés, et notre famille eut mangé son repas du soir composé de gâteaux à l'orge, d'agneau rôti, de fromage blanc, de miel et de dattes séchées. Puis l'ensemble de la compagnie se rassembla au puits, assis en petits groupes pour parler, chanter ou se lancer mutuellement des plaisanteries sur les événements de la journée.

Comme elle avait coutume de le faire, ma mère vint de notre campement, situé tout près, pour remplir sa cruche d'eau fraîche au puits. Sa popularité était si grande et on l'aimait tant que tous les yeux se tournèrent vers elle lorsqu'elle se leva debout, mince, blonde et charmante dans la nuit qui débutait.

Quelqu'un lui cria d'une voix forte : « Marie de Nazar, raconte-nous une histoire! » Bientôt le cri fut repris par trois cents gorges car elle était connue pour sa capacité de pouvoir tenir une foule nombreuse sous le charme de ses passionnantes histoires. Cela lui faisait de toute évidence plaisir, mais lorsque ses yeux tombèrent sur moi assis près de Jean-Jean, Marie-B et Miriam, la fille du rabbin Borrenchan, elle sembla soudain plutôt nerveuse et indécise.

Elle hésita à plusieurs reprises avant de dire : « Aimeriez-vous entendre une histoire sur le Messie promis, Celui qui doit venir? »

De fait, aucun autre sujet n'aurait pu être plus populaire dans tout Israël. Toutes les sectes, même celles qui luttaient l'une contre l'autre, croyaient que le Messie allait venir tel que promis dans les textes sacrés. Les acclamations furent instantanées et se poursuivirent un long moment. Elle donnait toujours l'impression d'être nerveuse; elle se tourna finalement et plaça sa cruche à mes genoux et c'était comme si elle me clouait sur place. Des mains fortes la soulevèrent jusqu'à la margelle de pierre qui entourait le bord du puits afin qu'elle puisse être vue à la lueur du feu par ceux et celles qui étaient plus loin.

« Il s'agit d'une histoire véridique. » La façon dont mère avait commencé fit rire toute la compagnie. Ça leur était égal que mère leur raconte une histoire imaginaire ou qu'elle cite les Commandements.

« Cette femme dont c'est l'histoire avait beaucoup d'inquiétudes et de tourments cachés en son cœur car elle portait un secret qui lui avait été transmis par l'ange Gabriel. Au fond de son cœur étaient enfouies les paroles prononcées par la Voix du Ciel révélant que de son corps de jeune fille vierge viendrait le Messie promis. Elle avait donné naissance à un fils, l'avait nommé tel que prescrit par l'Ange du Seigneur, et bien sûr s'était acquittée de la première obligation de l'alliance entre le Père céleste et Abraham lorsque son fils fut circoncis le huitième jour. Mais, comme cela arrive à toutes les femmes, sa foi totale dans les paroles de l'ange s'évanouit complètement. C'est ainsi qu'elle se retrouva profondément perplexe et inquiète lorsque vint le temps de la rédemption de son fils. Et lorsque son temps fut achevé et qu'il lui fallut absolument passer à travers la purification, grande était l'angoisse lui rongeant l'esprit et l'âme. C'était le premier-né. Conformément à la Loi, le fils premier-né doit être donné au Seigneur, mais il peut être racheté du prêtre pour la somme de cinq shekels. Au plus tôt, cette présentation du prix de rachat pouvait avoir lieu vingt et un jours après la naissance. Maintes et maintes fois elle avait examiné chaque partie de ce minuscule corps pour voir si elle pouvait découvrir une quelconque imperfection qui rendrait son fils inapte à la prêtrise. Car, comme vous le savez, il était réellement le premier-né de la prêtrise. Souvent, elle avait été hantée par la pensée terrible de la possibilité que l'enfant puisse être rejeté, ou ne puisse être racheté en raison d'une mort accidentelle.

Mais elle ne put se résoudre à se séparer de lui pour sa propre rédemption tant qu'elle n'eut pas fait sa propre purification. Le temps prescrit pour la purification de la mère d'un fils est de quarante et un jours en vertu de la loi rabbinique. Ce temps est bien sûr de quatre-vingt-un jours pour la mère d'une fille. Mais elle n'était pas riche et ne pouvait faire un voyage spécial au Temple. Elle attendit donc qu'arrivent les premiers jours de la Fête, puisqu'il est légal de retarder la présentation ou la purification à une date plus commode. Même si elle aurait pu s'abstenir d'être elle-même présente dans le Temple et être purifiée par l'offrande d'un ami au Temple, elle s'y refusa. Car elle croyait en son for intérieur qu'un miracle s'était produit en elle.

Comme elle tremblait de peur, et aussi de joie, alors qu'elle s'approchait enfin du Temple et qu'elle franchissait la Porte des femmes sur le côté nord de la Cour des femmes. De fait, il lui fallait se presser car, des tribunes du Temple, l'orgue retentit, annonçant que l'encens serait bientôt allumé sur l'Autel d'or, appelant de ce fait celles et ceux qui devaient être purifiés et bénis. Elle laissa rapidement tomber sa maigre offrande dans la troisième des treize caisses en forme de trompette. Car sa modeste fortune ne lui permettait pas de s'acheter un agneau pour offrir à la place d'une tourterelle ou d'un pigeon. De fait, une tourterelle était au-dessus de ses moyens. Mais elle fut bientôt entraînée avec les autres par les prêtres officiants à l'intérieur du portillon à droite de la grande Porte de Nicanor, juste au sommet des quinze marches qui menaient de la Cour des femmes à la Cour d'Israël.

Mais le bref service de purification ne purifia pas son cœur pas plus qu'il ne clarifia son esprit. Elle se demandait si elle ne devrait pas aller trouver le Grand Prêtre de service et lui parler de l'annonciation de l'Ange du Seigneur. Ou ne devrait-elle pas plutôt se retirer avec son précieux fardeau et ne rien dire à personne au sujet de sa naissance! Mais si elle parlait et qu'on ne la croyait pas, de quel ridicule se couvrirait-elle alors! Quel mal les langues malveillantes pourraient faire à la tendre vie qu'elle tenait serrée contre sa poitrine endolorie! Cependant, si elle ne parlait pas, ne priverait-elle pas ainsi l'enfant de tous ses droits divins et ne le condamnerait-elle pas à la vie d'un homme ordinaire? Que devait-elle faire? Son âme et son esprit étaient tellement tiraillés que les larmes se mirent à couler sur le visage rayonnant de l'enfant dans ses bras et dans son agonie c'était comme si des lances avaient été enfoncées dans sa poitrine.

Ne sachant que faire d'autre, elle se résolut de parler à un prêtre et au moins avoir ainsi quelqu'un pour partager son fardeau ou raffermir sa foi. Mais avant de pouvoir mettre à exécution sa nouvelle décision, la purification s'acheva. Les prêtres rentrèrent à l'intérieur et les autres femmes passèrent de chaque côté d'elle. On la fit sortir par le portillon et elle avança sans but en direction de la Cour des hommes où elle pensait rencontrer celui qui était son mari depuis dix mois. Les femmes la laissèrent et elle se sentit seule, comme si tout le monde et le ciel aussi l'avaient abandonnée dans cette cour rocailleuse. Un prêtre dans ses vêtements sacerdotaux survint d'un pas pressé, probablement en retard pour un sacrifice. Alors même qu'elle s'efforçait de faire sortir un son de sa gorge pour lui parler, il vit son désespoir et s'arrêta.

"Fille! En larmes!"

Elle fit de grands efforts, mais ne parvint pas à parler et hocha simplement la tête. Le prêtre hâta le pas en souriant, se disant probablement pour lui-même, "Ah! la fragilité émotionnelle des femmes!"

Déchirée d'angoisse en raison de la faiblesse de sa foi et de son saint fardeau, elle s'écroula sur les pierres dans un coin de la Cour des femmes au point de convergence des pierres dressées. Là, elle murmura avec amertume son angoisse au Père céleste. “Père, pardonne ma faiblesse ou tue-moi pour mon manque de foi.” Elle plaça l'enfant qui gazouillait sur le haut rebord de pierre et dit : “Père, fais disparaître à tout jamais mes doutes, ou détruis-moi pour toujours! Soit cet enfant est le Messie, soit il ne l'est pas! S'il est véritablement Ton Fils, que cela soit dit par deux langues autres que la mienne. S'il n'est pas Ton Fils, pas le Messie attendu, que mon cœur s'arrête dans ma poitrine!” Elle dit ceci en murmurant uniquement parce qu'elle avait peur que quelque étranger curieux n'entende son désarroi et ne l'accuse de blasphème. Elle était encore à genoux lorsque son mari la trouva ainsi et la fit prestement avancer jusqu'à la Rédemption. Il l'aida à se remettre debout et, la soutenant d'un bras, il la pressa d'aller vers le prêtre officiant dans l'alcôve à côté de l'Autel sacré. Elle s'y rendit en toute hâte malgré ses nombreux doutes. Mais tandis qu'ils suivaient le corridor longeant la cour, un nuage noir obscurcit le soleil et cacha la lumière du midi. Il faisait aussi noir sur la Terre qu'il faisait noir en son cœur rongé par le doute. Mais bientôt elle s'agenouilla devant le prêtre et reçut la bénédiction. Puis elle tendit son fils au prêtre, remettant ainsi son fils premier-né à Dieu. Le chérubin agitait ses mains de joie et le nuage qui se trouvait devant le soleil se dissipa.

La prière fut dite sous un radieux soleil!

Mais avant que l'Amen ne soit prononcé, un ancien et vénérable personnage, un prêtre officiant en chef connu et aimé dans la ville et le sanctuaire, arriva aussi rapidement que son âge avancé le lui permettait.

“Où est Celui qui devait venir? Où est le Messie?”, s'écria-t-il dans son empressement.

Le prêtre officiant s'interrompit, car l'ancien Siméon était bien connu pour sa piété, sa justice dans toutes ses relations entre Dieu et l'homme, sa peur de Dieu, son humilité, et par-dessus tout, pour la promesse faite lors d'une vision dans sa jeunesse qu'il apercevrait le Messie avant qu'il ne lui soit permis de mourir. Il était celui des prêtres orthodoxes dont la croyance en la venue prochaine du Messie était la plus forte. Pendant presque une centaine d'années, il avait attendu et guetté les signes de l'accomplissement de la vision prophétique de Dieu. Avec des yeux de myope, il regarda attentivement le chérubin, poussa un cri et tomba à genoux. Puis il se releva, loua le Père céleste et prit l'enfant. Chantant les louanges de Dieu le Très-Haut, il s'avança directement jusqu'à l'Autel sacré et y déposa l'enfant. »

Tous les gens de la compagnie en avaient le souffle coupé et mère dit : « Oh! vous en avez le souffle coupé ici, à côté du puits de Barsol. Imaginez à quel point *elle* en avait le souffle coupé, agenouillée devant l'autel. Car elle savait que seul ce qui est consacré et sacré pouvait être placé sur l'Autel d'or. Elle laissa échapper un cri de doute mais Siméon, le prêtre, ne l'entendit point.

En vérité, Siméon tomba à genoux devant l'autel et ainsi firent les autres prêtres, et ils adorèrent et prièrent et s'écrièrent : "Oh! mon Dieu, Tu as toujours été bon et Tu es maintenant fidèle envers Ton serviteur. Tu avais promis que je verrais le Messie! À présent je peux déposer le poids de mes années, mettre un terme à mon ardent désir et à ma veille, et mourir dans le bonheur! Puisqu'ainsi, Seigneur, Tu as tenu parole! Maintenant, laisse Ton serviteur s'en aller en paix, car mes yeux faibles ont vu le Salut de l'Homme, et mes mains noueuses ont tenu le trésor du Ciel. Voici la gloire d'Israël, la Lumière descendant sur les Gentils. Le Messie qui *est* venu!"

S'étant ainsi exprimé, il se leva et revint avec le chérubin souriant. La mère stupéfaite tendit les cinq shekels pour racheter l'enfant mais Siméon plaça sa main sur l'argent et le repoussa.

"Sainte Mère, tu ne peux racheter le Messie!"

Le cœur de la femme sursauta en elle et faillit flancher, et des larmes ruisselaient sur ses joues de joie et de désespoir. Elle était heureuse d'avoir la promesse de l'ange confirmée, désespérée par les paroles qui impliquaient qu'elle ne pourrait reprendre son enfant souriant. Mais avant que son cœur n'éclate, Siméon se pencha en avant et plaça l'enfant dans ses bras.

"Mère, entre tes bras je place le Salut de l'Homme! Pourvois aux besoins de cet Instrument de la Volonté divine!"

La femme se leva et quitta Siméon. Son mari la guida vers la porte du coin car ils avaient l'intention de se retirer à Béthanie, à cinq kilomètres de là, pour s'y reposer avant de retourner à Nazar. Ils étaient parvenus à la porte même, et la femme sentait à nouveau monter en elle un grand doute et un profond tumulte. Elle se disait ceci : Siméon était vieux, privé d'une bonne vue, il n'avait probablement plus toute sa raison, et il avait peut-être un trou de mémoire en raison de son âge.

Entretenant de tels doutes en son for intérieur, elle s'engagea dans la porte et n'avait plus qu'un pas à faire pour se retrouver à l'extérieur lorsqu'un grand cri la fit s'arrêter net. C'était la voix d'Anna, la prophétesse admirée, fille de Phanuel de la tribu d'Aser. Elle était aimée de tous dans le Temple car elle y avait résidé de nombreuses années, servant Dieu, priant et jeûnant. Elle ne quittait jamais l'enceinte du Temple mais elle avait la faculté de pressentir les événements. Elle était veuve depuis quatre-vingts ans et n'avait connu son mari que pendant sept ans. Ainsi, d'un âge fort avancé et d'une grande sagesse, la prophétesse avait pressenti la venue du Messie dans le

Temple, et elle avait attendu à la Porte centrale. Lorsqu'elle se rendit compte qu'il ne venait pas, elle s'en remit à son sens de vision intérieure, elle suivit le chérubin et arrêta la mère d'un puissant cri, de crainte qu'elle ne quitte l'enceinte du Temple. Le grand cri d'Anna fit accourir une foule de gens et ils s'agglutinèrent tout autour pour regarder lorsqu'Anna se prosterna sur les pavés de pierre afin de remercier le Très-Haut de lui avoir permis de voir le Messie. Quelques-uns se moquèrent d'elle, mais tous ceux qui connaissaient la prophétesse et l'aimaient s'agenouillèrent et offrirent leur adoration.

Et Anna se leva et leur parla en ces termes : “Oh! Vous tous! Regardez bien ce bébé et voyez comment Dieu remplit sa promesse de donner un sauveur pour Israël l'opprimé! En vérité, contemplez le Rédempteur!”

Beaucoup étaient en larmes. D'autres se rapprochèrent. Et certains tendirent la main pour toucher l'enfant. Mais lorsqu'Anna s'agenouilla pour prier, elle commanda à tous d'en faire autant. Le mari et la mère se hâtèrent alors de sortir de l'enceinte du Temple et ils s'éloignèrent des curieux qui mettaient l'enfant en danger. Et tandis qu'ils se rendaient à Béthanie, la mère se réjouissait en son cœur, priant qu'on lui donne la force, la sagesse, la puissance et la connaissance suffisantes pour la tâche de pourvoir aux besoins de l'Instrument du Salut. »

Ma mère adorée cessa de parler. Au loin les oiseaux de nuit du désert faisaient retentir leur orchestre d'amour pour donner une sérénade aux étoiles. Pas un œil des gens de notre compagnie n'était sec et mes propres larmes roulaient sur mes joues. Pendant un long moment aucun n'osa parler de crainte que sa voix ne trahisse les larmes qui lui nouaient la gorge.

Mais finalement Ishmaul dit de sa façon directe : « Nous ne pourrons dormir à moins que tu n'apaises notre curiosité en nous disant qui était la femme! »

Mère était debout près de moi, sa main sur ma tête, la tête penchée, me regardant dans les yeux à la lueur du feu. « Si vous ne le savez point, que cela demeure une énigme en votre cœur jusqu'à ce nous revenions à ce puits lors du voyage de retour. Alors, si vous le souhaitez, je vous révélerai un miracle encore plus grand ainsi que le nom de la mère. Et le nom du fils! » Ma mère me toucha avec amour et se baissa pour m'embrasser le front. Je sentis ses larmes chaudes tomber sur ma main. Elle se retourna vivement, ramassa la grande cruche, et s'en alla dans l'obscurité au-delà de la lumière du feu.

« Oh! n'a-t-elle pas exprimé le rêve de tout homme? Oh! Israël! Israël! Où est le Sauveur attendu? Il y a longtemps, si longtemps que nous attendons

Celui dont les prophètes ont prédit la venue! », dit le rabbin Borrenchan.

Peut-être aurait-il continué à parler mais ses commentaires ne suscitèrent aucune réaction chez les gens présents. Les cœurs étaient trop pleins du mystère de l'histoire que venait de conter ma merveilleuse mère pour être entraînés dans une discussion politique ou rabbinique. Du reste, ils avaient marché presque trente-trois kilomètres cette journée-là et certains étaient assez fatigués. D'autres, se sentant plus en forme de par le changement que ce voyage apportait dans leur routine de vie quotidienne, décidèrent de ne pas se coucher de la nuit pour prier ou pour chanter doucement des psaumes autour du feu de camp central.

Jean-Jean et moi quittâmes discrètement le cercle pour aller à nos couvertures; il m'avait été rarement donné de le voir si absorbé dans ses pensées. Bientôt cependant, avec cette soif de dormir propre aux jeunes, il avait rejoint son pays des songes personnel. Pour ma part, je demeurai un long moment étendu à penser à ma mère et à me demander au plus profond de moi-même pourquoi elle démontrait à Jean-Jean et à Jim-Jim un amour plus intime et plus humain... alors que j'étais certain qu'elle m'adorait plus que l'un ou l'autre. M'abandonnant au gré des pensées qui venaient, je songeai au Messie, et puis à la technique par laquelle on pouvait être en deux endroits en même temps. Et ensuite je pensai un court instant au meilleur moyen de capter l'attention des Grands-Prêtres orgueilleux et hautains et de la conserver assez longtemps pour leur communiquer un enseignement.

Une forte pression sur l'épaule me tira du profond sommeil où j'étais. Nous fûmes bientôt en route, les montures sellées et cheminant dès les toutes premières lueurs du jour. Dans la fraîcheur du matin, nous avancions d'un bon pas et les animaux trottaient presque sans qu'il ne soit nécessaire de fouetter leur ardeur. Peu après le lever du soleil nous avions déjà parcouru presque la moitié des trente-deux kilomètres que nous comptions marcher cette journée-là. Nous mîmes les ânes au pré après avoir relâché leurs sangles, et nous nous assîmes pour notre propre petit déjeuner de noix, de dattes séchées et de gâteaux à l'orge froids. Sous la chaleur du soleil, notre pas s'est ensuite ralenti et nous avancions péniblement sous la chaleur du plein midi au moment d'atteindre le campement sur le Jourdain. Une fois rendus, nous avons donné à boire aux animaux et nous nous sommes reposés jusqu'à la fin de l'après-midi.

C'est ainsi que sans incident, sauf lorsque Marie-B faillit marcher sur une vipère heurtante, nous sommes arrivés à Béthanie le treizième jour du mois de *Nisan* et nous y avons fait un arrêt d'une journée et demie. Les cérémonies au Temple ne commençaient pas avant le soir du quatorzième jour, par conséquent nous avions deux jours devant nous pour que les femmes puissent nettoyer, laver et tout préparer. Les hommes en profitèrent également pour réparer les harnais ou les vêtements et beaucoup sortirent de leurs bagages ce qu'ils destinaient au sacrifice. Tous les oiseaux reçurent à manger et à boire. Les cadeaux en métal furent polis avec zèle et grand amour. Lorsque les Juifs orthodoxes furent ainsi occupés, les Frères quittèrent discrètement la compagnie et se rendirent à la communauté des Esséniens se trouvant de l'autre côté du mont de Béthanie. Ils y furent accueillis par la salutation et l'étreinte d'usage, ils profitèrent d'un Bain d'amour et d'un Festin d'amour, ainsi que de la grâce de la fraternité et de l'adoration dans la Salle de l'Assemblée. Ils ne tardèrent pas à aider les Frères de Béthanie dans l'accomplissement des chères tâches inférieures coutumières et à parler de l'épreuve imminente qui m'attendait.

Le Patriarche bien-aimé prit des dispositions pour que de nombreux Frères aient la possibilité de se rendre au Temple à Jérusalem afin d'être témoins de ma réussite ou de mon échec dans ma tentative d'enseigner aux Grands Prêtres. D'autres prirent les devants, mais mon père retarda notre arrivée au Temple jusqu'au lever du soleil le quinzième jour.

Comment pourrait-on arriver à exprimer l'émerveillement et l'inspiration que soulevait la vue pour la première fois des rues encombrées de Jérusalem et ensuite du puissant Temple. Des bandes de gens arrivant de toutes les directions dévalaient les chemins menant à Jérusalem. Les bandes variant en importance de dix à trois cents personnes, se déplaçaient par groupes dans les rues. Peu de compagnies étaient aussi nombreuses que la nôtre alors que nous avancions en direction du Temple dans la fraîcheur précédant l'aube. Les individus des différentes bandes s'éparpillaient dans tous les sens et s'entremêlaient, mais pourtant chaque bande conservait son identité comme une chose à part.

Les rues de la ville étaient bondées de groupes marchant et chantant au rythme ou à la beauté prenante de la flûte à bec. Même si Jim-Jim n'était pas aussi talentueux que Jo-Jo pour chanter, il jouait de la flûte avec un rythme parfait et bien des fioritures dans les notes aiguës qui embellissaient la mélodie, et il jouissait d'une grande popularité au sein de notre compagnie. Jo-Jo et Marie-B chantaient, chacun d'une voix assurée, mélodieuse et forte, si bien qu'on se mit bientôt à les appeler 'les alouettes'. En dépit de leur jeune âge, ce sont eux qui menaient le chant de la compagnie tandis que nous cheminions à travers les rues à flanc de coteau de la ville.

On nous avait dit que le Temple était vaste. Quelqu'un avait dit : « Plus grand que tout le village. » Mais nous n'étions pas préparés pour la scène qui allait s'offrir à nos yeux! Assurément, les mots ne pourront jamais communiquer une telle expérience. Nous débouchâmes soudain d'un ravin tortueux et nous nous retournâmes sur le contrefort d'une colline. Là, devant nous, s'élevait le Temple! Il avait toutes les apparences d'une véritable île, surgissant brusquement d'une mer de vallées profondes, de murs énormes, de palais, de rues et de maisons. On nous avait affirmé que plus de deux cent mille personnes pouvaient circuler et faire leurs dévotions dans ses gigantesques cours intérieures. Mais le fait de savoir que sa base formait un carré de plus de 300 mètres de côté ne pouvait même commencer à suggérer l'immensité qui frappait l'œil émerveillé. Les structures du Temple se dressaient sur le sommet de la montagne qui, s'élevant à pic des vallées qui l'entouraient, semblait faire flotter le Temple et le Sanctuaire dans la paume de la main puissante de Dieu, un peu plus près encore des cieux. Les structures donnaient l'impression de s'élancer vers le haut, cherchant l'une par-dessus l'autre à monter à l'assaut des cieux. Des terrasses escaladaient des terrasses, d'imposants édifices de marbre blanc et d'or scintillant fouillaient le ciel à la recherche du plus haut, désignant tels des doigts artificiels le but de l'existence de l'homme.

Notre compagnie se remit en route, réduite au silence par cette splendeur. Venant de Béthanie à l'est, nous passâmes par l'angle nord-est, non loin de Tédi, une porte d'entrée donnant accès au Sanctuaire par le nord. Mais, comme le voulait l'usage, elle était fermée. Nous bifurquâmes vers le sud, empruntant la chaussée pavée d'énormes pierres, nous franchîmes les tunnels qui menaient d'Ophel, c'est-à-dire du faubourg des prêtres, à travers la Porte de Huldah jusqu'à la cour extérieure. Nous passâmes la Porte de Susa et nous entrâmes par la Porte des Gentils près du coin sud-est de la cour extérieure. Depuis le seuil de cette porte, située onze marches plus haut dans l'énorme mur, nous vîmes le coin nord-ouest du Temple, et ma mère montra du doigt la sinistre forteresse de pierre.

« Comme nous avons besoin de notre Rédempteur! Les Romains mettent leurs troupes en garnison dans notre précieux château d'Antonia, autrefois la résidence de nos prêtres. Ils y détiennent les vêtements sacerdotaux sacrés de notre religion, et ne les rendent disponibles que lorsque César le veut bien! »

Nos pas nous menèrent à la colonnade du sud à l'extrémité est de laquelle s'élevait la haute tour connue sous le nom de Pinacle. Du haut de cette tour, les prêtres faisaient la vigile du matin et ils annonçaient le lever du soleil et ainsi semblaient être à hauteur d'aigle au-dessus des parois verticales de la vallée de Kedron. La partie la plus à l'est de la double colonnade entourant la cour intérieure était connue comme étant le Porche de Salomon. C'est à cet endroit que se tenaient fréquemment les séances du premier des trois *Sanhédrins*, le tribunal de niveau inférieur du Temple. Le second *Sanhédrin*, semblable à une Cour d'appel, se réunissait dans la Cour des Prêtres. Le plus élevé des tribunaux du *Sanhédrin*, appelé le Grand Sanhédrin, se réunissait dans la Salle des pierres taillées, une cour hautement respectée située à deux pas. Nous continuâmes au-delà des porches de la colonnade en direction du Chol, c'est-à-dire de l'endroit profane où les Gentils se retiraient durant la Sainte Fête. C'était à cet endroit que se trouvaient une place du marché et aussi de très nombreux changeurs d'argent juifs. Sur une terrasse située douze marches plus haut que la Cour des Prêtres se trouvait le sanctuaire lui-même. Toutes les choses nécessaires aux rites sacrificiels y étaient conservées dans des chambres séparées considérées comme sacrées. Le Sanctuaire était mis en valeur par un portail à deux battants. Au-delà de cet endroit, il y avait le Lieu Saint avec les chandeliers d'or disposés au sud, l'Autel d'or de l'encens au milieu, et la table du Pain de Présentation au nord.

« Regardez le Voile! Mon père avait dit une fois que c'était une copie exacte du Voile du mystère utilisé dans les temples des mystères égyptiens. » Mère demeura silencieuse un moment puis elle ajouta sur un ton de profond respect : « Au-delà du Voile se trouve le lieu le plus saint. Il est vide à l'exception d'un fragment de rocher, le *Aben Shekinah*, ou Pierre de Fondation. Ce rocher a une double signification : il est le Rocher sur lequel la foi juive et le Temple sont fondés. Mais on affirme également qu'il s'agit du Rocher qui recouvrit l'enfer... le Rocher sur lequel fut établi le monde au moment de la création. »

La dimension et la beauté des lieux étaient tellement grandioses que mon cœur était aussi lourd qu'une pierre dans ma poitrine. Comment un Essénien inconnu pouvait-il espérer instruire les plus sages des prêtres qui avaient fondé une telle foi – qui détenaient le Rocher sur lequel le monde fut créé – et édifié une structure d'une telle magnificence? Je me sentais comme David affrontant un millier de géants! Mais à présent, les géants possédaient même le Rocher et je n'avais aucune pierre à lancer.

SEPT

À propos des affaires de mon père

« Grandeur! » avait dit mon père, ses yeux braqués sur les miens et je suis certain qu'il lisait dans mes pensées. « Au-delà de ce rideau se trouve effectivement le rocher sur lequel ils fondèrent leur foi! Fondèrent leur église! Fondèrent ce Temple! Mais il ne s'agit là que d'une grandeur physique! Leur rocher peut être détruit d'un coup de masse, et la foi de l'homme mérite un fondement plus solide. La vérité ne se fonde pas sur un tel signe physique – elle n'a pas besoin de l'être! »

À mesure qu'il parlait, de la force et une certaine détermination revenaient dans mes genoux vacillants et mon cœur était moins lourd dans ma poitrine. Mais plus les jours passaient, plus les heures étaient remplies du sentiment irrésistible de la pression des gens. Des tribus et des hommes de tous genres fourmillaient dans les cours du Temple, se pressaient en une masse de gens déambulant d'un pas traînant et se rendaient là où on le leur indiquait, sans même se demander pourquoi. Eux aussi étaient impressionnés par la grandeur et la couleur du Temple, figés sur place d'émerveillement et de crainte devant le Rocher, ce supposé signe physique du fondement solide de leur foi.

Les activités étaient arrangées de façon à garder les masses en mouvement la plupart du temps et les assistants ainsi que les prêtres indiquaient la direction à prendre pour passer de la scène d'une cérémonie publique à une autre. Aussi imposantes que fussent les cérémonies se succédant, je commençai à me rendre compte de leur complète futilité. Assurément, des hommes doués d'intelligence verraient bientôt au-delà du spectacle et de la panoplie d'artifices l'os rigide d'une ancienne croyance, jadis vitale, jadis vivante.

Les deux premières journées étaient les journées traditionnelles et elles furent identiques en tous points à ce qu'elles avaient été depuis de fort nombreuses années. Mère était grandement impressionnée car le message tout entier concernait la magnificence de Dieu dans la protection et l'attention qu'Il accordait à son peuple choisi. Ce thème fut répété à maintes et maintes reprises, à un endroit ou à l'autre, ou dans les prières des prêtres qui remerciaient Dieu de faire des Juifs une race supérieure. Au cours de ces deux premiers jours, la pâque fut mangée, le *Chagicah*, ou Sacrifice de la Fête, fut offert. Les premiers grains d'orge mûrs furent également portés en toute hâte au Temple. Ceci était fait de manière très théâtrale, car ils étaient supposés être consacrés à l'usage de Dieu et être transformés en l'Ohmer de la première farine et brandis devant le Seigneur. La cérémonie me paraissait être quelque peu idiote. Car il était évident que l'orge n'était pas simplement destinée à être mangée mais qu'elle avait en fait été conservée à l'extérieur du Temple pour y être apportée précipitamment au moment opportun dans la cérémonie. Ceci servait à faire comprendre aux spectateurs qu'il fallait retourner le premier et le meilleur à la source d'où il est venu. Inconscients de leur orgueil démesuré et de leur manque d'humilité craintive de Dieu, les prêtres représentaient cette source divine d'où venaient tout pouvoir et toutes les choses de la nature. La comparaison avec le Maître secret des Esséniens était des plus défavorables à leur égard, lui qui refusait tout honneur, tout pouvoir et tout prestige!

Une nouvelle complication commença à m'embêter. Mon adorable mère était continuellement à mes côtés. Elle me chuchotait à l'oreille de nombreuses bribes d'information au sujet du Temple et elle me désigna du doigt certains des Grands-Prêtres. Mais elle s'en serait mêlée si j'avais tenté d'engager une discussion avec les Grands-Prêtres. Avec elle présente à mes côtés, je n'osai essayer. Beaucoup parmi les Esséniens se lassèrent de me suivre partout, décidèrent que j'avais perdu mon courage et cessèrent de me considérer avec fierté ou avec compassion. Malgré toutes mes tentatives, je n'arrivais pas à semer ma mère, car elle m'ordonnait de l'attendre si je prenais les devants ou elle m'attendait si elle me devançait. Mon père s'aperçut de ma difficulté et je savais que la décision qu'il avait prise lui causait un pincement au cœur. Comme il s'agissait de mon seul moyen d'avoir ma chance, il savait qu'il devait s'arranger pour emmener Mère ailleurs et qu'ainsi il ne pourrait assister à ma tentative.

À la fin de la seconde journée, il dit : « Marie, nous avons fait notre devoir. Le garçon est inscrit et nous avons vu tout cela si souvent. Revenons demain pour la première des demi-journées et puis partons pour le village le jour suivant. »

Mère ne voulait pas vraiment faire ce qu'il proposait, mais porter Marie-B n'était pas facile et la présence des enfants compliquait les déplacements et demandait beaucoup d'attention. C'est ainsi que je me levai tôt le quatrième jour et que je quittai discrètement le campement de Béthanie pour me mettre en route, seul, en direction du Temple. Je savais que, conformément à la tradition talmudique, les prêtres du *Sanhédrin* du Temple siégeaient à la Cour d'appel de la fin de la matinée jusqu'au moment du sacrifice du soir. Pendant les Jours de la Fête cependant, ils suivaient la tradition ancienne et sortaient sur la terrasse de la Cour des prêtres pour s'adresser aux pèlerins et les instruire de la loi et des comportements qu'il convient d'avoir devant le Seigneur. Comme ma mère avait été à mes côtés lors de mon inscription, c'était là mon unique occasion d'approcher les Grands-Prêtres. C'était là ma chance, ma seule chance, et il me fallait la saisir.

La terrasse était en fait cette partie de la cour qui était surélevée par rapport au niveau du sol commun et qui en était séparée par une rangée de fleurs en pots, placés sur une barrière en pierre haute comme le genou. La conférence était aussi divisée en deux parties. Le prêtre chargé de faire l'exposé au public fut d'abord honoré par ses collègues et par d'érudits docteurs de la Loi. Il donna une conférence scientifique soigneusement préparée à la suite de beaucoup de recherches. Cette conférence fut donnée derrière la rangée de fleurs et, si les gens parvenaient à l'entendre, on assumait avec arrogance qu'elle était au-dessus du niveau de compréhension des gens ordinaires.

La méthode même m'apparaissait être d'une insupportable suffisance et un peu stupide. Car le but de l'enseignant n'est-il pas d'enseigner à ceux qui ont besoin d'apprendre et non pas à ceux qui savent déjà. De façon toujours aussi hautaine, les prêtres discutèrent à nouveau des mêmes sujets après être allés s'asseoir près de la bordure de fleurs afin de s'adresser aux gens ordinaires. L'exposé officiel était supposé être le fruit d'une recherche minutieuse et de laborieux efforts, de sorte qu'il soit aussi précis que les lois données par Dieu, disaient-ils. Il était interdit à tous les gens ordinaires de poser des questions au prêtre et ceux-ci, ignorants des subtilités de la loi, ne pouvaient franchir la haie de fleurs pour aller s'asseoir sur la terrasse, même s'il ne s'y trouvait aucun prêtre.

Heureusement, c'était le Grand-Prêtre du *Sanhédrin* du Temple qui faisait l'exposé ce matin-là et, comme j'étais arrivé tôt, j'avais obtenu une place sur une pierre à côté des fleurs. Je pouvais entendre tout ce qu'il disait à ses confrères et ce n'était pas tellement profond, même s'il citait sans arrêt des extraits du Pentateuque et du Talmud. À l'appui de sa thèse, il dit : « Connaître Dieu est le seul but de l'existence de l'homme. » Cependant, il parla principalement du thème général suivant : « À moins de connaître Dieu, comment pourrions-nous servir nos semblables? » Et il ne s'en tint pas à la prémisse centrale comme tout Essénien l'aurait fait. Sa conférence n'avait rien d'original, mais il déclara et prouva à l'aide de références que l'homme doit tout donner à Dieu – obéir aux lois, toujours faire le bien, s'adresser aux prêtres pour obtenir leurs conseils. Les prêtres avaient ensuite le devoir de guider les hommes dans la voie menant au Seigneur.

Lorsque cet exposé superficiel et présomptueux fut terminé, les prêtres débattirent longuement certains points subtils de la loi. Puis le Grand-Prêtre se rendit à son siège et se prépara à faire une conférence à l'intention de l'assistance. Par la suite, après un exposé d'ordre général, n'importe qui était censé pouvoir poser n'importe quelle question lui venant à l'esprit. Toutefois, il fallait faire attention car il était facile de provoquer la colère du prêtre! Si le prêtre était offensé, celui qui était coupable se retrouvait banni de son propre peuple. Il ne pouvait donc y avoir rien d'original dans la procédure, et s'il n'y avait pas quelque chose d'original, comment pouvais-je communiquer un enseignement aux Grands-Prêtres?

Lorsque le prêtre eut changé de place, je regardai à la ronde la mer de visages d'hommes et de femmes assis sur les pierres de la cour. Je ne vis pas un, pas un seul membre de notre groupe, pas un Essénien que je connaissais. Même le rabbin Borrenchan qui s'était tellement mis en évidence lors de mon inscription et tellement vanté de mon érudition, on ne le voyait nulle part. Mais ma décision était prise et je n'allais certainement pas changer d'idée. J'écoutai attentivement tandis que le prêtre parlait du devoir des hommes et de petites choses relatives à l'obéissance de tous les jours, de la nécessité de la présence au Tabernacle, et qu'il était du devoir suprême de l'homme de chercher Dieu, de s'attacher à faire le bien et de s'abstenir de pécher. Lorsque cet exposé d'un goût discutable arriva à son terme, il y eut une période de questions simples auxquelles des réponses faciles furent données.

Même sans le soutien de mes amis, il me fallait quand même faire ma tentative. Je refoulai mes hésitations et posai une question calculée mais en apparence simple. La première réaction du Grand-Prêtre fut de rire et ceci me soulagea car je savais qu'il n'avait pas détecté le piège que je lui tendais. C'est ainsi que, encouragé par ce modeste succès, je me sentis mieux.

« Monsieur, qu'est-ce que le péché? »

« Oh! mon petit rouquin, quelle question! À ton âge! Ta mère ne t'a-t-elle pas enseigné ce que pécher voulait dire? »

Il était chaleureux et de tempérament agréable et je dis : « Monsieur, elle a bien essayé, mais elle manque de logique. Elle me dit que douter de la parole d'un rabbin est péché. Est-ce un péché que de douter? »

« Pas de douter, mais c'est un péché de douter du serviteur de Dieu. »

« Oh! monsieur, ai-je effectivement péché à l'instant puisque j'ai douté de vous et de votre conclusion à votre exposé aux prêtres de la terrasse? »

« Il pourrait ne s'agir que d'un simple malentendu, mon garçon. Pourquoi étais-tu en désaccord avec ma conclusion? »

« Monsieur, avant votre conclusion, dans votre thèse secondaire, vous avez dit : "L'homme doit connaître Dieu pour être capable de servir son prochain." Je me demandais s'il n'était pas plus important que l'homme serve son prochain en toute humilité et en toute bonté de façon à pouvoir en venir à connaître Dieu. Ai-je péché en m'interrogeant de la sorte et en doutant de votre parole? »

« Non, mon garçon – eh bien! non! »

« J'ai douté de vous et je n'ai pas péché? »

« Non, mon garçon, non! »

« Alors, douter même d'un Grand-Prêtre n'est pas un péché. Ô! je vous en prie, monsieur, dites-moi, qu'est-ce qu'un péché? »

« Eh bien, voler est un péché. »

La foule entière se rapprochait de plus en plus sur le sol pierreux et chacun tendait l'oreille pour entendre, faisant taire quiconque osait respirer un peu fort ou faire crisser une pierre. « Oh! Monsieur, je regrette mais je ne comprends pas. Si je prends et mange le sacrifice, est-ce que je pèche? »

« Oui, c'est certainement un péché en ce cas! »

« Est-ce que tous mes descendants vivraient dans le péché par la suite? »

« Oh! oui, bien sûr! »

« Alors, est-ce que les Juifs vivent dans le péché, dans l'ombre d'un tel vol? »

« Non! »

« Mais l'ancêtre de notre race prit et mangea le sacrifice lorsqu'il voulut de la nourriture! »

« Oui, mais cela est différent! »

« Monsieur, alors il arrive que voler n'est pas un péché? Il y a des exceptions! Oh! c'est précisément ce qui me rend perplexe – n'y a-t-il aucun péché qui n'ait pas d'exceptions? »

Le Grand-Prêtre se tourna dans sa chaise et me regarda en fronçant les sourcils. Pendant un instant, j'eus l'impression qu'il aurait bien voulu m'anéantir d'un grand coup.

« L'inceste est un péché; l'adultère est un péché. »

« Ah! Ah oui monsieur! Ma mère m'a dit exactement la même chose; pourtant, n'est-il pas vrai que l'un de nos plus grands ancêtres a eu des relations à la fois adultères et incestueuses avec ses propres filles? Et malgré tout, nous le révérons comme le grand fondateur de notre race. »

Des gouttes de sueur commençaient à perler sur son front, son sourire était très pincé et ses lèvres étaient figées et minces au-dessus de sa longue barbe. « Tu as opposé une exception spéciale en chaque cas, garçon. »

« Monsieur, pardonnez-moi, mais n'y a-t-il aucun cas où il n'y ait pas d'exception à soulever? »

« Apparemment pas, mon garçon. »

La foule éclata de rire à cette réponse et je feignis d'en être embarrassé. « Monsieur, vous voulez plaisanter avec moi. Serait-il impertinent de ma part de démontrer à partir de ce que vous avez vous-mêmes dit sur la terrasse qu'il y a un cas, et un cas seulement? »

« À partir de ce que j'ai dit? » La phrase lui avait échappé de surprise mais je la pris comme une invitation à poursuivre.

« Oh! Oh! Vous désirez que je vous rappelle vos paroles? »

« Oui, oui, bien sûr! »

« Monsieur, dans le *Kallah*, c'est-à-dire dans votre minutieux exposé scientifique aux prêtres, vous avez dit : "Connaître Dieu est le seul but de l'existence de l'homme!" »

« Oui! Mais qu'est-ce que cela a à voir avec le péché? »

« Mais, monsieur, cet énoncé est-il juste? »

« Bien sûr, il est exact! »

« Les autres sont-ils d'accord? Vos autres prêtres seront-ils d'accord pour dire que cet énoncé est vrai? »

J'espérais par cette méthode les entraîner dans une discussion – et cela marcha! Quelque trente prêtres et docteurs de la Loi s'approchèrent de la haie et se tinrent là à me regarder de haut. Ils admirent que connaître Dieu était le but de l'existence de l'homme. Je me tournai à nouveau vers le Grand-Prêtre.

« Monsieur, votre pensée semble être acceptée comme parole de sagesse. »

Je me levai et marchai en direction du prêtre déconcerté et presque en colère et je m'arrêtai à ses genoux. « Je tiens à vous remercier de m'avoir aidé à résoudre mes questions et de m'avoir fait voir si clair. N'est-ce pas là un péché, et cela seulement, ce qui amène tout homme à ne pas réussir dans sa tentative d'établir un lien avec son Dieu? »

J'attendis jusqu'à ce que les murmures d'approbation diminuent et que les prêtres aient cessé d'échanger des commentaires entre eux. « Monsieur, y a-t-il des exceptions à cette définition? » Je me tournai vers les autres prêtres. « Chers Messieurs, n'ai-je pas reformulé ses propres conclusions correctement, quoique dans mes propres termes? Y a-t-il une exception à cette définition du péché? » Le Grand-Prêtre examina d'un regard quelque peu inquiet le visage des autres prêtres mais aucun ne parla, et il se détendit et plaça sa main sur mon épaule.

« Manachi, je dis qu'il a fait s'élever votre propre pensée à un niveau supérieur. Qu'en dites-vous? »

Le Grand-Prêtre, Rubin Manachi, me tapota la tête et dit avec une grande tolérance : « Je dis qu'il est en effet un brillant jeune homme! J'aimerais parler avec lui plus longuement mais c'est le temps du sacrifice du matin. Je vais être occupé jusqu'au sacrifice du soir. Ce soir, je le serai également avec les autorités romaines. Emmenez-le à Ophel pour la nuit! Trouvez d'où il vient. Trouvez-moi son rabbin afin que nous puissions savoir si sa sagesse vient de Dieu ou du diable. Demain nous aurons une rencontre avec lui et son rabbin et nous le mettrons tous à l'épreuve. Il est intelligent et de bonne tenue. Parfois la sagesse du Seigneur sort de la bouche de jeunes enfants. » Le rabbin Manachi se leva pour s'en aller, puis il s'arrêta et ajouta à l'intention du groupe de jeunes prêtres : « Informez-en le Grand Sanhédrin. Racontez à Hillel et rapportez aussi à Shammai ce que vous savez de cet enfant étonnant et invitez-les à venir demain pour diriger notre interrogatoire officiel. Et Gamaliel, témoignez à l'égard de cet enfant d'une courtoisie plus rigoureuse que celle dont vous faites preuve habituellement, de crainte d'offenser le Seigneur et de m'offenser! »

Lorsqu'il fit demi-tour pour s'en aller, un prêtre âgé d'environ vingt-cinq ans, de petite taille et au visage sombre me prit par la main avec grande fermeté et me conduisit vers les tunnels qui menaient à Ophel, là où se trouvaient les résidences des prêtres. Au bout d'à peu près cinquante pas, nous entrâmes dans une cour ouverte et très longue, de chaque côté de laquelle se dressaient les appartements des prêtres. On se dépêcha de me mener directement au logis de Gamaliel. C'était un prêtre passionné et énergique, mais consciencieux et correct, qui parlait avec une certaine autorité à ses confrères prêtres, qui tous nous avaient accompagnés.

« Quelqu'un doit faire savoir à Hillel qu'un prodige a été trouvé. Qui veut y aller et lui faire part de l'invitation au président du Grand Sanhédrin? Bien! Toi, vas-y! Mais ne te surprends pas si ce vieil imbécile aux idées libérales tombe à genoux et se met à remercier Dieu d'avoir envoyé le Messie pour nous libérer! » Il y avait une pointe d'humour dans sa voix, teintée de moquerie amère qui la rendait furieuse. Je sentis le courant sous-jacent de lutte en lui et dans le groupe.

Quelqu'un dit : « Vous ne devriez pas parler de façon irrespectueuse du président du Grand Sanhédrin. »

« Peu importe son pouvoir en ce moment, il sera bientôt écarté par le pouvoir croissant de Shammai. »

« Ce traditionaliste! Il est tellement strict dans son interprétation des lois qu'il a le sentiment que les lois données par Dieu ne devraient pas être modifiées pour répondre aux conditions changeantes de l'homme! Ha! Il est un scribe futé mais il n'est que vice-président du Grand Sanhédrin. »

« Il sera plus! Attendez, vous verrez bien! »

Il y avait de la camaraderie et des taquineries dans les paroles et les manières des prêtres. Mais il y avait aussi de toute évidence une sérieuse tension qui témoignait des frictions dans lesquelles j'étais pris. Avant de partir le prêtre se retourna et dit – et je pouvais me rendre compte qu'il était on ne peut plus sérieux : « Gamin, prie pour que tu sois questionné par Hillel et non par le scribe Shammai. Shammai ne peut croire que toute autre personne qu'un scribe puisse y connaître quelque chose aux lois de Dieu. Et si quelqu'un a certaines connaissances, ce doit être parce que le diable les lui a apprises. »

Gamaliel se tourna vers moi et demanda brusquement : « Une question, garçon, est-ce le diable qui t'a enseigné ces choses? »

J'élevai mon regard à la rencontre de ses yeux fixes, agressifs et hostiles. « Monsieur, vous offensez mes professeurs, le rabbin Borrenchan, ma mère et mon père! Ils m'ont instruit dans la tradition de la Foi tel que vos prêtres le leur ont enseigné. »

À mesure que cette ennuyante journée avançait, j'en appris beaucoup à propos de Shammai, le scribe, et de Hillel. Shammai s'efforçait d'évincer les prêtres libéraux du pouvoir. Le scribe était à l'origine de beaucoup de secrets et de luttes intestines. Car le libéral Hillel voulait apporter la Loi de Dieu à l'homme en des termes qui soient à la portée de sa compréhension, et non sous forme de règles de conduite rigides et inflexibles. Shammai était un légaliste anti-humanitaire et il menait sa lutte avec perfidie et ténacité, de façon brutale et impitoyable. Il était d'autant plus frustré que Hillel semblait le tenir en échec sans effort apparent et sans recourir à la haine ni à la force. Gamaliel se tourna vers un prêtre : « Va trouver le rabbin Borrenchan de ce village appelé Nazar. Assure-toi qu'il vienne demain sur l'ordre du Grand Sanhédrin. Et obtiens de lui un rapport sur ce Joseph-bar-Joseph qui sera pour mes oreilles seulement. »

« Pour tes oreilles seulement, Gamaliel, jusqu'à ce que tu te précipites pour en faire part à Shammai, hein? »

Nous avons eu un repas composé de mets trop riches, tard dans l'après-midi. J'en eus bientôt assez de ces prêtres à l'esprit étroit et rongé par les conflits. Lorsque le repas fut terminé, je m'étendis sur un grabat de tapis épais et je m'endormis en moins de deux. L'inactivité m'était étrange et l'ennui, quelque chose d'entièrement nouveau. La nourriture était trop lourde et la journée avait effectivement été fatigante. On me couvrit durant mon sommeil d'une belle couverture de fourrure légère pour me protéger de la fraîcheur de la nuit, mais je ne m'éveillai tout à fait qu'aux toutes premières lueurs du dix-neuvième jour du *Nisan*, le cinquième jour de la Fête de la Pâque juive. Bientôt, on me baigna dans une cuve en tuiles et nous prîmes le petit déjeuner, un repas qui une fois encore était trop lourd et beaucoup trop graisseux. Pendant que je mangeais, il me tardait de retrouver le goût robuste des gâteaux à l'orge cuits au four et la sensation du lait caillé fort et des bons fruits. Mais mon malaise à l'estomac pouvait être attribué au fait que j'étais tendu et nerveux, car une dure épreuve m'attendait, un fait que Gamaliel ne cessait de me rappeler à l'esprit d'un air de jubilation malveillante et sur un ton menaçant. Puis nous nous empressâmes d'aller à la réunion.

Je vis d'abord Shammai, le scribe. Il était un homme petit et mince, à la peau cireuse et aux traits anguleux, et il avait un petit anneau de cheveux noirs sur la tête, lequel semblait soutenir son crâne chauve. Ses yeux étaient brillants, peut-être trop proéminents et trop brillants. Je vis aussi Hillel, l'éminent enseignant. Il était grand et émacié, pourtant il donnait l'impression d'être expansible, et on aurait dit qu'il était gros. Il avait le visage très coloré, presque rougeaud, et sa barbe grise et brune était aussi large que sa poitrine massive. Ses cheveux étaient comme une tignasse de blé noirci au soleil sur sa tête et on aurait dit qu'un rayonnement l'entourait tel un halo. Il avait des yeux distancés, étrangement semblables à ceux de mon père. Devant lui se tenait le personnage petit et presque obséquieux du rabbin Borrenchan. Mais les yeux du Maître Enseignant semblaient être focalisés au travers et par-delà de la tête du rabbin.

« Je l'ai instruit avec soin et sa mère est une femme extrêmement pieuse. Si le diable s'est emparé de lui, c'est certainement de fraîche date. » Borrenchan avait dit cela d'une voix crispée.

Mon épreuve commença selon les règles, mais je pouvais sentir les pensées de haine et les frustrations émanant de Shammai en direction de Hillel. Le président du Grand Sanhédrin était assis comme s'il était enveloppé d'une armure spirituelle impénétrable, tenant le monde entier sous le charme magique de son amour débordant. Il fallait ne pas être un humain pour se montrer incapable de répondre à son amour débordant et il était évident d'après leurs auras que Shammai et Gamaliel étaient piqués au vif par son extrême bienveillance. Ils fondirent sur moi avec une pluie de questions qui étaient malveillantes. Ils les posaient de telle façon que les réponses ne pouvaient qu'être ternies par l'adhésion à une croyance noire. Des questions comme : « Quand as-tu compris pour la première fois que le diable était en toi? »

« Au commencement, est-ce que tu as opposé une résistance au diable? Ou alors, est-ce que tu l'as laissé te dominer sans combattre? »

« Quelle est la loi du diable? »

Au début, lorsqu'ils ont commencé à poser de telles questions injustes et partiales, je ne répondis pas, et ils se mirent presque à jubiler comme s'ils avaient beaucoup de succès à mes dépens. Finalement, las d'entendre des questions si puériles et si inéquitables, je décidai de mettre un terme à leur manège car il était manifeste que les autres prêtres et docteurs rampaient devant eux, tous sauf Hillel et le jeune prêtre qui avait tenu tête à Gamaliel et dont le nom, comme je devais le découvrir quelques années plus tard, était Nicodème.

Je ne pouvais espérer qu'un champion vienne à ma rescousse et je lançai donc à brûle-pourpoint : « Messieurs Shammai et Gamaliel, vous avez posé de fort nombreuses questions montrant que vous en savez beaucoup sur le diable et son œuvre. Si Dieu occupait vos pensées, comme il le devrait pour des gens de votre rang, seriez-vous alors si préoccupés par le diable? »

Les deux hommes en eurent le souffle coupé, et une cacophonie de commentaires s'éleva parmi la centaine de prêtres et de docteurs présents.

Je promenai mon regard sur les gens dans la cour mais je ne vis pas d'Esséniens parmi les nombreuses personnes assises sur les pierres, sauf environ soixante-quinze d'entre eux vêtus de la robe bleue à capuchon de l'étape du noviciat. Cela semblait peine perdue de toute façon, cette tentative de l'emporter sur les grands esprits, et j'abandonnai donc toute prudence et dit : « Messieurs, à votre avis, vos questions sont-elles dignes et équitables? Me demandez-vous de répondre à des questions qui ne sont rien d'autre qu'un piège? Des questions formulées de telle façon qu'une simple déclaration ne suffirait pas pour y répondre alors qu'une dissertation d'une heure vous ferait perdre votre temps tout autant que le mien? Vos questions ne visent-elles pas à me tendre un piège et à jeter le discrédit sur moi et mes professeurs? Ne devrais-je pas avoir pour m'aider un champion érudit afin de pouvoir vous répondre? Puisque je n'ai jamais rien su ni pensé à propos des œuvres du diable, dois-je en conclure que la chose est vraie dans votre cas? Je suis un fils d'agriculteur et j'ai entendu le proverbe disant "Comment cette vache peut-elle avoir un veau si elle n'a jamais rencontré de taureau?" »

Je leur tenais tête sans fléchir ni m'en laisser imposer. « Puis-je savoir,

Messieurs, si vous désirez me mettre à l'épreuve de façon équitable ou me faire échouer à tout prix? Vous opposez-vous à moi dans le but d'accroître votre prestige dans le Grand Sanhédrin? »

Pendant un moment, il y eut un silence de mort alors que tout le monde retenait son souffle. Puis le président Hillel éclata d'un grand rire sonore et joyeux! La terrible tension se dissipa et les prêtres se joignirent à lui dans un grand éclat de rire, et enfin mes deux adversaires se mirent à rire.

Hillel tendit les bras et me plaça sur ses larges genoux. « Ah ah! Voilà en effet une chandelle juive romaine! Il s'allume comme un ciel qui explose! Mais, garçon, tu dois apprendre à maîtriser cette langue mordante! Ces prêtres érudits t'ont fait une faveur. Ils se sont délibérément faits les avocats du diable afin de faire sortir la vérité de toi. N'ont-ils pas démontré à tous, messieurs, que sa connaissance ne vient pas du diable? En conséquence, nous pouvons poursuivre en présumant qu'elle vient soit de l'homme ou de Dieu. » Il me secoua gentiment. « À présent que cela est établi, ne devons-nous pas parler ensemble comme des amis? »

« Messieurs! » Je me retournai en direction des deux prêtres. « On m'a enseigné à tendre l'autre joue avant de frapper mes agresseurs. Je vous prie de me pardonner, car je n'ai certes pas été assez sage pour voir que vous êtes mes amis déguisés, et non pas les ennemis de mon bien-être. Pour votre amitié et votre aide, je vous remercie! » Un sourire forcé apparut sur leur visage, mais ils s'approchèrent de moi et ils étaient neutres, sinon gentils.

Nous avons ensuite parlé longuement de la loi et des symboles grâce auxquels la loi peut être enseignée à l'homme ordinaire ainsi que des moyens par lesquels de jeunes hommes comme moi pouvaient être encouragés à apprendre. Au fil de la conversation, les grands prêtres me posèrent d'honnêtes questions. Je fus en mesure à quelques reprises de leur répondre plutôt bien et ils semblaient en être satisfaits, et il devint évident que j'allais réussir mon épreuve. Le rabbin Borrenchan s'avança pour se tenir à côté de moi. Lorsqu'il vit que les hommes du Grand Sanhédrin avaient une bonne opinion de moi, il commença à se détendre, à sourire et à hocher la tête. J'aimais l'homme, le bienveillant et ignorant rabbin, et j'étais secrètement content de voir ses yeux briller lorsque j'élevai graduellement la discussion pour parler des principes supérieurs de la loi harmonique. Bientôt, j'en vins à parler aux prêtres qui m'écoutaient parler des rapports entre les lois physiques comme étant des disciplines ou un tremplin permettant à l'homme de parvenir à comprendre les lois spirituelles, au-dessus de la doctrine, au-dessus des credos, au-dessus du temple, au-dessus de l'église.

Je vis ma mère entrer d'un pas précipité dans la cour, son beau visage tout pâle et affolé. Lorsque ses yeux rencontrèrent les miens, un profond soulagement inonda son visage et elle se pressa d'aller jusqu'à la limite des fleurs. Mais une fois rendue là, se conformant à l'enseignement et à la tradition, elle s'arrêta, n'osant entrer à l'intérieur de la bordure. Elle demeura debout, en proie à une certaine agitation, jusqu'à ce que ceux qui se trouvaient derrière elle l'obligent à s'asseoir sur les pierres afin de pouvoir voir et entendre. Bientôt je l'oubliai de même que tout le reste car Hillel, le grand enseignant, avait entraîné la discussion dans les royaumes les plus subtils de ma connaissance. Il était tellement comme mon père, si insistant, et pourtant si patient, si sage, et pourtant si humble. Et l'amour se répandit sur tous, m'enveloppant et m'apaisant et il était manifeste que seul Hillel comprenait les principes métaphysiques de la Loi.

Finalement, il me posa une question qui me réduisit au silence et pour laquelle je n'arrivais pas sur le coup à penser à une réponse. Alors que je demeurais debout à méditer, je sentis deux rayons de lumière d'un blanc bleuté me frapper le front. L'un vint de quelque part au-delà de la bordure dans le milieu de la cour et l'autre du front de Hillel lui-même! Tout d'un coup, comme si j'avais été transporté dans un autre niveau de conscience, je savais la réponse!

« Messieurs, vous me demandez "Quel est le principe le plus élevé de la loi?" N'est-ce pas ce qui libère et rend libre et ce qui n'est d'aucune manière une force qui lie? Il se peut que la loi au niveau physique puisse lier l'homme et faire de lui et malgré lui un prisonnier involontaire de la culture et des mœurs sociales. Elle peut limiter ses actions et même sa moralité. Mais lorsqu'elle est correctement comprise au niveau spirituel, celui qui obéit à la loi est au-dessus de tout contrôle. Il est au-dessus des mœurs culturelles et sociales. Il est véritablement au-dessus de toute action et de toute moralité pouvant chercher à le restreindre. Bien qu'il ne soit ni un prisonnier involontaire, ni opposé à obéir à la loi, il s'est élevé au-dessus de toute loi jusqu'à la liberté sans limites. N'est-il pas alors devenu totalement spirituel? Ce qui est spirituel peut-il être contrôlé par des lois physiques? »

Il y eut un long silence, et puis la chose la plus stupéfiante se produisit. Venant de par-delà la bordure de fleurs, on entendit des applaudissements, et bientôt les prêtres et les docteurs applaudirent également! J'étais extrêmement content mais ensuite je rougis car j'étais certain que Hillel pouvait lire mes pensées, tout comme le pouvait mon père. Je pensai que j'avais peut-être réussi mais lorsque je regardai dans la cour, je fus consterné. Car dans tout l'espace là devant moi il n'y avait aucun Essénien, excepté ceux de classe inférieure. Il semblait n'y avoir là personne qui puisse savoir et rapporter ma réussite à mes Frères. De ce fait, mes chances de devenir un enseignant étaient presque nulles, et j'en éprouvai de la tristesse dans mon cœur. Enfin, le Grand Sanhédrin était satisfait et Hillel se leva et me conduisit à la chaise de l'Enseignant. Là, il me mit debout sur le siège et se retourna vers le groupe dans la cour.

« Voici Joseph-bar-Joseph du village de Nazar! Il est un étudiant de la synagogue et aussi un Essénien. Nous le trouvons riche en connaissance et en sagesse, capable de faire des liens intuitifs entre des idées et des faits, et de raisonner dans le difficile domaine de l'abstraction. Nous sommes pleinement satisfaits de lui. »

Le grand enseignant s'interrompit et attendit plusieurs secondes. Je vis à l'autre bout de la cour mes Frères dans leur robe blanche et le visage à découvert. Ils entrèrent lentement dans la cour. Mon cœur bondit, puis retomba, car il était clair qu'ils arrivaient tous trop tard. Ils ne pouvaient plus voir à présent mon efficacité et juger par eux-mêmes si j'avais ou non enseigné aux prêtres. Je me rendis compte que Hillel avait posé sur moi un regard des plus compréhensifs et j'étais sûr qu'il lisait dans mes pensées. Car ce grand enseignant s'avança jusqu'à l'avant et parla de nouveau, comme s'il adressait son message tout spécialement à l'intention de mes Frères. « Nous disons qu'il a été on ne peut mieux mis à l'épreuve et, si ce n'est le fait que ses cheveux roux ont enflammé sa langue, nous le trouvons des plus agréables. Il s'avança un peu plus et éleva la voix comme pour être certain que les Esséniens l'entendaient clairement. « Faites savoir à tous qu'il nous a instruits au Grand Sanhédrin et qu'il nous a bien instruits. Que l'on se dise que ceci démontre que la Grande Vérité de Dieu n'est pas écrite sur un rouleau de parchemin ni trouvée dans le temple, la synagogue, ni dans un groupe d'hommes hautement instruits. On ne la retrouve que dans un cœur juste et honnête. »

Le grand Hillel se tourna vers les prêtres et les docteurs. « Ne convenez-vous pas avec moi qu'il nous a instruits de ces choses de bonne et agréable façon? » Tous s'entendirent pour dire qu'ils étaient d'accord et le Grand Sanhédrin se dispersa pour aller mener à bien les obligations du temple pour le sacrifice matinal. Ma mère adorée vint rapidement jusqu'à moi, le visage ruisselant de larmes, et elle riait tout autant qu'elle pleurait tandis qu'elle m'attrapait dans ses bras pour m'embrasser.

« Oh! Jeshua, comment as-tu pu nous faire cela! Il y a déjà un bon moment que ton père est revenu pour essayer de te retrouver! Nous sommes partis à ta recherche avec toute la compagnie et lorsque nos recherches échouèrent, nous sommes revenus au Temple en toute hâte et de plus en plus inquiets. J'avais peur que quelque chose ne te soit arrivé. »

Je l'entourai de mes bras et l'embrassai tendrement. « Pourquoi te faire du souci pour moi, mère? Ne savais-tu pas que j'allais soit être avec toi, soit à m'occuper des affaires de mon père? »

Combien étrange fut la chose qui se produisit ensuite. Si les événements ultérieurs n'avaient pas fait la preuve de la justesse de ma sensibilité, je n'oserais pas relater ce qui se produisit. Comme il semble insensé d'écrire, "Je vis la pensée". C'est pourtant ce qui se produisit.

Un des novices vint près de nous. Il était grand, aussi grand que mon père, et il avait le visage entièrement dissimulé par le capuchon que certains novices portaient. Il se tenait debout, nous présentant son côté gauche, à environ trois mètres de mère et de moi et légèrement plus proche de Hillel. Il s'arrêta et demeura parfaitement immobile. Quelqu'un buta contre lui et il ne vacilla même pas. Puis, on aurait dit qu'une lumière d'un blanc bleuté s'élevait de sa tête. Je l'observai croître en intensité jusqu'au moment où, tel un serpent spirituel, elle frappa à travers la distance les séparant et toucha la tête du président du Grand Sanhédrin. Hillel était en train de parler à plusieurs personnes et il leur souriait mais il se détourna d'eux et se tint droit et tout à fait immobile. Une nouvelle lumière empreinte d'une joie extrême apparut dans ses yeux et il me regarda tout d'un coup avec une conscience nettement différente. Il sembla réfléchir pendant quelques secondes, puis il ferma les yeux et se tint parfaitement immobile. Un fil violet argenté bondit de sa tête vers celle du novice. Je vis les liens animés de pulsations, comme deux cordes spirituelles s'étirant entre les deux hommes, les unifiant en une seule unité de suprême compréhension. Je vis et je sus qu'ils échangeaient des connaissances et que j'étais la cause de cet échange qui me concernait.

Calmement, le grand enseignant ouvrit les yeux, vit que je le regardais et sourit. Le novice partit sans même regarder derrière lui. Il avait même une démarche quelque peu semblable à celle de mon père. Hillel se dirigea vers moi avec une intention bien arrêtée, et il parla à mon adorable mère de mes possibles études futures, même si les devoirs du Temple exigeaient son attention. Comme il fallait s'y attendre, mère demanda s'il était possible que je sois admis pour recevoir la formation de rabbin.

Le grand enseignant encouragea cette pensée, puis il ajouta : « En ce qui a trait au désir, il y a parfois dans l'esprit et l'âme de chaque adepte avancé la pensée qu'il puisse être choisi pour œuvrer au sein d'une fraternité mystique ou qu'il puisse être de l'Ordre de Melchisédech. Si de telles choses mystiques s'avéraient exactes, elles constitueraient alors à elles seules une meilleure formation que ce qui est nécessaire pour la prêtrise. » Ma mère ne prêta pas attention à ses paroles car il les dit manifestement avec humour. Mais je les entendis comme un homme en train de mourir de soif entend le bouillonnement de l'eau. Il vit l'expression sur mon visage et il me signala du regard de conserver le silence et, mine de rien, il fit glisser la conversation sur d'autres sujets.

Je le perdis bientôt de vue et cessai d'entendre sa voix, mais il laissa une impression durable dans ma vie. Car pour moi, il serait à jamais le symbole vivant, ambulant et jovial de l'amour. Il me fut donné d'entendre à maintes reprises au cours de ma formation une de ses maximes préférées : "Ne faites pas aux autres ce que vous n'aimeriez pas que l'on vous fasse." Mais malgré toute son ouverture et tout son amour, du moins au niveau physique, j'avais remarqué un mystère à propos de lui. Comme elle était merveilleuse la compréhension qu'il avait de pouvoir conquérir avec amour. Mais que penser de l'étrange entrelacement de messages par la pensée entre lui et le novice à mon sujet?

Mère était très impatiente de quitter le Temple et nous nous dépêchâmes de retourner au camp de Béthanie. Même si elle me gronda gentiment de l'avoir inquiétée, je pouvais lire dans ses yeux à quel point elle était fière de moi, et aussi une nouvelle montée de cette adoration plus qu'humaine qui me tracassait et me troublait. Nous arrivâmes à Béthanie après que la compagnie ait pris les devants en direction du premier campement qui se trouvait près du Jourdain, à environ douze kilomètres au-delà de Jéricho. Cela représentait une longue marche pour une seule journée, mais ils nous avaient laissé les deux plus grandes mules et nous avons pu progresser rapidement même durant la chaleur de l'après-midi, et nous les avons rattrapés au campement bien avant le coucher du soleil.

Jean-Jean, Jim-Jim, Jo-Jo, Marie-B et père nous attendaient pour manger et mère m'échauffa les oreilles avec les rapports enthousiastes qu'elle fit de la façon dont Hillel nous avait traités à cause de moi. Les jeunes enfants étaient excités de savoir que leur frère avait pu oser adresser la parole au Grand-Prêtre et, avant la tombée du jour, ils avaient répandu l'histoire parmi tous les membres de la compagnie qui avait maintenant grossi. Mais pas un Frère des Esséniens ne vint parler avec moi et je ne pouvais rien tirer du visage impénétrable de mon père. Par conséquent, c'est avec une profonde tristesse que je conclus que je n'avais pas réussi mon épreuve, dans la mesure où ils semblaient n'en rien savoir. Et mon cœur était amer, car Hillel avait effectivement dit, en présence de mes Frères, que j'avais instruit les prêtres, et ils avaient rejoint la compagnie avant le coucher du soleil, mais n'avaient même pas parlé de moi.

Nous partîmes au point du jour le matin suivant et nous franchîmes bien avant midi le point à l'est du mont Sariaba, là où la rivière Jabbok de Péréa se jette dans le Jourdain. Nous nous y sommes reposés pendant un moment, puis nous avons continué notre chemin pour établir le campement près du Jourdain avant la grande chaleur de l'après-midi. Le jour suivant, nous n'avions plus qu'une courte marche facile à faire pour arriver au puits de Barsol.

Mes exploits dans le Temple étaient oubliés alors que beaucoup vinrent pour rappeler à ma mère sa promesse de leur en dire plus au sujet des miracles et de la femme de notre village. L'excitation grandissait dans le groupe de gens de plus en plus nombreux en provenance de *Cana* et de la nouvelle ville romaine de *Tibériade*, et de *Jotapata*, *Magdala*, et d'aussi loin au nord que *Chorazin*, *Capharnaüm* et même de *Gischala*. Ils décidèrent tous de prendre une courte journée d'arrêt dans leur marche pour rester et entendre l'histoire de mère à propos du Messie promis. Et c'était en vérité un groupe immense qui s'entassait sur la terre entre les feux de camp près du puits quand les ombres de la nuit commencèrent à s'étendre sur le désert. Lorsque mère vint au puits pour y remplir sa cruche d'eau pour la nuit, un concert de voix la pressa de se dépêcher et de commencer son histoire. Elle remplit la cruche avec soin et la plaça à mes genoux, comme si elle voulait ainsi m'immobiliser sur place.

Une centaine d'hommes offrirent de la soulever sur les pierres près du puits alors qu'elle était si mince et si légère que j'aurais pu le faire moi-même. Elle se dressa bien droite, svelte et belle à la lueur du feu et un étrange sourire pitoyable apparut sur son visage, ainsi que des larmes – oui des larmes dans ses yeux. À plusieurs reprises elle me regarda avec une expression de doute, ou de crainte presque. Mais elle redressa finalement ses épaules et se mit à raconter son histoire. Ce fut précisément cette histoire qui allait changer ma destinée.

« Bien-aimés amis et compagnons de voyage! Le temps est venu de faire connaître au monde ce qui ne peut plus être caché! Les Saintes Écritures ont prédit la venue du Messie, le Sauveur des Hommes. Vous attendez tous sa venue, n'est-ce pas? Alors écoutez *bien* mon histoire! Je sais que le Messie tant attendu s'est fait homme. Les prédictions des Saintes Écritures se sont déjà réalisées. Et voici qu'il vient de la maison de David, le Fils de Dieu! »

HUIT

Trois voies pour la naissance virginale

Une exclamation de surprise, mêlée de plaisir, jaillit de la gorge des gens de la vaste compagnie à la manière dont mon adorable mère commença son récit. Elle était connue et populaire parmi tous les gens de notre village et, à cause d'eux, sa renommée s'était répandue parmi les autres personnes du groupe. Le rabbin Borrenchan s'assit à côté de moi à la lueur du feu et je vis son sourire radieux alors qu'il jetait un coup d'œil dans ma direction. Les yeux de mon père se tournèrent lentement vers moi pour se brancher avec les miens et je remarquai que Jean-Jean avait également fixé ses yeux sur les miens avec cette étrange adoration que lui et ma mère semblaient avoir en commun pour moi.

« N'attendons-nous pas tous le Messie? »

« Oui! »

« Dans Malachie, il fut écrit il y a déjà longtemps : "Voici! Je dépêcherai mon messager pour préparer ma route et aussitôt viendra dans son temple le Seigneur que vous cherchez, l'ange de l'alliance que vous désirez. Et il s'installera pour affiner et purifier l'argent; il purifiera les enfants de Lévi et les affinera comme l'on affine l'or et l'argent, afin qu'ils puissent offrir une offrande au Seigneur, et la droiture."

Rappelez-vous aussi des paroles du prophète Isaïe : "Il sera l'arbitre des nations, le gouverneur de peuples nombreux. De leurs épées ils forgeront des socs, et de leurs lances des serpes. Une nation ne tirera plus l'épée contre l'autre, et l'on ne s'entraînera plus à la guerre. Et un rejeton sortira de la souche de Jessé, un surgeon poussera de ses racines; sur lui reposera l'Esprit du Seigneur, Esprit de sagesse et d'intelligence, Esprit de prudence et de courage, Esprit de connaissance et de crainte du Seigneur. Il ne jugera pas sur les apparences, il ne décidera pas sur ce qu'il entendra dire. Mais il jugera les faibles avec justice, et il fera droit aux pauvres gens du pays; il frappera les hommes violents des arrêts de sa bouche, et du souffle de ses lèvres il fera mourir le méchant; et le nourrisson jouera près du trou de la vipère." Je le dis une fois de plus, ces prophéties et d'autres se sont réalisées! En ce moment même, un être se trouve parmi vous qui vient de la lignée de Jessé, lui-même descendant de David, par l'entremise d'une vierge sans tache et pure. Laissez-moi vous raconter son histoire; car bien que vous connaissiez tous Jessé et David, je suis la seule à connaître la Vierge parfaite. Elle est, et elle était une jeune fille de notre village, une fille de prêtre. Voici son étonnante histoire.

Cette jeune fille fut élevée comme un don sacré de Dieu. Ses parents veillèrent à ce que ses pieds ne foulent aucun sol non consacré avant qu'elle n'ait atteint l'âge de sept ans, et elle fut faite épouse de l'église. Durant toute sa jeunesse, elle reçut beaucoup d'attention et d'excellents cours particuliers, et elle devint en grandissant une femme quelque peu solitaire et très portée vers les pensées mystiques. Longtemps après en avoir atteint l'âge, aucun homme ne l'avait encore choisie pour épouse. Ce n'est que longtemps après avoir eu quinze ans qu'un homme vint pour la demander en mariage et payer la dot exigée pour une femme si mystique et de si bonne tenue. Elle fut choisie à l'âge de dix-sept ans par un grand homme érudit, de tempérament doux et d'apparence humble, et il était âgé de vingt-quatre ans lorsqu'ils se fiancèrent. Après les fiançailles, il s'en alla dans une autre ville pour travailler à construire un temple et, au bout de quatre mois de son absence, elle se sentit très seule et se rendit dans le sanctuaire de la maison de son père pour prier.

Là, un bon jour, sa vue fut éblouie par l'apparition d'un ange. Debout bien droit, grand et nimbé d'une brillance majestueuse, l'ange dit : "Je te salue, Vierge, pleine de grâce! Dieu est avec toi! Tu es bénie entre toutes les femmes!"

Mais la jeune fille fut grandement troublée et terrifiée à l'idée que la vision puisse se révéler fausse. Mais l'ange dit : "Ne crains point, Vierge, tu t'es attiré les bonnes grâces de Dieu. Écoute la volonté de Dieu! Tu concevras et porteras un fils. Il sera puissant et appelé le Fils du Tout-Puissant! Et le Dieu suprême le placera sur le trône de son ancêtre, David! Il régnera pour toujours sur la maison de Jacob, et il n'y aura pas de fin à son royaume."

Mais alors même que l'ange parlait, et que le sanctuaire était rempli de sa brillance et résonnait de la gloire de sa voix, l'esprit de la Vierge commença à vaciller et à s'éloigner peu à peu de la Conscience divine. Comme elle passa vite d'une méditation élevée à une attitude d'esprit bien humaine. Le doute, la honte, la peur, oui la peur, commencèrent à marteler sa conscience. Son esprit se débattait avec des questions telles : était-ce bien là l'ange de Dieu? S'il était vraiment un messager du Très-Haut, comment pouvait-il en faire la preuve? Si elle, une vierge qu'aucun homme n'avait jamais touchée, devait concevoir et porter l'enfant de Dieu, l'homme allait-il la croire et la vénérer, ou bien allait-il la couvrir de honte et l'accuser publiquement? Son bien-aimé allait-il la répudier par une déclaration de divorce? Si tel devait être le cas, le ferait-il devant deux témoins qui allaient garder le silence à son sujet, ou le ferait-il en public devant la grande porte, ou dans la synagogue? S'il ne la croyait pas, ses voisins la croiraient-ils, eux? Les voisins en colère, croyant être dans leur bon droit et justifiés en vertu de la loi, la feraient-ils passer en jugement public et la condamneraient-ils? Allaient-ils ensuite la lapider à mort conformément à la coutume? Elle avait bien raison d'avoir des craintes au niveau humain et elle n'avait aucune assurance ferme quant à son avenir. En vérité, l'angoisse de son âme était grande, mais elle était également contente en son for intérieur d'avoir été choisie, et une partie d'elle y croyait. Son père et Anna, sa bien-aimée mère, ne l'avaient-ils pas à maintes reprises assurée qu'il avait été prévu dès avant sa naissance qu'elle serait l'élue de Dieu. Ne Lui avait-elle pas été consacrée de corps, d'esprit et d'âme lors de cérémonies sacrées? Tout comme une femme est mariée à un époux terrestre, n'avait-elle pas été mariée au Très-Haut? Ses pieds n'avaient touché aucun sol non consacré avant qu'elle n'ait atteint l'âge de sept ans et que sa vie ne soit déjà toute tracée.

Les autres jeunes filles avaient-elles reçu autant de soins attentifs et avaient-elles été autant purifiées dans un but divin? Alors même qu'elle raisonnait ainsi, elle commença à voir qu'elle avait été choisie pour être l'instrument du Seigneur bien avant sa propre conception. L'utilisation prédestinée et divine que l'on faisait d'elle était une force irrésistible qui fit basculer ses incertitudes et ses faiblesses humaines. Humblement et avec gratitude, elle tomba à genoux et accepta de servir Dieu. Pourtant, l'esprit humain ne sera-t-il pas toujours une curieuse chose? Ne continuera-t-il pas à demander : Comment? Pourquoi? Quand? Et cela, même du Divin? Elle demanda à l'ange : "Comment puis-je concevoir puisque je n'ai connu aucun homme?"

L'ange sourit et dit : "Écoute, il n'y a aucun mystère! Tu seras élevée dans ton corps spirituel rayonnant, en même temps que les facultés et pouvoirs de ta nature féminine! La puissance de la pensée du Très-Haut s'emparera de toi et de par la force de la pensée divine une semence sera formée et placée dans tes entrailles. Tu ne connaîtras point d'homme mais seulement l'effleurement d'une pensée, aussi intangible que ne l'est l'Esprit Saint. Et lorsque ton Soi rayonnant aura été ramené dans ton être physique, tu concevras dans la chair à partir de cette Pensée divine! C'est donc ainsi que tu donneras naissance à un Être saint qui sera le Fils de Dieu! Ce Fils de Dieu, tu l'appelleras du nom que voici." L'ange lui murmura le nom à l'oreille et il signifiait 'Sauveur'!

L'ange dit : "Sache qu'avec Dieu, rien n'est impossible! Rappelle-toi que ta tante fut toute sa vie stérile mais qu'elle a conçu un enfant une fois vieille et donnera bientôt naissance à un fils!"

Il en fut fait exactement tel que l'ange l'avait dit. Et comme preuve de l'authenticité de sa vision, elle se leva et se rendit en toute hâte à la maison de son oncle en Judée, tel que l'ange le lui avait recommandé. Mais dès l'instant où elle prononça le nom de sa tante, celle-ci fut emplie d'une sainte pensée. Sa tante serra la vierge tremblante dans ses bras et s'écria d'une voix forte :

"Tu es bénie entre toutes les femmes, comme le fruit de tes entrailles est béni entre tous les hommes! Et je suis bénie entre les femmes que la jeune vierge devant être la mère du Seigneur que j'attends soit venue à moi. Et béni soit l'enfant que je porte, car alors même que ta voix prononçait mon nom, il sursauta de joie. Sèche tes larmes et ne crains point, Vierge de Dieu, car puisque tu as cru, celui qui est attendu pourra venir!"

La Vierge vit que son oncle savait lui aussi et elle se mit à pleurer et s'écria : "Mon corps et mon âme sont voués au Très-Haut et mon cœur glorifie le Seigneur. Sans tenir compte de mon indigne et humble condition, Il m'a choisie pour être Sa servante et désormais toutes les générations d'hommes diront que je suis bénie entre toutes les femmes. Lui qui est tout-puissant a fait de grandes choses en moi, et il a démontré Sa miséricorde de même que Sa force. Il a fait tomber les gens orgueilleux de leur haut rang et il a élevé ceux d'humble condition."

Afin qu'aucun homme ne puisse la condamner, sa tante et son oncle témoignèrent de sa pureté et s'en portèrent garant. Puis ils la gardèrent à partir de ce moment dans le sanctuaire et la solitude et ne permirent à aucun homme de s'approcher d'elle, afin que sa réputation soit au-dessus de tout reproche et que son nom soit bon sur les lèvres de toute l'humanité. Ils firent parvenir un message à son futur époux là où il travaillait à construire un temple. Presque quatre mois plus tard, il vint la rejoindre à la maison de son oncle, car ce n'est qu'à ce moment-là que son travail fut achevé.

Combien grandes étaient les craintes de la vierge alors qu'il s'était immobilisé devant elle et qu'il la contemplait avec des yeux remplis d'amour et d'adoration! Pouvait-elle réellement savoir ce qu'il allait faire, ou dire, en apprenant qu'elle était enceinte depuis presque quatre mois? Que croirait-il? Mais elle et sa tante et son oncle lui racontèrent tout, disant qu'il fallait qu'il le sache et que s'il ne les croyait pas, il n'avait qu'à examiner son corps avant de la chasser par le divorce. Mais il demeura debout sans broncher, la dévisageant de ses yeux impénétrables, et il ne donna pas signe de vouloir la condamner ou lui faire des reproches. Il entendit la tante de la vierge lui donner sa parole d'honneur que la jeune fille était encore vierge et qu'aucun homme ne s'était approché d'elle durant son absence. Mais rien dans son attitude ne laissait voir s'il penchait du côté de l'acceptation, de l'éloge ou de la jubilation. Il la regardait avec des yeux qui semblaient être remplis d'adoration et d'amour, mais ne dit pas un mot; il se détourna, les larmes aux yeux, et sortit de la maison.

La vierge ne savait pas ce qu'il ressentait ni s'il la croyait, et elle pleura d'angoisse et cria tout haut son désarroi au Tout-Puissant. C'est ainsi qu'elle résolut de mourir et refusa de manger et de boire. Deux jours plus tard, elle était debout dans le sanctuaire et pleurait amèrement. C'est alors qu'elle entendit un bruit et sentit les bras de son bien-aimé autour d'elle, son doux baiser chaud sur son visage et ses larmes se mêler aux siennes.

"Ma bien-aimée, je n'ai jamais douté de toi, car je savais avant que tu ne saches, et il y avait des choses entre moi et mon Dieu très Haut pour lesquelles il me fallait prier et rendre grâces. Et j'étais incapable de parler en raison de la joie qui m'habitait à la vue de ta félicité et des merveilles de Sa création."

Lorsque les amoureux furent réconciliés et que la tante et l'oncle les eurent rejoints dans le sanctuaire, il leur dit très directement : "En vérité, je ne crois pas qu'elle ait conçu tel qu'il a été dit."

Alors que la tante s'apprêtait à protester et à défendre la vierge, il l'arrêta d'un regard qui exigeait le silence. "Femme, écoute-moi! Je sais que cette jeune fille est toujours vierge, car je dispose d'une preuve plus merveilleuse que ce qu'une langue peut exprimer! Et je sais de quoi je parle. Il y a trois voies pour la naissance virginale. Écoute-moi encore pour bien comprendre. Si elle était une courtisane plutôt qu'une vierge, je l'épouserais quand même tellement est grand mon amour pour elle! Pourtant, si je ne l'aimais pas du tout et qu'elle était souillée et ordinaire au lieu d'être pure et vertueuse, je l'épouserais quand même, car tel est le devoir dont j'ai promis de m'acquitter. Sache ceci! Je l'aime et je sais qu'elle est une Vierge de Dieu! Toutefois, je ne suis pas du même avis quant à la façon dont cette sainte vierge a conçu un enfant! Cette opinion étant exprimée clairement et ouvertement afin qu'il n'y ait aucune croyance secrète en moi qui puisse être cause de malentendu, je place mon amour et mon nom à ses pieds et demande à cette vierge de décider. Si elle le veut toujours, que le mariage se déroule aujourd'hui, en cette heure même, ici dans ce sanctuaire rendu divin par ses prières, ses larmes et sa présence!"

Comme elle était grande la joie de la vierge! Sans tarder, la douce heure des noces fut décidée et elle devint son épouse. Ce soir-là, quatre personnes et trois miracles étaient assis au souper de noce – une femme stérile qui devint féconde comme Dieu le lui avait promis, une vierge qui avait conçu au commandement de Dieu, et un jeune marié qui s'était élevé au-dessus de tous les doutes humains; et avec eux les deux fils à naître qui allaient exercer une influence sur l'avenir de toute l'humanité. Même s'il était venu en sa maison et en son lit, le jeune marié ne connut pas la jeune fille avant qu'un fils ne soit né d'une vierge, accomplissant de ce fait la promesse et les prophéties.

C'est ainsi que lorsque son temps fut proche, un voyage dut être entrepris depuis leur maison dans notre village jusqu'à Bethléem. Car César le Romain avait demandé que tous les Juifs se fassent inscrire dans la ville où ils étaient nés. Et Hérode le Terrible exigea que cela soit fait sans délai. Or, elle était très avancée dans sa grossesse lorsqu'ils arrivèrent dans la petite ville de Bethléem. Mais ils étaient en retard, car elle ne pouvait voyager rapidement, et il ne restait plus de chambres à l'auberge ou dans la maison des braves gens de la ville. C'est ainsi que le mari se rendit demander la permission aux Esséniens d'utiliser la grotte réservée à leurs cérémonies secrètes. Et c'est là qu'elle donna naissance à son fils premier-né, l'enveloppa dans des langes de coton et de lin, et le plaça dans une crèche à l'intérieur de la grotte. Complètement ignorante des événements se déroulant à l'extérieur, elle prit soin du Fils de Dieu. Cependant, d'autres miracles étaient en train de se produire.

Certains bergers gardaient les troupeaux destinés à être offerts en sacrifice au temple. Un ange apparut soudain devant eux dans les champs où ils étaient étendus, enveloppés dans des couvertures afin de se protéger de la fraîcheur de la nuit, car cela se passait peu avant l'aube du 23 mai. Une splendeur rayonnait tout autour et l'ange dit : "Ne craignez pas, car je vous apporte la bonne nouvelle d'une grande joie pour tous les peuples du monde, pour tous les temps à venir! Celui que l'on attendait, le Sauveur, est né en cette heure même dans la cité de David! Et pour que vous puissiez croire et savoir que ceci est votre signe, vous le trouverez emmailloté dans des langes et couché dans une crèche."

Alors même que le messager angélique parlait, une multitude de voix célestes se mirent à chanter les louanges de Dieu le Tout-Puissant. "Voici le Messie! Qui apportera la gloire à Dieu l'Éternel! Et qui sur Terre apportera la paix, la bonne volonté envers les hommes!"

Et les bergers laissèrent là leur troupeau et se rendirent en toute hâte dans la ville trouver la vierge mère, le jeune époux et l'enfant endormi dans la crèche. Les bergers racontèrent leur histoire de tous côtés dans la ville encombrée de monde et la vierge mère était perplexe et se demandait en son cœur pourquoi la naissance du Fils de Dieu était si humble et était annoncée de telle façon.

Lorsque huit jours se furent écoulés, l'enfant fut amené pour la circoncision et on lui donna le nom annoncé par l'ange avant qu'il ne fût conçu dans les entrailles de la vierge. Et lorsque furent venus les jours de sa purification, conformément à la loi de Moïse, il se produisit ce que je vous ai raconté à ce puits. Siméon et Anna vinrent à la mère, clamant tout haut qu'ils avaient eu le présage de Sa venue et maintenant vu le Messie!

J'ai promis de vous dire qui était la femme à Nazar! En vérité, elle était la même vierge qui conçut de par l'intervention du Très-Haut et porta le Fils de Dieu et l'appela du nom que l'ange avait prononcé! Cette femme qui était cette vierge est maintenant à l'intérieur du cercle tracé par ces feux de camp! Celui qui porte le nom donné par l'ange est assis en ce moment à la lueur du feu de ce campement! En vérité, je suis cette femme! La Vierge qui porta le Fils de Dieu! Et il fut appelé Jeshuau, et on l'appelle Joseph-bar-Joseph, et il est ce Divin Messie que vous attendez! Et à côté de lui, à la lueur du feu, se trouve Jean, le fils annoncé par l'ange à ma propre tante Élisabeth, femme de Zacharie! Avec fierté, je vous jure que je suis la mère de Celui qui devait apparaître, qui est maintenant venu dans la chair et qui se trouve parmi vous! Voici le Fils de Dieu! »

Dans toute la vaste compagnie, pas un souffle n'agitait l'air du désert, pas une personne ne remuait de peur de rompre l'enchantement de l'histoire. Le rabbin Borrenchan pleurait et hochait la tête et pleurait un peu plus encore. Ma mère était là debout, à la lueur du feu, transportée d'extase et comme libérée d'un poids aurait-on dit, rayonnante au-delà des rêves les plus prodigieux de l'homme. Pourtant, ses yeux cherchaient les miens avec une mystérieuse supplication et une étrange terreur. Jean-Jean soupirait, assis à côté moi, et ses yeux étaient embrasés d'une lumière de totale adoration. Mais ma surprise était complète et mon cœur était trop rempli d'émerveillement pour que je puisse bouger.

On déposa ma mère au sol et elle demeurait debout, hésitante, près du puits, ses yeux fixés sur les miens. Je vis sur son visage cette étrange terreur que j'avais pu remarquer auparavant et mon cœur bondit vers elle en dépit de ma confusion et de mon embarras. Je lui adressai un sourire, essayant de lui faire voir, malgré l'espace qui nous séparait, mon amour pour elle, et je me levai debout pour aller vers elle. Mais elle se précipita avec empressement à travers la lueur du feu et dans mes bras, et elle se cramponna à moi toute tremblante et en sanglots.

« Oh mon fils, mon Divin Fils! J'aurais dû t'en parler avant! J'ai essayé de nombreuses fois. Oh! Comme j'ai été sotte et indigne! »

Je ne pouvais articuler un seul mot. J'avais en cet instant la gorge nouée par les larmes, mais mon esprit était figé de par les implications bouleversantes de ses paroles! J'étais suspendu au-dessus d'un profond abîme de doutes. Car ma mère était une femme très mystique à l'imagination des plus fertiles et une fabuleuse raconteuse d'histoires. Je savais qu'il lui était possible d'inventer ou d'improviser des choses pour les fins de son histoire. Mais dans ses yeux je vis qu'elle croyait réellement chaque mot de l'histoire qu'elle venait de raconter. Dans sa terreur et ses paroles tremblantes, je sentais son effroi à l'idée que son histoire puisse me déplaire, ou que je doute de sa parole. Je la caressai doucement.

« Adorable mère! Tu es la plus admirable et la plus brave des mères! Tu es trop merveilleuse même pour un Messie! »

Les enfants se levèrent debout et nous regardèrent avec des yeux de hiboux sages, à la fois fiers et embarrassés. Mère, en voyant l'air qu'ils avaient, se mit à rire à travers ses larmes et les regroupa tous dans ses bras! En reprenant son rôle de bonne mère, elle retrouva vite son sang-froid et ne tarda pas à rire avec nous tous. Mais, à partir de ce moment, il m'arriva à l'occasion de surprendre dans les yeux de mes frères et sœurs ce même regard que je n'avais auparavant observé que sur le visage de Jean-Jean et de mère. Au bout de quelques minutes, les pèlerins de la compagnie élargie commencèrent à venir la remercier pour son histoire et pour le magnifique divertissement qu'elle leur avait offert! Mais chaque visiteur me regardait soit d'un air curieux, sinistre ou d'adoration.

Beaucoup plus tard, lorsque la plupart des gens du campement eurent défilé devant notre feu ou se furent arrêtés pour bavarder un moment, nous pûmes nous étendre et essayer de dormir. Mais le bourdonnement des conversations persista alors que beaucoup, assis autour de leur propre feu de camp, discutaient de l'histoire. Alors même que nous étions étendus sur nos lits dans le désert, beaucoup parmi les pèlerins vinrent et restèrent debout, à la limite de la lueur jetée par les braises de notre feu, et je pouvais voir dans toutes les directions des yeux curieux nous observant furtivement dans notre campement.

Après une courte nuit, nous étions impatients de quitter l'endroit dès l'aurore. Mais beaucoup de gens vinrent, tenant bien haut des torches enflammées pour repousser l'obscurité, et ils parlèrent avec mère et lui posèrent des questions. Nous mangeâmes à la hâte pour ensuite nous mettre en route sur la piste, mais il y avait sans cesse de nouvelles personnes qui venaient pour parler avec mère et me poser des questions tandis que nous avancions à la lumière du petit matin. Nous bifurquâmes vers l'ouest passé le mont Gilboa, au nord-ouest de Jesréal, et lorsque nous nous arrêtâmes pour notre repas du midi, le mont Tabor se dressait au cœur des étendues sauvages vers le nord.

Mais je ne voulais pas parler aux nombreux pèlerins curieux. Je voulais parler à mon père bien-aimé. J'avais besoin de son aide et de ses opinions rassurantes et, par-dessus tout, j'avais besoin de sa sagesse. Car je commençais à prendre conscience que mère avait raconté ce qu'elle croyait être la vérité.

Nous étions presque revenus à Nazar lorsque je réalisai que mon père faisait délibérément en sorte qu'il me soit impossible de lui parler seul à seul. C'était à dessein qu'il me laissait seul avec mes questions intérieures. Ces questions obsédantes m'enflammaient l'esprit au point de le rendre incandescent. Mes pensées, mes doutes et mes soupçons intérieurs me tourmentaient et me bouleversaient tellement que je me rendis compte que je n'écoutais qu'à moitié même lorsque je parlais avec les aînés du groupe voyageant avec nous. Je ne prêtais pas attention à ce qu'ils disaient et ne faisais guère preuve de respect à leur égard.

Marie-Beth était fatiguée de la longue marche et nous décidâmes Jean-Jean et moi de lui permettre de se reposer en la portant sur nos épaules. Jean-Jean la prit en premier et la porta pendant un moment. Lorsque je tendis les bras pour la prendre, elle eut un mouvement de recul. J'étais surpris mais certainement pas prêt pour la blessure profonde que ses paroles directes suscitèrent en moi.

« Une mortelle comme moi devrait-elle alourdir de son poids le Fils de Dieu? » Ses paroles me firent l'effet d'un coup au ventre, et pendant un moment je fus réduit au silence tellement j'étais estomaqué. Par-delà le visage de Jean-Jean, je vis les yeux profonds de mon père et j'y lus une bienveillance qui répondit à mon grand besoin.

« Marie-B, n'est-ce pas une bonne chose que de mettre le Divin à l'épreuve? Ce qui est divin ne doit-il pas en réalité porter les fardeaux de la chair humaine? Et plus encore? »

Marie-B y réfléchit pendant un moment et rejeta en arrière ses boucles semblables à du coton sous le soleil du désert. « Eh bien! Je l'aime certainement comme frère, même s'il est le Messie! » Avec la simplicité directe propre aux enfants, elle vint dans mes bras et s'assit à califourchon sur mon cou, et nous poursuivîmes péniblement notre route dans la chaleur de l'après-midi.

Mon père ne parlait jamais sauf pour guider ou enseigner. Ses paroles avaient constitué un avertissement pour me préparer aux difficiles épreuves à venir. Mon cœur était déchiré par les questions qui chevauchaient les épaules de mon esprit, précisément comme un coussin pour la croix. Étais-je bien divin? Étais-je, comme mère le pensait, le Fils de Dieu, né d'une vierge qui n'avait pas été souillée par l'homme? Il y avait encore une autre folle question qui m'obsédait. Qu'avait voulu dire mon père lorsqu'il avait déclaré à mère qu'il y avait trois voies pour la naissance virginale? Plus je réfléchissais à ces choses, plus je savais qu'il me fallait parler avec mon père. Mais il était toujours avec quelqu'un et nous ne pouvions pas être seuls ensemble pour parler.

Mère, qui n'avait apparemment pas conscience du fardeau qu'elle avait jeté dans mon cœur, donnait l'impression d'être comme un oiseau, joyeuse et libre comme le vent. Elle se déplaçait avec une énergie nouvelle et elle était plus vivante que je ne l'avais jamais vue l'être auparavant. Je pouvais constater qu'elle avait finalement fait cette chose qu'elle sentait devoir faire, mais qu'elle avait sans cesse repoussée, portant de ce fait en son cœur le fardeau de son indécision. Il y avait une bonne chose qui s'était produite. Maintenant, quand elle et Jean-Jean me regardaient, j'arrivais à comprendre l'étrange lueur d'adoration se reflétant dans leurs yeux. Ce n'était pas de l'amour ou un manque d'amour à mon égard. C'était une humble adoration pour cette essence divine que je représentais à leurs yeux. Je me rendis compte que tant qu'ils penseraient de moi que j'étais le Messie, leur rayonnante adoration serait dirigée vers moi.

Mais je me demandais – que se passerait-il si elle découvrait que je n'étais pas divin, mais simplement humain? Je savais à quel point sa vie tournait autour de sa propre préparation soigneuse, de sa naissance et sa formation en vue de jouer son rôle de servante de Dieu. Sans cette secrète pensée, ce magnifique but à sa vie, son existence serait alors véritablement pire que rien! Comme je le voyais clairement maintenant que ma propre divinité, en vérité que même ma propre acceptation verbale de cette divinité comme Fils de Dieu, étaient nécessaires au maintien de sa foi en sa propre croyance. Dès que je refuserais d'admettre cette divinité en acte ou en parole, dès que je ne correspondrais plus à son idée de Dieu dans la forme humaine, ou dès que j'échouerais dans les mises à l'épreuve de ma divinité, dès cet instant sa vie deviendrait un échec, ses rêves sans objet, son existence futile et ses espoirs anéantis. Dès lors, ma tendre mère serait plus heureuse morte que vivante. En raison de l'amour que je vouais à ma mère, je savais que jamais je ne pourrais renier devant elle, ou en public, ce qui était divin, né de Dieu dans la forme humaine, le Fils du Très-Haut. Avoir agi ainsi aurait été comme de détruire totalement ma mère. Il aurait été plus aimable de lui enfoncer un poignard dans le cœur. Pour l'instant, refuser d'admettre ma divinité serait la livrer aux poissardes et aux commères. Et dans notre village, sa réputation serait mise en pièces. Elle serait traitée comme un renard blessé au cœur d'une meute de loups. Tout l'amour et toute l'admiration qu'on lui témoignait lui seraient retirés et elle devrait vivre en solitaire. Non, je ne pouvais nier la divinité sans précipiter mon adorable mère dans la tombe, ou sans qu'elle ne se retrouve le cœur vide – et plus heureuse morte que vive.

Mais, m'était-il possible de prétendre à la divinité? Si j'acceptais ce qu'elle affirmait à mon égard, romprais-je ainsi mes liens avec mes propres frères? Avec ma famille? Avec mes semblables? Ou pire, m'éloignerais-je ainsi du Sentier initiatique que j'aspirais ardemment à suivre? M'interdirait-on alors à tout jamais d'en apprendre plus au sujet de la Grande Fraternité Blanche et de l'Ordre de Melchisédech? Seul mon père pouvait apporter une réponse à mes interrogations. Et il m'évitait délibérément. Il était assez près pour se porter à ma défense si d'autres se montraient peu aimables envers moi, mais il était en même temps loin – beaucoup, beaucoup trop loin de moi.

Plus je tournais et retournais mes pensées en moi, plus ma confusion grandissait. Et je commençais à me poser des questions auxquelles je ne pouvais trouver réponse. Si j'étais divin, pourquoi ne l'avais-je pas su directement? Le divin n'était-il pas toute connaissance? Si j'étais divin, pourquoi ne bénéficiais-je pas de tous les talents et de toutes les aptitudes, incluant la composition et le chiffrage? Car le divin n'était-il pas toute science? Si j'étais divin, pourquoi Jean-Jean était-il aimé plus que moi, et pourquoi n'étais-je pas aimé de tous les hommes? Le divin n'était-il pas tout amour? Si j'étais divin, pourquoi n'étais-je pas grand et beau comme mon père, ou large d'épaules et fort comme l'était Jean-Jean? Le divin n'était-il pas toute beauté? Si j'étais divin, pourquoi n'avais-je pas compris ce que signifiait la vision de l'Homme d'étain? Le divin n'était-il pas toute révélation? Si j'étais divin, pourquoi n'avais-je pas compris tous mes propres conflits émotionnels et toutes mes propres loyautés contradictoires internes? Le divin n'était-il pas toute vérité? Si j'étais divin, pourquoi ne pouvais-je demeurer dans l'état d'esprit radieux qui était le mien quand, par exemple, j'étais en profonde méditation dans l'auge de la grotte au cours de l'initiation?

Le divin n'était-il pas toute gloire? Si j'étais divin, pourquoi n'avais-je pas compris – ou à tout le moins immédiatement maîtrisé la technique permettant d'être en deux endroits en même temps? Le divin n'était-il pas tout pouvoir? Si j'étais divin, pourquoi n'avais-je pas été capable de ressusciter Jean-Jean de la mort? Et pourquoi, pourquoi la capacité de guérir m'avait-elle fait défaut, même après la longue et méticuleuse formation donnée par mon père? Le divin n'était-il pas toute sagesse? Si j'étais divin, pourquoi avais-je autant de faiblesses humaines? Et autant de défauts, autant de fardeaux? Le divin n'était-il pas toute perfection? Si j'étais divin, pourquoi n'avais-je pas complètement compris ce que mon père voulait dire lorsqu'il avait dit à ma mère qu'il y avait trois manières d'engendrer une naissance virginale, ou ce qu'il entendait lorsqu'il me dit qu'il serait mieux en mesure de m'aider lorsque j'aurais acquis la maîtrise des choses se rapportant au ciel? Le divin n'était-il pas toute compréhension? Si j'étais divin, pourquoi mon père évitait-il mes questions? Le divin n'avait-il pas tout pouvoir de commander?

Marie-B plaça ses paumes de main sur mes yeux, m'empêchant ainsi de voir le sentier. Lorsque je m'arrêtai, elle rit et dit : « Tu n'as pas entendu un seul mot de ce que je disais! Et pourtant j'ai parlé et parlé! Tu t'es sauvé de tout le monde; même Jean-Jean n'est pas arrivé à te suivre! Ne penses-tu pas que nous devrions attendre? »

Je l'enlevai de sur mes épaules, la déposai par terre et ébouriffai ses cheveux semblables à de la ouate. Je déposai un baiser sur une de ses joues couleur de pêche.

« Eh! Je prouve que je suis divin! »

Elle ne rit pas avec moi, mais elle demeura là debout à me regarder d'un air tout ce qu'il y a de plus sérieux. « Mais tu n'as pas à le prouver! Je le sais! Ça se voit! »

« Comment est-ce que ça se voit, Marie-B? »

« Où que tu ailles, de bonnes choses se produisent, et où que tu marches, la beauté grandit. Quand tu parles, le monde entier écoute! Pas seulement les petites filles comme moi, mais des hommes importants! Et pas seulement des hommes et des femmes, car même les alouettes en oublient de chanter, et les écureuils se dressent pour écouter. Lorsque tu souris, le monde entier est heureux et lorsque tu fronces les sourcils, il a envie de pleurer. Si tu dis que quelque chose sera, cela se produit toujours. Si tu concentres toute ton attention sur un problème quel qu'il soit, il se résout toujours de lui-même. Lorsque tu es proche, tout le monde est rempli d'une paix et d'un bonheur étranges. Par de telles choses, nous savions tous que tu étais divin avant que mère ne révèle à tous notre secret hier soir! »

Je plongeai mon regard dans ses yeux, si bleus et si profonds, appelant à moi la sagesse de mon père et la flamme de ma mère. Aucune parole ne vint, aussi la touchai-je gentiment avec le bout de mon doigt sur le nez, et finalement elle se mit à sourire. « Peut-être – peut-être es-tu celui qui est divin! Crois-tu? »

Jean-Jean nous rattrapa, son grand corps se déplaçant rapidement et son visage fendu d'un large sourire, et ruisselant de sueurs. « Pff! Tu as foncé en avant comme un tourbillon de poussière effrayé. Et je ne te blâme pas d'avoir distancé ces moulins à paroles. Ils ne lâchent pas notre famille d'une semelle, posant à chacun des questions à propos d'hier soir. Comme s'ils ne pouvaient voir que tu es divin. »

« Comment pourraient-ils le voir, Jean-Jean? De quelle façon est-ce que je le laisse voir? »

« Dans chaque geste et chaque parole! »

« Mère devrait le savoir. Elle remarque toujours tout! »

« Bien sûr qu'elle remarque tout. Chaque parole, chaque geste. »

Le premier de la compagnie était près de nous à présent, et la rumeur des cris et des plaisanteries s'enfla. Pendant un moment, je marchai avec quelques-uns des Frères esséniens qui parlaient de choses banales, ou chantaient les prières et les cantiques. Mais dès que je le pus, je repris les devants en toute hâte pour tenter de démêler mes pensées embrouillées.

Ma mère avait-elle fait remarquer mes traits distinctifs aux autres membres de ma famille, leur faisant voir la divinité que ses yeux percevaient en moi? Je l'avais vue réussir à persuader des hommes érudits de son opinion par la force de sa logique, de sa beauté et de son amour débordant. Si elle s'était servie chaque jour de telles tactiques pour influencer les membres de ma famille, les chances qu'ils n'aient pas été convaincus étaient bien minces. Je savais déjà que je ne pouvais pas me fier au rabbin Borrenchan, car il était profondément sous son charme et il était l'un des zélotes qui, en secret, attendaient la venue du Messie, espérant qu'Il mènerait Israël à repousser le conquérant romain. Je ne pouvais me tourner vers ce prêtre pour obtenir conseil. Si ma mère avait implanté l'idée de ma divinité dans l'esprit des membres de ma famille et dans celui de ses amis, je ne pouvais espérer trouver le reflet de la vérité en leurs yeux à moins que ma mère n'eût parfaitement raison d'affirmer ce qu'elle disait et ce qu'elle pensait. Car, en vérité, avec l'emprise qu'elle exerçait sur eux, il est évident qu'ils allaient tous me voir comme étant divin et comme étant le Messie attendu. Je me demandais ensuite si je pourrais me tourner vers mes Frères de la communauté. J'y réfléchis un moment et décidai que je ne le pouvais pas.

Ils marchaient avec moi maintenant et pourtant ils ne disaient rien de mon succès au Temple, ou de mon absence de succès, ni de l'histoire d'Immaculée Conception de mère. Ils étaient attentifs et bienveillants à mon égard, mais c'était là le résultat de notre formation de tous les jours. Nous ne parlions que de questions courantes de peu d'importance, ou nous disions nos prières, ou nous récitions en chœur nos psaumes de l'Action de grâces. À vrai dire, je ne pouvais penser à personne vers qui me tourner sauf mon père et il ne voulait pas me laisser la chance de lui parler – du moins pas seul à seul. Pourtant, je savais qu'il m'aimait beaucoup et aussi que tout ce qu'il consentirait finalement à me dire allait être d'une grande importance et une Vérité éternelle.

Arrivés à l'embranchement, nous avons pris congé de tous ces pèlerins qui poursuivaient leur chemin vers le nord en direction de Cana, Capharnaüm, ou des autres villes. Il ne restait plus que notre grande compagnie d'environ quatre cents personnes qui chantaient en entrant d'un bon pas dans les rues sinueuses de notre village. Nous nous étions auparavant arrêtés au sommet de la crête et nous avions regardé en bas. Notre village était situé sur une série de petites collines sur le versant d'une montagne. C'était un spectacle d'une grande beauté, avec les maisons perchées sur les collines comme dans un tableau de rêve et la rivière décrivant paresseusement des cercles dans la vaste vallée, comme si elle s'enroulait douillettement autour de l'enceinte et des champs de la Confrérie à la limite de la vallée. Après moult au revoir et bien des plaisanteries, chaque famille se dirigea vers sa maison. Les Esséniens et ma famille continuèrent ensemble jusqu'à notre arrivée devant notre cour. Puis les Frères nous quittèrent avec un salut silencieux d'amour et de bénédiction.

Mais je ne pouvais m'arranger pour être seul avec mon père. Jim-Jim et Jo-Jo étaient avec nous pour dételer et étriller les animaux. Ils descendirent ensuite avec mère et Marie-B jusqu'au bassin rocheux dans la rivière pour laver nos vêtements de voyage. Dans l'atelier de menuiserie où père se rendit travailler, il eut Jean-Jean et un défilé ininterrompu de visiteurs durant toute la journée. C'est ainsi que le temps fila à toute vitesse jusqu'à ce que l'heure du repas du soir soit arrivée. Nous sommes ensuite restés tous ensemble jusqu'à l'heure du coucher. Ce fut une très agréable soirée. Mère était si éblouissante, si radieuse, si spontanée, si libre! Son esprit étincelait et son énergie volait haut. Son amour se déversait sur nous tous. Elle était soulagée et joyeuse.

Lorsque chacun eut gagné son lit, je l'entendis murmurer joyeusement à mon père « Oh! Joseph, Joseph! Je suis tellement contente que ça soit fait enfin! Des centaines de personnes des quatre coins de la nation savent maintenant la vérité. Et beaucoup croient déjà en sa divinité. Je me sens si libre! »

« Ma bien-aimée! Tu as raconté une histoire convaincante et tu étais si belle qu'aucun homme n'aurait pu douter de toi pendant longtemps! »

« Et qu'en est-il de mon mari? »

« Qui t'adore plus que lui? »

« Il adore, mais est-ce qu'il croit pleinement? »

« Plus que pleinement. Il croit sincèrement. »

« Oh, Joseph! Un bon jour tu sauras à quel point tu te trompes! »

« Entre-temps, jolie épouse, ne sais-je pas déjà exactement à quel point tu as raison? »

« Mais tu ne crois pas qu'il soit le Fils de Dieu. »

« Dieu dans une forme humaine? »

« Existe-t-il un autre Dieu? »

« À moins que tu ne saches qu'il y en a un autre, l'accepterais-tu si je te le disais? »

« La Voie de l'Initié! Souviens-toi, j'ai suivi cette voie pendant six ans. »

« Se pourrait-il que tu te sois arrêtée trop tôt? »

« J'ai cessé lorsque l'ange est apparu. »

« N'as-tu jamais été curieuse de savoir comment au juste cela avait pu se produire? »

« Comment a-t-il pu en être autrement sinon qu'il a été envoyé par Dieu. »

« Dieu dans la forme humaine, bien-aimée? »

« Y a-t-il un autre moyen? Pour moi, il n'y a qu'un seul moyen possible. Il fallait que ce soit Dieu dans la forme humaine! »

« Telle est ta croyance, mais voudrais-tu me contraindre à être d'accord si elle allait à l'encontre de ce que je sais pertinemment être vrai? »

« Si seulement tu y croyais! »

« Bien-aimée, je sais! Je sais que je t'adore, femme, n'est-ce pas assez? »

« Et s'il n'y croit pas, parce que tu ne veux pas y croire? »

« Quel est son sentiment là-dessus? »

« Oh, il est sans prétentions et modeste. L'histoire fut un choc pour lui! Il ne peut encore accepter l'authenticité de l'histoire, mais il en viendra à l'accepter. Oh! Il l'acceptera! Il le faut! »

« Pourrions-nous dire : “Il le faut si telle est la volonté de Dieu?” »

« Oh! Joseph! Joseph! Je sais que tu ne l'acceptes pas. Mais tu verras mon chéri! Tu verras! »

NEUF

Les mystères de l'homme d'étain

Les questions fusaient de tous côtés dans mon esprit. Je ne pouvais rester étendu immobile et je n'arrêtais pas de me tourner et de me retourner sur le coussin. Lorsque tous furent endormis, je sortis en douceur de mon lit et j'enfilai ma robe. Je m'avançai en direction de la porte de cuisine, mais mes yeux furent attirés du côté de la porte ouverte de la grande chambre à coucher. Là, sous un trait de lumière du clair de lune qui entrait, je vis mon père et ma mère sur le grand lit. Le bras gauche de père passait sous la tête de mère qui était blottie contre son épaule. Une plume de canard d'un blanc luisant s'était échappée de son oreiller et reposait maintenant sur le côté de la tête de père, au-dessus de sa tempe droite. Elle était aussi brillante que la lueur d'une chandelle sous le clair de lune et elle s'agitait avec chaque souffle de la respiration de mère, frémissant mais ne tombant pas. Je les contemplai avec grand amour car ils étaient si beaux sous la lueur vive et ils avaient l'air d'être si étrangement bien ensemble, l'un avec l'autre.

Mais les pensées de mon propre cœur inconsolable me firent sortir dehors au clair de lune, contourner la maison et grimper tout au sommet de la butte. De là, je pouvais voir tout le village, l'enceinte et la rivière sinueuse. Tout cela semblait si solide, si sûr et mes doutes si peu substantiels. Comment pouvais-je être divin alors que je me sentais si inadéquat, si préoccupé? Je me débattis avec ces questions jusqu'à ne plus pouvoir supporter la tension. Puis je tombai à genoux en pleurant.

Aucun son de pas ne me prévint de son arrivée, mais mon père se trouvait debout à côté de moi, et sa radiance était forte sous le clair de lune. Cependant ses pieds ne semblaient pas toucher le sol tandis qu'il était là à me regarder.

« Oh! Père, suis-je divin? »

« Seul ton cœur peut te le dire, Joseph-bar-Joseph. »

« Oh! Père, ne me laisse pas dans le doute obscur et l'incertitude! »

« À quoi penses-tu? »

« Je... j'aime vraiment ma mère, mais j'ai peur de croire. Elle... elle a tellement d'imagination. Elle... elle est tellement, tellement persuasive, si...

si convaincante. Même si chacun des événements rapportés est le fruit de son imagination, y inclus l'Immaculée Conception, elle arriverait à faire croire au monde entier que son histoire est vraie. Tout est confus dans ma tête! Je te le demande : suis-je le Fils engendré par Dieu? »

« Tous les hommes ne sont-ils pas engendrés par Dieu? »

« Oui, en un sens. Mais suis-je divinement engendré? »

« Tu dois toi-même répondre à cette question! »

« Oh! Père, j'en suis incapable! »

Il y eut un long silence. Je le rompis, persévérant dans mon impatiente quête de réponses à ma brûlante question. « Mère a mentionné que tu lui avais dit qu'il y avait trois voies pour la naissance virginale. Je voulais te demander si... »

« Oui, j'ai vu durant le voyage que tu voulais me demander bien des choses, mais pouvais-je te permettre de te débarrasser de ton fardeau de curiosité? À part la curiosité, y a-t-il en ce moment dans ta vie une autre émotion assez forte pour te conduire à cet apogée de passion nécessaire pour réussir ce que tu désires tant atteindre? »

« Ne peux-tu me guider en cela? Ne peux-tu me dire quelles sont les trois voies pour la naissance virginale? »

« Mon fils, comment puis-je te le dire et en même temps être fidèle à mon serment d'enseignant? Si je décidais de tout te dire, ce geste d'apparente bonté ne te priverait-il pas de la volonté et de la force qui alimentent ton avancement spirituel? Je ne peux te dire tout, mais je t'en dirai un peu.

On croit généralement que la naissance virginale se produit lorsque Dieu le Très-Haut place dans les entrailles d'une femme la semence de vie. Certains pensent même que Dieu doit prendre forme humaine. Cela serait certainement un miracle. Et c'est justement ce que ta mère croit qu'il s'est produit avant ta naissance. Ce serait là une manière d'engendrer une naissance virginale, mais ce n'est que la première des trois voies. La seconde façon de provoquer une naissance virginale réside dans l'acte d'éveiller l'esprit parfait latent de l'homme hors du corps matriciel en chaque cellule humaine. C'est la naissance virginale connue de l'Initié qui doit faire l'expérience de cette naissance de l'esprit hors de l'auge éternelle des cellules vivantes. Tu as toi-même travaillé longtemps pour arriver à accomplir cette même naissance. Peut-être l'as-tu réalisé. Cette naissance du Soi spirituel hors du soi charnel au sein duquel il est éternellement crucifié à moins d'en être ressuscité par la pureté, le pouvoir, la volonté et l'amour, n'est-elle pas véritablement aussi une naissance virginale? Tu vois pourquoi je ne pouvais accepter la croyance de ta mère! »

« Père, quelle est ta croyance? »

« Est-ce important ce que je crois, ou n'est-ce pas plutôt ce que toi seulement tu *crois*? Si le monde entier disait de ta mère qu'elle est une menteuse et de toi que tu es un imposteur, cela, en soi, peu importe à quel point on en serait convaincu, ne ferait pas une vérité de leur erreur. Pourtant, si le monde entier croyait que tu étais divin, et le prêchait sur tous les toits et à chaque carrefour, cela, en soi, ne ferait pas de toi quelqu'un de véritablement divin. Cependant, à partir du moment où tu sais par-delà toute notion de croyance que tu es divin, personne, non, pas même moi, ne peut te convaincre de quoi que ce soit d'autre! Lorsque l'alouette chante sa chanson, elle sait qu'elle est la choriste du ciel, même si elle se trouve sur un tas de fumier. Lorsque tu seras sur le point de devenir la voix divine du ciel, tu le sauras et personne ne pourra jamais changer ce savoir. Mais d'ici à ce que tu le saches réellement, personne ne peut t'imposer cette conviction en exprimant une croyance. Tu le sauras du plus profond de ton être intérieur! »

« Mais alors, que dois-je penser? Mère a-t-elle inventé son histoire? A-t-elle menti en raison de son intérêt politique en la venue du Messie? »

« Non, fils, ta mère est incapable de mentir! »

« Alors, elle avait raison? »

« Cela veut-il forcément dire que, si elle n'a pas menti, elle a raison? »

« N...non, mais que puis-je croire d'autre? Si elle n'a pas menti, elle doit avoir dit la vérité! »

« Si elle a dit la vérité, pour autant qu'elle la voyait, mentirait-elle si la plus vaste vérité ne résidait pas dans l'interprétation de ce qu'elle a vu? Ne pourrait-il y avoir une interprétation supérieure de l'événement même qu'elle rapporte? »

« De quelle façon? »

« Se pourrait-il qu'il y ait un troisième mode de naissance virginale? Se pourrait-il que le troisième mode expliquerait ces mêmes événements comme faisant partie d'une plus grande vérité? »

« *Si* cette troisième voie existe, quelle est-elle? »

« Ne serait-il pas mieux pour toi d'y réfléchir, de t'efforcer de la découvrir et enfin de parvenir à la véritable connaissance? Cela ne serait-il pas mieux que de te surcharger d'une connaissance fondée sur des ouï-dire, car un savoir d'emprunt pourrait fort bien retarder ton développement. Ne comprendras-tu pas exactement, après avoir cherché, trouvé et compris le troisième mode de naissance virginale, ce qui s'est passé dans le cas de ta mère? Ne sauras-tu alors pas au-delà de tout doute tout ce qui se rapporte à ta propre possible divinité? »

Avec un regard lucide, je vis la grandeur de mon père, comme il était sage et bienveillant en paraissant ne pas vouloir dorloter. J'avais depuis longtemps pris conscience de la méthode qu'utilisait mon père pour enseigner, mais je commençais à présent à y déceler un but, une intention délibérée de faire de moi quelqu'un de fort et de capable. C'était comme si j'étais traité de la même façon que la légendaire Bonne épée et que j'étais testé et trempé dans le feu des épreuves et de la connaissance. On m'accordait toujours le doux privilège du choix personnel, car mon père ou la Confrérie n'ont jamais cru acceptable d'imposer une opinion à qui que ce soit. Mais dans la ferveur même de mes passions, seul le plus ténu des indices m'était donné pour indiquer la voie spirituelle menant à la solution. Toutefois, cet indice m'était toujours donné au moment le plus sombre où, sans lui, j'étais en passe de devenir complètement perdu. Mais c'était toujours à moi qu'il appartenait de me débrouiller pour définir mes propres objectifs et assurer ma propre stabilité émotionnelle.

Lorsque je me retournai pour remercier mon père, il était parti sans laisser entendre le moindre bruit de pas. Je fis de même sans attendre, maintenant calme dans mon cœur, sachant qu'une parfaite compréhension et une complète réponse à ma grande question viendraient tôt ou tard. Je me dirigeai rapidement vers la chambre sans faire de bruit, mais fus stoppé net en passant devant la porte de la chambre de mes parents! Car le menton de ma mère se trouvait toujours sur l'épaule de mon père, et il continuait à reposer dans un confort béat. Car en fait il n'avait pas bougé! Il ne pouvait avoir bougé. La plume duveteuse se trouvait toujours sur sa tempe et continuait à frémir doucement à chacune des respirations de mère. Cette plume brillante suffisait amplement à prouver qu'une fois encore mon père avait été en deux endroits en même temps!

Alors même que j'étais cloué sur place d'étonnement, Marie-A gémit faiblement dans son berceau et père remua, mais si peu. La plume tomba doucement sur le plancher, dans l'ombre du lit. Lorsque Marie-A fut de nouveau silencieuse, je gagnai mon lit et demeurai un moment perplexe à me demander si sa capacité à se trouver en deux endroits en même temps avait quelque chose à voir avec le troisième mode de naissance virginale, et avec ma propre divinité. La plume sur sa tempe était-elle là par pur hasard, ou avait-elle une signification particulière? Et c'est ainsi que, cherchant à comprendre, je tombai endormi, profondément conscient de l'effet que ma belle et énergique mère avait sur ma vie et de l'effet équilibrant également grand qu'exerçait mon merveilleux père initié.

Le matin vint et nous nous mîmes bientôt en route vers l'enceinte. Mais même le chant cadencé de l'alouette n'arrivait pas à me remonter le moral dans la première lueur de cette aube magnifique. Car je devais maintenant faire face à mes Frères! Comme ils avaient espéré me voir réussir dans mon épreuve, et par quelle étrange circonstance avais-je échoué dans ma tentative de démontrer ce dont j'étais capable à leur vu et su! Mais notre foi nous enseignait de ne pas nous en faire pour des échecs pour lesquels on ne pouvait rien. Pourtant, mon cœur était lourd tandis que nous franchissions le portail situé tout près et que nous nous séparions pour aller directement aux brigades où nous étions chacun affectés. Toute la matinée je travaillai à la tâche qui nous avait été confiée, mais mes pensées étaient tellement troublées que je fus réprimandé par le Maître pour mon manque d'attention. Notre leçon était une histoire portant sur le pharaon Thutmose I et elle nous fut lue en égyptien à partir des rouleaux. Lorsqu'arriva le temps des questions cependant, je connaissais les réponses comme si j'avais moi-même écrit l'histoire. Mais le sentiment de l'échec pesait sur moi. Je me sentais vide comme si mon cœur était tombé de ma poitrine, y laissant un trou béant.

Après la classe, nous sommes allés à notre travail du matin et, à midi, nous sommes revenus en vitesse des champs pour le Bain d'amour. Nous avons enlevé notre robe de travail, pris notre bain, et fait ensuite les sept pas sacrés jusqu'à nos robes propres. Une fois habillés, nous nous sommes rendus dans la Salle de l'Assemblée pour le Festin.

C'est à peine si j'avais articulé quelque mots et presque personne ne m'avait adressé la parole; et c'est tout juste si j'arrivais à lever les yeux pour voir les nombreux regards que je sentais posés sur moi. Les prières furent prononcées, les Psaumes de remerciements furent chantés, et chacun se mit à manger en silence. Lorsque tout fut terminé, je voulus me sauver en courant, exactement comme la fois auparavant où j'avais voulu m'enfuir en courant. Mais mon nom fut appelé par le Maître secret qui avait demandé un rapport du Comité d'observation.

Mon père se leva debout, s'avança et dit : « Frères, le Comité d'observation de même que tous les Frères dans cette enceinte se sont trouvés dans l'incapacité d'assister à l'épreuve. Pas un seul parmi nous ne peut se porter garant du résultat sur la foi de sa propre observation des faits. En raison de circonstances tout à fait imprévisibles, il fut difficile pour les Frères d'être à proximité sans trahir leur curiosité pour ce qui se disait. Cependant, il se trouve qu'il y avait à la communauté de Béthanie un groupe de Maîtres secrets provenant de nombreuses communautés. Ils ont revêtu les habits d'apprentis de notre Confrérie et ils furent conduits à la Cour intérieure par Joseph d'Arimathie. Craignant que le rapport sur la foi d'autrui fait par

Hillel ne soit pas considéré comme suffisant pour nous satisfaire, mon demi-frère est venu ici en toute hâte de Jérusalem afin de pouvoir rendre compte de ses observations de première main. »

Mon père s'assit et le Maître secret se leva. Ceci était à vrai dire inhabituel. Nous, de la Confrérie, considérions le Maître secret comme le représentant de Dieu sur Terre et le traitions comme tel. Il avait droit à tous les égards et, sauf à la fin des repas lorsqu'il lavait lui-même sa vaisselle pour prouver son humilité, il ne se levait pratiquement jamais lors des cérémonies. Or, il était debout et le fait même nous rendit tous attentifs. Mais il commença avec les paroles utilisées par la Confrérie pour présenter une idée des plus importantes ou un personnage exceptionnel.

« Sachez! » Le mot eut son effet et l'assemblée réagit comme si une trompette avait lancé un appel au silence. « Frères, sachez! Par-delà les mers, les plaines et le désert, un homme est venu à nous. Il est notre Frère. Un homme du Temple aussi bien que de la Confrérie. Un Initié avancé qui a progressé au-delà du rang de Maître secret et qui est maintenant un Maître extraordinaire. Le monde entier est sa communauté. Frères, voici celui qui vient de loin, Joseph d'Arimathie! »

Comme un seul homme, les centaines de Frères présents dans la salle se levèrent. De l'autre bout de la table des Maîtres s'avança un homme de grande taille. Il y avait quelque chose de familier chez lui. Il était aussi grand que mon père et ils avaient tous deux à peu près la même stature. Mais il avait le teint un peu plus foncé que mon père. Alors qu'il se dirigeait vers le centre de la table, je vis cette même démarche que j'avais vue au Temple, celle de celui qui portait la robe bleue d'un novice. À l'instant où il tourna son visage vers moi, j'eus le souffle coupé! Car c'était le visage de l'Homme d'étain de ma vision dans la grotte!

« Sachez! » Cette voix ressemblait beaucoup à celle de mon père, pleine, résonante, forte et mélodieuse. « Sachez, Frères! Je suis venu rapidement des rives de l'Île des Celtes, de l'autre côté de la mer, dans un vaisseau légèrement chargé, me hâtant de venir au Temple à l'appel des Maîtres de Lumière. Là, on me parla d'un certain Joseph-bar-Joseph qui repoussait les limites de la connaissance humaine dans les questions religieuses. Au cours de l'assemblée, on nous dit qu'il allait tenter de faire ce qui est considéré être presque impossible : enseigner aux Grands-Prêtres! Les circonstances n'étaient pas favorables. Les Frères de cette communauté offrirent de leur plein gré de ne pas se rendre à la Cour intérieure et de ne pas assister à l'épreuve de crainte de paraître trop curieux et de dévoiler ainsi aux prêtres les intentions de l'Aspirant. Nous, de la table des Maîtres, avons revêtu des robes de novice et sommes allés voir ce prodige dont on nous avait parlé. Nous avons été amèrement déçus. »

Il s'arrêta un instant, lança ses mains en l'air et les laissa retomber de dépit. Tout le monde se mit à rire sauf moi. Mon cœur s'était figé, brûlant d'entendre les prochaines paroles expliquant ce qu'il voulait dire. « Oui, amèrement déçus! Mais des prêtres, des Grands-Prêtres de la religion juive! Ils ne sont même pas arrivés à lui poser une seule question capable de le faire s'arrêter pour réfléchir. Les réponses parvenaient à leurs oreilles avant même que les questions ne soient formées dans leur bouche. Et, à la fin, le splendide Hillel, le président du grand *Sanhédrin*, poussa les questions dans les domaines les plus raréfiés de la philosophie et les plus subtils de la pensée. Puis, apercevant certains des Frères dans le passage à l'autre bout de la cour, il cria afin qu'ils puissent entendre, disant que les Grands-Prêtres avaient été instruits. Mais en voulant dire que même lui, le plus grand maître vivant en matière de religion juive, avait été instruit. Jeshuau Joseph-bar-Joseph, nous l'affirmons, a réussi son épreuve avec grand succès! »

Joseph d'Arimathie demeura silencieux et le Maître secret parla. « Vous de la Confrérie, qui avez renoncé à votre place, devez être remerciés et loués pour votre générosité et votre sagesse. Quelle est la volonté de cette assemblée? »

Il y eut un silence avant que Jean-Jean ne prenne la parole. « Acceptons-le comme notre Maître et notre enseignant. Car c'est là son dû et son droit! »

Personne ne bougea, personne ne parla. J'examinai les visages de mes Frères avec une certaine anxiété. Finalement, Habakkuk, le Maître de la première année, s'exprima de sa manière directe et assurée.

« Très vénérable Maître secret, il n'y a aucun doute dans nos esprits quant à savoir si Joseph-bar-Joseph est un enseignant. Depuis le premier jour où il est arrivé ici il y a cinq ans, il n'a cessé de nous enseigner à tous. Aucun esprit ici présent ne pouvait faire autrement que d'apprendre de lui. Mais nous avons tous entendu l'histoire de sa conception et sa naissance d'une vierge non souillée. Beaucoup parmi nous croient que le Messie est proche. Nous nous demandons s'il est convenable que nous votions pour accepter celui qui peut avoir été divinement envoyé pour notre bien. »

Il y eut de nombreux murmures d'approbation tandis que Maître Habakkuk se balançait d'un pied sur l'autre. « Je dis, nous n'avons pas besoin de voter! De toute manière, il est et a toujours été notre enseignant. Que ceci soit décidé sans vote – comme la Volonté de Dieu! »

Immédiatement, il y eut une explosion d'acclamations. À l'instant où cela se produisit, je sentis mon cœur bondir de joie avec leurs acclamations.

Même lorsque le Maître secret bien-aimé leva les bras pour demander le silence, mes Frères continuèrent à applaudir. Mais bientôt leur obéissance naturelle et leur formation les firent s'arrêter et sa voix put être entendue par-dessus le tumulte.

« Bien-aimés Frères, il s'agit là d'une requête des plus inhabituelles! Dois-je comprendre que vous votez pour que dans nos registres soit inscrit ce qui suit et que nos cœurs soient de la sorte liés par les paroles, "Jeshuau Joseph-bar-Joseph, non par un vote de ses Frères mais par la Volonté de Dieu, a été choisi pour mener les Esséniens?" »

« Oui! » Maître Habakkuk cria le mot, et les acclamations recommencèrent de plus belle et se poursuivirent pendant un bon moment. Lorsque finalement elles s'apaisèrent, je ne pouvais plus voir mes Frères. Mes yeux étaient tellement pleins de larmes de soulagement et de bonheur que je ne voyais plus rien. Lorsqu'enfin les applaudissements cessèrent, le Maître secret dit : « C'est la volonté de l'Assemblée. Que cela soit considéré comme suffisant pour tous les hommes. Joseph-bar-Joseph, avancez-vous pour recevoir votre Joyau d'honneur. »

Je marchai jusqu'au centre de la table à l'avant et restai debout, la joie au cœur, devant le Patriarche. Il prit dans un coffret un médaillon incrusté de joyaux, un objet d'une rare beauté et d'une profonde valeur symbolique. Il était sculpté à partir d'un or nouveau ou, comme le disaient mes Frères, 'de l'Or vivant'. Notre Ordre avait pour règle que jamais un tel médaillon ne devait être coulé ou moulé, car chaque nouveau Maître devait être honoré comme jamais aucun autre ne l'avait été auparavant. Par conséquent, l'or ciselé et les joyaux étaient nouveaux et d'un aspect différent de celui de tout autre médaillon de Maître. Car chaque nouveau Maître devait accepter le bijou comme l'insigne de sa fonction et personne ne pouvait même y toucher sauf un Maître plus avancé. Le nouveau Maître acceptait le Joyau comme le symbole d'une responsabilité sacrée et il était suspendu à son cou au moyen d'une chaîne en or assez solide pour durer toute une vie. Une fois qu'il était placé autour de son cou par son Supérieur, plus personne ne pouvait l'enlever, pas même ce Supérieur. Si un nouveau Maître enlevait le médaillon, ou permettait qu'il soit enlevé, il perdait ainsi symboliquement le droit d'enseigner.

Je contemplai avec fascination la sculpture, sertie d'éclats de diamants, de rubis et de jade. On y voyait la patte du lion de la tribu de Judas saisissant la main de l'amitié et la tirant vers le haut, comme si elle sortait d'une tombe, entre les flambeaux du savoir et les rouleaux de la Loi et des Prophètes. Jamais, en effet, y avait-il eu un Joyau plus beau et mon cœur bondit alors que le Maître secret le tenait bien haut pour que tous puissent le voir et l'admirer. Il représentait tout ce que ma Confrérie pouvait offrir de plus prestigieux. Il ouvrait la voie pour devenir un jour Maître secret, un représentant de Dieu sur Terre.

« Jeshuau Joseph-bar-Joseph, veux-tu accepter, en même temps que ce Joyau du Maître, les responsabilités d'un Maître? »

« Je le veux! »

« Frères, est-ce qu'il y a quelqu'un ici présent, ou connu de vous, qui s'oppose à l'attribution de ce Joyau, comme témoignage de son contrat pour la vie? »

« Non! Non! Non! Non! »

Les mots retentirent avec force des gorges de tous ceux qui étaient dans la Salle de l'Assemblée, sauf un – ou était-ce deux? Mon père avait exprimé son opposition à l'acceptation, de même que Joseph d'Arimathie. Un grand silence et une surprise tout aussi grande tombèrent sur l'Assemblée. Je regardai mes Frères qui étaient assis, immobiles et abasourdis, le regard allant de mon père au Maître secret et puis à Joseph d'Arimathie.

« Que ceux qui ont des objections à formuler contre le contrat parlent. »

Mon père se leva de son siège, fit le tour au bout de la table des Maîtres et vint se placer debout à ma droite, pendant que Joseph d'Arimathie faisait de même à ma gauche. Entre eux et le Maître secret, j'étais debout au centre d'un triangle formé par les trois corps.

« En ce qui concerne le contrat, pas d'objection. Mais il y a des informations que les Frères aussi bien que l'Aspirant devraient avoir avant que le Joyau ne soit remis. Écoutez ce que mon demi-frère a à vous dire. »

« Frères, sachez que l'honneur que vous conférez ici à Jeshuau Joseph-bar-Joseph n'est qu'une étape dans la lutte de l'homme pour s'élever jusqu'à l'ultime vérité. » Il leva le bras et enleva de son cou un médaillon si beau, tellement constellé de joyaux qu'il illuminait son visage. Le voyant enlever le Joyau de sur sa poitrine, mes Frères en eurent le souffle coupé de désespoir. Mais il se contenta de sourire.

« Merci, Frères, de vous soucier du fait que je puisse rompre mon contrat. Mais à mesure que l'étudiant progresse, il se rend véritablement compte qu'il y a plus de règles qu'il peut enfreindre et moins qu'il veut violer. À la toute fin, la seule discipline qui reste à un Maître extraordinaire est celle qu'il veut bien s'imposer à lui-même. Il ne peut plus alors rompre un contrat avec notre Ordre puisqu'il n'y en a plus. Il a été remplacé par un contrat avec toute l'humanité. C'est pourquoi je peux enlever mon Joyau afin que vous puissiez tous le voir. Regardez! Voici un objet que peu d'hommes ont eu le privilège de pouvoir contempler, car pas plus de vingt hommes dans tout le monde en possèdent un. Il n'est attribué que lorsque les plus Grands Maîtres de l'Ordre des Esséniens se réunissent. J'y renoncerais volontiers pour la chance qui est offerte aujourd'hui à notre jeune Frère. Sachez, Frères! Je ne suis pas venu uniquement pour les affaires de notre Ordre. J'ai reçu les pleins pouvoirs de celui qui se décrit comme étant le porte-parole de la Grande Fraternité Blanche. » Il dut s'arrêter en raison du bruit causé par les murmures d'étonnement qui parcoururent l'Assemblée.

« Oui, j'ai été chargé par cette même Fraternité mystique de vous dire qu'un Maître des Maîtres est nécessaire dans le monde aujourd'hui. Il doit pouvoir compter sur un grand pouvoir et sur une connaissance adaptée aux problèmes de cet âge. Il doit faire preuve de bonne volonté, et il doit avoir cherché avec ardeur la Grande Fraternité Blanche. On rapporte qu'il est venu à la connaissance de quelqu'un que Jeshuau Joseph-bar-Joseph a parlé d'un tel intérêt, et qu'il a également demandé de l'information au sujet de l'Ordre de Melchisédech. À qui en a-t-il parlé? Cela importe-t-il lorsque vous ne pouvez même penser les mots sans que cela ne soit connu? Tout au moins, cela a été dit. Mais on m'a demandé de dire que Joseph-bar-Joseph a été soigneusement observé depuis des années par ceux qui détiennent l'autorité ou le pouvoir, ou qui prétendent le détenir. Il a été passé au crible par les Maîtres des hommes. Son pouvoir, ses connaissances, son intégrité, ses talents, son humilité, sa bonne volonté, ses aptitudes, et tout particulièrement son courage et sa persévérance, de tout cela, les Maîtres ont été impressionnés. Ils ont également examiné son développement spirituel et l'ont trouvé bon. Et ils ont décidé qu'il devrait être approché et se voir offrir la possibilité de tout risquer et, s'il échouait, de ne rien gagner, pas même une noble mort. Pourtant, même s'il réussissait, il ne gagnerait que ce à quoi il devra renoncer jusqu'à une époque plus glorieuse.

S'il consent à accepter ces conditions, il doit savoir aussi – en plus d'accepter cette mission incertaine et, en fait, inconnue – qu'il doit faire certaines choses au préalable. Il doit entre autres apprendre la religion des Bretons, celle des Hindous et celle des Parsis, et il doit apprendre à fond la Mère de toutes les religions, celle de l'Égypte. Il doit apprendre les religions extérieures, tout comme les Esséniens doivent connaître la religion juive. Mais avant de pouvoir se mériter le droit d'aller de l'avant dans sa mission, il devra aussi se mériter le droit d'être initié aux religions secrètes à l'intérieur de chacun de ces pays. Il doit se préparer à synthétiser, à partir de leurs enseignements, la plus grande religion de tous les temps. Puis il devra se présenter tel qu'il en sera instruit afin de recevoir d'autres missions, ou pour signifier son intention d'abandonner.

Si à l'un ou l'autre endroit il échoue, il ne pourra revenir comme Maître dans la communauté essénienne. Il doit laisser là toutes choses, même père et mère, et partir à la suite de ses guides inconnus et jusqu'à présent mythiques. S'il parvient à son but, il peut au pire en savoir un peu plus au sujet de la mystique Grande Fraternité Blanche, de l'Ordre de Melchisédech et peut-être d'autres ordres encore plus avancés. Au mieux, après tout son travail, il peut être invité à aller plus loin dans l'intérêt de l'humanité et avec la bénédiction des Maîtres des hommes. La mention en public du nom de ces ordres est tout à fait exceptionnelle. Mais on m'a demandé de dire que jamais auparavant un tel intérêt n'avait été manifesté envers un seul individu, et que personne avant n'avait eu les qualifications nécessaires pour se mériter le soutien public qui est offert ici. Vous, qui êtes Esséniens, en êtes informés, car le mérite et la gloire vous en reviendront à tout jamais s'il réussit. Car s'il parvient finalement à triompher de toutes les épreuves, il est possible qu'il soit couronné du succès qui a échappé jusqu'à présent à tous les hommes. Vous, chacun des Esséniens sans exception, et ce, dans toutes les communautés, en partagerez éternellement la gloire.

« Regarde, Jeshuau Joseph-bar-Joseph, dans ma main droite se trouve le Joyau inestimable du Maître enseignant des Esséniens. Il assure une vie de service sous contrat. Il assure des amis connus et précieux. Et ici dans ma main gauche se trouve le Joyau du Maître du monde. Celui-là, tu ne peux le porter, tu pourrais ne jamais le mériter, et sous celui-ci dans ma paume ne se trouve rien d'autre. Rien d'autre que le dernier grand espoir de notre peuple. Viens! Choisis! Prends l'un des Joyaux, et vis ou meurs par ton choix. »

Joseph d'Arimathie cessa de parler et demeura immobile. Il n'y avait aucun doute dans mon esprit quant à ce que je voulais faire. J'allais prendre mon Joyau de Maître enseignant et demeurer avec mes amis et ma famille. Pourquoi devrais-je renoncer à toutes les joies d'une vie connue et précieuse? Pourquoi devrais-je m'exposer aux problèmes et aux tensions d'une vie inconnue, d'une mission mystérieuse et d'une situation insensée?

Mes yeux tombèrent sur Jean-Jean; son visage était si radieux et tellement plein d'espoir que je sentis l'incandescence de son émotion tel un charbon ardent près de ma peau. Mon Maître enseignant, Habakkuk, était debout et me regardait de ses yeux rayonnants avec une félicité surnaturelle que je n'avais jamais vu auparavant sur son visage. Mon père était debout près de Joseph d'Arimathie et son visage était un masque de calme apparent; un tel calme en fait que je me demandais s'il s'agissait là d'une indifférence physique ou d'une abstraction divine. Il n'y avait pas le moindre soupçon d'excitation ou de tension, ni aucune émotion visible sur son visage. Et je pensais savoir quel choix j'avais fait alors même que je m'avançai. J'allais bien sûr prendre le Joyau d'enseignant. J'avais consciemment songé à toutes les raisons pour lesquelles j'allais être avantagé en prenant ce contrat à vie entre mon propre peuple et moi-même. J'avais atteint tous les sommets accessibles à ma foi et à ma race. J'étais certain que le choix était bon, et prêt à vivre avec ma décision. Je tendis le bras vers la main droite de mon oncle pour faire mien le Joyau étincelant. Mais je songeai à la Fraternité Blanche et au mystérieux Ordre de Melchisédech. Je sentis la curiosité immobiliser ma main et mon esprit. Puis je ressentis la chaude projection d'énergie d'un blanc bleuté émergeant de la tête de mon père. À celle-ci s'ajouta la force émanant de la tête du Maître secret, et ensuite la traction magnétique s'élançant comme un jet de la tête de Joseph d'Arimathie. C'était comme si trois serpents d'énergie blanche avaient plongé profondément en mon être, ou comme si une épée vivante en or s'était enfoncée à travers mon front jusque dans mon cerveau et y avait ouvert un sillon de gloire d'une brillance telle qu'on aurait dit des soleils en train d'exploser. La radiance parvint à mon cœur avec une tendre insistance.

Ma volonté ne fut pas annulée. Si je l'avais voulu, j'aurais pu compléter mon geste à moitié entamé. De fait, ma propre volonté personnelle fit partie de ce qui motiva mes actions ultérieures. C'était comme si ma propre volonté était tout d'un coup élevée à un plan supérieur et ma compréhension catapultée dans un univers plus vaste. Mais le résultat final fut que mon cerveau se retrouva mis en veilleuse tout comme ma volonté consciente afin que ma volonté subconsciente puisse prendre son essor. Je vis alors avec une grande clarté le seul choix possible que je pouvais faire. Car celui à qui il est donné de voir le visage de Dieu peut par la suite marcher dans la Lumière dont le souvenir demeure à tout jamais gravé dans chaque cellule de son être. Je savais que mon choix ne concernait pas que moi uniquement. De fait, il ne concernait pas même ceux et celles de mon entourage immédiat que j'aimais. Car je vis clairement que mon corps, ma vie, mon existence même ne m'appartenaient pas en propre pour être utilisés selon mon bon vouloir. J'étais la propriété de mes semblables. Ils avaient pleinement droit de profiter de mes talents, dont l'univers était apparemment la source et qui, à l'occasion, s'exprimaient par l'entremise de mon cerveau.

Soudain, il y eut un changement dans ma perspective et mes intentions. Je vis comme lorsqu'on voit d'une certaine hauteur en regardant vers le bas. Je me vis en train de tendre le bras et de prendre doucement dans mes deux mains le Joyau du Maître du monde. J'avais l'impression de me regarder moi-même en spectateur, et pourtant de *sentir* et de *savoir* en ma chair à un degré plus intense que jamais auparavant.

Le Joyau rutilait dans mes mains d'une nouvelle et étrange lumière. Il vibrait et pulsait comme s'il avait une vie propre! Lentement, je l'approchai de mon visage et je me vis m'agenouiller. Mais aussi je sentis et vis le Joyau alors que je l'approchais de mon visage. Je l'embrassai avec vénération et respect, et sentis un fourmillement dans mes lèvres et une poussée d'énergie dans mon corps faire écho à la force qui en émanait. J'ouvris le fermoir de la chaîne en or, je me levai lentement et le mis autour du cou de mon oncle bien-aimé. Je rattachai soigneusement le Joyau du Maître du monde à sa juste place. Puis je pris sa grosse main rugueuse et la baisai. Et dans mon âme, il y avait une grande joie et une grande peine. Car je savais que c'était là un moment d'épreuve passé sans trébucher. Cela était et avait été conçu dans le but d'éprouver mes intentions et la force de mon intérêt envers la formation métaphysique avancée.

Mes maîtres invisibles avaient fait de ceci un choix de destinée, un choix dangereux et difficile. Mais il est certain que plus jamais je n'allais douter que quiconque veut emprunter le Sentier menant à l'Illumination doit le désirer par-dessus toutes choses. Il était également clair pour moi que celui qui souhaite connaître un grand bonheur doit comprendre ce qu'est une grande peine. Celui qui aspire à être le Maître des hommes doit d'abord être le serviteur de l'homme. Celui qui aspire à être servi par Dieu qui est au ciel doit d'abord servir son prochain ici-bas. J'avais renoncé à tout pour un mince espoir porté par les vents du futur et j'en étais absolument ravi.

Joseph d'Arimathie me serra sur sa poitrine avec un rire joyeux. Il me laissa aller et mon corps fut envahi d'une nouvelle sensation étrange. J'étais tellement saisi par mon extase que c'est à peine si j'entendais le bruit des acclamations de mes Frères. Cela semblait bien loin et guère important, et malgré tout très important. Ce qui m'avait paru être la clé de voûte de ma vie jusque-là n'était maintenant plus qu'une marche permettant de monter plus haut.

Je m'agenouillai devant mon père et entendis sa voix glorieuse prononcer ces paroles qui étaient simples et pleines de fierté.

« Voici mon fils engendré par l'Esprit. En lui je me complais! »

Avant que la voix glorieuse n'ait cessé de résonner dans la vaste salle, mes Frères esséniens m'avaient tous entouré en un rare moment d'émotion. Car il n'était pas dans nos habitudes de donner libre cours à nos émotions, mais ils étaient emportés par cet extraordinaire déferlement de joie qui m'avait submergé. C'était comme s'ils ressentaient l'universelle justesse de la décision qui avait été prise. Peut-être réalisaient-ils, d'une manière vague et indistincte, que je n'avais pas de moi-même pris la décision. Elle avait été prise par un Ordre plus élevé que mon frêle moi physique. C'était probablement cette réalisation qui avait entraîné une telle manifestation d'émotion de leur part. Mais cela me faisait chaud au cœur de voir les larmes dans les yeux de mes Frères. J'en versai quelques-unes, au moins, pour faire contrepoids aux larmes de tristesse montant en mes yeux à la pensée de la séparation d'avec ceux qui s'aimaient et s'adoraient les uns les autres. À vrai dire, la joie née de la communion fraternelle est extrêmement étrange.

Jean-Jean s'avança vers moi à travers la foule, les yeux brillant de joie et de fierté. Il m'enserra dans ses bras, puis me souleva en l'air avec sa force sans limites, riant en me regardant à travers les larmes qui lui nouaient la gorge; des gouttelettes distillées par ma douleur et ma joie tachetèrent ses épaules avant qu'il me dépose par terre.

« Maintenant, accepteras-tu de croire que tu es véritablement le divin Fils de Dieu? » Sa bouche était près de mon oreille de sorte que moi seul pouvais entendre. « L'admettras-tu devant ces Frères qui attendent? »

« Est-ce convenable que j'annonce ma propre divinité? » murmurai-je en retour, tout en riant de ma plaisanterie.

« Mais, bien sûr que non! » Il était tout à fait sérieux. « Je vais l'annoncer! » Il se retourna et l'aurait fait mais je parvins à le retenir et le suppliai de garder le silence. Ma plaisanterie avait mis en évidence toute la profondeur de son sentiment, et à quel point il était convaincu de ma divinité.

Je pouvais voir que mon refus de le laisser déclarer sa croyance l'avait blessé et j'ajoutai immédiatement : « Jean-Jean, Jean-Jean pas maintenant! Cela mettrait mon merveilleux père dans l'embarras, peu importe à quel point cela ferait plaisir à mon adorable mère. Ne le vois-tu pas? »

« Quand le pourrais-je? »

« Un de ces jours... un de ces jours! »

Je dis cela, espérant transformer cela en plaisanterie. Mais son idée était faite et il ne voulait pas céder à l'humour. Par prudence, j'ajoutai : « Jean-Jean, si jamais le temps de l'annoncer vient, tu seras le premier à le savoir. Je te le promets. »

Il me présenta sa main droite pour m'offrir une poignée de main à la manière de la Confrérie et je la pris. En ce moment solennel, une énergie unificatrice circula entre nous. Elle se transforma en un contrat secret et nous souda en un tout unifié. Désormais, je pouvais connaître ses pensées et ressentir ses souffrances et ses joies. À travers le temps et malgré la distance, je pouvais avoir connaissance de ses pensées élevées et de ses émotions les plus intenses. La fusion de nos cœurs et de nos vies fut si complète que les mots devinrent presque inutiles entre nous pour communiquer. Au cours des années qui suivirent, je devais connaître son intolérable sentiment de solitude qui le força à partir dans le désert à la recherche de son Dieu éternel. Et j'allais faire avec lui l'expérience de son moment de Révélation divine qui l'amena à quitter la paix et la tranquillité qu'il aimait tant pour se rendre dans les cités bruyantes de l'homme. J'allais découvrir qu'il partit vers sa mort dans le but d'annoncer la venue du divin Messie. Comme elle est infiniment agréable la fraternité de l'homme...

Nous avons quitté la salle au bout d'un moment et Joseph d'Arimathie était à ma gauche. Jean-Jean était en avant de mon père bien-aimé sur ma droite. Nous avons marché côte à côte à travers l'enceinte, ajustant notre pas à celui des Maîtres. Et à nouveau, un merveilleux sentiment d'unité s'éleva et flotta entre nous, un but unificateur qui semblait réunir toutes nos intentions et tous nos desseins en un seul Tout. On aurait dit que ces quatre vies avaient été fusionnées en une seule forme plus grande, que nos esprits avaient embrassé un seul objectif, un but indistinct, lointain et à peine discernable, mais si important pour toute l'humanité.

Tandis que nous grimpions la colline en direction de notre maison sur le chemin Marmion, je vis ma mère, debout sur le sol dallé de la cour au-dessus de nous. Une grande vague d'amour m'envahit et, pendant un instant, je fus plongé dans un océan de perplexité. Comment avais-je pu si facilement choisir de la quitter alors que je l'aimais tant? J'avais eu une réponse qui était aussi instinctive que le vol de retour au bercail d'un oiseau. Mais comment pouvais-je, moi qui n'avais jamais été doué pour le chiffrage ou la composition, expliquer la distinction subtile qu'il y a entre l'amour de la maison et de la famille, et l'amour de toute l'humanité? Je savais que j'allais devoir quitter immédiatement mon adorable mère dont les questions et les préoccupations tournaient autour de ma prétendue naissance miraculeuse et de ma supposée divinité. Je l'aimais d'autant plus à cause de sa profonde conviction et de l'attention qu'elle m'accordait.

J'aimais plus mes frères et sœurs, beaucoup plus que la plupart des garçons semblaient aimer les leurs. Comment pouvais-je alors être joyeux à l'idée de les quitter? Il me semblait que je les avais aimés à l'extrême limite de ce qui est possible pour un cœur humain, mais je me rendais compte à présent que je les aimais encore plus. Mon amour fut amplifié et exalté au point que la communauté entière devint ma famille. Puis mon amour grandit encore plus et s'étendit vers tous les points de l'horizon du monde. Je n'aimais pas moins ma famille, mais plus! Mais l'amour pour ma famille n'était qu'une petite chandelle allumée dans les chambres de mon cœur. Je pouvais maintenant voir par cette chandelle qu'ils n'étaient que le centre de mon amour, et non son contenu total. Tout d'un coup, je fus entièrement embrasé par la lumière jetée par un millier de chandelles, projetant chacune une lumière d'une égale importance et rendant chacune plus intense la lumière de toutes les autres. Et il me semblait que la lumière était trop brillante, trop grande pour que mon cœur puisse toute la contenir. Elle se répandit vers l'extérieur comme si elle descendait d'une très grande hauteur sur l'ensemble du monde. Dans sa lumière, je pouvais voir clairement, autant avec les yeux spirituels qu'avec les yeux physiques. Je pouvais voir que chaque homme était mon frère. Je pouvais voir que chaque fille était ma sœur. Je pouvais voir que chaque femme était ma mère. Toutefois, je ne pouvais voir que mon merveilleux père comme mon père. Pour moi, en cet instant, il n'y avait d'autre père que celui qui marchait à mes côtés.

J'essayai de capturer l'essence de cette conviction. De la maintenir seule en mon esprit par rapport à toutes les autres pensées, mais je n'y arrivais pas. Et je trouvai cela ennuyeux. Ma mère avait-elle si bien réussi à implanter en mon esprit la pensée contraire que je n'arrivais plus maintenant à reconnaître la vérité? Alors même que je m'interrogeais là-dessus, je tendis la main pour prendre le bras de mon père dans un mouvement d'amour, de tendresse et de gratitude. Mais une chose déroutante se produisit. Au moment même où ma main droite s'élevait, ma gauche en fit tout autant. Je me retrouvai en train de tenir la main de Joseph de Nazar et aussi celle de Joseph d'Arimathie, comme si chacun était mon père physique. Et en mon esprit retentit une question : Pourquoi! Pourquoi! Pourquoi! Pourquoi!

DIX

Les secrets de l'homme d'étain

Une fois ma décision prise de consacrer tous mes efforts à l'acquisition de la connaissance détenue par les Fraternités secrètes, les événements commencèrent à se précipiter. Dès que fut terminé mon dernier repas avec ma famille et mes amis, on m'avisa de m'habiller le plus pauvrement possible et de m'assurer que je n'emportais avec moi aucun objet de métal quel qu'il soit. Mon père bien-aimé m'informa aussi qu'il m'était désormais et à tout jamais interdit de porter des ceintures faites de peau d'animal, et que seules les ceintures en fibres ou fabriquées avec la peau d'un serpent sacré que moi seul pouvais tuer m'étaient permises. Je m'habillai rapidement, mais pas avant d'avoir reçu les recommandations de mon oncle et de mes bien-aimés Maîtres esséniens de Nazar. J'embrassai ma mère et lançai un regard chargé d'émotion en direction de mes frères et sœurs que j'aimais tant.

Les reverrais-je un jour? La route était longue, le chemin obscur et inexploré, et je risquais de payer la moindre erreur de ma vie. Pourrais-je à nouveau contempler les yeux brillants de ma tendre famille? Alors même que je m'interrogeais de la sorte, on m'incita à me dépêcher. Une fois dehors, je fus entraîné dans les étreintes d'adieux du Maître secret et de mes professeurs. L'étreinte dont il s'agissait était celle de la Confrérie, et elle éveilla en mon cœur un désir mélancolique de demeurer dans la sécurité de ma maison et de ma communauté. Mais de magnifiques chevaux nous attendaient. Et voilà que je me retrouvai en selle et bientôt en route tandis que l'étreinte de la Confrérie donnée par mon père et celle du Maître étaient encore aussi chaudes sur ma poitrine que ne l'étaient les larmes sur mes joues.

Mais le vent du désert ne tarda pas à refroidir et sécher mes larmes, alors que nous galopions sur les collines, vers le désert, à la lumière de la lune montante. Nous avancions à vive allure et, au bout de deux heures, les chevaux étaient fatigués et hors d'haleine. Mais c'est alors qu'apparurent une tente et des chevaux frais, et en moins de temps qu'il ne nous en fallut pour boire un bouillon de viande et de légumes qui tombait fort à point, nos selles avaient été transférées sur des chevaux encore plus rapides. À trois reprises, nous avons ainsi changé de montures afin de poursuivre notre route à toute vitesse au clair de lune. Juste au point du jour, nous en avons changé encore une fois et, lorsque le soleil se leva, nous étions sur une piste qui longeait une crête de collines basses surplombant la mer Méditerranée.

Lorsque midi arriva, j'étais épuisé d'être en selle et n'avais qu'une seule envie – dormir. Mais le rythme rapide se poursuivit alors que nous forcions l'allure en direction du pays de Chem. Nous nous arrêtâmes enfin sur des collines dominant Arimathie, une cité qui avait été bâtie par mon oncle et sa famille. Elle se blottissait autour de quais et de docks dans une petite anse qui formait un port idéal pour de nombreux navires de fret et de commerce. Nous nous dirigeâmes directement vers un des quais sous l'imposante proue du *Britannin*, un navire marchand. Quel vaisseau massif c'était! Sa proue et son gaillard d'avant élevés lui donnaient un air de majesté et de bonne navigabilité qui était rassurant pour mon cœur qui n'avait jamais connu que la terre ferme. Deux longs mâts se dressaient sur sa longueur et s'élançaient vers le ciel. Et alors même que je regardais d'en bas, impressionné et émerveillé, je vis tout là haut des hommes trimer dur dans les cordages de la voilure et les bras de vergue.

Mon oncle ne disait rien. J'en conclus donc qu'aucun homme à bord ne savait d'où je venais ni où je devais me rendre. Je m'étonnai de ce fait, mais des événements ultérieurs me firent comprendre que des gens vivant à l'autre bout du monde étaient au courant et avaient fait des préparatifs.

Les amarres furent larguées et la passerelle d'embarquement retirée avant même que nous n'ayons pu faire vingt pas sur le pont légèrement oscillant. Un homme cessa de hurler des ordres à ceux qui étaient au-dessus de nous et sur le pont avant et arrière, et se dirigea vers nous.

« Capitaine James de Bruton, voici Jeshuau de Nazar. Donnez-lui à manger et laissez-le dormir un moment. Puis faites de lui un marin. »

« Oui, monsieur. Quel âge as-tu, garçon? »

« Treize ans. »

« Treize ans, monsieur! » Le capitaine James de Bruton tonna : « Montre du respect envers ton capitaine! »

J'étais vaguement conscient que mon oncle se rendait à l'arrière vers la cabine de l'armateur et qu'il m'avait laissé entièrement à la merci du tonitruant capitaine.

« Respect, monsieur? Préférez-vous que je vous respecte par crainte ou par amour? »

Je ne vis pas venir le coup. Mais je fus projeté par terre vers l'avant par un coup assené derrière ma tête. Tandis que je gisais désorienté aux pieds du capitaine, j'entendis faiblement les paroles de quelqu'un qui passait.

« Qui est ce petit malin, monsieur? »

« Jeshuau de Nazar. Amène-le en bas, donne-lui à manger et laisse-le dormir. Puis fais un marin de lui, Nicodème. »

« Oui, monsieur. »

Des mains rudes m'empoignèrent sans ménagement par les épaules et me levèrent debout. Mes genoux auraient flanché mais un bras puissant me saisit et me plaqua bien droit contre la charpente du gaillard d'avant. En quelques secondes, mes pensées se clarifièrent et je pus fixer mes yeux dans ceux de Nicodème. Ses yeux étaient bleu gris et très brillants, et ils brûlaient dans les miens avec une étrange intensité faite d'interrogation et de domination. Je luttai pour calmer mes sens vacillants, puis me redressai bien droit. Un sourire moqueur apparut sur le visage de Nicodème tandis qu'il se retournait et se dirigeait vers la coquerie. Je le suivis à cause du commandement que laissait deviner son geste.

On me donna du pain noir, de l'orge bouillie et du poisson cuit froid avec des poireaux et de la courge. C'était une nourriture grossière, mais j'avais incroyablement faim. Pourtant, j'arrivais à peine à manger ce qui était posé devant moi tant je devins somnolent dès que mon estomac fut rempli. Un jeune garçon vint me voir et me fit descendre dans la cale du navire qui empestait le moisi. Il me remit une couverture et me montra une partie du pont sur lequel aucun homme n'avait laissé sa couverture. Ceci allait être mon lit!

Je m'étendis, avec la ferme intention de me lamenter sur mon sort et ma folle décision de risquer tout ce que j'avais pour quelque but inconnu. Mais je n'arrivais pas à pleurer. J'avais mal à la tête et le pont était dur. Toutefois, je savais au fond que ceci, même tout ceci, conduisait à mon but final. Cela faisait partie d'une façon ou d'une autre de ma formation pour cette mystérieuse Grande Fraternité Blanche et l'ancien et saint Ordre de Melchisédech. Je sombrai lentement dans le sommeil malgré les cris agités qui commandaient les pas bruyants courant en tous sens au-dessus de ma tête.

Un moment plus tard, me sembla-t-il, Nicodème surgit au-dessus de moi et me secoua violemment. C'était brutal comparé à la douce persuasion de ma mère, et la colère monta soudain en moi. J'étais suffisamment éveillé pour le suivre en trébuchant jusque sur le pont légèrement oscillant du navire. La brise légère du large caressa mon visage de la fraîcheur de l'aube, et je pris conscience que j'avais dormi toute la nuit et que le jour commençait à poindre.

Quel magnifique spectacle c'était! La Méditerranée bleue portait le *Britannin* comme une particule d'écume éthérée dans un immense bol bleu. Les eaux mouvantes semblaient monter à l'assaut de l'horizon dans toutes les directions, et de l'est un rayon de soleil déroula son tapis de rubis sur les flots azurés. Le navire était un étrange objet, propulsé par la brise qui soufflait en travers de notre proue et remplissait les immenses voiles comme de joyeuses joues d'écureuils pressés. Il y avait l'appel indescriptible et solitaire des goélands flottant à l'arrière de la poupe, et le clapotis rythmique des vagues sur la coque. Là, tout en haut, telles les cordes pincées d'un luth jouant en sourdine, les cordages de la voilure murmuraient des sons d'amour en réponse à la bise du vent. Englobant le tout, il y avait le parfum de sel marin qui embaumait l'air et la mer qui défilait doucement.

Nous avons franchi l'entrepont et sommes montés sur le pont arrière supérieur, et encore plus haut sur le pont où se trouvait la barre du gouvernail. De là, nous pouvions voir d'un bout à l'autre les ponts du navire, et même par-delà la proue jusqu'à l'horizon.

« Voici une corde et un baril pour puiser de l'eau. Voici des pierres pour frotter. Nettoie à fond ce pont, puis présente-toi à moi à la barre. »

J'eus tôt fait de soulever plusieurs barils d'eau, de laver le pont, et de frotter sa surface abîmée avec les lourdes pierres. Courbaturé de partout, je m'avançai fièrement vers Nicodème.

« J'ai frotté le pont en entier, monsieur. »

« Bien. Maintenant frotte-le deux fois de plus. »

À nouveau, je hissai les lourds barils et lavai le pont, et le frottai bien fort avec les lourdes pierres blanches. Méticuleusement, je répétai deux fois l'opération. Puis je signalai le fait à Nicodème qui était debout derrière la barre du gouvernail, me regardant avec des yeux durs.

« Va dans l'entrepont et ramène-moi à manger. Lorsque tu auras mangé, frotte ce pont trois fois de plus. »

Trois fois encore je soulevai les lourds barils, nettoyai le pont à grande eau, et le frottai avec les lourdes pierres. Lorsque j'eus terminé, c'était tout juste si j'arrivais à me relever debout sur le pont tellement j'avais des crampes dans les muscles, tellement j'étais à bout de forces. Mais je recommençai le tout encore une fois, et je le frottai pour une septième fois. Puis je pris un soin attentif à répandre de l'eau salée propre sur le pont, et je remis les pierres dans leurs compartiments de rangement. Ce n'est qu'à ce moment-là que je clopinai vers mon persécuteur au regard sévère.

« J'ai lavé le pont une septième fois, monsieur. »

« Pourquoi? »

« Pour vous faire plaisir, monsieur. »

Le coup m'atteignit sur le côté de la tête et me fit reculer en vacillant d'une demi-douzaine de pas. « Pour me faire plaisir! Garçon, n'as-tu rien compris durant cette journée de pénible corvée? Tu ne travailles pas pour me faire plaisir. Tu travailles pour exécuter mes ordres – et seulement ça! Ça ne me plaît peut-être pas de te donner l'ordre, ni toi de l'exécuter. Tu fais exactement comme on te l'ordonne, et tu ne fais que cela. Est-ce clair? »

Je fis signe que oui d'un air abasourdi.

« Bien. Maintenant frotte ce pont encore une fois. Ensuite va en bas pour manger, puis trouve-moi où que je sois. Je te montrerai comment faire quelques nœuds – au moins assez pour te pendre toi-même! »

Pour la huitième fois, je frottai le pont. Finalement, je rangeai les pierres et, me tenant à la rambarde, j'empêchai mes jambes douloureuses de céder sous mon poids jusqu'à ce que je puisse à nouveau marcher dessus.

Je descendis péniblement pour aller manger, et l'homme de la coquerie pesta contre moi parce que j'arrivais si tardivement. De mauvaise grâce, il me donna à manger, lésinant sur les portions tout en grommelant sans arrêt. Je mangeai rapidement, ne trouvant aucune joie dans la solitude du repas et aucun plaisir dans le goût de la nourriture servie en si petites quantités. Je grimpai l'échelle jusque sur le pont, la nourriture insipide faisant une boule dans mon estomac qui n'arrivait pas à la digérer.

Quelle sorte de vie était-ce là? La furie était en chaque homme, une haine subtile de toutes choses, même de soi-même. Une seule chose était respectée – les ordres du capitaine. Pourtant, il semblait qu'il y eût de la grogne même contre cette organisation de la discipline à bord. Aucun homme n'en aimait aucun autre. Il n'y avait aucune coopération joyeuse dans l'exécution du travail – en fait, chaque homme était replié sur lui-même comme sur une île de ressentiment. Pourquoi? Pourquoi des hommes acceptaient-ils de vivre sans fraternité et sans amour?

Je m'appuyai contre le bastingage du *Britannin* et promenai mon regard à la ronde sur mon monde. La mer était couleur de cuivre sous la fureur du soleil méditerranéen du plein midi. Aucune brise rafraîchissante n'agitait les cordes au-dessus et les voiles ne s'emplissaient guère mais claquaient un peu, comme si elles rechignaient à faire leur travail.

Je trouvai enfin Nicodème, assis sur le pont à l'ombre du foc, aussi loin qu'il fût possible de se rendre dans la proue du vaisseau. Au-delà de lui se trouvaient le beaupré et la sculpture à deux faces d'un dieu tenant une brindille de gui fraîchement coupée dans un tablier d'or. Il passa l'après-midi sous le soleil brûlant à m'enseigner l'art de faire des nœuds et à les faire bien serrés, jusqu'à ce que mes doigts soient aussi endoloris que mon dos et que la tête me fasse mal à force de recevoir les tapes que Nicodème m'infligeait sans arrêt du dos de la main et des doigts. Car chaque fois que je faisais une erreur ou oubliais un détail, il me giflait.

« Garçon, pense. Garde ton esprit centré sur le nœud. C'est ta vie même qui en dépend. »

« Comment puis-je me concentrer dans ma peur? »

« Dans les moments de terreur, tu dois être en mesure de centrer toutes tes facultés sur un seul point. Ta vie éternelle en dépend! »

Un nombre incalculable de fois, au fil des heures, je fis les nœuds qu'il m'ordonnait de faire, jusqu'à pouvoir les faire même lorsque les doigts punisseurs planaient au-dessus de ma tête. Lorsqu'à la fin j'eus noué chacun des trente-sept nœuds sept fois à grande vitesse et sans erreur, je me sentis satisfait de moi-même. Mais Nicodème se contenta de grogner et dit : « Va manger. Puis repose-toi. Dans quatre heures, tu iras rejoindre l'équipe de quart à la barre. »

Je me détournai, avec encore une certaine fierté pour ce que j'avais accompli, mais la voix rageuse m'arrêta net. « Garçon, tu ne feras jamais un bon marin. Tu es stupide et tu es maladroit. »

Je luttai pour repousser la colère qui montait dans mon épine dorsale et faisait se hérisser de fureur ma nuque. Je soutins son regard glacial pendant une douzaine de battements de cœur, puis je me détournai.

« En plus, tu es une mauviette. Tu n'as ni l'endurance ni la force qu'il faut. »

Avant d'avoir pu faire un autre pas, sa voix me frappa de nouveau. « Tu es un lâche. »

Lorsqu'on m'éveilla d'une claque, le *Britannin* roulait et tanguait entre les creux de vague d'une mer de plus en plus houleuse. Néanmoins, les voiles pendaient presque mollement et aucune brise n'agitait la sourde colère de la nuit. On m'ordonna de me rendre en toute hâte sur le pont de la barre et de me placer en face d'un énorme marin égyptien dont le nom était aussi affreux que son humeur continuelle – Skakus. Dans la mer agitée, notre travail consistait à maintenir la barre là où Nicodème nous l'ordonnait. Lorsqu'il fallait que le mouvement soit à tribord, je devais pousser. Lorsque c'était à bâbord, c'est Skakus qui devait pousser. Avec le navire qui zigzaguait dans les creux de vagues, il nous fallait constamment corriger sa course paresseuse. L'immense barre du gouvernail exerçait sans arrêt une forte pression sur nos bras tendus à l'extrême. Nous n'avions pas un seul instant de repos. Skakus était lui aussi enclin à la méchanceté. Lorsqu'il le pouvait, il laissait aller la barre du gouvernail de façon à ce qu'elle me heurte avec la force percutante d'une vague déferlante, me meurtrissant la poitrine et les bras, et me faisant chaque fois chanceler avant que je ne puisse retrouver mon équilibre. Au bout d'à peine quelques minutes, j'étais couvert de bleus et j'avais mal partout, et j'étais ruisselant de sueur. De l'autre côté de la barre Skakus grimaçait un sourire de gaieté cruelle, me regardant du haut de son énorme masse corpulente comme un diable perché au sommet du mont Olympe. Il dégageait une odeur de sueur dégueulasse, l'huile dont ses cheveux étaient imprégnés puait et il avait l'haleine fétide de quelqu'un qui aimait et buvait trop de grog romain.

Lorsque cette sale corvée éprouvante fut enfin terminée, je me rendis en trébuchant à la coquerie pour manger et me précipitai ensuite vers ma couverture pour m'étendre. Alors que je franchissais le passavant, quatre silhouettes redoutables me bloquèrent le passage. J'essayai de les contourner, mais ils m'acculèrent dans un coin. Comme j'allais crier, on me colla une main calleuse sur la bouche et on m'immobilisa les bras dans le dos. Je cherchai à donner des coups de pied et mes pieds furent soulevés en l'air d'un seul coup, et on me plaqua si brutalement contre le bastingage que tout se mit à tourner dans ma tête.

« Mettez-le dans le canot. » C'était Skakus et sa voix grinçait de jouissance à l'idée de ce qui m'attendait. « Laissez-le se tuer lui-même ou bien apprendre comment manœuvrer un bateau. Autrement il va tous nous tuer. »

Un moment plus tard, je sentis que l'étroite embarcation était descendue avec moi dedans, et elle frappa les flots dans un grand éclaboussement qui fendit la vague. Le frêle esquif dansait sur les vagues comme un ivrogne titubant, me rejetant contre le flanc du *Britannin*. Avant de pouvoir me cramponner à quoi que ce soit, une vague contraire s'empara de la légère embarcation et je fus projeté de l'autre côté. La masse imposante du *Britannin* glissa rapidement loin de moi. J'étais au prise avec la pleine force d'une mer démontée. Le canot était ballotté en tous sens et je commençai à me déplacer par son travers pour contrebalancer ses mouvements désordonnés. Je me rendis compte que je risquais de chavirer et j'empoignai les avirons. Je luttai désespérément pour redresser l'embarcation et la diriger face aux lames creuses de cette mer houleuse. Lorsque j'y fus parvenu, l'idée me vint de crier à l'aide, mais une bonne distance me séparait déjà du *Britannin*. Je lançai toutes mes énergies dans la bataille pour maîtriser cette embarcation si difficile à manœuvrer et ramer en direction du *Britannin*. Mais je perdis de précieuses minutes à comprendre la façon de guider l'étroit bateau élancé tout en ramant. J'appris finalement comment faire, après que des vagues m'eurent copieusement aspergé d'écume et mouillé d'embruns. Puis je commençai à réduire lentement la distance me séparant du navire. Je luttai et ramai de toutes mes forces jusqu'à ce que je commence à avoir peine à respirer à travers ma gorge desséchée et que je réalise que mes forces ne suffiraient jamais pour cette course désespérée. Je m'effondrai presque totalement pendant quelques secondes, ramant tout juste assez pour garder la proue pointée face aux vagues. Puis, reposé un peu de la fureur de mes efforts, je me mis à ramer de façon modérée. J'adoptai un rythme que je pouvais soutenir pendant des heures, et je continuai à ramer d'un coup de rame obstiné mais qui me faisait reprendre le terrain perdu. Avec une lenteur désespérante, je regagnai peu à peu du terrain sur le navire jusqu'à ce que je me retrouve enfin à deux longueurs de canot de la poupe. Je pouvais voir le sillage blanc laissé par le gouvernail à chaque fois que, de là-haut, la barre était poussée d'un côté ou de l'autre. Mais je n'arrivais pas à m'approcher plus près, car un coup soudain de ce large gouvernail pouvait pulvériser la coque de mon frêle esquif comme une vulgaire coquille d'œuf.

On m'avait descendu à la mer par tribord et j'espérais y trouver des cordes qui pendaient encore; je forçai donc la petite coque instable à pénétrer dans le turbulent sillage arrière du navire et je ramai de toutes mes forces pour traverser les eaux troublées. Une lame roulante rapide percuta la proue du canot et me fit pivoter. Instantanément, le rouleau du sillage frappa la poupe et me fit à nouveau pivoter. Pendant un moment je crus que la barque allait basculer, mais elle se redressa toute seule et se glissa dans les eaux relativement protégées le long du grand navire. Je ramais prudemment à présent, faisant peu de bruit, mais frissonnant d'excitation à l'idée qu'il y aurait peut-être comme je l'espérais des cordes qui pendraient jusqu'à l'eau. Je trouvai effectivement une corde qui traînait dans l'eau. J'y attachai la proue du canot et fis un essai pour voir si la petite embarcation allait être tirée. Ça fonctionna et je décidai de grimper à la corde et ensuite de tirer le canot à bord.

Je n'avais pas fait la moitié du chemin jusqu'en haut de la corde que déjà le canot, secoué en tous sens sans mon poids, commençait à donner de grands coups contre la coque du *Britannin* à chaque nouvelle vague. Le tapage était suffisant pour réveiller n'importe quel homme sur le bateau. Je grimpai comme un fou pour passer par-dessus le bastingage. Je venais tout juste de me laisser choir sur le pont quand l'équipage entier du bateau sembla converger autour de moi, mené par un Nicodème en colère qui jurait à qui mieux mieux.

Tandis qu'il me lançait des regards noirs, le canot s'écrasa encore une fois contre le côté du navire, et le bruit ressemblait à celui d'un énorme tambour. Je reculai du bastingage et puis fis un pas en avant et commençai à tirer la corde jusqu'à ce que le canot soit hissé hors de l'eau. Luttant de toutes mes forces contre le poids, je remontai l'embarcation jusqu'à ce qu'il soit possible de la haler à bord du navire. Ce n'est qu'à ce moment-là que je me retournai pour faire face au second qui attendait.

« Qui t'a donné la permission de passer par-dessus bord? »

« Personne, monsieur. »

« Pourquoi es-tu parti? »

« Je ne sais pas, monsieur. »

« Si on t'a mis à l'eau de force, je ferai donner vingt coups de fouet à chaque homme jusqu'à ce qu'on trouve le coupable qui, lui, recevra cent coups de fouet. Si tu y es allé de ton plein gré – Dieu te protège de la colère du capitaine. Parle, garçon. Est-ce qu'on t'a mis à l'eau de force? Ou est-ce que tu as violé la loi du capitaine? »

Skakus était debout dans les premiers rangs des marins attroupés. À la lumière du ciel, je pouvais voir distinctement la peur animale sur son visage hargneux. Pouvais-je le dire? Devais-je le dire? Devais-je m'assurer que la loi du navire punisse ceux qui avaient inconsidérément risqué ma vie dans une mer très houleuse? Je savais que je ne le ferais pas, peu importe quelle pouvait être la punition qu'on me réservait. Je n'étais pas habitué à ce monde brutal, et je ne pouvais comprendre un monde qui était mû par la peur et la haine plutôt que par l'amour. Mais je n'avais pas sombré si bas que je ne pouvais plus faire preuve d'amour et de compassion. Je mordis ma lèvre tremblante et ne dis rien.

« Ta réponse, garçon. »

« Que devrais-je répondre, monsieur? »

« La vérité, garçon. »

Je sentis la tension monter en chacun des marins qui étaient près de moi. Une tension si intense qu'ils semblaient en oublier de respirer.

« La vérité, monsieur? Lorsque j'ai passé par-dessus bord, je ne savais pas que c'était contraire aux ordres du capitaine. »

« Est-ce là tout ce que tu as à dire, garçon? »

« Vous avez demandé la vérité, monsieur. »

Le coup m'atteignit à la tête et m'envoya m'écraser contre le garde-corps. J'étais fortement ébranlé mais je parvins à rester debout. « Pour ton insolence tu seras traîné en poupe pendant une heure. Skakus, Dobbun, Romulus, attachez une corde et traînez-le par l'arrière – mais laissez-le faire lui-même les nœuds, et s'il y en a un qui se défait, laissez-le se noyer. Dépêchez. Allez, plus vite que ça! »

On me flanqua une corde sur la poitrine et ensuite on la passa autour de ma taille. En dépit des exhortations d'une douzaine de voix à me dépêcher, je me concentrai sur les nœuds à faire, et je nouai un nœud de chaise autour de mes jambes et ensuite autour de ma poitrine près des aisselles. De chacun de ces nœuds dépendait ma vie et je les nouai bien et les testai minutieusement avant de passer au suivant, malgré les exhortations à aller plus vite. Puis les marins me soulevèrent et me portèrent à la hâte vers l'arrière. Là, on mesura la corde de façon à ce que je sois remorqué à quinze mètres derrière le navire, et on me lança hors du navire dans la sombre mer. Je tournai lentement sur moi-même dans les airs et m'efforçai de toucher l'eau les pieds en premier, mais n'y réussis qu'en partie. Sous la force de l'impact, l'air fut expulsé de mes poumons et je sombrai dans une mer en apparence sans fin. Je luttai pour regagner la surface et j'avais tout juste réussi à respirer un coup lorsque la corde se tendit brusquement vers l'arrière et m'entraîna de nouveau sous la surface. Je me débattis dans l'eau jusqu'à ce que je puisse m'orienter par la traction de la corde, puis je tirai sur la corde pour sortir la tête au-dessus de l'eau. J'eus le temps brièvement de prendre une respiration avant que la vague suivante ne me submerge à nouveau brusquement. Je pris conscience dans la panique la plus absolue que si chaque vague se brisait sur moi, je ne pourrais jamais survivre durant une heure entière. À ce régime, je ne survivrais même pas à dix épuisants déferlements semblables qui chaque fois m'envoyaient culbuter dans tous les sens sous des masses d'eau. La panique s'empara de moi et je sentis mon corps se raidir de peur.

Une petite flamme d'un blanc bleuté sembla soudain surgir du centre de mon cœur. Elle se déplaça au centre de ma poitrine et, de là, s'élança vers le haut comme un coup de lance qui s'enfonça subitement en jetant des éclats dorés dans les chambres de mon cerveau. C'était comme si je pouvais me voir dans l'eau, entraîné sans répit par la corde à travers une mer tourmentée. Mais j'étais aussi conscient du fait que mon corps auparavant rigide était maintenant souple et chaud. Mon esprit et mes muscles n'étaient plus figés de peur. Au contraire, je me sentais la sagesse d'un millier d'hommes et la force de dix mille.

Lentement, je commençai à nager, jusqu'à pouvoir me guider par-dessus les vagues et me laisser couler dans les creux de vague moins épuisants. Pendant quelques minutes, je luttai sans arrêt, puis je me rendis compte que je pouvais me laisser descendre sans bouger dans les creux de vague et qu'il ne me fallait travailler dur que lorsque la vague arrivait à son plus haut point. Quelques puissants mouvements des bras suffisaient alors à me faire passer par-dessus la crête de la vague, après quoi je pouvais me laisser descendre pendant plusieurs secondes reposantes. Une grande joie m'envahit, la joie de savoir que je pouvais compter sur mes ressources intérieures et de savoir ce dont j'étais capable. Ce fut avec un sentiment de sombre triomphe intérieur que je vis enfin le soleil déverser ses rayons d'or sur le versant des vagues et tracer un sentier lumineux sur les eaux troubles et rebelles. J'avais surmonté mes peurs, mais, plus encore, j'avais conquis mon propre être, j'avais réussi à faire fonctionner mon corps dévoré par la peur à un niveau plus élevé que ce dont il était normalement capable.

Lorsque je fus hissé à bord, les marins réunis sur le pont arrière, le visage sinistre, me toisaient avec hostilité, et Nicodème, debout, les jambes écartées, m'observait avec des yeux chargés de mépris. Sans dire un mot, il se retourna et s'en alla, et on me poussa brutalement vers la coquerie où je m'assis frissonnant et buvant des pots d'eau chaude sucrée avec du miel. Finalement, je commençai à me réchauffer et on me donna à manger avant que je ne me rende à ma couverture pour dormir. Dès l'instant où mes cheveux touchèrent la couverture, je tombai endormi.

Je ne sais pas pendant combien de temps j'ai dormi, car je sombrai dans une de mes étranges périodes d'épuisement total. En me réveillant, je pris conscience avec horreur que le pont du *Britannin* venait littéralement de tomber et que j'étais en train de glisser d'un bout à l'autre des planches. Un instant plus tard, j'allais me cogner avec une force effroyable contre la paroi de la coque. Avant de pouvoir revenir de mon étourdissement, le pont du navire bascula sous moi et puis tomba dans la direction opposée. Je glissai d'un côté à l'autre du pont, en virevoltant lentement, et je percutai à nouveau l'intérieur de la coque. Cette fois je m'agrippai à un montant de douve, et lorsque le navire fit une nouvelle embardée, je me cramponnai jusqu'à ce que je puisse retrouver mon orientation et mon équilibre.

Je me hissai vers le haut et m'accrochai à la main courante et je pris peu à peu conscience des sons venant du dehors, sur les ponts exposés aux intempéries. On entendait courir bruyamment et des voix crier, mais elles étaient indistinctes et se perdaient dans les mugissements de fureur d'une tempête. Les cordages grondaient sous la force du vent qui les faisait claquer en tous sens.

L'escalier pour monter semblait être hors d'atteinte tandis que je me cramponnais à la main courante et que j'essayais d'avancer dans sa direction. Le navire tournait et retournait en tous sens comme une chose vivante soumise à une intolérable torture. Le roulis était si fort qu'il était impossible de demeurer debout sur le pont fortement incliné, et je fus presque arraché de la main courante. Le navire frappa alors de plein fouet une lame et, sous la violence du choc, des grincements de protestation se propagèrent dans chaque poutre et chaque point d'attache. Pourtant, alors même qu'il gémissait d'agonie, il se souleva pour repartir à l'assaut des murs d'eau qui se succédaient. J'étais ébranlé et malmené à force de tenter de rester sur mes pieds.

Une fois arrivé en haut de l'escalier, je découvris que l'écoutille était fermée et que je ne pouvais la soulever. Même avec mon épaule appuyée contre le bois, je pouvais sentir la pression écrasante de l'eau contre le cadre. Je m'arc-boutai contre l'écoutille, calé entre une marche de l'escalier et le panneau de l'écoutille, et j'attendis. Il se passa des heures, sembla-t-il, avant que quelque chose ne change dans les grincements de la membrure. Puis les choses empirèrent. Mais tout d'un coup l'écoutille coincée céda sous la pression de mon épaule. J'attendis que la terrible force d'une vague ait fini de rugir au-dessus de moi, et je m'élançai de toute la vitesse que mes muscles contractés et endoloris me permettaient. Le panneau d'écoutille venait tout juste d'être remis en place quand le vent me happa, suivi un instant plus tard par le coup de butoir d'un mur d'eau qui déferlait sur l'avant du navire. Je fus aplati sur le pont, mais je réussis à m'accrocher à la partie inférieure de l'écoutille jusqu'à ce que la brutale lame me laisse aller. Puis je me remis tant bien que mal debout et j'essayai de m'agripper à une meilleure prise sur l'écoutille. Dans le demi-jour de l'aube naissante, je regardai à la ronde la totale destruction infligée à la partie supérieure du navire.

Des cordages rompus pendaient des bouts de vergues fendus en éclats, hurlant dans le vent et fouettant de toute leur longueur d'un côté à l'autre du passavant. Pas une voile n'était encore intacte, mais des lambeaux virevoltaient au vent sur chaque corde et chaque bossoir. J'attendis la fin d'une vague qui passait, puis je m'élançai brusquement à travers le pont et j'empoignai le mât avant fouetté par des cordes. Là, attachés dans le lacis de cordes se trouvaient Skakus et Dobbun, se cramponnant pour survivre dans le vent déchaîné, et saignant autour de la tête et des épaules à la suite des coups de fouet des cordes mouillées. Je m'accrochai tandis qu'une vague déferlait sur moi. Et lorsque l'eau se retira avant de frapper à nouveau, Skakus cria :

« Attache-toi. Tu vas passer par-dessus bord! »

« Que s'est-il passé? »

Sa réponse fut noyée par le rugissement d'un mur d'eau. Lorsqu'il fut passé, il hurla par-dessus le tumulte des vagues et du vent et les gémissements du navire. « Un cyclone a frappé sans avertissement. Personne ne peut bouger. Attache-toi. »

J'entrepris de m'attacher, puis j'arrêtai. Quelque chose me poussait à continuer, m'obligeait à me rendre à l'avant du navire. Je courus entre les vagues jusqu'à l'échelle menant du passavant au pont avant. À sept reprises je dus m'agripper à la rampe ou à une main courante avant de pouvoir réussir à gagner l'avant du navire. La proue s'élevait, puis s'enfonçait sous les flots pendant quelques secondes chaque fois. Et il était évident que je courais au-devant d'un grand danger, mais je ne pouvais pas faire demi-tour. J'avançais petit à petit jusqu'à ce qu'enfin j'arrive à voir pourquoi j'étais venu.

Là, écrasé contre la cloison, se trouvait Nicodème, retenu par un espar et une partie du mât de hune, brisé et fendu en morceaux, mais attachés ensemble en forme de croix. Il n'était que vaguement conscient. À chaque fois que la vague achevait de déferler et que la proue du navire s'élevait dans le ciel, je pouvais voir qu'il luttait contre le poids de la croix. Il était trop affaibli pour la soulever. Je devais faire attention, car si je le dégageais au mauvais moment, il risquait d'être emporté par-dessus bord par une vague. Avant de tenter de remuer l'espar ou le mât, j'installai une corde autour de la rambarde, et je l'attachai sous ses bras et ses jambes de façon à former une selle. Puis je m'étendis à côté de lui et j'attendis qu'une vague déferle. Ensemble, nous soulevâmes non sans peine les poutres entrecroisées, et nous fûmes aidés en cela par la vague qui montait. La croix bascula à la verticale, se maintint ainsi pendant quelques secondes telle une ombre menaçante au-dessus de nos corps, puis culbuta dans la mer démontée. Je m'agrippai désespérément à la rambarde jusqu'à ce que la vague fût passée. Puis, je fis avancer petit à petit Nicodème sur le pont, passant la corde qui l'attachait d'un point à l'autre le long des montants de la rambarde. Finalement, je réussis à le traîner en bas de l'échelle et jusqu'au passavant du navire.

Mais les forces me manquaient. La bataille dans le vent et les vagues avait duré plus d'une heure et l'épuisement me rendait abruti et lent. Je sentis soudain un sursaut d'énergie m'envahir, un grondement de fureur monter devant l'inutile destruction du bon navire *Britannin*.

Je me redressai bien droit et, me retenant à la rampe de l'escalier, je reçus toute une vague de plein fouet sur la poitrine. Une grande euphorie s'empara de moi et je commandai à la tempête de cesser. Je hurlai sans m'arrêter jusqu'à en avoir la voix rauque. Puis, tout d'un coup, le navire retomba dans la mer et ne fit plus d'embardée vers le haut avec la même violence. Au bout de quelques instants, les vagues nous avaient dépassés, le vent s'était apaisé en un doux zéphyr, et le *Britannin* dérivait sur une mer calme.

Nicodème, à moitié debout, à moitié accroché à la rampe de l'escalier, me regardait avec des yeux impénétrables. J'entendis derrière moi le pas traînant de Skakus et Dobbun. Bientôt les marins commencèrent à sortir des postes où ils avaient été surpris par la furie soudaine des éléments. Détachant Nicodème, je le soutins jusqu'à la cabine des officiers, guidant le mouvement apathique de ses pieds jusqu'à ce que je puisse l'étendre sur sa couchette. Il poussa un profond soupir et me dévisagea avec des yeux extrêmement brillants, mais il ne dit rien – pas même un merci pour lui avoir sauvé la vie.

L'idée ne m'était certainement pas venue à l'esprit que ce que j'avais fait était héroïque, mais je ne m'attendais pas aux conséquences qui suivirent. Les marins refusaient d'être de quart avec moi, et c'est par peur du capitaine qu'ils agissaient ainsi. Ils murmuraient que c'était de ma faute s'il y avait eu une tempête subite. Et bientôt ils m'invectivaient d'une voix sifflante lorsque nous passions sur le pont.

« Jonah! Espèce de compagnon du diable! »

Au bout de trois jours, nous avions dégagé la plupart des débris du pont du navire, et nous avions installé de nouvelles voiles et cordes sur des mâts et espars de fortune. Nous avons poursuivi notre route en direction du nord-ouest, franchi un passage étroit entre l'Afrique et la Gaulicia, et continué vers le nord. Bien des jours plus tard, nous sommes arrivés en vue d'un promontoire peu élevé et l'homme de vigie cria d'une voix chantante : « Pointe de terre par-devant, capitaine. Droit sur le beaupré. »

Nous avons doublé ce cap par l'ouest, et ensuite nous avons viré vers le nord-est. À la tombée du jour nous avions dépassé Trevose Head et une fois la nuit venue les marins se mirent à râler parce que nous nous étions engagés dans des goulets étroits entre Dearcountry Point et Lundy Island. Avant l'aube tous les hommes furent appelés à la manœuvre pour réduire la voile et, au lever du jour, nous nous sommes glissés en direction d'un marécage en apparence infranchissable. En arrivant près du rivage, je vis qu'il y avait de nombreux chenaux assez larges serpentant telles des boucles argentées jusqu'à l'intérieur des terres basses.

Tandis que nous suivions en douceur les larges virages, poussés par une brise persistante, le passage devenait parfois si étroit que nous aurions facilement pu lancer des pierres sur la terre loin au-dessous de notre proue et pas à plus de quarante-cinq centimètres au-dessus de la surface à marée haute.

Tout au long de la journée, nous avons progressé vers l'intérieur jusqu'à ce qu'une heure avant le coucher du soleil l'homme de vigie s'écrie : « Mendip Hills droit devant, capitaine. »

Un sourire réjoui apparut sur les visages de Skakus et Dobbun. Ils parlèrent en même temps, chacun disant apparemment la même chose.

« Yinnis Writtin », disait Dobbun.

« Glastonbury », disait Skakus. Puis il ajouta : « Eh! toi! Regarde, l'embouchure de la Brue! »

Là, venant dans notre direction, se trouvait un navire en tout point semblable au *Britannin*. Au moment où nous entrâmes dans l'embouchure de la rivière, il sortit d'un marécage appelé Meare Pool ou Sea Basin. À l'instant même où ces deux navires se croisèrent, peu avant le coucher de soleil, débuta quelque chose d'incomparablement étrange dans ma vie. Une lumière dorée, forte et insolite, descendit d'un amoncellement de nuages dorés, et se refléta dans les eaux de la rivière. L'air se teinta d'une incandescence rose, soudant l'eau, la terre et le ciel en une somptueuse totalité. Le navire jumeau passa presque à distance d'abordage du nôtre par tribord, et on pouvait contempler sur ses ponts un spectacle d'une rare beauté. Lorsque je l'aperçus pour la première fois, mon corps fut envahi et parcouru d'une douce musique, une musique qui n'allait jamais pouvoir s'éteindre complètement en moi pour le reste de ma vie.

Sur un petit tapis doré, disposé au centre d'un carré fait de cordons de velours pourpre supportés par un étai, se trouvait assise une belle jeune femme toute menue. Elle portait un vêtement simple d'un vert chatoyant, et autour de ses épaules reposait une grande cape laineuse de couleur pourpre et or, avec des reflets iridescents sous la lumière dorée. Toute la richesse des ornements et des apparats n'était rien comparée à la fille elle-même.

Elle était une pure beauté. Son visage ovale était plus pâle que le visage de ma mère. La couronne d'or sur sa tête était si légère qu'elle était presque argentée. Deux tresses pendaient sur ses épaules, les cheveux de couleur dorée se terminant par des rubans d'or pur sertis de gros scarabées de jade d'un vert lustré. J'étais de quart sur le pont de la barre et je pouvais la voir clairement sur le pont de la cabine de l'armateur de notre navire jumeau. Tandis que je la regardais, mon corps devint tout d'un coup rigide. Une folle envie d'elle sembla grandir dans mon cœur. J'avais l'impression de bondir à travers l'espace qui nous séparait et d'embrasser sa jolie joue, emporté par une totale adoration et un profond amour. Elle représentait à mes yeux tout ce qu'une femme avait jamais pu être ou pourrait jamais être. Elle était ma mère, mes gentilles sœurs, mes tantes, et toutes les ravissantes femmes que j'avais connues. Et pourtant – pourtant – elle était encore plus. Une marée montante de plaisir en mon corps physique jouait une étrange musique sur les cordes de mon être. En réponse à ce nouveau frisson, je l'embrassai de nouveau. Pas de vénération ni d'adoration sur la joue, mais en une virile vigueur sur ses lèvres vermeilles en forme de cœur qui me souriaient sous ses yeux couleur de jade. Je l'embrassai, soulevé par toutes les passions du monde d'un homme solitaire et je vis à son air qu'elle savait ce que j'avais fait et qu'elle en était heureuse.

En un instant, j'étais de retour dans mon corps, et les navires étaient en train de passer dans un silence quasi parfait sur les eaux immobiles de la rivière Brue. Cependant, je savais qu'une chose d'une grande importance m'était arrivée. Alors même que je me tenais là dans les haillons d'un marin, sale et fatigué, je m'étais soudain senti parfaitement propre, formidablement vivant et vibrant dans chacune de mes cellules. J'étais conscient de ma virilité qui s'affirmait et j'en étais heureux – oh! beaucoup plus heureux que ne l'auraient approuvé mes mentors, pensai-je! Toutefois, je savais qu'il y avait également une intarissable attirance spirituelle émanant de mon être intérieur vers cette belle fille silencieuse, réservée et souriante.

Même lorsque les navires se furent éloignés l'un de l'autre, et qu'elle s'était évanouie au loin, je pouvais encore la sentir. J'étais même capable de la voir! C'était comme si chacune des cellules de mon être avait enregistré l'image de sa beauté et de sa chaleur. Quelque part au loin, sur une colline au-delà du débarcadère de Glastonbury, un rouge-gorge de Sommerset chanta jusqu'à la fin de la journée, et ses notes flottaient dans l'air comme une chanson dans un doux rêve. Dorénavant, il ne m'arriva plus d'entendre le chant d'un rouge-gorge sans revoir à nouveau cette vision de l'éternelle grâce féminine. Jamais, jamais, j'en étais sûr, n'y avait-il eu pareille beauté. Je serais resté perdu dans ma rêverie si ce n'avait été de l'appel pour l'accostage. Le grand navire devint un champ de bataille de pieds courant en tous sens pour nous amener sans incident à quai.

Lorsque le grand vaisseau fut amarré, des centaines de Cornouaillais de la place se mirent à monter à bord et à emporter la cargaison aux marchés de la municipalité, et à d'autres villes et marchés partout dans le comté de Sommerset et les plaines de Salisbury. La plupart des marins reçurent la permission de quitter le navire, et on m'ordonna d'aller avec eux. Pas un d'entre eux ne voulait m'adresser la parole, mais je marchais au milieu d'eux et j'en appris beaucoup en les écoutant. Cette série de marécages était en fait un lac stagnant au creux des basses terres du comté de Sommerset. On désignait ce lac ainsi que la région du nom de Meare Pool. Ce lac, par de nombreux bras de la rivière Brue, se déversait dans la mer, et au point le plus haut atteint par la marée sur cette rivière se trouvait le village appelé 'Yinnis Writtin'. Certains l'appelaient 'la Cité de Cristal', d'autres encore 'Glastonbury' ou 'Fort of Glass'. L'un d'eux appela l'ensemble du village et de la campagne tout autour, de Salisbury Plains jusqu'à Mendip Hills, 'la Maison de Dieu'.

En entendant cela, un frisson me traversa soudain tout le corps. Qu'est-ce que ces brutes de marins pouvaient bien connaître de la Maison de Dieu? N'était-ce pas ainsi que l'on appelait la partie intérieure sacrée de notre Confrérie essénienne? Pourquoi, en ce cas, cet étrange endroit portait-il un tel nom?

Nous avons traîné le long du quai, nous avons croisé des gens du village aux cheveux blonds et au sourire amical qui pêchaient sur la rivière, et nous avons marché un bon moment le long de la rivière avant de bifurquer soudain pour entrer dans les collines, et nous avons entrepris de grimper sur le flanc d'une colline étrangement abrupte. Nous n'étions pas rendus très loin lorsque nous nous sommes tous arrêtés et assis pour nous reposer. Nicodème s'approcha de moi en boitant encore un peu, et il s'assit lourdement.

« Oui ! » dit-il à personne en particulier. « Ça porte bien son nom,'Weary-All Hill', la colline qui épuise tout le monde. Nous sommes épuisés, tous! »

Lorsque nous nous sommes relevés pour continuer, je m'arrêtai de stupeur. Deux choses m'apparurent. Tout d'abord, 'Yinnis Writtin' était sur la berge d'une île qui était enserrée par deux bras de la large rivière aux eaux calmes. Deuxièmement, le monticule s'élevant au-delà de la colline Weary-All ressemblait à un tertre artificiel, ou à une pyramide d'une taille énorme au sommet tronqué sur une vaste superficie. De l'endroit où nous nous étions reposés, nous pouvions distinguer les sentiers qui sillonnaient les flancs de cette montagne selon toute apparence conçue par l'homme.

Je me remis à marcher avec impatience, ma curiosité ravivant mes jambes fatiguées. Avant que notre groupe n'atteigne le premier des sentiers en lacet, Nicodème se tourna et me lança d'un ton bourru : « Garçon. Sur cette montagne se trouve un lieu de repos pour les marins. Seuls les marins peuvent y séjourner. Regarde. De l'autre côté de cette vallée, cette branche de la Brue, et tout là-haut, tu vois ce chêne géant? Rends-toi là, construis-toi une hutte où te reposer et attends sans faute jusqu'à ce que nous venions te chercher. Tu m'as compris, garçon? »

« Oui, monsieur. »

J'étais détourné du sentier battu et dirigé vers le lointain chêne qui se dressait de toute sa hauteur dans la cuvette humide d'une longueur d'environ mille pas. Je redescendis dans la vallée verdoyante, traversai en pataugeant le bras étincelant de la rivière Brue, et bus tout mon content de ses eaux pures au mélodieux gargouillis. Puis, inconsolable, j'avançai d'un pas lent vers l'imposant chêne, le cœur alourdi par la tristesse de l'échec et la torture de la solitude. La pensée que mon oncle m'avait ainsi abandonné à mon sort m'était douloureuse. Il m'avait laissé entre les mains d'un équipage de brutes, et il ne m'avait même pas adressé la parole lorsque le long voyage fut terminé. C'était pour cela que j'avais renoncé à mon Joyau de Maître? Je remontai le vallon peu encaissé jusqu'au chêne et je m'assis dans l'ombre qui s'étendait près de son large tronc. J'étais fatigué et seulement une nuit et un quart de journée s'étaient écoulés depuis que nous avions accosté. Mais je ne pouvais me permettre de demeurer assis. On m'avait dit de construire une hutte pour m'y reposer, et d'attendre jusqu'à ce que quelqu'un vienne me chercher. Qu'avais-je appris sur le *Britannin* si ce n'est que l'obéissance était la loi première de mon nouvel univers. Je me mis à la recherche de matériaux mais il n'y en avait aucun. Finalement, je vis, poussant sur les rives de la Brue, de très hauts roseaux. Ils étaient pulpeux et solides tout en étant flexibles. J'en assemblai de grandes brassées et les portai non sans efforts jusqu'à un endroit situé à environ quarante pas de l'énorme chêne.

Là, peinant sans rien à manger sous le soleil de midi, j'entrepris de construire une petite hutte en entrelaçant les roseaux ensemble après en avoir enterré les bouts profondément dans le sol afin de les ancrer solidement en place contre le vent. Quand la charpente quasi étanche fut terminée, j'apportai de longues feuilles de plantes aquatiques et je les entrelaçai du haut vers le bas de façon à ce qu'elles ne laissent pas pénétrer la rosée et la pluie. Puis, à travers un trou que j'avais laissé dans le haut, j'entrelaçai ensemble de plus longs roseaux de manière à former un dôme, ouvert au passage de la fumée et de l'air mais étanche à la pluie. Lorsque j'eus terminé, le soleil se couchait et j'avais faim. Mais j'étais également fier de ma grossière hutte, faite grâce à ma propre habileté et de mes propres mains. Je laissai ma couverture et mon ballot à l'intérieur de la hutte, et je me hâtai de descendre jusqu'à la rivière Brue. Une fois là, je trouvai des plantes grasses en abondance et des arbres portant des fruits sauvages ainsi que des vignes remplies de baies sucrées. Je me dépêchai de tresser un grand panier à l'aide de petits roseaux, et je le remplis de nourriture pour le lendemain. À la nuit tombante, je me dirigeai vers ma maison de roseaux. L'obscurité croissante fit monter en moi un profond sentiment de solitude. Je trouvai trois pierres pour me faire un foyer et je me mis à la recherche de grosses branches sèches pour me faire un feu et ainsi me remonter le moral. Pris d'apitoiement pour ma propre solitude et mon rude environnement, je laissai les larmes rouler sur mes joues. Mais tandis que je contemplais les flammes qui jaillissaient de mon propre foyer, regardais le panier débordant de nourriture et sentais la chaleur de ma propre maison, mon apitoiement se tarit peu à peu.

Puis, surgissant des flammes, je revis la Fille d'Or sur le tapis doré et, une fois encore, dans mon ardent désir et mon adoration, j'embrassai ses lèvres vermeilles et elle en était contente. À mesure que les jours passaient, je faisais des provisions pour me préparer au froid qui venait; je ramassai des noix et des glands, j'accumulai des cordes de bois et fis toutes les choses nécessaires pour me protéger tout autant que pour protéger ma maison. Au début, j'avais grandement envie de compagnie, mais à mesure que les jours se transformaient en semaines, je commençai presque à redouter la pensée que quelqu'un vienne me chercher pour me faire quitter ce paradis et m'emmener dans l'abominable navire. Si c'était vrai que mon oncle m'avait abandonné, j'en venais à vouloir le remercier pour cela. Ma seule préoccupation était que je ne semblais pas progresser vers mon but promis de connaissance au sujet de la Fraternité Blanche et de l'Ordre de Melchisédech. Chaque nuit, chaque matin et chaque midi, je priais de pouvoir continuer sur la voie du service envers mon prochain. C'est ainsi, et je vous l'affirme sincèrement, que, d'après mes calculs, j'ai continué à attendre pendant vingt semaines où aucun homme ne m'a parlé, et où je n'ai adressé la parole à aucun homme; mais j'avais dépassé la peur, le sentiment de solitude et l'envie de me critiquer et de critiquer mon prochain. Je m'étais tourné vers les ressources intérieures que mon propre cœur concevait, parmi lesquelles la contemplation et la méditation occupaient une place de choix; mais revoir en pensée la Fille d'Or était mon occupation préférée.

Chaque jour au coucher du soleil, je plaçais une pierre grande comme la paume sur un sentier qui devait à la fin tracer une courbe allant de ma porte d'entrée jusqu'à l'énorme chêne, car c'était là mon calendrier grâce auquel je tenais le compte des jours. J'avais placé la cent quarante-septième pierre la nuit précédente lorsqu'au lever du soleil j'entendis une musique de cornemuses et de tambours provenant d'au-delà du chêne. Je courus jusqu'à son tronc géant. Il n'y avait personne dans toute la cuvette, et pourtant la musique et sa cadence étaient de plus en plus fortes. J'étais là, totalement captivé par sa beauté, mais dans la plus complète perplexité quant à sa source. Puis, sous mes yeux, la terre au-delà du chêne commença à se soulever, et elle se replia dans les quatre directions jusqu'à ce qu'apparaisse une ouverture semblable à celle d'une citerne ou d'un puits flanqué de pierres de granit géantes. Puis, émergeant de l'entrée du souterrain, je vis s'avancer dans un ordre et un rythme parfaits tout un groupe de Druides.

En premier lieu vinrent les hérauts et les guides, magnifiques dans leurs robes jaunes et leurs superbes tuniques vermeilles. En second lieu vinrent les simples prêtres de la classe des eubages, portant le safran et le vert. Puis vint le groupe de prêtres de la classe des bardes, vêtus de simples tuniques aux couleurs variées, comme celles portées par des hommes voyageant souvent, et chaque prêtre transportait un luth, ou avait le symbole d'un luth brodé sur sa pèlerine ou sur sa cape. Ensuite vinrent les puissants druides. À la manière même dont ils marchaient se reconnaissaient la majesté et la puissance qu'ils dégageaient. Ils avançaient d'un mouvement uni et conscient d'une magistrale fraternité – comme des soldats de l'esprit qui avaient vaincu tous les ennemis. Chacun avait une allure royale dans sa tunique blanche et bleue, avec sa robe verte et bleue, ainsi que sa cape de velours pourpre. La tête de chacun d'entre eux était coiffée d'un casque de couleur rouge sang incrusté de bijoux.

En dernier lieu vinrent l'Archidruide et ses douze chefs druides. Ils étaient tout à fait resplendissants dans leurs tuniques de couleur blanche ou verte selon leur rang, et leurs houppelandes de velours pourpre royal. La procession décrivit un cercle, et se plaça en rangs circulaires, entourant le majestueux chêne contre lequel je m'appuyais, car mes jambes étaient devenues trop faibles pour soutenir mon cœur excité. Puis, à un signal du bâton d'un chef druide, tous les sons s'arrêtèrent et tous se mirent à genoux dans l'herbe de la petite vallée, formant un cercle autour de moi.

Je m'agenouillai également, car je savais qu'ils ne faisaient tout simplement que vénérer le Dieu suprême qu'ils adoraient plus intensément en priant devant le plus grand chêne du bocage. Lorsque les prières furent dites et la cérémonie terminée, l'assemblée se leva et ils redescendirent dans l'entrée de la citerne au son des cornemuses et des tambours.

Rien ne me fut dit. Ni bonjour ni au revoir, pas même un « écarte-toi, tu nous déranges dans notre adoration ». Aucun regard ne me reconnut. Aucun visage ne s'illumina pour me saluer. Ce fut comme si je n'existais pas pour eux. Comment puis-je exprimer combien était grand mon désir d'être avec eux et l'un d'entre eux? Mon cœur au début était rempli d'espoir et de gratitude du fait qu'ils étaient venus pour moi. Puis, à mesure qu'ils disparaissaient entre les pierres de la citerne, mon cœur se vida de plus en plus comme la cupule d'un gland que l'on écrase. Lorsqu'ils eurent refermé les dalles de pierre et que je me retrouvai seul dans la cuvette inondée de soleil, près du chêne géant, je sentis des larmes couler sur ma joue. Au bout d'un bref moment, je me tournai vers la contemplation et pris conscience que ce n'était ni mauvais ni bien que l'on m'ait ainsi ignoré; et j'en vins à être indifférent à ce que l'avenir pouvait me réserver.

Un peu avant midi arriva un vieil homme remontant le vallon, enveloppé dans une cape brune avec un grand capuchon brun qui lui dissimulait le visage dans de profondes ténèbres. De cette caverne d'obscurité sortit une voix faible et suffisamment chevrotante pour aller de pair avec son dos voûté, sa démarche boiteuse et son long bâton.

« Jeune homme, je pensais avoir vu ces maudits Druides. Étaient-ils ici? »

« Vieil homme, je ne peux dire oui. Des Druides étaient ici, mais ils ne sont pas maudits pour autant que je sache. »

« Oui, maudits, mon garçon. Ne sais-tu pas que l'endroit ici s'appelle Source Sanglante. »

« Source Sanglante? »

« Source Sanglante! On l'appelle ainsi parce qu'ils persuadent par la ruse de jeunes ambitieux à entrer dans la gueule de cette sacrée citerne où ils sont sacrifiés à leur dieu Hu aux mâchoires rouges et à leur déesse Céridwin tachée de sang. Entends-moi, mon garçon. Bien des hommes y sont allés. Mais je t'en donne ma parole, je n'ai jamais vu un homme en revenir. »

Le vieil homme voûté s'en alla en clopinant, bougonnant contre les Druides et leurs sacrifices humains, et il grimpa pour sortir de la cuvette et repassa le faîte de la colline. Je disposai d'amplement de temps pour réfléchir au sinistre avertissement, car la journée s'écoula lentement jusqu'au coucher du soleil, lorsque je plaçai la cent quarante-huitième pierre et que je m'assis pour mon repas en solitaire avant d'aller m'étendre sur ma paillasse de jonc. La contemplation sur le sens des choses qui m'étaient arrivées et la méditation sur l'esprit de l'homme cédèrent bientôt la place à mon baiser quotidien à ma Fille d'Or bien-aimée, et puis à un profond sommeil.

Je fus réveillé par le son faible et plaintif d'une cornemuse qui jouait un air mélancolique. J'écoutai la triste chanson dans un état de quasi-rêve. Le son s'approcha de ma hutte, et je me levai et sortis dans la nuit. Loin de l'autre côté du vallon arrivaient un unique joueur de cornemuse et un chef druide. Ils s'arrêtèrent un instant pour prier devant le chêne, puis ils vinrent vers ma hutte; ils n'étaient éclairés que par un seul cierge. Lorsqu'enfin ils s'immobilisèrent devant moi, le son de la cornemuse mourut en une plainte larmoyante et le chef druide parla.

« Garçon, Joseph d'Arimathie, propriétaire de six cents hectares de terre autour de cette vallée d'Avalon, témoigne de ton désir de risquer ta vie dans nos initiations. Diras-tu quels sont tes propres intérêts? »

« Je veux connaître ce qui est nécessaire à ma destinée, monsieur. »

« Risqueras-tu ta vie? Te sacrifieras-tu? »

« Je risquerai ma vie, mais j'espère ne pas la perdre. »

« Écoute bien, garçon. Beaucoup ne survivent pas à la difficile épreuve de notre initiation. De ta décision dépend ta vie. Viendras-tu dans la Source Sanglante, ou demeureras-tu sur cette île? » Il n'attendit pas ma réponse, mais se retourna et, au son plaintif de la cornemuse, marcha trois fois autour du chêne.

Je restai là indécis durant le premier tour. Puis j'entrai soudain en action et je rassemblai mon ballot et ma couverture. Je rejetai les fruits et les baies qui allaient rapidement s'abîmer, et je recouvris avec des paniers les réserves de noix qui allaient encore se conserver un bon moment. Avant que le troisième tour ne soit terminé, je me tenais à côté du chêne, attendant que les circuits cérémoniels soient achevés. Sans une autre parole, ils pénétrèrent dans l'entrée de la citerne appelée Source Sanglante, et je les suivis.

Les pierres se refermèrent derrière nous par un moyen que j'ignore et nous nous retrouvâmes dans un large tunnel qui était revêtu de pierres d'inégale grosseur. Nous progressions rapidement maintenant, au son joyeux de la cornemuse, et nous décrivions un cercle en direction du tertre artificiel au-delà de la colline Weary-All. Finalement, nous avons monté des escaliers, nous sommes sortis sur un sentier montant à flanc de cette colline, nous avons franchi la crête de la colline et nous sommes entrés dans un monastère aux dimensions imposantes. On me laissa dans la cour intérieure avec beaucoup d'autres qui étaient accroupis sur les pierres. Ils étaient tous plus âgés que moi. Beaucoup semblaient effrayés ou mal à l'aise, ou excités ou trop empressés. Mon plus grand effort consista à demeurer calme et détaché, mais je sais maintenant qu'une partie de la rosée matinale que j'essuyai de mon visage était distillée à partir de soupirs de regrets d'avoir dû quitter ma hutte rudimentaire près du grand chêne dans la vallée d'Avalon.

Au bout d'un court moment arrivèrent une demi-douzaine de chefs druides, chacun d'eux étant le maître de l'un des centres de formation et d'initiation disséminés dans la campagne environnante. Tous ceux qui attendaient dans la cour furent placés en rangs, on leur donna pour instructions d'accorder parfaitement leur pas à la cornemuse et au tambour envoyés avec eux et de suivre le chef druide, peu importe l'allure qu'il déciderait d'adopter. On nous envoya dans plusieurs directions différentes. Je faisais partie d'un groupe d'environ soixante-dix aspirants qui furent envoyés en direction de Kornbrae, le village des trois collines parfaites. Nous avons commencé à une allure tranquille dont le tambour battait la cadence. Lentement le tempo s'accéléra jusqu'à nous faire avancer rapidement en pleine nuit sur les sentiers raboteux. Je repoussai hors de mon esprit toute pensée d'inconfort dû au sol cahoteux et inégal et je filai à vive allure dans l'obscurité en suivant le battement parfait de ce tambour qui nous imposait son rythme et nous guidait. Nous avons marché ainsi pendant trois heures sans nous arrêter. Après un court moment de repos, nous avons continué durant toute la nuit, passé le lever du jour, et pendant la matinée. Le tambour s'arrêta enfin et nous nous sommes affaissés sur nos pieds endoloris avant de relever les yeux pour admirer, depuis la plaine de Salisbury où nous étions, la magnificence de Kornbrae. C'était un véritable paradis de beauté, s'étalant à quelques heures de marche dans chaque direction, et conçu de façon à parer les trois montagnes parfaites autour desquelles le village était groupé. On nous fit entrer à toute allure à l'intérieur de ses murs et, une fois là, dans l'heure même, nous avons commencé nos études de chaque science connue de l'homme.

Mes treizième, quatorzième et quinzième années furent passées là en études et récitations quotidiennes qui duraient de bien avant l'aube d'une journée d'été jusque bien après la tombée de la nuit. Nous étions enrégimentés, pressés, malmenés, confus et toujours guidés vers de nouvelles tâches et de nouveaux apprentissages aussitôt que nous possédions à fond les premiers qui nous avaient été assignés. Nous devions aussi consacrer, chaque jour, de nombreuses heures à travailler dans les champs à proximité où nous nous rendions en courant au pas sur le rythme continuel et infaillible du tambour. On nous enseigna à nous servir de l'épée longue, de l'épée courte, du plastron de cuirasse et de l'arc, toujours au rythme de l'infatigable tambour. On nous fit enlever tous nos vêtements, sauf un pagne, et on nous enseigna à nous battre à mains nues, on nous montra à mutiler et à tuer. Les choses que l'on nous assignait à faire étaient tellement éprouvantes que beaucoup durent abandonner. Quelques-uns moururent de surmenage.

La nuit venue, nous étions enfermés dans de petites cages de pierre, pas plus grandes que un pas par trois pas, et certains hommes en perdirent la raison à force d'être ainsi enfermés. J'étais pour ma part chanceux. J'avais été entraîné aux tâches ardues dans la Confrérie essénienne et j'étais habitué aux longues heures de dur labeur. Apprendre à tuer et à mutiler ne fut pas une corvée pour moi. J'inversais la pensée dans mon esprit et je *créais* à partir de ce qui était supposé être utilisé pour détruire. Le confinement en cellule n'était rien pour moi. En imagination si réelle que ce n'était pas un rêve, je pouvais à nouveau visiter ma hutte primitive et embrasser une fois encore les lèvres accueillantes de ma Fille d'Or.

À mesure que le temps s'écoulait, je passais d'un groupe à un autre jusqu'à pouvoir bientôt travailler avec ceux qui étaient à Kornbrae depuis dix, puis douze, et à la fin dix-neuf, vingt et même vingt et un ans. Rendus là, nous n'étions plus que quelques-uns et je ne me souviens que de neuf hommes qui avaient réussi tous les examens, enduré toutes les épreuves, et appris toutes les sciences requises. À mon grand étonnement, je passai de la classe d'aspirant-initié à la classe d'eubage. En moins d'un an, je passai de celle d'eubage à celle de barde. En tant que barde, j'aurais été libre de parcourir la campagne comme le faisaient les autres bardes, racontant l'histoire du Roi de Gloire et de ses douze chevaliers de la Table ronde de l'éternité. Je choisis de demeurer sur place et consacrai toutes mes énergies et toute ma volonté à me préparer pour la dernière étape de la formation, la redoutable et parfois mortelle initiation à la classe de druide.

Un matin, après nos cérémonies d'initiation trimestrielles au solstice d'hiver, je fus éveillé peu avant minuit et envoyé avec huit autres hommes pour une course en pleine nuit, descendant de Kornbrae sur les plaines de Salisbury, en direction de la lointaine et puissante *Caer Gaur*.

Caer Gaur! Même l'être le plus doué pourrait-il arriver à expliquer clairement la signification que ce nom et cet endroit avaient eue dans le développement de l'humanité et de l'Homme initié? Une langue arriverait-elle à dire l'importance et l'antiquité des symboles et de l'enseignement qui s'y trouvaient, que tous les hommes en tomberaient alors à genoux. *Caer Gaur*, le Grand Temple des anciens Druides se dressait devant nous, enveloppé dans un voile de brume, et pourtant brillant sous les premiers rayons du soleil. Le temple lui-même était fait de deux cercles concentriques formés de pierres érigées de taille gigantesque, hautes de quatre à cinq fois la taille d'un homme. Ces énormes pierres étaient reliées par des croix de pierre érigées, disait-on, à partir de pierres mortaisées si minutieusement choisies et ajustées que le son de la hache du tailleur de pierre ou celui du marteau du bâtisseur ne furent jamais entendus dans la région du Grand Temple. Le cercle extérieur avait un diamètre de trente-trois cubits royaux égyptiens. Il était constitué de soixante pierres géantes, trente verticales et trente en porte-à-faux. Le cercle intérieur avait un diamètre de trente cubits royaux égyptiens, et il comportait quarante pierres gigantesques.

Au sein de ces deux cercles se trouvait le sanctuaire de l'Archidruide. Il était constitué de deux ovales concentriques. La forme ovale, ou la forme d'œuf du sanctuaire, n'était que l'un des nombreux symboles qui, comme j'allais ensuite le découvrir, servaient plutôt de langage destiné à enseigner les anciens secrets des Druides. Les pierres extérieures en forme d'œuf étaient au nombre de dix, et l'ovale intérieur était fait de dix-neuf pierres. À l'intérieur de ce symbole si soigneusement conçu dans le but de révéler au monde sa totale signification se trouvait un autel en forme de cube parfait. Il y avait en ce lieu suffisamment de symboles pour occuper la méditation d'un étudiant pendant toute une année!

Caer Gaur, ou, comme quelques Bretons l'appelaient, Stonehenge, était à ciel ouvert car les Druides considéraient qu'il s'agissait de la Place de Dieu. Ils disaient que Dieu était trop grand pour être contenu entre des toits et des planchers, ou adoré dans toute pièce qui n'était pas ouverte au soleil. Entre les cercles et les séries de pierres se trouvait un tapis de verdure. Entourant l'ensemble du temple se trouvait un énorme talus au-delà duquel il y avait une profonde tranchée; on disait que les deux avaient été faits sans aucun outil plus fort qu'un roseau vert et que toute la terre avait été déplacée par des mains d'amour. On disait également que la dizaine de chambres souterraines qui se trouvent à l'extrémité nord du majestueux temple avaient été creusées par des doigts d'amour et avec de tendres et souples roseaux.

Le chef druide nous fit tous faire halte sur un sentier qui menait directement au portail d'entrée entre les gigantesques pierres. Alors que je promenais mon regard sur cette allée, je vis quelque chose qui allait s'avérer être pour moi la source d'une grande perplexité, et presque me faire échouer à mon examen final, et enfin être des plus importants dans ma vie. Près de l'entrée, il y avait une pierre isolée, élancée et droite, placée verticalement sur la terre. Au-delà de celle-ci, à l'intérieur du cercle intérieur, se trouvait une autre pierre semblable mais beaucoup plus grosse, imposante dans son isolement parmi les autres pierres qui contribuaient à un but commun consistant à former un mur. Je me demandai pourquoi ces deux pierres étaient disposées de façon aussi frappante et aussi inutile dans le grand temple.

Lorsque le joueur de tambour passa près de moi, je lui demandai à voix basse : « Monsieur, en regardant ce sentier on peut voir deux pierres placées à part des autres et apparemment inutiles. À quoi servent-elles et comment les appelle-t-on? »

« Personne ne le sait, garçon. Elles sont appelées Phallus Un et Phallus Deux, mais leur utilité et leur signification ne sont connues d'aucun homme. Silence! »

Je me tus, mais je continuai à y réfléchir en mon cœur. Un court instant je songeai à mon merveilleux père et à sa façon de m'instruire en faisant appel à la curiosité, et aussi à son insistance sur le fait qu'il y avait trois voies possibles pour une naissance virginale. Mais nous étions bientôt très occupés et la pensée s'évanouit de mon esprit. Des centaines de groupes d'aspirants arrivaient de tous les coins du pays. En moins de temps qu'il n'en fallut pour que le soleil se lève, les plaines entourant le profond et large fossé étaient parsemées de robes colorées, celles des chefs druides et les robes brunes des aspirants. Chacun des nombreux chênes semblait avoir fait surgir des hommes en robe brune autour de son puissant tronc.

Alors même que le soleil commençait à poindre au-dessus des plaines de l'est, il y eut une soudaine agitation parmi les hommes, et un soupir s'éleva. L'Archidruide et sa suite de prêtres druides et de disciples descendirent lentement la large allée centrale, s'écoulant comme de l'eau aux couleurs vives autour de la lointaine pierre isolée, puis passé la pierre gardienne et à travers le pont vers la tranchée semblable à une douve. Dans cette suite d'hommes soumis à la volonté de l'Archidruide se trouvaient des rois, des princes, des potentats et des maîtres commerçants. Chaque homme, cependant, avançait avec la dignité calme et la grâce puissante propres à son rang. Finalement, la procession se déploya dans la plaine, formant un véritable arc-en-ciel de toute beauté, mais qui allait bientôt devenir menaçant et terrible. À un signal donné, on nous ordonna à tous d'avancer vers les prêtres druides, ce que nous fîmes avec empressement; mais tandis que nous approchions de l'arc-en-ciel de prêtres, des épées rutilantes apparurent dans leurs mains et nous fûmes arrêtés par un enchevêtrement de lames tranchantes et mortelles pointées sur nos poitrines. La voix de mon oncle jaillit de l'Archidruide, et résonna à travers toute la plaine sur un ton impérieux et puissant.

« Renoncez à l'espoir, vous tous qui entrez ici, car la mort de l'homme vous attend. »

Beaucoup parmi les aspirants furent saisis de surprise, mais aucun ne recula. Une ligne de prêtres s'avança alors, portant dans des bols dorés des brindilles rouge sang.

« Ouvrez votre bouche », commanda la puissante voix, « et prenez ce ver du bois et ce fiel. Alors vous saurez à quoi ressemblera votre initiation. »

Rapidement, les nombreux prêtres jetèrent dans les bouches ouvertes les bâtonnets cramoisis. Je fus assailli par le goût horrible du ver du bois et par le goût amer du fiel. Pendant une seconde, cela parut trop repoussant pour le supporter, puis, à ma grande stupéfaction, le mauvais goût disparut et ma bouche fut remplie d'un goût sucré de miel de fleur de pommier.

« Si les lames gardiennes vous laissent passer, vous avancerez jusqu'au pont et vous vous y agenouillerez et offrirez votre langue pour qu'elle soit coupée. Une fois à l'intérieur de ces pierres sacrées, les paroles ne sont pas aussi importantes que les symboles. Observez bien chaque symbole, chaque pierre, car ceux qui, en bout de ligne, vivront devront réussir l'examen final, et dans celui-ci vous devrez expliquer la signification de chaque symbole et de chaque pierre. »

Un par un, nous nous mîmes à genoux, nous sortîmes notre langue, et un coup symbolique fut donné avec une lame qui entailla la peau. À partir de ce moment, il nous fut interdit de parler à l'intérieur de l'espace sacré de Stonehenge. Cependant, lorsque nous nous rendîmes dans nos quartiers souterrains au nord du majestueux temple, on nous donna de vive voix les explications concernant les symboles mystiques et la signification de chaque pierre. Mais cela se produisit beaucoup plus tard. Les premiers moments passés à *Caer Gaur* furent presque aussi bouleversants que ne le furent les derniers moments du terrible et mortel examen final.

Alors que nous approchions de la pierre appelée Phallus Un, chaque aspirant recevait un petit *'glain'** probablement pas plus gros que la moitié d'un pouce, mais très mince et étrangement iridescent. Tandis que je regardais le mien, je me demandais ce que voulait dire le fait qu'on me l'avait remis à l'ombre même de la première des pierres inexpliquées. J'étais là, entouré de l'incroyable majesté de ce grand temple, et je tentais de trouver un sens aux graves questions qui se bousculaient dans mon cerveau, et de conserver pour un futur inconnu des réponses utiles lors de mon redoutable examen final. Mais on n'allait pas m'en laisser le temps ni l'occasion. On nous fit bientôt avancer vers la deuxième et la plus grande des pierres inexpliquées, traversant pieds nus la pelouse. Tandis que chacun des hommes recevait son *glain,* une voix puissante tonna : « Enlevez vos chaussures. Ceci est un sol sacré. »

Pieds nus, on nous fit faire à sept reprises le tour du cercle extérieur, et on nous fit comprendre par signes que nous devions désirer ardemment recevoir trois gouttes du formidable chaudron des druides, car ces trois gouttes apportaient un grand bonheur, la capacité de prédire l'avenir et de dire la bonne aventure aux hommes, et permettaient de comprendre comment l'homme pouvait devenir immortel tout en se trouvant dans la chair. Car leur enseignement était fondé sur l'âme éternelle de l'homme et la réincarnation de l'esprit dans la chair. Ils enseignaient que le monde fut sauvé de la destruction parce que le Médiateur sans nom, le Fils de Dieu, prit parti pour l'homme et dissimula son Soi divin dans la chair de l'homme. Ils enseignaient que tous les hommes avaient la possibilité de connaître ce Soi divin par la contemplation intérieure et avec une foi pure.

* Un *glain* était un tout petit bateau fait en verre et jamais auparavant son usage, son but et sa signification n'avaient été expliqués

Un prolongement en apparence sans rapport avec leur croyance en la réincarnation m'entraîna dans un abîme de réflexion. Il s'agissait de leur affirmation voulant qu'un grand homme, un héros, pouvait revenir du monde de l'esprit pur et occuper quelque forme que ce soit. Une chanson était chantée, dans la triade habituelle si populaire auprès de leurs bardes, portant sur le Prince de Powis, appelé Owen Cyveiliawy. Elle racontait, en vers, qu'Owen était apparu sous la forme d'un bouclier vibrant, d'un lion devant le chef aux ailes puissantes, d'une lance redoutable, d'une épée brillante répandant la gloire durant le combat, sous la forme d'une bannière de dragon devant le souverain de la Bretagne, et sous la forme d'un loup audacieux. Pour la plupart des initiés, c'était dans le symbolisme du loup audacieux qu'il fallait en chercher la signification. À toutes les initiations, il y avait des hommes en robe de cérémonie blanche qui portaient des joyaux rouges dans leur coiffe – on les appelait les 'redoutables loups' qui étaient supposés tuer l'aspirant qui perdait courage ou qui abandonnait.

Je méditai en mon cœur sur un sens plus profond, une signification plus importante pour l'humanité. Il devenait clair pour moi que leur enseignement comportait de nombreux niveaux d'interprétation, et qu'Owen apparaissait sous six autres formes que celle de son propre être incarné. Du reste, Owen n'était rien de plus qu'un mot dont la véritable signification était *Soi brillant* ou *Soi parfait*.

On nous enseignait qu'aucun homme n'était véritablement séparé de la Divinité. Tous sur Terre étaient un dans l'esprit, n'étant séparés que sur le plan physique. Ils enseignaient également que le monde avait déjà été détruit par le déluge, et allait à nouveau l'être par le feu – à moins que l'homme ne fasse en sorte de devenir parfait – et ce, en dépit de l'intervention du Médiateur, le Fils de Dieu, et de tout ce qu'il pouvait faire pour sauver le monde. Ils croyaient que chaque âme individuelle continuait à vivre après la mort de la chair, et devait faire face au trône du jugement pour toutes ses actions terrestres. Ils enseignaient également que le temps n'était qu'un infinitésimal fragment d'éternité piégé dans l'esprit de l'homme, et qu'il y avait eu et qu'il y aura une succession sans fin ou une chaîne continuelle de mondes, une création et une destruction continues de toutes les choses physiques. Le lieu de punition pour la méchanceté était un bourbier de gel perpétuel rempli d'insectes piqueurs et de serpents mortels.

J'adorais leurs enseignements relatifs à la Vérité. Ils s'efforçaient constamment d'amener chaque homme à prendre conscience de sa *responsabilité divine* envers la Vérité absolue, face au devoir et à l'amour. On nous enseignait qu'il valait mieux renoncer à sa vie que de manquer à son devoir, de négliger d'aimer, ou de ne pas s'en tenir à la Vérité absolue. Ceci, nous enseignait-on, ne se limitait pas au temps de l'initiation mais s'appliquait à tous les aspects de la vie dans toutes les situations!

En mon for intérieur, je savais que cet enseignement était plus beau et beaucoup plus complet que les enseignements à la fois historiques et religieux des Juifs. Si l'enseignement et la pratique de la Confrérie druidique étaient moins avancés que ce qui se faisait chez les Esséniens, c'était uniquement en regard de la pratique de l'amour et de l'échange d'affection. Les Esséniens n'allaient pas plus loin dans l'adoration du Divin, mais ils accordaient une plus grande attention au groupe. Les Druides provoquaient des luttes et des dissensions, ce qui isolait les hommes les uns des autres. Mais ils essayaient de faire en sorte que chaque homme soit très dynamique, indépendant et puissant, capable de marcher seul dans les combats les plus difficiles avec des ennemis s'opposant à lui tant aux plans physique que mental et spirituel. Ils ne faisaient pas de quartier; ils ne demandaient aucun quartier dans quelque lutte que ce soit. La mort elle-même ne pouvait les ébranler dans leur devoir. En outre, de mon point de vue, il leur manquait la beauté et la tendresse de l'Amour fraternel.

Les eubages et les bardes étaient censés être capables de prédire l'avenir, d'user de sortilèges et d'incantations, et d'offrir des divertissements. On faisait appel au druide pour mettre à contribution son prodigieux savoir-faire dans l'intérêt de l'État. Jamais la guerre, la paix, ou toute autre décision d'État n'étaient faites à contresens de la sagesse des druides. La vie des rois et des princes était soumise au pouvoir de l'Archidruide et de son Conseil. C'est ainsi que les États de toute la Gaule, de la Bretagne, du pays de Galles et du comté de North Humberland soutenaient le rituel et la formation des druides, car ils ne voulaient rien d'autre que les meilleurs parmi les druides en fonction dans leurs cours royales. Le terrifiant examen final était conçu dans le but d'éliminer les médiocres et les faibles.

Le programme d'enseignement druidique était basé sur les symboles et les signes gestuels, et ne faisait pas appel au langage audible. Il nous fallait, lors de l'examen final, être capables de rendre compte de ce que nous avions appris avec une précision sans faille. Nous pouvions choisir n'importe quel sujet dans les arts, les sciences, les lois, ou les procédures suivies par les Druides. Une fois notre choix déterminé, il nous fallait être capables de répondre à toutes les questions et ensuite de tout expliquer ce qui se rapportait au domaine de notre choix jusqu'à au moins trois niveaux d'interprétation. Un échec pouvait entraîner le rejet. Être rejeté signifiait que vous étiez mis à la porte sans amis dans une terre hostile, car dès lors aucun homme ne vous donnerait son amitié ou ne vous aiderait. L'échec était pire que la mort! Par conséquent, bien des hommes continuaient à étudier pendant des années.

Cela ne m'était pas possible. Après un peu plus d'un an, on nous isola en compagnie d'étudiants et d'aspirants avancés en préparation à l'examen final, et je fus placé avec le second groupe. Lorsqu'on me demanda quelle catégorie j'aimerais choisir pour mon examen final, je m'entendis répondre : « Les symboles sacrés des Druides, bien sûr! »

« Peux-tu expliquer à coup sûr chaque symbole à trois niveaux différents? » me demanda à voix basse l'un des aspirants, alors que nous étions assis pour manger. Comme je ne lui répondais pas, il ajouta : « Ce sera déjà bien assez difficile d'être lancé à la dérive dans un *coracle* sur la mer. Mais comment peut-on expliquer ce que veulent dire le Phallus Un et le Phallus Deux lorsque même les chefs druides disent que leur signification s'est perdue au cours de l'histoire? »

« Peut-être ne me posera-t-on pas de questions à leur sujet », répondis-je, et j'avais le cœur serré en raison de mon choix irréfléchi. Mais cela faisait justement partie de la discipline des Druides qu'aucun homme ne puisse changer sa parole donnée. J'étais tenu par devoir de m'attaquer à cette tâche impossible! La nouvelle fut chuchotée d'une cellule à l'autre dans nos chambres souterraines, et bientôt on racontait dans toute la Bretagne que Jeshuau de Nazar, après quatre années d'études, tenterait de réussir un examen pour lequel la plupart des hommes devaient se préparer pendant vingt et un ans avant de s'y risquer, et qu'il avait choisi les symboles sacrés des Druides comme sujet de dissertation. Des semaines avant mon examen, des caravanes commencèrent à arriver de partout, et les membres de l'une d'entre elles arrivèrent habillés en robes à plumes des plus colorées. On me dit que ces gens étaient les Prêtres Jaguar d'une colonie de la Confrérie établie sur un lointain continent, et qu'on les appelait les *Caribes* d'après le nom de la mer près de laquelle ils vivaient.

Le matin de mon examen était clair et froid. Les visiteurs assemblés attendaient avec quelque peu d'impatience tandis que je faisais la marche cérémonielle de l'est à l'ouest en passant par le sud, sept fois autour du cercle intérieur. Je m'avançai enfin en direction de l'Archidruide, qui n'était autre que Joseph d'Arimathie, et je m'agenouillai et remis à son assistant mon épée dorée. Si je venais à bout de l'épreuve, elle me serait retournée et je pourrais la porter durant les épreuves physiques qui devaient suivre. Mais si j'échouais à mon examen, elle ne me serait jamais retournée. Ou, si le Conseil des Druides en donnait l'ordre, elle serait enfoncée jusqu'à la garde dans mon cœur. Telles étaient les choses auxquelles on s'engageait en faisant le Serment d'initiation des Druides!

« Jeshuau de Nazar, tu comprends que tu dois répondre à toutes les questions à la pleine satisfaction de chaque druide, et sur trois niveaux d'interprétation? »

« Je le comprends. »

« Tu attestes devant tous ceux qui sont ici rassemblés que tu as choisi pour sujet de dissertation les symboles sacrés des Druides? »

« Je l'atteste. »

« Première question, maîtres? »

La première question vint de l'un des druides castrats, qui avaient personnellement détruit leur virilité afin de devenir plus sensibles aux pouvoirs du Divin. « Explique le *glain.* »

« Le *glain* est le symbole physique de la déesse Céridwen, gardienne du devoir et de la vérité. Il est remis à l'aspirant en témoignage de son empressement à bien vouloir commencer à travailler à la maîtrise des enseignements druidiques et c'est donc le symbole de la bonne volonté et de la vérité de nature mentale et physique. Mais un grain de sable aurait suffi à représenter ces symboles, et il n'aurait pas été nécessaire de travailler à fabriquer un bateau de verre iridescent avec toute l'attention, la préparation et l'adresse que cela exige. C'est en cela que réside le troisième niveau de compréhension. Ce *glain* si facile à fracasser mais ô combien lumineux est en vérité le symbole de l'esprit éternel, de l'âme de l'homme. Lorsqu'il est remis à l'aspirant, il représente le moment de la naissance, lorsque l'âme se sépare de l'Être Suprême, transmettant à l'homme la flamme vivante de la vie. »

J'aurais pu poursuivre mais il y eut un murmure de colère parmi certains des Druides d'Égypte. Au bout d'un moment, on les fit taire et un *Caribe*, un Prêtre Jaguar, demanda : «Quelle est la véritable signification du *Spica*, l'épi de maïs? »

« Il est constitué de nombreux grains représentant l'abondance ou la prospérité. Il pousse dans la terre, ce qui représente la fructification des forces de la terre pour satisfaire aux besoins de l'homme. Dans le sens spirituel, c'est la croissance de la tige qui est importante comme symbole, et l'épi représente simplement le processus tout entier. À mesure que la plante grandit, elle produit ses feuilles et ses épis mâles, de même, à mesure qu'un homme s'épanouit spirituellement, il développe un pouvoir de guérison et émet la douce bénédiction de l'amour. »

« Explique le symbole de la paille », commanda un druide.

« La paille est le symbole de l'entente entre les hommes; la rupture de la paille est le symbole de la rupture d'une entente. La paille elle-même peut être façonnée en de nombreuses formes, et lorsqu'on lui donne la forme d'une flèche, on dit qu'elle peut tuer des bêtes sauvages. Le véritable symbole spirituel découle de ce qui suit : la pensée de l'homme est semblable à de nombreux brins de paille dans le vent. Lorsqu'elle est façonnée en une seule forme unique, elle acquiert un pouvoir sans pareil! En particulier, elle est capable de soumettre et de détruire la bête sauvage, c'est-à-dire l'homme indompté et indiscipliné. La pensée peut être aussi puissante que la flèche représentée par la paille, ou elle peut être aussi peu solide que de la paille cassante. »

« Quelle est la signification du symbole de l'arc-en-ciel? »

« L'arc-en-ciel est un symbole de protection, car on dit qu'il est la promesse du Divin de ne plus jamais détruire le monde par l'eau. On dit également de l'arc-en-ciel qu'il est la ceinture de l'aspirant qui a réussi son examen, le protégeant de tous les maux. C'est là simplement le symbole des robes aux multiples couleurs des druides dans lesquelles chaque homme trouve la sécurité personnelle. La signification spirituelle est la suivante : il y a un être rayonnant au sein de chaque homme, un arc-en-ciel d'une grande brillance, et – d'une façon ou d'une autre, comment exactement, je ne le sais pas encore – il peut lui apporter sécurité et protection contre tout ce qui peut le menacer. »

Alors même que j'achevais de parler, un murmure de colère s'éleva parmi les Druides égyptiens, et l'un d'eux sortit même son épée et serait venu vers moi, mais il fut saisi par les Prêtres Jaguar et jeté par terre. Sa coiffe fut projetée au sol, et comme il se relevait, se débattant contre les *Caribes*, je reconnus Nicodème dont le visage était convulsé de fureur et de mépris. Son visage déformé était comme le visage de la mort pour moi, car un vote contre moi pouvait venir de n'importe lequel des chefs druides et il portait les couleurs d'un Maître prêtre! Lorsqu'il se fut enfin calmé et qu'on lui eut fait reprendre sa place avec son groupe, je sentis le battement de mon cœur dans ma gorge et une étrange peur se mit à ramper vers le haut comme un serpent le long de ma colonne vertébrale glacée d'effroi. La question suivante dut être répétée. Je l'entendis, mais j'avais l'esprit trop troublé pour en réaliser le sens. Je luttai pour reprendre la maîtrise de mon esprit, pour façonner les brins de paille de mes propres pensées agitées par l'émotion en une épée tranchante.

« Le symbole de la roue, quelle en est la signification? »

« Monsieur, je suis désolé que vous ayez eu à répéter votre question. Le symbole de la roue est basé sur les cycles astronomiques et représente la précession du point équinoxial. À un niveau supérieur, elle représente le retour cyclique des grandes ères terrestres, c'est-à-dire la renaissance, ère après ère, du monde hors de la matière assoupie. Toutefois, ceci n'est pas sa signification la plus élevée. Elle représente aussi la rotation de la croix sur laquelle l'homme doit encore et toujours crucifier son soi physique afin que le soi spirituel puisse parvenir à sa pleine libération. »

Je respirais avec peine, conscient que ma réponse n'était pas des plus satisfaisantes. La distraction m'avait fait perdre mon rythme avec la foule, et perdre le contact avec mon propre soi intérieur. Je trébuchais dans mes paroles, j'hésitais dans mes décisions.

Mais personne ne mit en question ma réponse et j'attendis, la respiration de plus en plus courte et laborieuse. Je m'étais attendu à des questions difficiles, mais je n'étais pas du tout préparé pour cette hostilité ouverte – non pas dirigée contre mes réponses, semblait-il, mais contre ma personne même. J'étais déconcerté. J'étais inquiet. J'étais en grand danger et la cause m'en était inconnue.

« Explique le symbolisme du roseau. »

« Le roseau est un symbole à l'intérieur d'un autre symbole. On dit qu'il est un symbole de duplicité, parce qu'il fléchit au vent quelle qu'en soit la provenance et parce qu'il cache le furtif et mortel serpent d'eau. En pensant à l'inverse, on voit qu'il est également un symbole de patience et de persévérance contre tout genre d'adversité, parce qu'il se relève après n'importe quel vent ou n'importe quelle tempête. Au niveau spirituel, il représente le contact éternel entre l'Être Suprême et l'homme, le cordon éternellement souple de l'amour qui relie l'homme à son Dieu. »

« Qu'as-tu à dire du symbole du chêne? »

« Le majestueux chêne est le symbole et la représentation visible de Dieu. On dit également qu'il est le lieu où réside l'Être Suprême. Cependant, une signification d'un niveau plus élevé vient de la croyance que le plus grand chêne, occupant l'endroit le plus central, devrait être façonné en forme de croix en coupant les branches inutiles. Le chêne en forme de croix est considéré être le plus important et le plus saint; la croix ainsi faite est une croix vivante, la résidence de l'Être Suprême. Elle est le symbole du sacrifice éternel. Le chêne en forme de croix devient le symbole de l'Être Suprême, ou le Fils médiateur de Dieu, et la force de la Mère éternelle, la Terre. Il est le symbole de la trinité sacrée vers laquelle l'homme chemine à grand-peine au prix de bien des sacrifices et dans laquelle il peut enfin avoir le salut éternel. »

« Alors, que reste-t-il pour le symbole du gui, la plante qui guérit tout? » C'était la voix grinçante de Skakus, et elle semblait provenir de sous le capuchon de l'un des chefs druides égyptiens.

« Monsieur, le gui est le symbole du médicament parfait que l'on tient en haute estime, dont on dit qu'il est toujours efficace comme remède contre la maladie, comme contrepoison ou pour prévenir la stérilité. Sur un plan plus large, il est le symbole de la protection contre tous les dangers et toutes les difficultés, le grand sauveur contre tous les maux, tant au plan moral que physique. Sa signification spirituelle ne peut être comprise que lorsqu'on prend en considération le rituel utilisé lors de la cueillette. Le *Tola* (le *Tola* était le nom que les Druides attribuaient à un chef druide qui était temporairement le meneur d'une cérémonie et qui était par conséquent l'Archidruide du moment) était purifié grâce à de nombreux bains de purification, par le jeûne et des rituels, et il était également purifié au moyen du *Tolmen**. Deux taureaux blancs comme neige qui n'avaient jamais été attachés par les cornes sont préparés pour le sacrifice. Une faux d'or est forgée à partir de métal nouvellement extrait, et affilée sans être touchée par de la terre ordinaire. Puis le *Tola* est habillé d'une robe blanche et coiffé d'une tiare rouge. Pieds nus, il grimpe dans le chêne et, tout en tenant la faux dans la main avec laquelle il est le moins habile, il doit couper le gui d'un seul coup et l'attraper avec sa *sagus* fraîchement tressée de façon à ce qu'il ne touche jamais de mains humaines. Les bœufs sont alors sacrifiés au milieu de réjouissances. »

Les murmures de colère s'enflèrent à un point tel qu'il ne me fut plus possible de parler et cela dura jusqu'à ce qu'ils s'apaisent.

« Spirituellement, alors, le gui est le divin ministre qui vient du chêne, la demeure de l'Être Suprême. Il est par conséquent le symbole du Fils spirituel de Dieu, du Suprême Guérisseur de tous les maux de l'homme et de la corruption de l'homme. Mais ce Suprême Guérisseur de Tout ne peut être acquis par l'homme qu'au prix d'une grande et soigneuse préparation, d'une discipline attentive et impeccable, et par l'utilisation du *Tolmen* ou pierre sacrée de la foi. Le symbolisme des taureaux blancs complète ceci. Le taureau représente la vitalité sexuelle et physique de l'homme. Un taureau blanc représente cette vitalité purifiée. Un taureau blanc représenté comme n'ayant jamais été attaché par les cornes symbolise simplement le fait que l'homme a appris à maîtriser et purifier ses propres passions physiques, et qu'il est prêt à en faire le sacrifice pour recevoir le Suprême Guérisseur de

* Le *Tolmen* semble avoir été une pierre creuse qui était très sacrée et dont on se servait pour purifier et nettoyer tous les aspirants.

Tout en son sein. Les symboles sont tous unifiés à présent. Le gui est le symbole du Fils de Dieu rendu manifeste dans le sein de chaque homme par la discipline, le sacrifice et la pureté. Le gui est le symbole de l'immortalité spirituelle et physique acquise par l'homme grâce à l'adoration et à la dévotion. »

Un chahut monstre éclata et des groupes commencèrent à lutter avec d'autres groupes. Un des Égyptiens courut vers moi, mais un *Caribe* le fit trébucher, et ils en vinrent aux coups et puis dégainèrent leurs épées. Le fracas du métal qui s'entrechoquait grandit à mesure qu'augmentait le nombre de combattants. Les paroles étaient passionnées et dures et la place semblait remplie de haine et de conflits. La moitié de la matinée s'était déjà écoulée lorsque la discorde et les disputes se résorbèrent et qu'on m'ordonna de poursuivre mon examen.

« Pouvez-vous expliquer la ruche en tant que symbole? »

« Oui, monsieur. La ruche n'est qu'un cube avec le signe de l'activité. Le cube symbolise la perfection, la vérité et aussi le soi intérieur inviolable et sacré de l'homme. La ruche représente l'assemblage de nombreux soi sacrés dans les limites de la parfaite vérité. On dit qu'elle représente les Druides. Ceci est vrai, mais à la différence de ce que certains peuvent penser, pas uniquement au niveau physique. Elle représente également toutes les âmes parfaites de tous les temps. La ruche est le symbole des Maîtres des âges, les Enseignants de l'homme, la Source de toute Connaissance. Les Druides eux-mêmes deviennent simplement un symbole de cet Ordre supérieur! »

« Devons-nous l'écouter dénigrer les saints Druides? » C'était la voix de James de Bruton. « Je dis, tuez-le maintenant et lavez le nom de notre Ordre! »

Il y eut beaucoup de grognements et beaucoup de discussions avant que l'on ne m'ordonne de poursuivre, mais en me demandant de faire preuve de tout le respect qui est dû aux Druides.

« Continue maintenant avec le symbole de la chaîne », commanda mon oncle.

« La chaîne est également un symbole caché. Elle semble être le symbole de la bonne volonté de l'aspirant à accepter le confinement et les restrictions et à endurer les rigueurs de la préparation et de l'initiation. Mais elle n'est pas seulement un symbole de patience, de courage et de persévérance. Chaque lien dans la chaîne représente une vie parfaite, un maître élevé au-dessus du niveau humain. La chaîne formant un cercle pour se relier à elle-même représente le lien unissant tous les maîtres de toutes les époques en une unité de vérité qui résiste à l'épreuve du temps, un ordre situé au-dessus du plan physique. »

« Dirais-tu, un ordre au-dessus des Druides sacrés? » C'était la voix cassante et furieuse de Skakus qui était déjà debout, son épée à moitié dégainée.

Avant que je puisse répondre, la voix de mon oncle m'arrêta, et il avait l'air d'être vraiment fâché contre moi. « Jeshuau de Nazar, on t'a averti de ne pas dénigrer cet ordre suprême et sacré des Druides. Surveille ta langue si tu veux vivre. »

Je mordis mes lèvres tremblantes et inclinai la tête. Mais la seule réponse que je pouvais donner était la vérité telle que je la percevais. Même si je savais que ma réponse risquait de déchaîner la colère des Druides contre moi, je ne pouvais néanmoins répondre que par la vérité que je voyais.

« Il s'agit d'un ordre supérieur à celui des Druides, monsieur. »

La moitié des Druides étaient contre moi à présent et ils ne furent que partiellement contenus alors qu'ils bousculaient mes défenseurs et se battaient contre eux jusqu'à ce que je sois entouré d'un cercle menaçant d'épées. Mais finalement l'ordre fut rétabli, quoique avec beaucoup de difficulté, et le plus important des Grands Prêtres Jaguar s'adressa au groupe.

« Frères, nous devons nous montrer indulgents envers ce garçon extrêmement jeune. Tout comme vous, je suis terriblement troublé de voir quelqu'un qui peut prendre nos biens et nos avoirs et qui néanmoins ne ressent aucune loyauté envers notre Ordre druidique. Je suis perturbé de voir quelqu'un qui sait que les Druides possèdent les meilleurs et les plus grands enseignements de toute l'éternité, et qui pourtant ose dire qu'il y a des ordres supérieurs. Il se peut, cependant, qu'il ne comprenne pas la trahison en son esprit qui lui fait dire de telles choses. Laissez-moi alors lui poser une question concernant un symbole que nous savons tous être d'origine purement druidique. À lui de surveiller sa réponse. Qu'as-tu donc à dire à propos du symbole du serpent enlacé autour du monde? »

« Monsieur, on dit qu'un tel symbole porté sous forme d'amulette attire des bienfaits à la personne qui la porte et la protège contre le chagrin. Mais il s'agit en vérité d'un serpent enroulé autour d'un œuf. La signification druidique secrète est que ce symbole signifie l'attention que le Serpent des âges, c'est-à-dire l'Être Suprême, accorde aux Druides qui lui vouent un culte. Mais... »

« Garçon! » dit le *Caribe*, « surveille ta langue afin de ne pas rabaisser les Druides. »

« Monsieur, si je rabaisse les Druides ce doit en effet être bien triste qu'ils soient si facilement rabaissés. Car je vous le dis, aucun Ordre n'est supérieur à la Vérité, et j'ai fait le serment de dire la Vérité au meilleur de ma connaissance et de ma croyance. Le serpent représente la vitalité de l'homme élevé au niveau spirituel de Dieu. Il est la preuve que l'homme est fait à l'image de Dieu. L'œuf est le symbole de la source éternellement fraîche de l'homme, le corps ou le soi physique. Ensemble, ils ont une signification encore plus élevée, car ils symbolisent la protection de l'œuf éternellement abondant ou du soi physique par l'esprit à jamais sage du Dieu éternel, montrant que le soi physique est la source de tout pouvoir, la fontaine de la Divinité, le temple du Dieu éternellement vivant. Le symbole, en toute vérité, n'est pas limité aux Druides, mais concerne tous les hommes de toutes les races, partout dans le monde. Au sein de chaque homme réside la Divinité! Pas uniquement au sein des Druides! »

Le *Caribe* recula de stupéfaction, et ses Prêtres Jaguar se levèrent avec un cri de colère. Mais à la fin il les calma et murmura : « Du calme, Frères, il sera mis dans la tombe pendant trois jours avant d'être envoyé à la dérive sur la mer dans un *coracle*. Nous affaiblirons discrètement le revêtement de son canot et nous laisserons la nature disposer de son esprit odieux. »

Skakus était debout, criant, et il fut enfin reconnu par l'Archidruide, mon oncle, qui ne semblait vraiment pas content de moi.

« Ma question est celle-ci, simple et directe, et tu dois donner une réponse qu'aucun homme ne connaît. Quelle est la signification symbolique des pierres inutiles, le Phallus Un et le Phallus Deux? »

Des rires joyeux fusèrent parmi les Druides et quelqu'un dit : « Ah! Maintenant on le tient. Aucun homme ne peut répondre à cela! Aucune réponse n'est connue, ha! »

J'étais debout, la tête courbée, tout le poids de l'échec pesant déjà sur moi.

« Eh bien, garçon, ne peux-tu répondre? » railla Skakus.

« Selon la tradition druidique, il n'y a aucune réponse. Les Druides ne m'ont jamais laissé croire qu'il y ait une réponse. Mais j'ai beaucoup réfléchi au sujet des pierres en apparence inutiles, et tout autant sur l'excellence de la formation des Druides. Cela paraît être tant d'efforts inutiles que de disposer ces pierres singulières en des endroits si notables à moins qu'elles n'aient une très importante signification. »

Skakus m'interrompit sur un ton sarcastique : « Garçon, essaies-tu de radouber ton bateau alors que tu es déjà en mer? »

« Monsieur, si mon bateau doit couler, qu'il en soit ainsi! Je me dois de dire ceci. Je crois que les Druides ne connaissent pas la signification de ces deux pierres. Je crois qu'il y a une race qui la connaît, une Confrérie qui non seulement la connaît mais qui enseigne un important principe éternel à l'aide de ces pierres. »

« Oh! Ainsi les Druides ne sont pas aussi grands... »

« Monsieur, voulez-vous bien vous taire! Je dis qu'il y a une Confrérie qui connaît la signification de ces deux pierres, mais je ne sais pas s'il s'agit d'une Confrérie plus grande que celle des Druides. Je ne le sais pas. J'y ai beaucoup réfléchi et j'en ai conclu qu'elle doit être d'origine égyptienne. »

« Pourquoi? »

« *Caer Gaur* est construit sur la base des cubits royaux égyptiens. La Source Sanglante, dit-on, est construite aux dimensions de la Chambre royale en se servant du cubit royal comme base de son mesurage. Regardez vous-même, monsieur, à l'intérieur du fossé géant. Même là au fond d'un fossé creusé par des roseaux et de tendres mains se trouve une pelouse qui a cent cinq sandales de largeur, c'est-à-dire trente-quatre cubits royaux égyptiens. Même à l'intérieur du sanctuaire de ce grand temple il y a un autel en forme de cube parfait – et il mesure un cubit royal égyptien et pas un cheveu de plus. »

« Réponds à la question, garçon! Quel est le symbole des pierres? » Le commandement et la question me furent lancés à la tête par des centaines de voix jusqu'à ce que la clameur se répercute depuis le lointain bocage de chênes, et j'étais là, sans défense, devant une foule en furie dont ma vie dépendait. Finalement, les cris furent réprimés et je n'eus d'autre choix que de répondre.

« Je ne connais pas la signification des deux pierres. Mais si je vis, je la découvrirai un jour! »

« Tuez-le! Tuez-le! » hurla Skakus, et il chargea vers moi l'épée en l'air.

Un *Caribe* s'interposa et un moment plus tard je me retrouvai entouré de Druides qui m'emmenèrent. Quelques minutes plus tard, j'étais dans la crypte de pierre que l'on appelait la Tombe. Elle n'était pas plus grande qu'un cercueil de pierre ordinaire. C'était tout juste si je pouvais m'y étendre de tout mon long et je ne pouvais pas m'asseoir. J'étais littéralement étendu dans la tombe comme si j'étais un mort. Mes guides m'exhortèrent à réfléchir soigneusement à ma vie et à mon avenir si je vivais, car j'allais être lancé à la dérive sur la Mer du Nord le 29 avril, pour vivre ou mourir par la volonté de Dieu. Peut-être, suggéraient-ils, préférerais-je me noyer plutôt que de faire face au châtiment des Druides en colère. C'est avec cette sinistre pensée qu'ils me quittèrent, fermant la tombe au moyen d'une grande dalle de pierre.

J'étais épuisé au-delà de toute description, et je m'effondrai avec reconnaissance sur la pierre ferme. Je suis sûr d'avoir perdu conscience pendant un moment, emporté par les vagues de fatigue extrême qui me submergeaient. Puis je demeurai dans l'obscurité absolue, laissant mes pensées dériver vers ma maison, mon intérêt pour la guérison, ma quête de la Fraternité Blanche et de l'Ordre de Melchisédech – et je ne pouvais avoir le sentiment que toutes ces années avaient été gaspillées. Je ne savais pas pourquoi j'étais devenu si impopulaire auprès des Druides, et je ne pouvais me l'expliquer malgré tous mes efforts de réflexion pour en trouver les motifs possibles. Puis une lumière dorée commença à luire faiblement dans l'obscurité, jusqu'à ce que la glorieuse Fille d'Or soit devant moi. Comme je m'approchais pour embrasser ses lèvres consentantes, elle vint vers moi, mais je fus tiré vers l'arrière par une force irrésistible. Peu importe l'ardeur qu'elle mettait à se précipiter vers moi, j'étais tiré vers l'arrière encore plus vite. Je poussai un grand cri et sortis de ma rêverie pour découvrir que j'étais en sueur et que je tremblais. Je forçai mon esprit à penser à la dure épreuve qui m'attendait, mais je savais que peu importe le châtiment que l'on m'infligerait, je ne regretterais jamais d'avoir dit la vérité toute entière telle que je la voyais.

Au bout de trois jours – le temps m'apparut très court – la pierre fut roulée de côté pour ouvrir ma tombe et on me dit de revenir de la mort. On m'entraîna alors en toute hâte jusqu'à la mer, et on m'envoya à la dérive à minuit sur les vagues traîtresses. La mer ballottait en tous sens mon petit canot et battait sans arrêt contre les peaux qui le recouvraient. Je m'aperçus que ce n'était pas aussi violent que dans un canot sur une mer balayée par les vents. Malmené et meurtri par les assauts répétés de la mer sur les vagues noires, je vis à l'aube que je n'étais qu'à quelques encablures des caps. Lorsque le soleil se leva, j'avais réussi à guider le *coracle* jusqu'à la plage.

Je vis les Druides qui m'y attendaient. Je savais que je venais tout juste de jouer le rôle central dans un drame sans fin. J'avais été considéré comme mort, enterré et ressuscité le troisième jour. Puis comme le nouveau-né, j'étais devenu l'enfant dans le panier, et j'avais été obligé de confier ma nouvelle vie au Divin en étant envoyé à la dérive sur une mer traîtresse. Je fus enfin retiré de l'eau par les mains de nombreux Druides en liesse et ramené là où je pourrais manger et me reposer, et participer aux magnifiques festivités du Premier Mai.

Mais en mon cœur des questions, sans répit, revenaient. Quel était le sens profond de cette ancienne représentation dramatique qui m'avait amené à être mort, enterré, réincarné, confié au destin, sauvé et enfin autorisé à m'afficher comme ayant vaincu le temps et le destin parmi ces Druides joyeux qui m'appelaient maintenant du nom de 'Jeshuau de Nazar, le Trois fois-né'? Quel était le mystère plus profond? Quelle était la troisième signification? Pourquoi n'arrivais-je pas à sortir de mon esprit l'image des deux pierres inutiles et la vision de la Fille d'Or? Qu'est-ce que celles-ci avaient à voir avec mon merveilleux père? Qu'est-ce que tout cela avait à voir avec la Grande Fraternité Blanche et l'Ordre de Melchisédech?

Toutefois, alors même que j'entretenais de telles pensées, un autre canal en mon cœur et mon esprit posa une question encore plus urgente. Reverrais-je jamais et embrasserais-je réellement la Fille d'Or?

ONZE

Les mystères de l'Orient

Les amusantes et joyeuses célébrations du Premier Mai n'étaient pas encore terminées que déjà on m'apprenait que j'allais devoir me rendre vivre parmi les gens ordinaires. Je devais remplir pendant une année les fonctions de druide, de barde et d'eubage. Ma tâche consistait à dire la bonne aventure de maintes façons différentes, surtout en lançant les cent quarante-sept brindilles de pommier, à conseiller les chefs de tribus et de villages, à montrer par l'exemple et à enseigner au moyen de concepts la gloire de Dieu ayant pris forme humaine. À la fin de cette longue épreuve, lorsqu'on me remit mon épée dont la lame était en or, je me rendis compte que j'avais pris de l'assurance et que je cherchais constamment à trouver de nouveaux moyens d'ennoblir l'humanité. Franchement, j'étais devenu de quelque subtile façon un meilleur homme. Mais vivre parmi ces gens simples du comté de Sommerset, et le long de la rivière Brue, goûtant à leurs joies quotidiennes et à leurs tendres amours, aurait fait de n'importe quel homme un homme meilleur. Leur nourriture était simple, leur vie joyeuse, et ils s'adressaient à moi, le druide, pour demander conseil sur toutes les choses du cœur et de l'âme. En vivant près d'eux, je découvris la véritable réputation de mon oncle, Joseph d'Arimathie. Ils l'appelaient 'l'homme d'étain', car il venait fréquemment parmi eux pour acheter des objets artisanaux, et plus particulièrement il achetait tout l'étain qu'ils arrivaient à extraire. Ses navires faisaient continuellement la navette entre l'Orient et la Bretagne, transportant de l'étain et des céréales dans un sens, du marbre et des tissus dans l'autre.

Nous, les Druides, avions appris à raconter les hauts faits des Chevaliers de la table ronde et de leur roi que nous appelions l'Auteur de tout, mais que les gens simples du pays appelaient Arthur, roi de la Table ronde. Nous incorporions dans le récit de leurs exploits les préceptes moraux qui nous avaient été inculqués par les cérémonies et les études druidiques. À chaque chevalier était attribuée l'une des douze vertus que l'initié avait appris à pratiquer. Le roi était bien sûr le symbole de l'initié. *Mer-leen*, dieu de la mer, devenait le faiseur de choses miraculeuses – tout comme la mer profonde apporte de profonds changements en toutes choses – et il devint Merlin pour les habitants du pays.

Parfois, pendant quelques jours merveilleux, je pouvais me retirer dans ma hutte rudimentaire sur l'île d'Avalon, près du majestueux chêne à côté de la Source Sanglante, non loin de la rivière Brue. Oh! Quels instants de délices j'y ai vécus! Je me promenais dans le vallon, entretenant l'espoir qu'un jour le plus glorieux temple du monde puisse s'élever sur ce sol, car l'endroit semblait si paisible, si parfait et si sacré. Il m'arrivait de temps à autre de faire savoir que j'allais adresser la parole à un groupe de Cornouaillais de la région à l'ombre des branches du majestueux chêne, et beaucoup s'y rassemblaient. Quelquefois le vallon était rempli d'hommes au visage sérieux, de belles femmes et de charmants enfants – tous blonds, minces et grands. Ils s'assoyaient pour m'écouter parler et il pouvait m'arriver de faire durer pendant une demi-journée des histoires qui enseignaient la moralité et la fermeté d'âme. C'est ainsi que j'ai passé le plus clair de ma dix-septième année dans un endroit que j'avais fini par aimer beaucoup, avec des gens que j'aimais tendrement. Beaucoup vinrent pour une guérison de l'esprit ou du corps, et je les guéris.

Malgré le bonheur que me procuraient mon utilité et ma popularité, je me sentais seul dans mon corps et dans mon âme. Car mon corps aspirait à plus qu'une caresse en pensée de la Fille d'Or, et mon âme aspirait à plus qu'une allusion à l'existence de la Fraternité Blanche et de l'Ordre de Melchisédech. Mon âme était dévorée par une étrange soif de connaissance à leur sujet, par un insatiable désir d'en savoir plus sur les choses de l'esprit et à propos des demeures de l'âme.

Les ennuis survinrent un bon matin dans mon paradis sous la forme d'une colonne de prêtres druides qui sortirent de la Source Sanglante peu après le lever du soleil. Ils m'entourèrent en me faisant le salut habituel de la Confrérie, et ils dégainèrent leurs épées. Skakus s'avança en tendant la main vers moi.

« Donne-moi ton épée, le symbole de l'appartenance aux Druides. » Comme je refusais, il sortit de sa robe un décret de l'Archidruide de toute la Bretagne et il me le lut d'une voix cruelle et triomphante.

« Par ce décret, j'ordonne à Jeshuau Joseph-bar-Joseph, homme de Nazar, de renoncer à son symbole d'appartenance aux Druides. J'ordonne qu'il rende son épée à Skakus l'Égyptien, et j'ordonne en outre qu'elle ne lui soit pas retournée ou qu'elle ne touche pas sa chair tant qu'il n'aura pas mérité la plus haute récompense qu'un homme puisse recevoir.

J'ordonne donc en plus ce qui suit. Skakus l'Égyptien devra conserver cette même épée d'or et la retourner lorsqu'elle aura été de nouveau méritée.

Et qui plus est, j'ordonne ce qui suit. Jeshuau Joseph-bar-Joseph devra quitter cette terre avant que le soleil ne se couche, et cette terre sacrée lui sera interdite tant qu'il n'aura pas mérité de recevoir l'épée d'or. »

Skakus éclata d'un rire féroce, et le cercle d'épées nues se referma sur moi jusqu'à ce que je ne puisse plus bouger à cause des lames.

« Mais pourquoi? Qu'ai-je fait? »

Skakus retira brutalement l'épée de mon fourreau. Puis il me fit un croc-en-jambe et me projeta par terre. En tombant, je sentis mon cœur plus lourd que ne l'était mon corps. En quelques secondes, les prêtres druides avaient jeté hors de ma hutte les aliments périssables, replié mes affaires en un ballot, et ils m'obligèrent à me mettre en route à grands pas à travers le vallon. Nous avons traversé la rivière et marché jusqu'à la colline Weary-All, puis nous avons redescendu le sentier en direction des quais, là-bas au loin. On me poussa sans ménagement jusque sous la proue d'un navire sur lequel je pus lire *Rivière Hindus*, et on me donna une poussée si forte pour me faire traverser la passerelle d'embarquement que je tombai dans les bras d'un capitaine indien dont le nom, comme je l'appris plus tard, était Bomarachi Ramanchana. Le capitaine Ramanchana me remit debout, mais Skakus me lança si violemment mon ballot que je faillis être renversé en l'attrapant.

« Comme les Druides sont violents », dit le capitaine Ramanchana.

« Mais comme ils sont merveilleux aussi », ajoutai-je. Skakus souleva de toutes ses forces la passerelle et l'envoya à bord du *Rivière Hindus* dans un grand fracas et avec un rire moqueur.

« Pourquoi est-il si odieux envers toi? »

« Je ne le sais pas. Mais peut-être ai-je mérité sa haine. »

« Es-tu en train de me dire, Jeshuau l'Exilé, que la haine ne réside pas dans les actions de l'actif, mais dans les passions du passif? » Son visage mince n'était ni sérieux ni souriant, sévère ou réprobateur. On ne voyait dans ses yeux noirs aucune trace de passion, aucune suggestion d'émotion. On aurait dit de profonds bassins de compréhension où se reflétait l'essence de mon propre être.

Ma tâche sur le navire consistait à être un assistant d'officier, et j'étais directement sous les ordres du capitaine Ramanchana. Avant que nous n'ayons descendu doucement jusqu'à la mer par le même chemin que la Fille d'Or, je sus qu'il était aimé de tous ses hommes, et qu'il était un homme au développement avancé et d'une grande compétence. Non seulement était-il capitaine, mais il était également un guérisseur spirituel et un enseignant personnel pour la plupart des hommes du navire. Il était en fait leur Gourou, ce qui veut dire un Adepte qui prend des étudiants à qui il enseigne. Il était tellement aimé qu'il ne donnait jamais d'ordre. La moindre suggestion de sa part était exécutée par les membres de l'équipage qui rivalisaient entre eux dans le seul but de satisfaire chacun de ses désirs. Dès notre second jour en mer, j'osai lui demander s'il voulait devenir mon professeur, mon Gourou, et m'enseigner la philosophie indienne.

« Je te l'enseignerai, Jeshuau l'Exilé, pourvu que tu acceptes de passer les trois premiers des quatre degrés de notre initiation religieuse secrète dès que nous estimerons que tu es prêt. »

Je m'y engageai personnellement, et il commença à m'ouvrir les plus étranges et les plus doux mystères de la foi. Les Esséniens emplissaient leurs enseignements de travail mental et physique; les Druides emplissaient les leurs de tension et de terreur ainsi que du triomphe de l'individu contre tout ce qui pouvait s'opposer à lui; mais les Indiens emplissaient leurs enseignements du triomphe de l'individu par l'acceptation passive du destin et du joug de l'Être suprême. Le but même de la vie, ainsi qu'on me l'enseignait, était d'accoupler l'âme de l'homme avec l'Âme suprême de l'Univers.

Trente-trois voies permettaient d'y parvenir, dont notamment l'étude intellectuelle, la parfaite formation, l'efficacité physique, l'adoration de l'Être suprême, l'amour de son prochain, le service pour son prochain, les actes de dévotion, et les actes faits sans attachement au résultat final. Il y avait des exercices spéciaux de respiration et des méditations quotidiennes qui étaient censés aider à accélérer cet *accouplement* avec l'Être suprême, qui étaient appelés *Yog*, ou *Yoga*. Celui qui est ainsi accouplé avec l'Être suprême acquiert de nombreux talents particuliers, dont entre autres le pouvoir de guérir et de faire de la lévitation, et lorsqu'il est parvenu au stade d'Adepte, on l'appelle un *Yogi*. Une fois encore, on m'enseigna que le Dieu suprême, l'Esprit omniprésent était en toute chose et dans chaque geste.

« Nous, les Hindous, croyons que Dieu est Tout et que Tout est Dieu. On dit de nous que nous avons trois cent trente-trois millions de déités – une pour chaque inspiration que nous prenons au cours d'une vie. Mais cela n'est pas suffisant. Nous en avons une aussi pour chaque souffle que nous expirons. Car Dieu est tout, même l'inspiration et l'expiration », me dit un soir mon aimable Gourou durant mon quart. « Le problème que nous tentons de résoudre est de trouver comment l'homme peut désapprendre l'idée qu'il est séparé de Dieu, comment il peut arriver à savoir qu'il est Dieu et rien d'autre que Dieu. »

Tout au long des nombreuses semaines qui s'écoulèrent avant que notre navire n'entre dans l'embouchure de la rivière Hindus, je reçus des leçons particulières à raison d'au minimum seize heures par jour. Lorsque le *Gourou* était occupé ailleurs, il me confiait au soin de l'un ou l'autre de ses étudiants avancés et chacun d'eux me donnait un enseignement portant sur le sujet déterminé par le Gourou. Jamais professeurs n'avaient été plus consciencieux, car on leur avait appris, comme prélude pour parvenir à un merveilleux état de conscience connu sous le nom de *Samadhi*, à considérer n'importe quel sujet jusque dans son ultime finalité et dans ses moindres détails. Par conséquent, aucun détail dans mon enseignement ne fut omis et aucun fragment ne fut oublié.

« Le corps », disait mon *Gourou* une nuit où j'étais de quart, « le corps humain est le temple de l'Esprit suprême. On doit l'adorer et en prendre soin. Un niveau convenable d'exercice, une alimentation équilibrée, la propreté du corps sont tous essentiels. Mais c'est l'esprit de l'homme qui oblige le corps animal à accomplir ces choses, ce qu'il se doit de faire. Par conséquent, avant que le corps ne puisse devenir un temple pur du Très Saint, l'esprit doit être dompté comme un cheval sauvage à obéir au mors. »

Une fois, alors que j'étais venu le voir, préoccupé par la théorie du *karma*, nous avons eu une assez longue discussion. J'avais commencé en disant : « Le *karma*, m'a-t-on dit, est l'inévitable remboursement pour toute action, quelle qu'elle soit, et il exerce son effet tout au long des cycles de vies. Ainsi, par exemple, ce que je fais *ou ne fais pas* durant cette vie peut être causé par quelque chose s'étant produit durant ma plus récente incarnation et peut influencer ma vie pendant une douzaine d'autres incarnations futures. Cela est difficile à croire. Car si Dieu est bon, il doit être juste. En quoi la justice est-elle servie par la punition d'actes survenus de nombreuses naissances auparavant? »

« Juste raisonnement, Jeshuau L'Exilé », répondit doucement Ramanchana. « Mais on ne peut comprendre ce qu'est le *karma* séparément de la Loi du *Dharma*. Le *Dharma* est la véritable et inévitable loi de l'univers, et toutes choses se produisent conformément à la règle établie par cette loi éternelle. En vérité, celui qui tue par l'épée, par cette pensée même, met en mouvement la Loi du *Dharma*, et le résultat inévitable est que celui qui tue par l'épée pourrait fort bien mourir par l'épée. Il est inévitable que l'amour soit payé en retour avec de l'amour, la haine avec de la haine, l'émotion avec de l'émotion, le bien avec du bien et le mal avec du mal. Pourtant, il n'y a rien de bon ou de mauvais, sauf ce que l'esprit s'évertue à qualifier de telle ou telle façon. Le *Dharma*, lorsqu'il est perturbé, cherche forcément à retrouver son équilibre et le *karma* en est le mouvement résultant. Mais il ne faudrait pas en déduire que le *karma* ne peut jamais changer. De fait, l'homme peut modifier son *karma*, autrement à quoi cela servirait-il d'adorer? Celui qui adore superbement bien, qui devient un Adepte, qui est un véritable *Yogi*, cet homme-là est au-delà du *karma*. Il est si grand qu'il peut annuler le mauvais *karma* des simples mortels. Le *karma* présuppose une certaine *maya* (ignorance), alors que l'Adepte s'est élevé jusqu'à l'illumination et la suppression de toute absence de connaissance. Il est dit dans les *Upanishads*, notre enseignement le plus précieux, que même si un Adepte commettait un meurtre, ce ne serait pas un meurtre et aucun péché ou *karma* n'y serait rattaché. »

On m'enseigna ce qu'était la trinité hindoue composée de Brahma, Vichnou et Shiva. Brahma, disait-on, était le créateur, Vichnou, le préservateur, et Shiva, le destructeur. Mais on m'apprit à les considérer tous trois comme un seul et même être. Leurs grands prêtres s'appelaient des *Brahmanes*, ou des Érudits. Un jour, presque cinq mois plus tard, nous entrâmes dans un port situé près d'une ville sur la côte ouest de l'Inde et, après avoir amarré le navire à un quai, mon Gourou bien-aimé m'envoya rassembler mes affaires et me dit de le suivre. Cela, je le fis sans hésiter ni poser de questions, même si j'avais le cœur gros de quitter tant de si bons camarades comme l'étaient les marins du *Rivière Hindus*. Nous avons cheminé par bateau et à pied durant plusieurs heures et dormi pendant la nuit. Puis nous avons poursuivi notre route jusqu'au moment où nous nous sommes enfin retrouvés devant l'entrée de la caverne *Éléphanta*, une ancienne grotte sacrée utilisée lors des initiations.

Le Gourou Ramanchana s'arrêta et montra du doigt l'une des petites maisons de pierre près de l'entrée de la caverne. « Ceci sera ta maison. Rends-toi là et attends. Et si l'attente te semble trop longue, viens voir le sol à l'entrée de la caverne. Vois à quel point il est usé par les pieds de tous ceux qui y sont entrés avant toi. Regarde les deux statues géantes qui gardent cette entrée, si dépouillées devant Dieu à l'exception des joyaux qu'elles portent. Six autres gardent trois autres entrées, chacune décorée de joyaux encore plus magnifiques, et ces entrées portent aussi de profondes traces d'usure. Car nous croyons qu'à l'intérieur de cette caverne, mesurant quarante-deux mètres carrés et six mètres du plancher au plafond, se trouve le plus vieux temple du monde qui ait été façonné par la main de l'homme. Ce temple est si ancien que son origine est voilée de mystère, et l'amour de l'homme pour ses rituels était si patient qu'il a été sculpté à même le roc solide, son toit étant supporté par quatre piliers massifs. Attends, et contemple la vie éphémère de l'homme et la vie perpétuelle de Dieu. Attends, et fais la paix en ton cœur avec Dieu, car beaucoup sont appelés mais peu sont choisis, et beaucoup meurent avant d'avoir terminé ce terrifiant rituel. » Il fit quelques pas et se retourna. « Que ceci soit ma leçon finale. Tu dois être attaché dans le détachement, et détaché dans l'attachement. Lorsque le moment viendra, bien que je t'aime, je vais peut-être avoir à te tuer. Même si je te tue, je ne t'en aimerai pas moins tout autant. »

J'entrai dans le petit refuge de pierre situé au pied de la statue géante à la droite de l'entrée de l'est. Chaque matin, je trouvais devant ma porte du riz cuit, des fruits frais, des noix, et parfois un riche bouillon de légumes, de même qu'un pot d'eau. Chaque jour à midi, je descendais jusqu'à la rivière en passant par le village pour m'y laver et nager, frottant ma peau avec le limon blanc et fin que l'on trouvait sur le bord de la rivière à cet endroit. Des hommes, des femmes et des enfants venaient à moi avec des problèmes et pour être guéris. À maintes reprises, on m'amena des victimes du mortel cobra, mais elles survivaient rarement à la morsure. Comme mes vêtements n'étaient pas ceux de la région, ils m'appelaient le 'Saint Exilé', et ils me demandaient aide et conseil pour nombre des problèmes du village. C'est ainsi que je passai là un peu plus de deux années, jusqu'au moment où je reçus une note de mon Gourou qui se lisait comme suit : « Prépare-toi. J'ai demandé pour toi la *Char Asherum* (les quatre initiations) à l'une de nos religions secrètes. Puisses-tu y survivre afin de parvenir à l'égalité avec les dieux. »

Le lendemain, il n'y avait ni nourriture ni eau sous mon porche et une corde blanche avait été attachée en travers de ma porte pour indiquer qu'il m'était interdit de passer. J'attendis durant toute cette journée, passé la tombée du jour et toute la nuit. Le matin suivant, il y avait une demi-gourde d'eau, soit environ trois gorgées pour un homme assoiffé. J'attendis toute la journée et jusqu'à la nuit encore une fois. Tout juste avant minuit, j'entendis un bruit de pas à l'extérieur et vis la lumière de bougies. En réponse à un signal silencieux, j'emboîtai le pas aux prêtres qui avançaient en procession. Ils portaient à l'avant de la procession la statue de la déesse Durga, et je sus ainsi que c'était le neuvième jour du décours de la lune. Dans un concert de lamentations, ils amenèrent la statue dans la rivière et la laissèrent lentement couler sous les vaguelettes. Au bout d'une heure de silence, ils la ramenèrent hors de l'eau et se mirent à chanter des chants de joie, louant Dieu dans les cieux, et répandant la joie parmi tous les hommes.

Nous avons alors rebroussé chemin d'un pas rapide jusqu'à l'entrée de la caverne et, pour la première fois, on me permit d'entrer à l'intérieur.

Comment puis-je exprimer ce que j'y vis? Des statues en or, des gemmes de rubis géantes, des améthystes, des diamants et du jade, d'énormes figures avec quatre, six et huit bras, chacun tenant un symbole incrusté de joyaux. On me fit rapidement prendre un bain et puis on me passa solennellement le *Zennar** sacré autour de moi. Nous avons ensuite offert un sacrifice au Soleil secret dissimulé derrière le soleil physique, et on me revêtit d'un vêtement sans couture d'aucune sorte. Puis, après un long exposé sur l'importance de la moralité dans les relations humaines, nous nous sommes reposés pendant un moment pour marquer la conclusion du premier degré. Cela avait été facile, mais j'étais alerte et préparé pour la difficile épreuve qui vint ensuite.

Le *Gerishth* débuta lorsque je fus encerclé de tous côtés par d'intenses flammes et que des tisons enflammés étaient tenus au-dessus de ma tête. Puis le signe de la Croix fut tracé sur chaque partie de mon corps, on m'avertit de n'émettre aucun son et on me dit que j'étais mort. Ensuite, on m'envoya en probation pendant des heures dans le *Pastos* qui, disait-on, était la porte du *Patala* (l'enfer), et on me dit que si je remuais, ne serait-ce qu'en clignant des yeux, j'aurais échoué.

On m'exhorta à garder les yeux ouverts durant toute la cérémonie, car le Dieu Vichnou allait sûrement m'apparaître et je devais être prêt à m'agenouiller devant lui et à lui offrir mon adoration. Je n'ai aucune idée pendant combien de temps j'ai été enfermé dans cette petite tombe, car mon esprit se tourna rapidement vers le passé et vers la plus tendre des compagnies, la Fille d'Or. Je pense qu'une journée entière s'était écoulée lorsque la petite crypte fut ouverte et qu'on me précipita de l'obscurité à la lumière éblouissante de la caverne. Je m'y retrouvai face à la pointe d'un couteau, et on m'ordonna sous peine de mort de faire un serment dans lequel je promettais d'être souple et obéissant, de garder mon corps pur et de faire preuve de politesse, d'être passif et attentif en recevant les doctrines de cet Ordre secret, et de ne jamais révéler à qui que ce soit les merveilleux mystères cachés que j'allais découvrir.

La caverne était resplendissante de majesté et de couleur. Chaque participant portait un chapeau en forme de pyramide symbolisant la flamme du soleil et la flamme spirituelle présente en chaque être humain sans exception. Un hiérophante s'approcha de moi et m'aspergea d'eau, puis me chuchota à l'oreille : « Que cette eau rende fécond ton corps-mère afin que tu puisses recevoir la naissance éternelle du Dieu viril. » Lorsqu'on me

* Le *Zennar* est une corde sacrée faite de trois torons qui, dit-on, représentent trois éléments, soit la terre, le feu et l'air. L'eau, le quatrième élément dans certaines religions, est considérée par les Hindous être de l'air condensé.

permit de me lever debout, une voix ordonna : « Enlève tes chaussures, ceci est un sol sacré. » Puis on me conduisit rapidement tout au centre de l'immense caverne et c'est alors que commença un spectaculaire et palpitant drame sacré alliant la danse et un mantra. Les centaines de participants évoluaient avec une grâce fluide et sur un tempo complexe mais parfait et ils chantaient un mantra dédié au Soleil spirituel derrière le soleil physique.

« Être tout-puissant, immanent et parfait,
Beaucoup plus grand que ne l'est le majestueux Brahma,
Tous les hommes *sages* se prosternent devant Toi
Comme le Pur, comme le Créateur premier
Dieu éternel de tous les dieux,
Demeure perpétuelle des Mondes.
Tu es l'être incorruptible qui est
Distinctement séparé de toutes les choses transitoires!
Tu fus et Tu es le premier de tous les dieux
Immanent et ancien Purusha*
Cause suprême de l'Univers entier,
Tu es la plus grande Demeure
Dans la vaste maison de la vie éternelle.
L'Univers fut formé par Toi seul,
Pourtant je suis Toi et Tu es moi,
Dieu tout-puissant, parfait et immanent. »

À mesure que les douces voix s'élevaient et retombaient, en cadence avec le mouvement, montant sans cesse vers un point culminant, je ressentais un frisson dans mon corps qui était fait à la fois d'angoisse et de joie absolue. L'intensité émotionnelle monta d'un cran. On me fit asseoir au centre de la caverne et on me dit de méditer sur la perfection de la divinité et d'apprendre à prononcer Son Nom de telle sorte que me soit donnée la capacité de voir dans l'avenir et de satisfaire le vœu le plus cher au cœur de chaque homme. Je méditai sur tout cela pendant que la cérémonie se poursuivait, et j'étais très curieux d'en comprendre le sens – car il n'y avait aucun nom pouvant nommer l'Être suprême sauf celui de *Soi parfait*.

Avant de pouvoir réfléchir à fond sur cet important concept, on m'amena en toute hâte à l'extrémité est de la caverne où je jouai le rôle du soleil physique dans un mimodrame, et je voyageai trois fois de l'est à l'ouest en passant par le sud. Presque au bord de l'épuisement complet, on me plaça ensuite sous la statue de Sita, déesse de la perfection, et la lourde statue fut doucement descendue sur mon dos.

*Purusha est le Soi suprême de l'univers qui s'est individualisé dans l'homme.

Je devins le *Mahadeva** dans le mimodrame, et on me dit que je ne pourrais me libérer du fardeau de mon amour que lorsque avec mon seul esprit je serais capable de faire voler en éclats la déesse placée sur mon dos. Je commençai à faire le tour de la caverne avec ce poids sur mon corps affamé et tremblant. À chaque tour j'avais effectivement l'impression de transporter le corps de mon épouse morte autour de la périphérie du monde. Avec chaque nouveau pas que je faisais, le vacarme des hurlements, des cris aigus et des lamentations lugubres augmentait. Les gémissements et la mélopée funèbre s'accentuèrent jusqu'à une intensité stridente et lorsque j'eus complété mon septième tour de la caverne, je connus réellement toute la souffrance du monde et portai le fardeau de l'éternité sur mon dos. À la fin, un hiérophante m'arrêta et demanda:

« Dis à haute voix quels sont les deux grands concepts que ce drame personnifie? »

« Sita, que l'on appelle aussi la Femme éternelle, est la déesse de l'amour, et l'amour du bien. Lorsqu'elle est morte, le monde entier pleure sa mort et l'obscurité s'étend sur les âmes des hommes. » J'étais trop épuisé et trop faible pour penser ou en dire plus.

« Cela est vrai. En outre, lorsqu'un aspirant aux Grands Mystères perd la foi en sa quête sans fin, il pleure encore plus amèrement et connaît l'indicible angoisse de la Nuit noire de l'âme. À présent, dis tout haut ce qu'est le second concept. »

« Je ne peux le dire. Je ne le connais pas. »

« Cela est vrai. Tu ne le connais pas parce que tu ne pourras le connaître encore avant un moment. Mais souviens-toi de ceci et médite là-dessus : tant que l'aspirant-Dieu ne parvient pas à transformer la forme de Sita, la Femme éternelle, il ne peut être accepté dans l'Ordre le plus élevé, il ne peut franchir la barrière séparant l'homme de Dieu. Sois attentif à présent pour comprendre le sens! »

La statue de Sita fut enlevée de sur mon dos et placée sur un autel d'or dans la partie sud de la caverne. Un des hiérophantes s'avança à grands pas vers l'est et monta sur un trône. Tous les sons cessèrent, même la respiration des participants s'apaisa, et ma propre respiration s'arrêta. Combien de temps sommes-nous demeurés ainsi, frappés de stupeur? Brusquement, le bruit d'un coup de tonnerre retentit du plafond de la caverne, et le Maître qui était à l'est fut soudain entouré d'une lumière dorée. De sa tête s'éleva en vacillant une mince langue de feu d'un blanc bleuté. Lentement, comme à regret, elle décrivit un arc d'un bout à l'autre de la caverne et toucha la

**Maha* signifie 'grand' et Deva veut dire 'Dieu'

statue de Sita. Il y eut une explosion, un jaillissement de lumière, et la statue de Sita s'entrouvrit et de son sein sortit un personnage ressemblant à Sita, mais habillé à la façon du Maître de l'est. Je regardai le tout, abasourdi, déconcerté et désorienté – car je ne connaissais pas la signification de cet étrange événement, et aucune ne me fut communiquée. De fait, aucune explication ne me fut donnée pour soulager mon esprit fasciné.

À la demande insistante d'un hiérophante, on m'entraîna dans une série de sept mimodrames fantastiques. Chacun racontait une histoire transmettant une valeur morale, sociale ou spirituelle particulière et le faisait d'une manière telle qu'aucun mot ne serait jamais arrivé à en communiquer l'esprit. Tout d'abord, on m'habilla de façon à personnifier le Dieu Vichnou, le préservateur, l'un des multiples Avatars.* Cet Avatar était celui de la vie de Vichnou sous forme du dieu-poisson. L'histoire racontait que le Grand Brahma était distrait ou endormi et que le démon *Hayagriva* en profita pour voler les Védas sacrés, sans lesquels l'humanité ne pouvait vivre. Sans l'enseignement contenu dans ces livres sacrés, l'humanité tomba dans le vice et la corruption universelle à un point tel que le monde dut être détruit par un déluge. Seuls un monarque pieux et sept autres personnages furent sauvés dans un vaisseau construit conformément aux indications de Vichnou qui fait tout ce qui est en son pouvoir pour préserver la vie. Lorsque le déluge atteignit son paroxysme, Vichnou se transforma en l'Avatar *Matse* et plongea dans les flots pour rechercher et tuer le démon au fond de l'océan.

On me dit d'entrer dans un énorme bassin d'eau et de ramener les trois volumes des Védas cachés au fond, et on me jeta à l'eau. En me relevant debout, je me rendis compte que l'eau m'arrivait à la poitrine, et qu'en face de moi se trouvait mon Gourou bien-aimé. Mon bonheur était si grand que je m'avançai immédiatement vers lui tout à ma joie de le revoir. Soudain son poing me frappa, il m'agrippa, me repoussa vers l'arrière et m'enfonça la tête sous l'eau. La surprise me figea, puis la terreur me saisit, et ensuite une intense colère s'empara de moi. Tout d'un coup, alors même que j'étais à bout de souffle et que la noyade était imminente, je sentis une énorme montée d'énergie affluer en moi. J'assurai une prise ferme à mes pieds dans le fond du bassin, je frappai ses mains pour les dégager de ma gorge, et je le saisis par le milieu du corps. Avec une force déchaînée, j'émergeai de l'eau en le portant à bout de bras. Tout en respirant un grand coup, je m'approchai à grandes enjambées du bord et je le projetai en l'air vers les dures pierres. Il fut rattrapé par une douzaine de mains et il essaya de retourner dans le

*Un Avatar est une forme d'homme ou de Dieu hautement évolué, existant temporairement dans un mode d'être différent.

bassin, mais ne put le faire avant que je n'aie plongé et trouvé les trois Védas et que je ne les aie ramenés hors de l'eau.

« Quels sont les deux concepts? » demanda un hiérophante.

« Que celui qui aspire à être comme Dieu doit toujours s'efforcer de servir son prochain, même au risque de mourir. Deuxièmement, qu'en ce qui concerne les choses de Dieu, aucun homme ne peut être votre enseignant ou votre prêtre; un moment arrive où l'homme doit repousser énergiquement ceux-là mêmes qui l'ont d'abord instruit, de crainte que leur amour ne le détruise. »

Ensuite, je devins l'Avatar de Vichnou personnifié par le pieux roi Satyavrata qui, ayant pris la forme d'un poisson, lança l'avertissement que le monde serait détruit par un déluge ainsi que tous les hommes qui n'avaient pas bu l'eau de l'immortalité ou de la renaissance appelée *Amreeta*. Une assemblée de grands prophètes sur le mont *Méru*, la montagne spirituelle, ne parvint pas à produire l'*Amreeta* pour les hommes. Mais ils découvrirent qu'il ne pouvait être produit que par de violentes révolutions sur lui-même du mont *Mandar*, le symbole du monde physique. Mais même les Védas ne pouvaient faire tourner la montagne physique, et Vichnou vint à leur aide. Le Serpent de la sagesse, *Vassokee*, enroula son puissant corps autour du monde physique comme un câble, et moi, Vichnou, je me transformai en tortue et pris le monde sur mon dos. Il fut alors possible de le faire tourner, et les eaux de la réanimation ou de la vie nouvelle furent dispensées.

Fatigué comme je l'étais de supporter le lourd monde tournoyant sur mon dos, je dus expliquer à sa demande les concepts à l'hiérophante.

« Premièrement, la vie ne peut être améliorée à partir du plan spirituel uniquement. La vie humaine est améliorée par la qualification humaine de l'énergie divine. Deuxièmement, l'agitation ou la force émotionnelle est requise pour amener le corps physique à transformer l'énergie du divin en une force acceptable pour le monde physique. L'énergie spirituelle doit être qualifiée par l'esprit humain agité par une grande émotion afin de provoquer la guérison de maladies, ou l'élévation de la nature morte. »

Comme troisième personnification d'Avatar, on m'obligea à foncer à quatre pattes dans une caverne plus basse à travers des passages à peine assez larges pour permettre à mon corps de passer. Là, il me fallait poursuivre le monstre *Hiranyakshana* à travers toutes les régions des sept mondes inférieurs. Cette fois, je représentais un sanglier, une forme prise par Vichnou. Nous nous fîmes face et nous livrâmes combat, et je réussis finalement à triompher de lui. Immédiatement après, je fus de nouveau attaqué par le frère du géant qui avait reçu la promesse de Brahma qu'aucun être de quelque forme connue que ce soit n'aurait le pouvoir de lui faire du mal. On me fit entrer à l'intérieur d'une colonne de marbre et on m'en fit surgir sous la forme d'une flamme vivante, défaisant le géant à qui aucune chose de forme connue ne pouvait faire de tort.

« Présente les concepts! »

« Le géant des passions de l'homme s'enfouit dans les sept cavernes de son être et il doit être déniché et détruit par l'esprit en introspection et sans cesse à l'affût. Le second géant, la peur, ne peut être maîtrisé par aucune chose connue, mais seulement par la flamme destructrice du courage. »

On m'apprit ensuite à faire trois pas à angles droits, ce qui représentait l'histoire racontant que Vichnou était devenu un petit Brahmin et avait demandé au tyran *Bali* autant de place que nécessaire pour faire trois pas pour la pratique du culte sacré. Le géant acquiesça à la demande, et Vichnou fit un pas vers l'est et un pas vers le sud. Lorsque le géant s'approcha de lui pour lui demander ce qu'il en était du troisième pas, Vichnou fit sortir de son ventre un troisième pied et il écrasa le crâne de Bali.

Même si j'étais très fatigué, je ne pouvais manquer de discerner le sens ici. Bali était le tyran de l'esprit physique, aux prises avec les choses du monde physique. La place pour la pratique du culte ne pouvait être autre qu'un corps purifié et saint. Le pas fait en direction de l'est était l'effort déployé pour obtenir l'illumination spirituelle du soleil glorieux du Dieu éternel; le pas en direction du sud était l'effort déployé pour obtenir la connaissance afin de soutenir cette illumination dans le corps de l'homme. Le troisième pied avait surgi tout d'un coup du ventre, et servit à rien de moins que la destruction du tyran. Il doit donc représenter la volonté pure et sans tache qui conquiert *sans combat* l'esprit physique.

J'avais tout juste terminé d'énoncer ces idées qu'une épée tranchante et un bouclier résistant étaient placés entre mes mains et on me dit que je devais me frayer un passage à coups d'épée contre toutes les forces qui allaient se liguer contre moi d'un bout à l'autre des sept cavernes situées sous la caverne supérieure. Je me retrouvai littéralement plongé en plein enfer. Le fracas du combat était assourdissant dans l'espace très restreint où j'étais. À mesure que j'avançais dans le corridor, j'étais attaqué de toutes parts par des épées sans pitié et tranchantes, et je fus blessé à maintes reprises avant de réussir à repousser les assauts et à m'échapper de la furie du combat. En tant que septième Avatar, j'étais le fabuleux Rama, et j'avais à prouver que je voulais être à l'égal des dieux en faisant ce qu'ils avaient fait, en subissant les mêmes épreuves épuisantes et en m'exposant aux mêmes dangers. Lentement, j'avançai jusqu'au bout du mortel corridor qui était maculé du sang de ceux qui avaient tenté de passer par là auparavant. À chaque instant, j'étais soumis à un barrage d'attaques vicieuses et d'assauts impitoyables. Je bataillai durant l'équivalent de sept fois la longueur de la caverne et j'aboutis à une porte fermée. De l'autre côté je pouvais entendre la furie d'une bataille et les cris de souffrance des blessés, et on aurait dit que certains étaient même en train de rendre l'âme. Tout d'un coup, un hiérophante apparut près de moi.

« Prête l'oreille. Tu as combattu vaillamment à travers les sept cavernes de l'enfer. Tu as survécu à l'allusion à la réincarnation de l'esprit de l'Avatar dans la chair humaine. Tu as vu les sept lieux de récompense et de punition que de nombreuses nations ont adoptés dans leurs croyances religieuses, car il devrait être clair que la Résidence suprême comporte de nombreuses demeures qui ne sont que des degrés de récompense faits proportionnellement à la mesure de la foi et de l'obéissance de l'homme. À présent, un dernier acte de foi et d'obéissance doit te conduire au *Cailasa** ou à une mort sûre et certaine. Tes instructions sont de franchir cette porte. »

En un clin d'œil, il était parti. J'étais là essoufflé, fatigué au point de ne plus rien sentir, abruti par le poids de mes muscles et de mes os. J'entendis derrière moi l'insistante voix chuchoteuse de mon Gourou. Il vint jusqu'à moi du bout du corridor et m'empoigna fermement et désespérément.

« Ils sont devenus fous », chuchota-t-il. « Deux factions sont maintenant en train de combattre et de s'entre-tuer parce que les uns disent que l'on n'aurait jamais dû te faire subir les quatre initiations en une seule fois et que l'on devrait t'épargner la dernière bataille parce que tu es complètement à bout de forces et épuisé. Les autres vont se battre jusqu'à la mort pour empêcher qu'aucune initiation ne soit jamais interrompue. Si tu le désires, je peux te guider vers une autre voie et tu n'auras pas à affronter la tâche qui t'attend au-delà de cette porte. » Il indiqua du doigt à la gauche un étroit corridor qui montait jusqu'à un tournant, et je pouvais distinguer le pourpre foncé d'une porte magnifique.

Il recula et me laissa prendre la décision entièrement seul. Pouvais-je échapper à l'épreuve finale? Pouvais-je y survivre si je ne l'évitais pas? Disait-il juste ou était-ce l'hiérophante qui avait raison? Je n'arrivais pas à me décider. Mais dans ma confusion je sentis une forte envie de franchir la porte, là devant moi. Cédant à cet appel, j'ouvris toute grande la porte et fonçai vers le haut d'un couloir en pente, virai brusquement à gauche et continuai à courir. Soudain je m'arrêtai, l'épée à la main, tapi derrière mon bouclier. Mes yeux étaient fixés sur l'énorme masse meurtrière, là devant

*Le mot *Cailasa* est intraduisible, mais il signifie un paradis à la fois spirituel et physique

moi, et j'étais incapable d'en détacher mon regard même si j'étais entouré du fracas furieux du combat. Car l'énorme masse, une roue de pierre, était maintenue en équilibre en haut d'une pente raide descendant tout droit entre des murs de pierre jusqu'à la porte pourpre. Elle n'était retenue que par un levier relevable qui était attaché au chambranle de la porte pourpre. Si j'avais ouvert cette porte en la tirant, le système de déclenchement aurait libéré le verrou de blocage, et l'énorme pierre aurait dévalé dans l'étroit passage avec une force et une vitesse irrésistibles. Une mort horrible aurait été presque inévitable sous cette pierre massive. Il y avait au-dessus de la porte pourpre un écriteau fort simple qui illustrait parfaitement chaque concept de l'initiation : « Choisis le devoir *sinon* tu choisis la mort ».

Je notai vaguement dans les replis de mon esprit fatigué que les bruits de combat s'étaient éteints. Une voix retentit soudain dans la caverne : « De tout ce qui est fait sans une foi inébranlable, que ce soit un sacrifice ou un service pour le bénéfice de l'homme, le jeûne ou la purification pour Dieu, ou notre devoir envers une tâche assignée, les résultats n'appartiennent pas à ce monde ni au ciel. » Alors même que j'essayais de mon mieux d'assimiler l'énormité du message, j'entendis le timbre mélodieux d'une cloche. Je m'avançai d'un pas chancelant dans sa direction, et je poussai précipitamment les portes devant moi au son d'une conque. Je me retrouvai subitement dans une pièce de la caverne éclairée si intensément qu'il semblait y faire plus clair qu'en plein jour. Là, devant mes yeux, se trouvaient de superbes statues, parées d'or et de joyaux. Les colonnes étaient recouvertes de plaques en or serties de pierres d'une valeur inestimable, et du ventre ouvert de statues en or et en argent s'écoulaient des rivières de diamants, de rubis, d'émeraudes et de perles. Après avoir parcouru du regard toutes ces richesses ainsi que les somptueux vêtements sacerdotaux des prêtres et des hiérophantes, mes yeux furent attirés directement vers l'adytum sacré et l'autel en marbre d'un aspect fort simple. Il était flanqué par deux pyramides identiques au sommet desquelles jaillissaient des flammes, et sur son marbre apparaissait un unique lotus en or aux formes parfaites.

Un parfum communiqua à mon être une nouvelle dimension d'expérience émotionnelle, car les flammes qui s'élevaient brûlaient un encens. J'étais figé dans l'immobilité la plus totale, et c'est alors que la chose la plus extraordinaire se produisit devant mes yeux. J'eus l'impression que mon cœur fatigué s'arrêtait de battre, qu'il se gonflait au point presque d'éclater. Il explosa ensuite vers le haut et fit voler en éclats la base de mon cerveau. Mais j'étais trop fatigué et trop ému pour accorder de l'attention à ce que j'étais en train de ressentir. À ce moment précis, une forme rayonnante s'éleva de ma chair. Elle s'éloigna de moi pour aller planer au-dessus des quatre pétales du lotus. Elle demeura sur place et je pouvais voir la partie physique de mon être en haillons et en sang regardant à travers des yeux hagards et affamés ma forme rayonnante planant au-dessus du lotus d'or. J'étais en deux endroits différents au même instant! J'étais moi-même, mon soi de chair. J'étais aussi un corps rayonnant capable de voyager à travers l'espace et de voir comme avec des yeux physiques.

Ô la joie qui submergea mon être! C'est à ce moment que je compris l'histoire que l'on m'avait racontée à propos de Brahma. Lorsque Brahma adopta une forme mortelle, une moitié de son être divin engendra *Satarupa*, une déesse si belle que Brahma tomba instantanément en amour avec elle. Mais comme il la considérait comme sa fille, il eut honte de sa passion et, déchiré par son conflit entre l'amour et la honte, il demeurait là sans mouvement. La déesse se rendit compte de son dilemme et s'écarta pour ne plus être sous le feu de son regard dévoré par le désir. Mais un visage apparut soudain pour la contempler de nouveau, même si Brahma n'avait pas bougé. Respectueusement, elle s'écarta une fois de plus, mais un autre visage apparut. Et un quatrième visage apparut encore, de sorte que Brahma pouvait regarder en tout temps et dans toutes les directions la beauté parfaite de la déesse issue de sa pensée.

Une musique magique circula dans mes nerfs. Je compris ce que voulait dire le symbole du lotus. On disait qu'il était le symbole de la liberté de l'âme lorsqu'elle se libérait du corps terrestre. Le lotus prend racine dans la vase, croît graduellement à partir du germe en une plante parfaite, et ensuite s'élève fièrement au-dessus de l'eau, flottant en l'air comme s'il était indépendant de toute aide extérieure. Le lotus de mon être rayonnant flottait maintenant au-dessus de son propre symbole doré et chaque cellule de mon corps était remplie de lumière, de musique et de la fragrance de la vie parfaite. En cet instant divin, j'étais certain que le Dieu suprême et l'Univers suprême étaient un, sans commencement ni fin, et que Dieu était omnipotent, omniprésent et omniscient – et je faisais partie de la divinité sans pourtant en être séparé. Je savais que j'étais immortel et que j'avais existé depuis le début des temps et que j'avais vécu l'incarnation à travers un millier de formes, tout comme l'avait fait chaque autre homme sur Terre. Je savais, en cet instant d'exultation, que l'homme pouvait choisir l'habitat de son âme; qu'il pouvait changer de domicile comme lorsqu'on jette de vieux vêtements; qu'il pouvait quitter la vieille enveloppe mortelle et entrer en d'autres qui étaient nouvelles et plus parfaitement purifiées et plus utiles. Je savais aussi qu'à la fin, l'homme qui s'était suffisamment entraîné et purifié pouvait être physiquement absorbé dans l'Éternel. Tout au long de ces pensées, je ressentis la félicité la plus sublime.

Le *Gourou* Ramanchana apparut à mes côtés. Je pouvais le voir de deux angles à la fois. Je pouvais voir l'avant de son corps faisant face au lotus doré. Je pouvais voir son côté gauche qui était face à mon corps ravagé et ensanglanté. Je vis sur son visage le regard de la gloire réfléchie, la félicité parfaite momentanément retrouvée qu'il avait dû connaître lors de son initiation à cette formation avancée et secrète des Hindous. Bien qu'il m'ait dupé, qu'il m'ait combattu et qu'il ait presque provoqué ma mort, en cet instant pourtant je l'aimais plus que quiconque sur Terre – même plus que mon propre être. Je savais que si ce n'avait été de son dévouement et de son amour à mon égard, son consentement à bien vouloir courir le risque de ma ruine ou de mon illumination, je ne serais jamais parvenu si rapidement à ce magnifique moment de pure délectation.

Puis le moment magique s'évanouit. Quelqu'un bougea et le corps rayonnant revint brutalement dans mon corps physique avec une force qui le secoua et me projeta presque sur les pierres. J'avais des fourmillements partout dans le corps comme s'il avait été endormi et qu'il s'éveillait maintenant avec l'afflux de sang neuf et d'une vie nouvelle. Ce fut à ce moment que je sentis le coup et entendis le bruit à l'arrière de ma tête, comme si quelqu'un avait frappé mon cou avec un gourdin léger – mais je savais qu'il avait été provoqué quelques instants auparavant quand mon corps rayonnant avait surgi hors de mon corps physique. Ce n'est que lorsque les muscles et les tendons furent à nouveau sortis de l'immobilité quasi cadavérique – quand les muscles du corps devenaient durs comme de la pierre – ce n'est qu'à ce moment-là que la sensation physique pouvait parvenir à la conscience. C'est seulement à ce moment-là que la pleine mesure de la beauté, de la félicité et de la portée de ce qui s'était produit pouvait être reconnue par le cerveau physique.

Mon bien-aimé *Gourou* prit ma main et me conduisit doucement jusqu'à un trône surélevé. Là, je fus enserré dans l'étreinte des majestueux hiérophantes, et on me transmit le nom secret et sacré de Dieu. Il s'agissait du mantra *AUM*, prononcé dans ma langue maternelle en gardant le corps et l'esprit parfaitement calmes. On me dit que chaque fois que je dirais ce mot, le monde serait ébranlé jusque dans ses fondements et que les dieux s'empresseraient de m'obéir. On me baigna ensuite avec des lotions destinées à soigner mes plaies, on me revêtit de vêtements magnifiques, riches et empesés de joyaux fabuleux. On m'offrit la corde sacrée et le Joyau du Maître de l'Orient à la condition que j'accepte d'aller enseigner pendant une année parmi les gens de l'Hindoustan. On m'appela alors 'celui qui est né deux fois et trois fois' et on me pressa d'aller enseigner la Gloire de l'Unique. Mais mon Gourou demanda que l'on me donne quinze jours de repos et de réflexion, et cela me fut accordé.

Lorsque la cérémonie fut enfin terminée, je me rendis d'un pas lourd et chancelant jusqu'à ma cellule. J'étais tellement fatigué que je butai sur la marche basse de mon porche et tombai par terre. Une fois à l'intérieur, je trouvai à côté de mon ballot tout un choix d'aliments appétissants et délicieux, aux couleurs éclatantes sous les rayons du soleil matinal. Mais je n'en mangeai que très peu et tombai endormi. À mon réveil, je me rappelai du Moment magnifique que j'avais vécu, je mangeai un peu plus, et j'examinai mes coupures. Mais rapidement je retombai dans le sommeil.

Lorsque je m'éveillai tout à fait au bout de trois jours, mes blessures et entailles étaient toutes guéries sans qu'il n'en reste la moindre cicatrice. Je m'assis alors pour me régaler des aliments abondants et délicieux dont mon corps avait besoin. Mais je savais que rien ne pouvait égaler la nourriture de l'âme que j'avais connue durant le Moment de magnificence, lorsque mon corps rayonnant flottait comme le Brahma aux yeux multiples au-dessus du Lotus doré dans la caverne d'Éléphanta.

Le mystère du Maître qui transforma la forme de Sita avec son esprit était tout frais et vif à ma mémoire, et je méditai beaucoup là-dessus. Mais même mon incapacité à percer ce mystère ne pouvait atténuer le souvenir du Moment glorieux où je devins un avec l'Univers et avec tous les hommes. Comme il était grand mon désir d'accéder une fois encore à ce Moment de félicité – et comme j'allais devoir, par la force des circonstances, attendre longtemps encore!

DOUZE

Les mystères des Mages

Moins d'une semaine après mon initiation, j'étais pleinement rétabli et j'avais recouvré toutes mes forces, mais surtout j'étais habité d'une joie étrange et inextinguible. Cette joie était si intense qu'il m'arrivait d'avoir l'impression de ne pouvoir respirer assez profondément pour absorber toute la joie du monde. Ce fut durant cette période que l'on m'amena une autre victime du mortel cobra royal. Son corps commençait déjà à devenir rigide et sa peau était d'une pâleur aux reflets bleus annonçant une mort rapide. La procession de gens en larmes s'arrêta à l'ombre d'un *bodhi* (arbre) près de là, et son épouse vint à moi en pleurant et en gémissant. Tout à mon état de radiance et de félicité, je me sentis contrarié par un tel dérangement. Ces idiotes gens ne savent-ils pas que la morsure du cobra royal entraîne une mort certaine? Ne l'apprendront-ils jamais? Pourquoi viennent-ils ainsi m'importuner avec l'impossible? Mais à peine un instant plus tard j'étais submergé par un intense chagrin qui m'arracha de mes pensées intérieures. À sa demande pressante, je me levai et me rendis jusqu'au *bodhi*.

J'étais content de sentir que le sentiment de joie suprême qui m'habitait n'avait pas été sapé par leurs gémissements angoissés et futiles, ou par les intenses passions de mon être intérieur ou de ces gens simples. Comme je regardais l'Hindou étendu au sol, je vis qu'il s'agissait d'un jeune homme de la classe des marchands, prospère et de belle allure, avec tout ce qu'il fallait pour vivre heureux dans le monde. Sa femme était belle, et j'en déduisis en voyant les cinq enfants en pleurs qui s'agitaient autour d'elle qu'il avait aussi été fécond et plein d'égards. Mais étrangement, je ne ressentais aucune pitié, ni pour le mort ni pour les vivants. À ce moment-là, me semblait-il, la mort était pour moi la plus grande joie possible. La mort était la plus douce des passions. La mort était la perfection de la vie, la continuation de l'état de beauté propre à l'âme. La mort n'était que l'instant de la vie prolongé au-delà des sens humains en une éternité infinie de parfaite félicité.

Le fait que quelqu'un soit mort ne portait pas à conséquence. Dans quelque temps, il reviendrait pour profiter à nouveau de l'apprentissage et des joies de la vie. Quelle importance pouvait alors avoir le fait qu'il ait cessé de vivre un bref moment plus tôt que ce qui était possible? Ne reviendrait-il pas même plus rapidement encore, récompensé grâce à la loi immuable par le temps dont ces événements l'avaient privé?

Ayant ces pensées à l'esprit, je fus quelque peu surpris de voir la forme du jeune homme assise sur une grosse branche du *bodhi*, alors même que son corps froid et rigide reposait sur les racines noueuses de l'arbre.

« Murthi était un homme si merveilleux », disait sa femme en pleurant. « Oh! pourquoi fallait-il qu'il meure? »

« Aucun homme ne meurt à moins qu'il ne le veuille », dis-je, et j'étais moi-même surpris de m'entendre dire cela. J'étais encore plus surpris de voir l'expression de consternation et de culpabilité qui apparut sur le visage sensible de Murthi dans le *bodhi*. Ainsi eus-je la certitude que ma langue avait été guidée. Je demandai à tous les gens présents de se retirer à une distance de deux cents pas afin de pouvoir parler avec l'esprit du défunt.

Son histoire était toute simple. Il était un homme habité d'un intense désir passionnel, désirant sa femme à tous les jours. Elle était fatiguée et l'avait repoussé, et il s'était mis à aller voir une femme plus jeune et plus belle qui voulait bien de lui. Il avait le sentiment d'avoir commis quelque chose de très mal. Cherchant à se punir, il était devenu de plus en plus insouciant et il avait négligé de bien surveiller où il mettait les pieds, et il avait été mordu par le mortel cobra. Pourquoi pensait-il avoir péché? Parce qu'on le lui avait enseigné! Pourquoi ne voulait-il pas vivre? Parce qu'il était lié par ses obligations envers son épouse et par son amour envers la jeune femme. Sous l'effet de ma joie absolue, je ne pouvais rien voir de mal à cela et je le lui dis.

Puis je fis signe à la famille et aux amis de revenir. Je me plaçai au-dessus de la forme prostrée du corps de Murthi et le pris par la main. « Je te pardonne tous tes péchés. Pardonne-toi toi-même et lève-toi et marche, et continue à faire ce que tu faisais auparavant quand tu vivais. »

L'esprit de Murthi trembla sur la grosse branche du *bodhi*, puis il descendit pour tomber à reculons dans le corps de chair. Le corps de Murthi au sol fut traversé d'un frémissement alors que l'esprit réintégrait sa demeure de chair, il gémit et commença à se lever. Il reprit conscience tout en se mettant debout, et il me regarda de ses doux yeux bruns. Pendant un moment, son esprit échangea avec le mien à travers ce regard conscient, puis le voile de l'oubli descendit sur ses yeux. Je savais que Murthi vivrait encore un certain temps. Mais il serait coincé entre les nécessités de sa chair et les enseignements de ceux qui n'avaient jamais compris ou connu pareilles nécessités et il en mourrait. Même cela me laissait totalement indifférent. Dans l'état de béatitude qui était le mien, la mort et la vie étaient une seule et même chose, la moralité de l'homme n'entraînait pas de conséquences à long terme; seule la loi éternelle de Dieu était importante, et elle n'avait rien à faire avec les faiblesses et les soucis sans importance de l'homme.

Bientôt le sentiment de félicité s'évanouit, et malgré mes tentatives de guérir d'autres cas de morsure de serpent, je n'y parvins plus. Il arrivait quelquefois que des hommes survivent, mais je n'ai jamais eu l'impression d'avoir fait quoi que ce soit qui puisse avoir contribué à leur survie. Car tout ce qui m'intéressait alors, c'était les passions et les peines de la chair ô combien dense et réelle. Il m'arrivait même parfois de me tourmenter à l'idée que j'avais recommandé à Murthi de vivre heureux au mépris des mœurs de la société dans laquelle il avait grandi, des enseignements des prêtres de sa religion et de la famille à laquelle il devait fidélité et respect. Peu à peu, j'acquis cependant la conviction que les Lois de Dieu n'avaient rien en commun avec les préceptes moraux de l'homme. La moralité s'apparentait à la bonté, mais la moralité ne s'apparentait pas de la même façon à la piété. Car la moralité concernait les besoins de l'homme, et la dévotion à Dieu concernait plutôt une puissance céleste supérieure. De façon vague et confuse, j'avais la certitude que j'étais sur la voie d'une grande vérité. Mais mon esprit n'était pas prêt à la recevoir, ou ma formation n'était pas encore suffisante pour la rendre claire et utilisable. Lentement, je perdis contact avec ce concept et devins à nouveau empêtré dans les peines et les rets de la chair – la mienne ou celle des autres.

Le quinzième jour, je reçus la visite des hiérophantes, et j'acceptai de partir sur les routes de l'Hindoustan vêtu de la robe jaune du mendiant et ne portant pour seul ornement que mon Joyau de Maître de l'Orient. On me demandait d'enseigner les concepts du brahmanisme et de vivre la vie d'un moine mendiant. C'est ainsi que je me rendis par monts et par vaux jusqu'au Gange, et que je le descendis, parcourant de la sorte ce magnifique pays. Au début j'enseignais les concepts du brahmanisme, mais au bout de peu de temps je commençai à me rendre compte que le concept du karma et des quatre castes était utilisé pour faire de quelques-uns des gens incroyablement riches, et de la plupart des autres des gens incroyablement pauvres – au point même d'être considérés comme intouchables. Je constatai combien il était stupide de se conformer aveuglément à l'idée de ne pas vouloir faire de mal à quoi que ce soit au point de se laisser attaquer par les serpents! Je commençai à me rendre compte que l'idée de la méditation extatique était un moyen pour le soi de parvenir à une douce euphorie tout aussi sûrement qu'un chemin permettant d'entrer en contact avec l'Être suprême. Je me mis peu à peu à ajouter quelques mots sur ces idées chaque jour lorsque je m'adressais aux gens qui étaient venus m'entendre. Et très rapidement je reçus la visite d'un groupe de brahmanes en colère et à bout de patience. Ils exigeaient que je cesse d'enseigner aux ignorants à se rebeller contre ces choses qui étaient d'usage dans le pays. Ils soutenaient que c'était là la coutume et que sans coutumes les gens deviendraient confus et violents, et que la violence causerait un tort immense aux gens.

« Ce que vous voulez dire, c'est que si les gens deviennent sages, ils rejetteront le joug que vous leur imposez, vous qui souhaitez préserver le *statu quo* pour votre propre bien-être et votre propre enrichissement, ne croyez-vous pas? »

« Peut-être sommes-nous quelque peu avantagés », dit un astucieux brahmane, « mais nous nous en servons pour la gloire de Dieu et le confort de nos confrères prêtres. Tu tires toi-même avantage de cette simple générosité. »

De fait, j'en profitais pleinement. On prenait grand soin de moi dans tous les monastères où je m'arrêtais et on me dispensait tout le confort matériel nécessaire. Mais il me semblait que mon confort personnel était de peu d'importance comparé au confort matériel, à la dignité et aux droits humains de millions d'Hindous. Je demeurai en prière pendant plusieurs jours pour chercher à mieux comprendre cette question, puis je m'élevai explicitement contre de telles croyances. En moins d'une semaine, ces gens ordinaires qui venaient chaque jour m'entendre parler étaient passés d'une centaine à bien plus de deux mille personnes. La nouvelle se répandit et des hommes vinrent de tous les villages environnants pour entendre mon message dans toute sa simplicité.

Je leur disais : « Aucun homme ne peut servir deux maîtres. Votre corps n'est-il pas le temple de l'Être suprême? Ne devrait-il pas être gardé propre? En santé? En bonne forme? Bien nourri? Faut-il alors que vous laissiez ce temple divin être au service de la coutume? Direz-vous que votre propre être divin ne devrait pas manger les bonnes herbes qui sont broutées par le bétail que vous ne chassez pas de votre jardin? Votre chemin ne devrait-il pas être débarrassé du serpent mortel auquel vous ne ferez aucun mal – le serpent est-il plus divin que vous ne l'êtes vous-mêmes? Doit-il y avoir des classes différentes de divinité? Si l'un de vous est divin, ne l'êtes-vous pas tous? Comment une divinité peut-elle être intouchable pour une autre divinité? Pouvez-vous me donner la réponse à cela? Il est vrai que les humbles hériteront de la Terre, mais les stupides périront. Car les humbles proviennent de la Terre et la comprennent et ils en vivent et l'aiment. Mais les stupides ne s'opposent pas à ceux qui osent profaner leurs temples sacrés, et ils ne chassent pas ces bêtes mortelles et malfaisantes qui pourraient tuer le corps. »

Au bout d'à peine trois semaines, je m'adressais quotidiennement à trois mille, puis à cinq mille personnes. Un gigantesque rassemblement était en cours de préparation pour célébrer mon vingtième anniversaire, car les hommes ordinaires en étaient venus à aimer mes paroles, et grâce à eux ma réputation me précédait partout où j'allais. Mais de jour en jour les brahmanes se faisaient de plus en plus menaçants.

D'abord je ne trouvai plus à me loger dans les monastères, ensuite plus d'amis le long de ma route. J'en vins donc à demeurer dans les maisons de ceux qui m'invitaient, peu importe à quelle caste ils appartenaient. Et c'est ainsi que je fus traduit en justice devant les hiérophantes et accusé de ces grands crimes.

1) « Au mépris de Dieu, il a enseigné que tous les hommes sont égaux. »

2) « Au mépris de la coutume, il a enseigné que les animaux ne sont pas sacrés. »

3) « Au mépris de la raison, il a enseigné que les intouchables sont aussi divins que les brahmanes. »

4) « Au mépris de la vérité, il a enseigné que le karma ne dure pas à tout jamais. »

5) « Au mépris de l'amour, il a enseigné que les brahmanes ne sont pas purs et parfaits. »

6) « Au mépris du savoir transmis, il a enseigné que tous les hommes ont un droit à la vie, ne sont pas tenus d'appartenir à une caste, et peuvent connaître le bonheur de la chair. »

7) « Au mépris de l'enseignement, il a enseigné qu'un Gourou n'est pas essentiel pour aider l'homme à parvenir jusqu'à l'Être suprême. »

8) « Au mépris des Védas, il a enseigné qu'il n'y a pas une seule loi qui soit sacrée et divine. »

9) « Au mépris de la loi du pays, il a enseigné la résistance à l'autorité et la dissolution des castes »

10) « Au mépris de la justice, il a enseigné de prendre la nourriture disponible sur les terres des brahmanes pour sauver la vie des gens ordinaires lorsqu'il y a famine. »

Quand les hurlements des prêtres se furent apaisés après la lecture de cet acte d'accusation, un hiérophante se leva et dit : « Maintenant, infligeons-lui son châtiment. »

« Attendez! » criai-je. « Vous avez lu les chefs d'accusation, mais vous ne les avez pas prouvés. Amenez des témoins à l'appui de votre ridicule position. »

« Voyez! » cria une voix en colère. « Il se rebelle même contre la loi des prêtres. Il est connu que lorsque nous avons dit une chose, elle est vraie et aucun homme ne peut s'y opposer et vivre. »

Une poussée de rage me remplit d'une grande force, mais je demeurai immobile et calme tandis qu'ils faisaient une parodie de la justice et une triple parodie de l'humanité.

Un hiérophante dit : « Nous allons lui enlever le Joyau du Maître, mais par pitié pour lui, nous ne le livrerons pas à la loi du roi pour être torturé et lentement tué. Avec miséricorde, nous le lapiderons, ici et maintenant, et une grande récompense sera donnée à celui qui lui lancera la pierre qui le tuera. »

Mais au moment même où des mains se levaient pour jeter les pierres, trois personnages parmi les hiérophantes se levèrent, chacun étant vêtu de la robe et du chapeau des Mages. L'un d'eux vint se placer devant moi, les bras levés bien haut, demandant le silence et l'attention de tous. Lorsque les prêtres enragés se furent tus, il dit : « Je suis Melchior. Voici Caspar et aussi Balthazar, et nous sommes venus de Perse pour voir cet homme. Si ce dont vous l'accusez est vrai, votre colère ne peut tout de même être justifiée. Si vous le lapidez, ne violez-vous pas votre propre loi, n'attirez-vous pas ainsi le mauvais karma sur chacun d'entre vous? Je ne plaide pas pour lui, je plaide pour vos âmes éternelles – laissez-le partir libre dans les bras de la justice temporelle. »

Caspar et Balthazar s'étaient placés de façon à se trouver aux points d'un triangle relativement à Melchior. Ils offraient un spectacle impressionnant et imposant, mais ils ne firent aucune impression sur les prêtres. En dépit de leur appel, les Hindous étaient déterminés à me tuer de leurs propres mains!

Lorsque cette intention fut claire, chacun des Perses éleva un sceptre orné de bijoux et prononça trois mots sur un ton de commandement. Instantanément, les cris furieux des Hindous furent étouffés et, à les voir s'agiter ainsi d'un air si menaçant, on aurait dit qu'ils jouaient une pantomime. Puis Melchior me prit par le bras et me fit passer au milieu des prêtres hurlants et gesticulants, mais personne ne leva les yeux vers nous et personne ne parla. Une fois arrivé à l'extérieur du cercle, je jetai un coup d'œil derrière et vis les prêtres lancer violemment des pierres sur rien! Après avoir fait une centaine de pas dans la forêt, je pus tout d'un coup entendre leurs hurlements meurtriers de triomphe et de haine, et je pouvais même entendre le bruit terrible de l'impact de pierres lancées sur d'autres pierres.

Les trois Perses marchaient d'un pas rapide, me conduisant vers la sécurité. Même si nous avons croisé de nombreux prêtres sur la piste, pas un seul ne nous remarqua ou nous adressa la parole. Après avoir ainsi marché d'un pas pressé pendant de nombreuses heures, mes jambes étaient devenues trop fatiguées pour continuer à me porter. Melchior prit une baguette dans la poche de sa robe, ferma ses yeux pendant un moment en une intense concentration, puis me toucha avec le bout de sa baguette. Le contact fut léger et sembla n'effleurer que le centre de mon front. Mais j'eus immédiatement l'impression qu'un chaud scintillement de lumière dorée se diffusait jusque dans chaque nerf et chaque cellule de mon corps. Je me sentais rayonnant, plein d'allant et vigoureux. Moi qui étais vidé d'énergie, je la sentais revenue mille fois plus forte. Nous avons alors poursuivi inlassablement notre marche accélérée durant la nuit, une journée et une autre nuit sans faire aucun arrêt pour manger ou boire. L'allure rapide ne m'épuisa aucunement et mes compagnons silencieux ne semblaient pas savoir ce qu'être fatigué voulait dire.

Quelle magie avaient-ils mise en œuvre? Ma curiosité et mon esprit s'acharnaient sur cette question. Ils nous avaient rendus invisibles pour la bande de prêtres en colère et ils m'avaient mené vers la sécurité. Ils nous avaient rendus invisibles pour ceux que nous croisions sur la piste, faisant ainsi en sorte qu'il n'y ait aucun moyen que nous soyons suivis. Ils avaient rempli mon corps d'une énergie inépuisable, de l'énergie même de l'univers. Mieux encore, ils avaient laissé quelque chose face aux pierres de la foule de prêtres en colère qui représentait d'une manière satisfaisante ma forme physique. Il devait en avoir été ainsi puisque autrement aucune pierre n'aurait été lancée, et il y aurait eu des cris de poursuite. Comment avaient-ils pu s'y prendre pour produire une si merveilleuse magie?

Nous avons poursuivi notre chemin à vive allure et rejoint une caravane de marchands prêts à partir pour la Perse avec de riches marchandises destinées au commerce. Puis je découvris que Melchior était le propriétaire du plus riche contingent de la caravane, et que ses hommes attendaient son retour près de la rivière. Nous fûmes rapidement installés sur des chaises à porteurs couvertes pour nous y reposer – et peut-être pour nous dissimuler aux regards – tandis que la caravane se mettait en route et quittait l'Hindoustan. Lorsque nous fûmes hors de danger, la caravane s'arrêta, de magnifiques tentes furent dressées, nous nous retrouvâmes tous autour d'un grand feu, et je pus enfin les remercier de m'avoir sauvé la vie.

Balthazar était un homme grand et maigre à la peau très foncée, avec des yeux perçants de couleur fauve. Caspar était un homme trapu, environ de ma taille, avec un front large et l'allure d'un grand sage. Ses yeux étaient brun foncé, mais un simple regard suffisait à vous transpercer jusqu'à l'âme. Melchior était gros, gros dans tous les sens, avec un torse puissant, un front haut dominant des yeux noirs bien séparés. Même s'il n'était pas aussi grand que Balthazar, il était beaucoup plus lourd. Par l'intensité de ses manières et la ferveur de ses expressions, il me rappelait Jean-Jean qui, je le savais, s'était maintenant retiré dans le désert de Paran et vivait la vie d'un saint ermite. Melchior vivait ses émotions avec une constante intensité explosive, et il devait demeurer actif. Son esprit, vif comme l'éclair fondant des nuages par grands vents, bondissait et étincelait dans toutes les directions, donnant virtuellement l'impression de dévorer tout ce qu'il touchait.

« En me sauvant, vous avez fait usage d'une magie qui nous a rendus invisibles et qui a transformé ce que voyait cette foule violente. Par quelle méthode pourrais-je apprendre cette magie? »

Il y eut un long silence. Puis Caspar prit la parole, et sa voix si pure et si résonante était comme une douce musique. « Jeshuau, le Nazar-Essénien, un tel savoir est réservé à ceux qui ont passé à travers la religion extérieure des Zarathoustriens, et qui sont entrés dans la religion secrète qui est derrière la religion extérieure. Alors seulement peut-on être prêt à se faire dire où, comment et quand il est possible d'apprendre pareille magie. »

« Dans quelques jours j'aurai vingt ans. Me reste-t-il assez de jours dans ma vie? »

« Oui. Mais le danger est grand! »

La voix de Balthazar était plus grave, avec un accent de dialecte qui donnait l'impression que chaque mot qu'il disait était très important.

« J'ai affronté certains dangers », dis-je, « ni sagement ni bien. Mais s'il me faut en affronter d'autres dans la poursuite de ma quête, je le ferai. »

« Qu'il en soit ainsi! »

Aucune autre parole ne fut échangée, mais à mesure que les jours devenaient des semaines, nous en sommes peu à peu venus tous les quatre à converser grâce à la voix plus douce de la pensée.

Mon faux procès monté par les brahmanes avait eu lieu dans le monastère de Bénar, à mi-cours du saint Gange, au confluent du ruisseau Bénar et du Gange. Au cours des semaines qui suivirent, nous avons tourné vers le sud en une boucle et sommes revenus au Gange. Nous l'avons suivi en direction nord-ouest jusqu'à Kanpur, puis nous avons continué pendant dix jours jusqu'à Jaipur. Nous avons pris les sentiers raboteux menant jusqu'à Lahore et nous nous sommes frayé un chemin vers le nord à travers les montagnes et dans la vallée du fleuve Indus à l'ouest du Cachemire. Là, nous avons passé plusieurs jours à Peshawara, un village commerçant sur l'Indus. Nous avons ensuite bifurqué et suivi l'Indus en direction sud. Nous avons quitté la vallée du fleuve au bout de vingt jours de marche, et je savais que mon initiation aux mystères perses devait se faire bientôt ou m'être déniée. Lorsque nous avons enfin délaissé la caravane, poursuivant notre route à pied, je sus que nous étions en route pour la caverne sacrée de *Bokhara*.

Ces jours de voyage n'avaient pas été perdus en vain pour ma formation. Lorsque Melchior ou l'un des autres Maîtres étaient occupés ailleurs à commercer ou à veiller au chargement des marchandises, il y en avait toujours un qui était avec moi. Lorsque nous étions en marche, Melchior passait beaucoup de temps avec moi. Mon éducation se faisait de façon continue. Elle était implantée en moi par la pensée et uniquement par quelques mots bien choisis – et elle se poursuivait durant mes heures de sommeil, peu importe où nous étions. Il nous arrivait souvent de voyager de nuit, soit pour éviter la morsure brûlante du soleil, soit pour être dans un village commerçant à temps pour un jour de marché particulier. Mais enfin voilà que nous nous étions engagés sur le sentier conduisant aux Chambres sacrées servant pour l'initiation aux Mystères de Mithras, Fils de Dieu, né d'une vierge dans une humble mangeoire de pierre.

J'avais beaucoup, beaucoup appris au cours des nombreuses semaines qu'avait duré notre voyage et ma formation, et j'avais conscience que de grands efforts m'attendaient. Mais je ne m'attendais pas du tout à ce qui se produisit lorsque nous avons délaissé la jolie vallée pour les hautes montagnes, et que nous sommes soudain arrivés face à une fissure d'une stupéfiante profondeur. Melchior s'était arrêté juste avant la crevasse dans la montagne, un précipice de plus de trois cents mètres de profondeur, tellement escarpé et rocailleux que même la mousse n'arrivait pas à s'accrocher à ses parois verticales.

« Jeshuau, le Nazar-Essénien, lors de ton initiation, tu te trouveras face à face avec la formidable fissure appelée *Chinvat* qu'aucun être humain ne peut franchir. Comment t'y prendras-tu pour la traverser? » Sans attendre ma réponse, il reprit son avance sur la piste. Je demeurai là immobile à examiner la question, plongeant mon regard dans les profondeurs du gouffre s'ouvrant à mes pieds, et je fus pris d'un léger vertige à l'idée d'avoir à tenter de franchir pareil obstacle qu'il m'était physiquement impossible de traverser. Décontenancé, je me retournai pour continuer à suivre la piste, et j'entendis Balthazar qui riait derrière moi.

« On peut le faire », disait-il. « Assez facilement. Regarde! Je vais te montrer. »

Les rochers sous mes pieds étaient instables et je fis donc trois pas de plus jusque sur un sol plus solide, puis je me retournai. Balthazar n'était plus sur la piste! Une émotion d'un genre nouveau s'empara de moi, quelque chose proche de la panique et de la confusion. Mais j'entendis son rire profond venant de l'autre côté du gouffre et je regardai, complètement stupéfait, par-delà le vide. Il était en train de marcher tranquillement sur un sentier de l'autre côté, me regardant avec un large sourire sur son visage mince.

« Je pense que tu ne regardais pas », lança-t-il d'un air enjoué. « L'homme risque de ne pas voir la route menant au ciel s'il ne fait que regarder les cailloux à ses pieds. À présent, observe attentivement. »

Son corps sembla se mettre à vibrer et à rayonner, puis il disparut virtuellement comme une flamme que l'on souffle lentement. Je regardais maintenant le roc nu là où un moment auparavant se trouvait mon joyeux ami bien-aimé. Puis il parla, derrière moi, et je me retournai brusquement pour constater qu'il se trouvait à vingt pas devant moi sur la piste, entre moi et Melchior. « Tu vois, c'est assez facile. »

Avec un rire joyeux il se retourna et se remit à avancer d'un bon pas sur la piste. Je me lançai derrière mes trois Mages enseignants, le cœur battant la chamade autant d'espoir que de désespoir. J'avais beaucoup appris, mais il semblait y avoir tant encore à apprendre! Ah! Ça, oui! Vraiment! J'avais beaucoup à apprendre au cours des mois à venir.

Il y avait un fondement commun à la pensée des Perses et à celle des Druides. Ils partageaient la croyance voulant que leurs mystères remontaient au tout début de l'existence de l'homme, mais les Mages convenaient qu'il y avait eu un développement particulier fait par un présumé être humain appelé Zarathoustra*. Les Mages pratiquaient leur culte en plein air, soutenant, comme les Druides, que Dieu était un Être immatériel et qu'il ne pouvait être confiné dans un édifice créé par l'homme; et les cieux, estimaient-ils, formaient une couverture sublime pour un temple dédié à leur divinité. Les Mages établissaient leurs temples au sommet des collines et ils les bâtissaient au moyen de cercles irréguliers de pierres qui n'avaient pas été équarries ou façonnées par la main de l'homme. Le feu aussi était sacré pour les Mages. Une fois, lorsque la robe de Balthazar s'était enflammée au-dessus du feu de camp, j'avais tenté de l'éteindre. Il m'avait ordonné d'arrêter, il l'avait retirée et avait laissé les flammes la consumer.

*Zoroastre est la traduction grecque de Zarathoustra

« Mais vous auriez pu l'éteindre avec vos pieds! » criai-je.

« Le feu représente Dieu. On doit se plier à sa volonté en toutes choses. »

Jamais dans tous nos voyages n'éteignaient-ils un feu, ne laissaient-ils de l'eau tomber sur le feu, et jamais aucun homme n'a osé cracher en direction des flammes! Car les Mages, à l'instar des Druides, adoraient le soleil comme le représentant de l'Esprit de Dieu. Ils adoraient le feu terrestre comme le représentant du soleil. Aucun feu ne devait jamais être éteint par quelque moyen que ce soit.

Au cours de la nuit où nous avons campé devant l'énorme ouverture de la caverne à *Bokhara*, on me dit qu'il fallait vérifier si j'étais prêt à recevoir l'initiation aux Mystères perses secrets, et que je devais répondre de manière satisfaisante à toutes les questions posées par les trois Maîtres. J'étais sur mes gardes, car bien que mes amis fussent gentils dans leurs manières physiques, ils étaient impétueux dans leur force spirituelle. Je savais que même s'ils étaient prêts à me donner tout ce que je désirais au plan physique, ils allaient me demander d'apporter les réponses les plus spécifiques et les plus spirituelles à leurs pénétrantes questions.

Caspar posa la première question. « Qui est Zarathoustra et quelle est son importance relativement aux croyances des Mages? »

Avant de pouvoir commencer à répondre, je vis des groupes silencieux de prêtres Mages s'approcher autour de notre feu. Ils demeurèrent assis dans l'immobilité la plus absolue tout au long de la nuit, de toute la journée suivante et même durant toute la nuit suivante. Selon mon estimation, ils étaient plus de neuf cents à écouter chaque parole de mes réponses détaillées.

« On affirme que Zarathoustra est l'homme qui a établi les rites sacrés des Mages connus en Perse, à Media et dans l'ancienne Chaldée. On raconte qu'il a vécu il y a environ mille ans. Mais cela ne peut être entièrement vrai. Ce Zarathoustra dont il est question peut avoir été le dernier d'une longue série d'êtres inspirés, car dans le *Sesatir*, la plus ancienne collection de livres des Mages, on nous enseigne qu'il y a eu quatorze grands prophètes de la religion des Mages, et Zarathoustra est le treizième de cette liste. Qui alors sera le quatorzième? Zarathoustra doit, par conséquent, avoir été le nom donné à toute une série de dispensateurs de la loi divinement illuminés. Il se peut que l'on ait fait de lui un seul personnage mythique et puissant à partir de nombreux personnages historiques, mais du moins il est superbement métaphysique. Car son nom même signifie plusieurs choses, telles que 'Adorateur des étoiles', 'Image des choses secrètes', 'Façonneur de formes vivantes à partir du feu caché'. De toutes ces choses, c'est la dernière que j'aime, car au sein de l'homme réside le feu sacré du Soi divin. Celui qui peut façonner des formes vivantes à partir de ce feu mérite certainement l'adoration.

Zarathoustra est né – dans sa plus récente forme physique – de *Pouroushaspa* et *Dughdhova*, et il était le troisième de cinq fils. On l'appelait Spitama, et on affirmait qu'il avait été conçu par immaculée conception parce que *Pouroushaspa* durant l'accomplissement d'un rite sacré but le saint *Haoma** et *Dughdhova* conçut sans connaître un homme.

Toute la nature se réjouit de la naissance de *Spitama Zarathoustra*, sachant qu'il allait devenir un être divin. Lui-même riait au moment de sa naissance. Car de tous les hommes, lui seul vit à sa naissance son *Fravashi*, la forme de son esprit, son double éthérique, et s'y tenant face à face, il a appris la sagesse divine de ce dernier. Il a écrit les livres divins. Le *Gathas* renferme les hymnes et les chants des plus anciens sages, et le *Vendidad* raconte l'histoire de la création, et explique avec force détails de quelle façon les prêtres et les gens doivent accomplir les rites religieux.

À sa naissance, cet *avatar* divin avait de tels élancements dans sa tête de bébé qu'il repoussait toute main placée sur sa tête. Tous les êtres malveillants voulaient sa perte. Un cruel *Katrap*, usant de ses pouvoirs de roi, ordonna que tous les enfants nouveau-nés du pays soient tués afin de détruire l'enfant qui selon la prophétie devait mettre un terme aux pratiques d'idolâtrie et de sorcellerie. Mais même les démons les plus rusés furent incapables de détruire le divin enfant, et le *Katrap*, *Dursarobo*, fut frappé à mort par la pensée même de destruction qu'il avait émise.

Dès sept ans, il était un enfant précoce et étonnamment brillant et érudit. Il fut confié aux soins des Mages et éduqué aux Mystères de la vraie religion, et il avait à peine quinze ans lorsqu'il fut initié à la véritable Religion éternelle. À l'âge de vingt ans – ce qui, étrangement, correspond à mon âge – Zarathoustra se rendit dans l'immense désert perse pour y jeûner et méditer. C'est là que les maîtres invisibles lui donnèrent à manger et il se nourrissait d'un mystérieux fromage qui ne vieillissait jamais. Il vivait dans une profonde caverne sur une montagne sacrée – peut-être justement cette caverne sacrée de *Bokhara*. Là, il était entouré jour et nuit par des cercles de flammes que seul le prophète pouvait franchir.

Après avoir subi des épreuves et réussi divers examens, il commença son ministère à l'âge de trente ans. Il guérit beaucoup de gens et, dans un de ses miracles, il fit s'ouvrir la mer en deux afin de créer ainsi un passage à sec à ses disciples pour leur permettre d'échapper à la colère d'un *Katrap*.

*Le *Haoma* des Mages était le même breuvage sacré que le *Soma* des Hindous, et on disait qu'il s'agissait d'un mystérieux breuvage des dieux, interdit à l'homme

On raconte que sa première vision lui vint à l'aube, un cinq de mai, alors qu'il était assis près d'une belle rivière. Le céleste *Vohumano*, messager du Très Haut, lui ordonna de laisser là son corps physique et de le suivre jusqu'au ciel. Ce Zarathoustra fit ce qu'on lui demandait, et il fut élevé dans la présence de *Ahura-Mazda*, le Dieu éternel, et de Ses lèvres il reçut les vérités éternelles et les doctrines précises qu'il allait devoir enseigner. Après avoir reçu six autres visions semblables, il fut initié à tous les Mystères divins, et il fut ensuite abandonné à lui-même pour affronter toutes les tentations. Il en ressortit finalement victorieux et après douze années de son ministère, il convertit à sa religion le roi *Vishtaspa*. Il fit cela en apparaissant dans la grande cour du roi à travers le toit, en tenant un cube de feu dans une main et un sceptre en bois de cyprès dans l'autre. Il fut soumis à un examen par les prêtres et les philosophes pendant trois jours, et il émergea victorieux de tout cet interrogatoire. Finalement, il convertit le pays en entier et il voyagea en Égypte, en Inde et en Grèce où il accomplit de nombreux miracles dont tout particulièrement la guérison des aveugles. Il fut enfin tué par un Turc impitoyable alors qu'il accomplissait les rituels sacrés dans le temple de *Mush-adar*. On raconte qu'une grande flamme descendit de la constellation d'Orion et souleva la dépouille mortelle de Zarathoustra et le ramena dans les cieux étoilés d'où il était descendu pour souffrir et mourir pour toute l'humanité. »

Je m'arrêtai et attendis; au bout d'un moment, Balthazar demanda doucement : « Est-ce à dessein que tu n'as pas parlé des livres écrits par Zarathoustra. »

« Non. Il y a quatre livres qui ont été écrits par le grand prophète des Mages. Il y en a un qui traitait du mystère de l'astrologie, un qui portait sur la moralité, un qui abordait l'obéissance politique et un qui parlait de l'esprit et de Dieu. On raconte que les prophètes mystiques connaissent l'endroit où ces livres sont conservés dans une grande caverne située au sommet d'un pic élevé dans les montagnes inaccessibles du *Thian Shan*. Les écrits originaux sont préservés sur des tablettes de pierre qui ont été secrètement et mystérieusement gravées par des langues de feu sacré. Dans un lointain futur, lorsque les hommes seront assez sages pour vivre en accord avec la Religion éternelle et pourront interpréter le Message sacré, les tablettes réapparaîtront et constitueront la loi du pays. Pourtant, on dit que ces écrits constituaient en vérité la loi des Mèdes et des Perses qui ne change pas. »

J'hésitai un instant, et une langue de flamme d'un blanc bleuté surgit du sein des prêtres derrière moi – exactement comme ce qui s'était maintes fois produit avec mon bien-aimé père, Joseph de Nazar. Je ressentis une bouffée de joie monter en moi, mais je sus aussi que je devais m'empresser de combler le vide de savoir.

« On dit que Zarathoustra ramena de son contact avec les anges les divins *Gathas* de l'*Avesta*, le livre sacré. À l'origine, ils furent écrits sur douze mille peaux dans un langage secret et sacré des anges, et celles-ci furent reliées avec des reliures en or. Les *Gathas*, raconte-t-on, firent sortir l'homme de l'époque où il se limitait à des codes physiques d'interprétation étroite et littérale, et ils devinrent la loi de la morale et du développement spirituel. »

« Nomme les Dieux, définis-les dans tes propres termes et explique la philosophie des Mages du monde. » C'était la voix de Melchior que j'entendais dans l'obscurité de la seconde nuit d'interrogation, car il y avait eu de fort nombreuses questions entre les deux.

« Commençons donc au commencement. Pour les Mages, tout dans la vie de l'homme s'explique par la Bonne pensée, la Bonne action, la Bonne parole et par le caractère sacré du feu. Alors que pour les gens du commun tout cela semble limité à la condition de l'homme, dans l'esprit du vrai Mage, ce sont avant tout des symboles de la condition divine. La Pensée divine est le prolongement de la vie de l'essence divine en toutes choses et en toute vie. La Bonne action, ou l'activité créatrice, est symbolisée par une ligne qui se prolonge en une union illimitée avec elle-même, c'est-à-dire un *cercle*. La Bonne parole se retrouve dans la création d'un Maître Dieu que je vais vous expliquer. Derrière la philosophie des Mages se trouve la preuve de la bonne pensée, le prolongement absolu de l'Être divin, qui devient Dieu dans l'espace, ou le cercle sans limite de ce qui est inconnu et inconnaissable. Toutefois, afin que l'homme puisse disposer d'un nom par lequel désigner ce Dieu inconnu et inconnaissable, ce PRINCIPE PREMIER inchangé et immuable, on l'appelle du nom de *Zeroana Akerne*.

Hors de ce qui n'est pas manifesté, de ce qui est éternellement inconnaissable, émerge le créateur physiquement manifesté, le glorieux, rayonnant et puissant *Ahura-Mazda*. Il est l'espace rendu objectivement discernable, visualisé sous la forme d'une gigantesque entité physique. Selon la croyance, *Zeroana Akerne*, l'insondable abysse, l'inconnaissable, l'obscurité trois fois plus profonde, possède éternellement en son sein le pouvoir de s'extérioriser et de se manifester en tant que nature – tout comme lorsque la pensée de l'homme s'extériorise elle devient manifeste dans l'activité. Hors de ce qui est éternellement non manifesté, de temps à autre émerge le magnifique *Ahura-Mazda*, connu aussi comme le Logos du Verbe s'étant fait physique ou le Verbe s'étant fait chair. Mais au bout d'un temps, il doit se retirer dans ce qui est éternellement inconnaissable. Ainsi, on dit que lorsque le monde est dans l'état non manifesté, il s'agit du *Zeroana Akerne*, et quand il s'est manifesté, il s'agit du *Ahura-Mazda*.

Pour qu'il soit possible de comprendre l'Inconnaissable, nous devons le rendre encore plus visuel pour l'homme. *Ahura-Mazda* est par conséquent représenté par une trinité – un triangle flamboyant dans l'obscurité sans fin de l'Éternel. Dans cette symbolique, *Ahura* est la sagesse et *Mazda* est le véhicule qui transporte cette sagesse. Lorsqu'ils sont combinés, ils représentent la Lumière de la connaissance se manifestant dans le monde créé. Mais lorsque la Lumière se manifeste dans l'obscurité, cela engendre le combat et la lutte des contrastes. C'est ainsi qu'apparaît le principe du mal, car l'obscurité éternelle doit à jamais chercher à dévorer la lumière éternelle. Ce fut ainsi que le rayonnant et glorieux *Ahura-Mazda* forma l'univers par son mouvement dans l'espace ou l'obscurité et s'incarna dans les parties lumineuses de l'univers entier. Finalement, il se manifesta en tant que soleil que les Mages appellent *Ormutz.*

Lorsque *Ormutz*, le soleil, en tant que lumière 'objectifiée', combat contre l'obscurité pour préserver la lumière et la vie du monde, la lumière tout autant que l'esprit sont engendrés. Lorsque l'esprit s'unit avec la matière, les formes sont créées – mais le conflit éternel, le combat de l'éternité se retrouve inévitablement dans toutes les formes, incluant l'humanité. Chez l'homme, le conflit se passe entre le soi de lumière supérieur et le soi de chair inférieur.

Ahriman, le serpent de la destruction, émerge de ce monde élémentaire et matériel inférieur et plus grossier. Lorsque *Ahura-Mazda* crée, *Ahriman* crée l'opposé. Lorsque *Ahura-Mazda* fait des choses vivantes, *Ahriman* crée des ombres ou des corps dans lesquels les principes éternels et lumineux de l'esprit sont emprisonnés. Une trinité est formée de *Ahura-Mazda,* ou de ce qui est rayonnant et spirituel, de *Ormutz* ce qui est rayonnant et matériel, et de *Ahriman*, ce qui est sombre et physique. Par conséquent, nous avons la trinité de l'homme en tant que créateur, sauveur et destructeur.

On dit que *Ahura-Mazda* créa à partir de sa nature spirituelle et de sa substance six êtres secondaires qui, combinés avec Lui, forment le Grand Septénaire. Ceux-ci sont appelés les *Amesha-Spentas* par les Mages, mais dans d'autres religions ils sont appelés de noms tels que les Sept dieux de la première aube, les Dhayana Bouddhas, les Élohims, les Bâtisseurs du monde et ainsi de suite. Dans toutes les religions, ils sont au nombre de sept. Ces sept dieux créèrent le monde de l'être. Ils sont le spectre solaire. Ils sont les sept planètes. Ils sont ceux qui ont édifié les sept ciels ainsi que les sept terres – une pour chacun de ces *Amesha-Spentas.*

Ahura-Mazda s'est incarné dans le premier ciel et il a envoyé ses six régents. Il s'est ensuite incarné dans le plus bas des mondes et il a envoyé six manifestations qui ont chacune créé un continent. Par conséquent, les *Amesha-Spentas* sont les divins Gardiens de la Terre, seigneurs du temps et des divisions de l'espace.

Mais *Ahriman* a émis une ombre à chaque fois que *Ahura-Mazda* a émis un pouvoir. C'est ainsi que furent créés six démons pour servir d'absorbeurs ou d'adversaires aux six principes divins; de la même façon, sept péchés mortels furent manifestés en opposition aux sept vertus cardinales.

Les *Amesha-Spentas* ou attributs de *Ahura-Mazda* sont les suivants : premièrement, *Vohy Manah*, la Bonne pensée, parfois appelée bienveillance. Deuxièmement, *Asha*, c'est-à-dire le Droit ou la Perfection divine. Troisièmement, *Spenta Armaiti*, la Piété ou l'Harmonie divine. Quatrièmement, *Haurvatat*, ou le Salut par la grâce divine. Cinquièmement, *Ameretat*, la Sagesse qui apporte l'immortalité. Sixièmement, *Xsathra*, la magnifique Souveraineté. Bien qu'il n'ait pas été nommé comme l'un des attributs originaux, il y en a un très important septième, le Dieu médiateur, *Sarosh*, qui est l'Obéissance divine, un messager de l'esprit. *Sarosh*, fils de *Ahura-Mazda*, est le messager entre l'homme et Dieu, le Messie, le Sauveur du monde. Il a guidé l'éducation de l'avatar Zarathoustra. C'est ainsi qu'une nouvelle trinité prit forme : *Ahura-Mazda*, le Logos qui se manifeste, le Principe premier du nouveau triumvirat qui est une Triade créatrice de pouvoir; *Sarosh*, le Messie, le Verbe fait chair, le fils né du souffle du Principe premier de la création; et Zarathoustra, en qui le Verbe qui s'est fait chair s'est incarné, et sur qui le Verbe de Dieu, le Messie *Sarosh* descend, faisant ainsi de l'homme de chair l'image parfaite de Dieu.

L'homme fut créé à partir de la Vierge céleste durant les six premiers jours de la création. Le monde est périodiquement recréé et dure douze mille ans. À la fin de chaque grande période de temps, le déluge vient et *Ahura-Mazda* réintègre toutes choses dans la Nature primitive, dans la Pensée non pensée, dans l'Action inactive, dans le Verbe non manifesté. Là, il se repose et flotte dans l'abysse éternel servant de base au repos de *Amesha-Spentas*, car l'Univers est alors réabsorbé dans *Zeroana Akerne*, l'Obscurité éternelle.

Lorsqu'ils se manifestent, les sept *Amesha-Spentas* s'incarnent dans l'homme. Ils le font grâce à sept corps mystiques, sept maîtres organes, et sept principes perpétuels.

Pendant combien de temps durera le combat entre le bien et le mal? Jusqu'à ce que la Vérité soit pour toujours établie en toutes choses. Bien que l'humanité croisse beaucoup en sagesse, le combat se poursuivra néanmoins jusqu'à ce que la Vérité en vienne à prévaloir. La sagesse est le feu mystérieux à l'intérieur de la pensée de l'homme, symbolisée par la flamme sur l'autel de Zarathoustra, maintenue allumée en permanence. La Vérité telle une flamme vivante consume tous les éléments inférieurs, tout comme un feu allumé dans le bois et les choses matérielles. Lorsqu'enfin la Vérité régnera libre comme le feu, les éléments inférieurs seront consumés et l'œuvre de *Ahriman* sera détruite pour l'éternité. »

Je m'arrêtai enfin, après trois jours d'effort mental continu, et je me permis de croire un court instant que j'avais aperçu des signes de fierté et d'approbation sur les visages de Melchior, Caspar et Balthazar. Mais mon sentiment d'exultation fut éphémère; un rire discordant et la voix rauque que je ne connaissais que trop bien vinrent y couper court. De quelque part dans l'immense foule, Skakus lança : « À propos de la Vierge céleste... parle-nous de la Vierge du monde. »

J'étais très surpris – non, en vérité, j'étais estomaqué. Car je ne savais rien au sujet de ce symbole qui avait passé si facilement dans mon apprentissage et qui avait été accepté sans question et sans examen plus approfondi. Après une longue pause, je dis avec circonspection : « Je ne sais rien réellement au sujet de la Vierge céleste du monde. »

Il y eut un murmure d'approbation qui monta d'un millier de gorges. Chacun des visages que je pouvais voir affichait un air contrarié. Mais la voix hargneuse interrompit tout ça brusquement et d'un coup fit résonner faux mes réactions intérieures, comme une main rude sur une harpe à moitié achevée. « Pourquoi pas? Tu l'as dévorée des yeux depuis le pont du *Britannin* alors que tu remontais la rivière Brue. Pourquoi ne sais-tu pas tout à son sujet? »

Ces questions qui ne visaient qu'à me harceler me laissèrent désespéré, frissonnant de confusion intérieure et de frustration malgré la chaleur accablante du soleil sous le ciel de la Perse. Mais Melchior vint vers moi comme s'il n'avait pas entendu les paroles de Skakus, les paroles odieuses qui cherchaient à sonder mes rêves sur la Fille d'or.

« Tu as réussi tes trois jours d'examen, Jeshuau, le Nazar-Essénien. C'est maintenant à ton tour d'être mis à l'épreuve et soumis à forte tentation dans le désert, comme le fut chaque grand Aspirant avant toi. Tu vas aller passer quatre-vingts jours dans le désert pour y être confronté à cinquante tentations auxquelles l'homme ne peut résister. Si tu en reviens victorieux, tu pourras alors entrer dans la caverne sacrée de Bokhara pour y subir les épreuves liées à nos Mystères. Donne-moi ton manteau, ton ballot et tout ce qui t'appartient. Ne dis pas un mot, car ces quatre-vingts jours doivent être passés dans le silence absolu tandis que tu chercheras à comprendre le sens de l'Être aux limites du temps. Retourne-toi maintenant et va. Si Dieu le veut, tu trouveras de l'eau et de quoi manger. Si Dieu ne le veut pas, aucun homme ne te viendra en aide. »

Je me retournai et partis en trébuchant comme un aveugle dans les collines désertiques de cette région sauvage. Ma confusion ne concernait pas la possibilité ou non de survivre à ces quatre-vingts jours, mais comment il se faisait que Skakus – oui, Skakus justement – se trouvait ici et comment il était arrivé à connaître mon secret le plus intime. Au bout de très peu de temps, je me retrouvai accroupi contre le tronc d'un genévrier, en proie à un sombre désespoir, et je me mis à pleurer. Tandis que je pleurais, je passais ma vie en revue et ses moments perdus, ses moments amèrement cruels. En dépit de toutes mes luttes et de toutes les épreuves, étais-je plus près de la Vérité? Ma mère avait-elle effectivement raison lorsqu'elle insistait pour affirmer que je n'étais pas le fils de la chair de Joseph? En vérité, je n'en connaissais pas la réponse. Quel était le troisième mode pour une naissance virginale? En vérité, je ne le savais pas. Quelle était la signification des pierres inutiles à *Caer Gaur*? En vérité, je ne le savais pas. Pourquoi me fut-il une fois possible de guérir la personne foudroyée par le cobra royal et pourquoi échouai-je en d'autres occasions? En vérité, je ne le savais pas. Pourquoi avais-je renoncé au Joyau du Maître des Nazar-Esséniens, pourquoi l'épée du Maître des Druides m'avait-elle été enlevée – par ce Skakus? Pourquoi avait-il autant de droits sur moi, et pourquoi me traquait-il autour du monde? Pourquoi m'avait-on traité avec tant de cruauté sur le navire – avec la permission tacite de mon oncle? En vérité, je ne le savais pas. Pourquoi m'avait-on fait comparaître à un simulacre de procès devant des moines fous furieux qui ne voulaient que ma mort? En vérité, je ne le savais pas. Lorsque le hiérophante fit éclater la forme de Sita et produisit sa propre image, quel sens cela pouvait-il avoir – quel sens, oui quel sens? En vérité, je ne le savais pas.

En un renversement d'émotion des plus contradictoires, je réalisai tout d'un coup que je m'en fichais. Je détestais les choses que je voulais auparavant, j'en avais assez de tout le temps perdu. Je n'étais même pas intéressé à apprendre comment l'homme pouvait traverser la fissure infranchissable! Je ne voulais que les jouissances animales, les choses physiques de la vie. Je devins rusé et astucieux. Avec la ruse intelligente d'un lion, je remontai une vallée jusqu'à ce que je tombe sur une source jaillissant de l'entrée d'une grotte. J'enflammai un bout de bois sec avec une pierre à friction et me fis un feu, et ensuite je me servis d'une torche pour explorer la grotte peu profonde. Je choisis un endroit qui me convenait et à l'aide de pierres tranchantes je coupai de jeunes arbres pour me fabriquer un berceau que je remplis de brindilles vertes. Ceci allait me servir de lit et de couverture pour me tenir au chaud. Puis, je découvris tout près de là un bosquet de cactus donnant des fruits comestibles, et un bouquet d'arbres à miel du désert qui, très tôt le matin, avant que le soleil ne sèche la rosée, produit une sève riche et sucrée pour protéger ses branches délicates des dommages causés par l'humidité. À deux pas de là, plus bas, à flanc de coteau, se trouvaient des buissons de baies sauvages creuses appelées ainsi parce que l'amande dans la cosse séchée fait entendre un bruit sec dans le vent comme si la cosse était creuse. Mais les cosses vertes ainsi que les amandes séchées sont bonnes à manger et nourrissantes. Avant que le soleil ne se couche, je m'étais occupé de mes nécessités de vie, et j'avais cassé et transporté suffisamment de bois dans ma grotte pour entretenir un feu jour et nuit pendant un mois complet. Puis je m'assis pour profiter de mon confort physique – et je fondis en larmes.

Comme le physique était rapidement rassasié et pourvu de tout le nécessaire! Mais, oh, que de temps, que de temps le spirituel réclamait-il de mon corps, de mon esprit, de ma vie!

Je pleurai amèrement, jusqu'à ce que je tombe endormi dans le parfum aromatique de mon lit de feuilles et que je rêve de la Fille d'or. Mais même mes rêves, mes précieux instants avec elle, étaient chambardés à présent! Je rêvais que j'étais malade, malade d'une fièvre qui sévissait dans mon sang au point de me faire frôler la mort. Elle vint à moi, me soigna, me donna à manger et me prodigua le chaleureux réconfort de son amour. Lorsque je m'éveillai, elle était partie, peut-être n'avait-elle jamais été ici – pourtant une bonne partie du bois n'était plus là. Les feuilles vertes sur lesquelles je m'étais étendu se desséchaient et jaunissaient – comme si elles avaient beaucoup vieilli. Pendant combien de temps avais-je été malade? La Fille d'or avait-elle réellement été ici? Même cela je l'ignorais!

Pendant de nombreux jours je demeurai assis au soleil autant que je le pouvais, et je mangeai le plus possible pour reprendre des forces. Tout au long de ces jours, j'étais une nullité mentale, une chiffe molle écrasée au sol. Peu à peu, les forces me revinrent, et le chant des oiseaux était mélodieux plutôt qu'énervant. À cette pensée, je me redressai, traversé d'un soudain éclair de lucidité mentale. Les chants d'oiseaux n'avaient pas changé, mais bien seulement ma réaction à ces chants! Pourtant, au lieu de sons agaçants et discordants, ils me semblaient s'être transformés en une mélodieuse harmonie. Je me mis à réfléchir là-dessus, et mon ardent zèle à apprendre ce que je pouvais retirer de mon initiation aux Mystères perses revint peu à peu. Je méditai beaucoup sur les événements de ma vie et à propos de Dieu l'Éternel. Je fus surpris lorsque quelqu'un vint me chercher pour me demander de revenir à *Bokhara*. Du temps relativement court qui s'était écoulé avant qu'il ne vienne – trente-quatre jours – j'en conclus que je devais avoir été fiévreux pendant quarante-six jours! Quarante-six jours de maladie pour celui qui pouvait guérir les autres! Quarante-six jours! Pourquoi? Pourquoi? Pourquoi? En vérité, pourquoi même avais-je été ainsi malade? Le guérisseur ne devrait-il pas pouvoir se guérir lui-même *avant* même que la maladie n'apparaisse?

Sans dire un mot je suivis mon guide pour redescendre de la grotte, car le silence m'était imposé jusqu'à ce que l'initiation à *Bokhara* soit terminée. Melchior, Caspar et Balthazar me rejoignirent à l'entrée de la gigantesque caverne circulaire et ils me firent donner un bain dans l'eau, le feu, le miel et à nouveau dans l'eau. On me revêtit d'une simple robe blanche. On enleva les sandales de mes pieds, car cet endroit était saint et ne devait pas être foulé par des pieds chaussés de peau animale. Lorsque je fus prêt, les flûtes et les tambours entamèrent un air cadencé, et nous entrâmes en procession dans la caverne sacrée de *Bokhara*.

Bokhara! Quel délicieux festin de pouvoir et de beauté pour des yeux usés par le désert! La caverne était un immense cercle et elle représentait l'univers comme étant supporté par trois grands piliers portant pour noms Éternité, Fécondité et Autorité. L'ensemble de ce paradis souterrain était couvert d'or et incrusté de gemmes si merveilleuses que même mes guides s'arrêtaient d'admiration. De brillantes lumières faisaient se refléter un million de faisceaux lumineux des gemmes étincelantes, et baignaient la fontaine de marbre au centre d'un arc-en-ciel changeant de couleurs. Au centre même de l'arc servant de clef de voûte au plafond en forme de dôme se trouvait une pierre précieuse si grosse et si belle qu'il était difficile pour l'œil d'en soutenir la vue. Elle était le symbole du soleil, et elle brillait avec presque autant d'éclat. Autour de ce centre les planètes célestes étaient peintes en or sur un fond bleu ciel. Sur cette vaste étendue colorée, le cercle entier du zodiaque était tracé en relief doré, et je remarquai que les signes du Lion et du Taureau étaient dominants, alors que le soleil et la lune ressortaient même par-dessus ceux-ci. Tout autour de ce ciel constellé d'étoiles, mis en place pour la connaissance de l'homme, se trouvait une décoration faite de symboles représentant chaque élément et chaque principe connus dans la nature.

La procession se dispersa dans la caverne, me laissant seul debout au sommet des marches avec Melchior. Il se mit à descendre les marches et je voulus le suivre, mais je fus accueilli par la pointe d'une épée qui s'enfonça dans ma peau sur le côté gauche de ma poitrine. Je regardai vers le bas tout surpris, pour voir que du sang s'écoulait autour de la lame tranchante. Une voix commanda : « Arrête ici et attends patiemment. Aucun ne peut passer ici qui ne possède une vertu capable de résister aux charmes séducteurs du monde. »

« Je suis Melchior, Roi de la fabuleuse montagne. Je parle au nom de cet aspirant, et je me porte garant pour lui du fait qu'il possède bien une telle vertu. »

« Demeure là. Attends encore un peu. Aucun ne peut passer ici qui n'ait la capacité et la volonté de se consacrer à l'étude de la vraie philosophie. »

« Je suis Balthazar, Roi des serpents. Je parle au nom de cet aspirant, et je me porte garant pour lui du fait qu'il fasse bien preuve d'un tel attachement à la Vérité et à la Philosophie. »

« Demeure là. Attends encore un peu. Aucun ne peut passer ici qui ne vive en ayant le cœur, l'esprit et l'âme fixés sur la Divinité suprême et sur Ses œuvres divines en une contemplation absolue et continue. »

« Je suis Caspar, Roi des initiés de l'aigle. Je parle au nom de cet aspirant, et je me porte garant pour lui du fait qu'il fasse bien preuve d'une telle adoration continue de Dieu. »

« Demeure là. Attends encore un peu et un peu plus encore. Car un tel être doit nécessairement être armé d'une armure enchantée que rien, absolument rien ne peut transpercer. S'il est aussi invincible que vous l'affirmez, alors cette épée ne peut le toucher, lui faire du mal ou le faire saigner. Par conséquent, voici ce que sera l'épreuve – s'il advenait qu'une seule goutte de sang tombe sur ces marches de marbre reluisantes, il serait refusé et vous trois seriez chassés de ce lieu saint où jamais un mensonge ne fut proféré sans punition. »

Une après l'autre les voix solennelles répétèrent trois fois : « Il est tel que nous l'avons affirmé. Il est protégé d'une armure invincible. Il ne peut saigner. Aucune blessure ne paraîtra, aucun sang ne coulera. Retire ton épée! »

Chaque fois que les paroles étaient prononcées, je regardais la lame pénétrer dans ma peau et ma chair, et je pouvais la sentir frotter contre mes côtes au-dessus de mon cœur palpitant. Mais je me sentis de plus en plus exalté par le son des paroles se répercutant dans la caverne voûtée qui semblaient répéter un millier de fois le message de mon invulnérabilité.

Soudain l'épée fut retirée et je baissai les yeux pour regarder l'entaille dans ma chair qui bouillonnait de sang. Mais alors même que je regardais, je sentis le pouvoir de mon propre esprit ordonner à la coupure de guérir et au sang d'être absorbé. J'observai la guérison se faire. Comme je relevais les yeux, je vis le retrait rapide des flammes d'un blanc bleuté maintenant familières dans la tête de chacun des trois Maîtres perses. Je me demandai si c'était mes propres talents pour la guérison ou leurs pouvoirs de Maîtres qui avaient guéri ma poitrine ensanglantée.

Lorsque les hiérophantes furent convaincus que la guérison instantanée avait été accomplie, un chant de joie s'éleva et je fus porté par des prêtres heureux et transporté à sept reprises autour de la caverne au son de chants joyeux. Puis on me déshabilla et me baigna à nouveau dans l'eau, le feu, le miel et encore une fois dans l'eau, et on m'habilla pour le combat et le danger.

Quelqu'un s'approcha vêtu en *Simorgh*, un oiseau ressemblant à un aigle mais trente fois plus gros que cet oiseau. Le *Simorgh*, me dit-on par le chant et le mime, avait vécu de nombreux âges avant Adam, et avait vu toutes les différentes espèces d'êtres qui avaient habité le monde depuis la création de l'homme. Le *Simorgh* régna sous le nom de Reine de Kaf* qui, je le savais, signifiait les sommets de l'être qui transformaient les choses physiques en essences spirituelles. Conduit par cette Reine de la parole éternelle, on me fit don de talismans destinés à me protéger des rencontres prochaines avec ces monstres hideux qui tenteraient d'arrêter mon progrès vers la perfection spirituelle. Parmi ceux-ci se trouvait le Sceau du Monarque du monde, qui donnait à celui qui le possédait le pouvoir de commander à tous les esprits élémentaux, à tous les démons et à tout ce qui fut créé – et je savais que c'était le symbole de ce don qui m'avait rendu pareil au soleil d'où toutes ces créatures émanèrent. Un autre talisman était le *Siper*, un écu qui me protégeait comme un bouclier contre toutes les choses matérielles. Il y avait également l'épée enflammée, l'Épée de Dieu appelée *Tigh Atish*, le symbole du pouvoir insatiable et de l'âme invincible. Ainsi préparé contre tous les ensorcellements, et armé contre tous les démons possibles, je m'engageai dans les cavernes souterraines et passai à travers sept étapes initiatiques, chacune conçue dans le but d'élever mon être spirituel hors de mon être physique.

Je me frayai un chemin à travers les bêtes hurlantes qui fondirent sur moi de toutes parts, m'infligeant de sérieuses morsures et des coups de griffes.

*Ceci semble être une fabuleuse montagne sur laquelle tous les êtres vivaient éternellement.

Le guide silencieux me fit avancer au centre des loups hurlants et des lions rugissants, et une meute de chiens sauvages et affamés fut lancée à mes trousses. Ceux-ci, je le savais, représentaient les bêtes de la chair dont il fallait se défaire ou qui devaient être détruites. Nous avons couru dans l'obscurité et le guide *Simorgh* m'indiqua que je devais maintenant assumer le rôle de *Tahmuras*, un ancien roi perse qui s'était jeté dans la bataille au côté du Bien dans le combat éternel contre le Mal. Nous avons combattu côte à côte pour atteindre notre objectif, et nous sommes finalement arrivés au symbole de la montagne *Kaf*, et nous avons libéré de sa captivité *Peri Merjan* qui représentait l'esprit de l'homme, mais plus précisément l'esprit libéré du corps physique.

Avec toutes ces courses précipitées et tous ces combats répétés, je fus bientôt à bout de force, mais l'allure ne se ralentissait pas. Après des heures d'efforts acharnés, j'en vins à voir clairement que j'étais le symbole de *Mithra*, Fils de Dieu, né d'une vierge, Médiateur entre l'homme et Dieu, Sauveur de l'humanité. J'étais *Mithra*, le Dieu secret des Perses, et l'on s'attendait à ce que j'aie tous les pouvoirs qu'il pouvait avoir!

Après un long passage difficile à travers l'une des cryptes, nous sommes arrivés à une fontaine baignée de lumière et nous nous sommes assis pour nous reposer. Au bout d'un moment de repos, j'entendis des bruits de pas, et Melchior, Balthazar et Caspar vinrent vers nous tout souriants et habillés de robes merveilleuses. Ils n'avaient que de bons mots pour me féliciter de ma réussite et Caspar prit à son cou le Joyau du Maître de la Perse et le plaça autour de mon cou. Je sentis une bouffée de joie monter en moi.

Je regardai les yeux de Melchior et je vis qu'il ne souriait pas. Il y avait quelque chose en lui qui me faisait penser à Skakus! Il sortit d'un sac un énorme et mortel cobra royal, il ouvrit ma tunique et jeta le serpent sur ma poitrine.

Le choc de terreur transperça chacune des cellules de mon être. Je ne pouvais plus respirer, je ne pouvais plus bouger, je ne pouvais plus penser. Mon cœur se comprima au point qu'il sembla se déplacer au centre de ma poitrine, puis s'élancer le long de mon échine et s'enfoncer dans ma tête en projetant une pluie de lumière d'un blanc bleuté. Je sentis soudain le coup à l'arrière de ma tête que j'avais déjà senti une fois auparavant. Cette fois-là, l'amour, la joie et l'adoration m'avaient tenu sous le charme de la beauté. Maintenant, la peur, la confusion et l'horreur me tenaient sous l'envoûtement de la terreur – néanmoins, l'effet était le même. Tout d'un coup, je me retrouvai au-dessus de la fontaine en même temps que j'étais assis sur la margelle de la fontaine, et je pouvais me voir moi-même. L'étonnement tourna à la stupéfaction – car je voyais non pas un être lumineux, mais deux. J'étais conscient de voir à partir de trois endroits en même temps! Si grande était ma stupéfaction que j'en oubliais ma terreur, que ma peur se dissipait et que j'étais purement et simplement émerveillé par cette chose prodigieuse. Voici qu'une gloire mille fois plus grande se manifestait, voici qu'un événement mille fois plus précieux survenait, voici qu'une expérience mille fois plus spirituelle se produisait. Et je ne voulais pas laisser ce moment de grâce s'évanouir.

Je sentis le cobra royal se glisser d'un côté à l'autre de ma poitrine vers l'épaule, et je vis de trois directions différentes sa tête à capuchon se balancer devant mes yeux. Je ne m'en souciais guère. Pour une pareille expérience, que la mort attende et de toute façon l'échange en valait bien la peine. Dégagé de ma peur et de mon stress, je connus soudain une fois encore le même amour universel, la connaissance irrépressible que j'étais le serpent et que le serpent était moi, que j'étais Dieu et que Dieu était moi. Je sentis l'extase enivrante de la perfection absolue alors même que la tête aux crochets redoutables s'avançait en serpentant à tout juste cinq centimètres de mes yeux physiques. Je savourais le moment, cherchant à le retenir contre la fuite du temps, ne grimaçant pas à la vue du danger mais plutôt me consumant d'amour – d'amour même pour la mort, là, devant mes yeux.

Lentement, le cobra revint se placer sur ma poitrine, calmé par les pensées d'amour. J'observai à partir de deux autres points de vue alors que mes mains le cherchaient, le soulevaient hors des vêtements qui l'emprisonnaient et plaçaient doucement son corps enroulé sur ma tête physique. Au bout de quelques minutes, le cobra se glissa de ma tête sur mon épaule, et puis il passa sur la fontaine de marbre. J'éprouvai à ce moment précis un étrange sentiment de perte, déchirant mon âme et ma chair et me laissant en larmes. C'est alors que les portes menant à une autre crypte s'ouvrirent et que les deux corps psychiques réintégrèrent ma forme physique.

On me pressa de me relever et de me dépêcher, et une fois encore je m'élançai dans un tourbillon de tensions et de batailles. Nous avons finalement vaincu tous nos adversaires et on nous a fait entrer dans la magnifique chambre appelée la Grotte sacrée, ou l'Élysium, le lieu de paix. L'Archimage se trouvait à l'autre extrémité de la grotte et il nous fit un signe. Nous avons regardé tandis que le spectacle du Pont des soupirs à travers le *Chinvat*, le gouffre éternel, nous était présenté. Ceux qui avaient été bons étaient capables de franchir le pont oscillant, mais on nous montrait que ceux qui avaient été mauvais étaient précipités dans l'insondable gouffre et les horreurs d'un enfer éternel. Lorsque cette pantomime fut terminée, le pont étroit fut retiré et la porte de pierre derrière nous fut refermée. Nous étions sur le bord d'un abîme assez profond pour qu'aucun homme ne puisse en remonter et assez large pour qu'aucun homme ne puisse sauter d'un bond de l'autre côté. Pourtant, l'Archimage nous faisait signe de le rejoindre. C'est à ce signal que nous devions traverser le précipice ou périr sur l'étroite saillie!

Notre situation ne ressemblait-elle pas à celle de l'esprit à l'intérieur du corps physique? Ne lui fallait-il pas traverser le colossal abîme séparant le matériel du spirituel, sauter d'un bond le large écart, ou mourir emprisonné dans le corps? Le *Simorgh*, mon guide, me chuchota à l'oreille :

« Tout comme l'homme de lumière est transporté à l'intérieur de l'homme de chair, de même l'homme physique peut être transporté par l'homme spirituel. Maintenant, tu sais comment traverser ce précipice. »

Sur ces paroles, il déploya ses puissantes ailes et un moment plus tard il était de l'autre côté du gouffre, me laissant seul. Tandis que j'observais, des aides l'entourèrent et l'aidèrent à enlever son lourd costume. Puis je vis Skakus et j'entendis son rire rauque alors qu'il repoussait du pied le costume et s'éloignait en direction de l'entrée de la caverne. Quel doute paralysant m'assaillit! Pouvais-je me fier à son conseil? Ne m'avait-il pas chassé du *Britannin*? Ne s'était-il pas moqué de mon secret le plus intime et le mieux gardé? Néanmoins, ne m'avait-il pas guidé à bon port à travers tous les combats et les meutes de chiens hurlants?

Je fis se calmer mon esprit. Je fis se comprimer mon cœur, et par un effort de volonté je fis remonter le jet de lumière le long de mon échine et s'enfoncer à travers mon cerveau. Le coup sur mon crâne fut léger, mais les corps lumineux flottaient au-dessus de l'abîme. D'un mouvement de ma volonté j'en envoyai un de l'autre côté et un à côté de moi. D'un autre acte de volonté je les fis me faire traverser le précipice. Cette préparation étant achevée, j'avançai un pied hors de l'extrême bord de la saillie dans le néant de l'abîme. Je ne tombai point mais je franchis en titubant les vingt-trois pas jusqu'à l'autre bord du gouffre. Puis, épuisé, je m'effondrai sur les pierres, versant des larmes d'exultation et de joie suprême. Et voilà qu'éclatèrent autour de moi de tels hymnes de joie, de tels cantiques de triomphe que le monde entier semblait célébrer mon succès. De quelque part – soit des profondeurs de la caverne ou des profondeurs intimes de mes souvenirs les plus chers – j'entendis la voix de mon père disant :

« Voici mon fils engendré par l'Esprit. En lui je me complais! »

L'Archimage s'avança vers moi, les bras tendus et rayonnant de joie. « Mon fils, mon fils, tu mérites de devenir le symbole éternel de *Mithra*, ami, compagnon, Esprit vivant de l'homme. Venez oindre ses membres endoloris et fatigués avec des huiles et des parfums sacrés et avec l'huile sainte de *Ban*. Dorénavant et à tout jamais on l'appellera l'Oint du Seigneur. »

Alors même que l'on était à consacrer mes chairs réjouies avec l'huile sainte de *Ban*, il s'arrêta près de moi et dit : « Jeshuau, l'Oint du Seigneur, écoute le dernier grand secret des Mystères perses, la dernière grande énigme du monde. Écoute et grave bien en toi ces paroles qui ont été prononcées exactement comme tu les entends en ce moment par des hommes qui ont vécu il y a dix mille ans.

Un temps viendra où apparaîtra sur cette Terre un grand prophète, un avatar de Dieu Lui-même. Il sera le fils d'une vierge sans tache qui n'a jamais connu un homme. La naissance de cet Oint du Seigneur sera annoncée par une nouvelle étoile scintillante voyageant à travers les cieux et brillant avec l'intensité d'un petit soleil en plein jour. Surveillez bien le ciel et tenez-vous prêts à entreprendre un voyage, car ceci pourrait se produire à votre époque. Si vous suivez cette étoile surnaturelle jusqu'à l'endroit où elle demeurera suspendue dans le ciel, vous trouverez sur Terre un enfant nouveau-né. J'ordonne que vous offriez à cet enfant les plus riches présents d'encens, d'or et de myrrhe subtile. Cet enfant, une fois devenu adulte, sera le Sauveur du monde. »

J'absorbai chacune de ces paroles sacrées au creux des cellules de mon cœur et dans la fibre même de mon esprit, afin de pouvoir ainsi méditer sur leur sens tout au long des jours étranges qui s'annonçaient.

TREIZE

L'Égypte, mère des religions

Comment celui qui n'a jamais été doué pour l'écriture pourrait-il arriver à communiquer l'insondable plaisir qui envahit l'être physique après avoir complété avec succès l'initiation aux Mystères perses? Depuis des siècles ces cérémonies ont été conçues dans le but de produire une forte impression. Le message était tellement clair : l'homme a le choix entre le bien ou le mal en son cœur, en son esprit et en sa volonté. La prise de conscience qui en résulte est si belle : le pouvoir de la pensée est la force quasi divine à laquelle l'homme peut faire appel dans sa vie, une force plus grande que le pouvoir de la chair! La vérité qui en émerge nous incite tellement à nous libérer : l'être pur est maintenu sous la coupe de l'être inférieur! La représentation était tellement frappante : en dernière analyse, tout homme est entièrement tributaire de sa propre volonté et de sa propre foi, et il doit s'en servir pour franchir l'immense précipice séparant l'asservissement de l'esprit et sa libération! La morale était tellement évidente : à la fin, même le *Simorgh*, symbole de l'éternelle poussée vers la perfection humaine, la source du pouvoir de l'esprit au sein de l'esprit et du corps de l'homme – même ce bienveillant guide et compagnon dut finalement abandonner celui qui devait accomplir l'acte final de foi et de confiance absolues et s'avancer au-dessus du grand abîme. L'exemple était tellement parfait : l'homme qui a surmonté ses émotions et maté les serviteurs du mauvais destin en d'interminables batailles de volonté et d'audace – un tel homme est finalement libre de toutes les demandes du plan terrestre. Par la foi, par obligation et avec la volonté, il peut même faire s'élever l'esprit hors de sa gangue physique.

Oui, il était tout à fait clair que celui qui peut spiritualiser le corps mérite la sainte Onction, le Baptême du nouveau-né avec l'huile sacrée et le *Ban* parfumé, et mérite d'être par la suite appelé l'Oint du Seigneur, le Christos.

Je sortis de la caverne en compagnie du groupe fraternel de prêtres, les Christ de Perse. J'étais fier dans le secret de mon cœur que mes bien-aimés Maîtres, Melchior, Balthazar et Caspar, fussent satisfaits de moi. Oui, j'étais fier. Quel chemin j'avais parcouru au cours des longs mois maintenant terminés, me chuchotai-je en mon cœur! Tandis que nous sortions dans la gloire du soleil du matin, j'entendis les trilles d'une alouette chantant les louanges de son monde. À cet instant, ce moment supposé être celui de ma plus grande allégresse spirituelle, mon cœur fut rempli de la douce sensation et de la chaude ardeur de la Fille d'Or. En ce moment de ferveur religieuse, je ressentis l'amour non partagé d'un homme pour une jeune fille.

Étais-je bien l'Oint du Seigneur? De quel droit l'étais-je si je ne pouvais pas dominer mes pensées et mes passions? Avec un peu de honte, je lançai un regard de côté en direction de mes Maîtres spirituellement développés... ils n'avaient certainement jamais connu pareil désir de la chair. N'était-ce pas la *maya*, le piège de la chair qui, selon l'enseignement des *Yogis*, faisait obstacle à tout progrès spirituel? N'étais-je pas un *Yogi* accompli, ayant étudié les trente-trois différents types de yoga? Pourtant, le chant d'un oiseau suffisait à remplir mon corps d'une bouffée de joie et d'un désir trop grand pour que la chair puisse le supporter. Je fis tout mon possible pour dégager mon esprit de l'emprise de mon désespoir.

Je me rappelai que mes trois Maîtres ne m'avaient pas encore enseigné la magie permettant de se rendre et de rendre les autres invisibles, de transformer ce que les autres hommes voyaient, et d'insuffler dans le corps des autres une grande énergie et une grande force. Je leur demandai si leur promesse tenait toujours.

Les yeux de Balthazar pétillaient de joie. « Ah! Mon tout nouvel Oint du Seigneur, tu dois te souvenir de nos paroles. Nous t'avons promis qu'après avoir passé l'initiation secrète des Perses nous te dirions comment et où apprendre la science permettant de transmuter la chair et de confondre la vue. »

« C'est vrai! » Caspar était aimable et souriant. « Nous pouvons te dire comment et où tu peux apprendre cette science et nous le ferons. Mais souviens-toi, il n'est pas dans les habitudes de l'initié d'aider quiconque n'a pas d'abord demandé à être aidé. »

« Alors, je vous le demande, comment et où puis-je apprendre cette science supérieure? »

La voix puissante de Melchior apporta la réponse. « Par sept années d'études dans les temples de la Mère des religions. »

« En Égypte? »

« Oui. L'Égypte est la Mère des religions. Le druidisme en est le Père. Toutes les religions y ont pris leur germe original pour le transplanter ensuite dans un sol étranger. »

« Ne sois pas triste, nouveau Christ. Cette formation pour devenir un

Christ de Perse était nécessaire avant de pouvoir être admis dans l'école finale en Égypte. En vérité, tu n'as été le jouet d'aucune astuce. »

« Sept années! Il y a si longtemps que je suis si loin de la maison! »

La simple mention du mot me fit comprendre à quel point je me sentais profondément seul, loin de ma famille. Oh! comme je brûlais de revoir ma tendre, mon adorable mère, mes frères et sœurs, et mon père bien-aimé, Joseph, Maître secret des Esséniens à Nazar. J'allais bientôt avoir vingt et un ans et une immense solitude emplissait mon âme et chaque cellule de ma chair. Cette solitude était si grande et m'était si douloureuse que cela me ramena à l'esprit mes pensées précédentes : que je n'étais pas digne de cheminer sur le sentier spirituel. Si j'étais vraiment spirituel, pourquoi ces choses de la chair exerçaient-elles une telle attirance sur moi, comme la force d'un treuil ramenant l'ancre à sa place pour laisser partir le vaisseau du soi à la dérive dans les vents de la passion! Le cœur gros, je mourais d'envie de voir ma plus jeune sœur, Éna l'enjouée, qui était née durant ma dix-septième année d'après une lettre reçue. De fait, elle était née au moment où j'étais conduit hors de la Bretagne des Druides par des prêtres en colère – et pour arriver à quoi?

Pour quoi, qu'on me le dise! Skakus avait mon épée d'or. Et qu'arriverait-il si on lui ordonnait de ne me la remettre que lorsque j'aurais mérité la plus haute distinction? Comment pourrais-je me mériter une telle distinction? N'avais-je pas réussi toutes les épreuves des religions extérieures et des religions secrètes? N'étais-je pas devenu le Christ, l'Oint du Seigneur? Il ne pouvait sûrement y avoir aucun degré supérieur à celui-là!

Alors même que je me tenais un tel raisonnement intérieur, j'avais conscience de mon erreur. Trop de choses n'avaient pas encore été expliquées. Trop de pouvoirs n'étaient pas encore miens. Ainsi, pourquoi, alors qu'il m'arrivait quelquefois de guérir les autres, ne pouvais-je empêcher ma propre maladie, ou la guérir? Étais-je réellement le fils de la chair de Joseph? Quelle était la signification des pierres inutiles du temple des Druides? Non, même si je n'en étais pas digne, une partie de la grandeur de la Vérité spirituelle m'avait quand même été accordée. Qu'étais-je sinon un Essénien partiellement formé parti à la recherche de la Vérité divine? En raison de mon manque de mérite, ne devrais-je pas maintenant abandonner la recherche?

Dans mon désespoir apparemment irrémédiable, je poussai un cri et m'effondrai sur le sentier. À l'instant précis où cela se passa, je n'éprouvais que du mépris pour moi-même. Premièrement, parce que je faisais preuve de la faiblesse émotionnelle d'un enfant. Deuxièmement, parce que je salissais la splendide robe de cérémonie dans la poussière des collines arides. Personne ne sembla porter attention ou s'intéresser à moi tandis que je racontais en sanglotant ma passion et faisais à mes trois Maîtres de sagesse la confession de mon indignité. Lorsque je pus formuler les mots, je m'écriai une fois de plus : « Combien de temps? Combien de temps? L'aspirant arrive-t-il jamais à devenir digne? »

« Demande à Caspar », dit Balthazar. « Il est plus grand et plus digne que moi. »

Lorsque je tournai mon visage couvert de larmes vers Caspar, il dit de sa voix douce : « Demande à Melchior. Il est plus grand et plus digne que moi. »

Sous mes yeux, Melchior haussa ses épaules massives. « Demande à Skakus. Il est plus grand et plus digne que moi. »

Un frémissement intérieur traversa brusquement tout mon être. Cela pouvait-il être possible? Se pouvait-il que Skakus le Druide égyptien, Skakus le cruel et le vengeur – se pouvait-il qu'il soit plus grand que mes Sages orientaux bien-aimés? Je ne pouvais que frémir à l'évocation d'une telle pensée!

« Demander quoi à Skakus? » Sa voix était à mes côtés où, par une quelconque magie, il était apparu en un clin d'œil. Malgré le fait que mes cellules mêmes se rebellaient contre lui, je lui demandai : « Combien de temps dure la formation? Est-ce que l'aspirant... En deviendrai-je jamais digne? »

Il sourit et dit à sa manière exaspérante : «Demande-toi-le. Tu as toutes les réponses. »

Avant même de pouvoir revenir de la surprise qu'une réponse aussi dure suscitait en moi, il ajouta : « Ou demande aux prêtres d'*On**.

Je regardai les collines perses autour de moi et l'impossibilité de sa suggestion me piqua au vif. Je lui lançai les mots en grondant de colère. « Comment puis-je le leur demander...? » et de mes mains et du regard je lui montrai le vide et l'espace.

Sa voix rauque avait un petit air de triomphe et de rire. « D'abord, arrange-toi pour que tes Maîtres t'enseignent la religion extérieure de l'Égypte. Puis rends-toi à *On* et, là, demande à recevoir la formation de l'une des douze écoles de la Fraternité Blanche. »

La Fraternité Blanche! Le simple fait d'entendre ces mots me fit tressaillir de joie, mais plus encore me fit réaliser à quel point je n'en étais pas digne et

* *On* est le nom égyptien du temple sacré d'Héliopolis près du Nil. Celui-ci semble avoir représenté plus qu'un simple temple physique pour les Égyptiens.

n'y étais pas prêt. Mon cœur fut touché par le martellement furieux de ma vieille curiosité innée – pourtant, je ressentais l'effet débilitant de la peur et du doute.

« Mais suis-je digne de la Fraternité Blanche? »

La réponse fut aussi rapide et me transperça telle une flèche lancée d'un arc. « Non. Tu n'en es pas digne. »

Au fond de mon cœur, je ne savais que trop bien que son affirmation était juste. Que de toutes les personnes indignes du monde entier, j'étais la plus indigne de toutes. Lorsque j'élevai un regard interrogateur vers lui, il dit à brûle-pourpoint : « Pas plus que ne l'étaient Joseph de Nazar, Joseph d'Arimathie, Ramanchana, Romulo, Nicodème, le Maître Caribe, Balthazar, Caspar, Melchior – ou même Skakus. Non, pas même Skakus! » Il fit trois grands pas avec une énergie féroce, puis il se retourna. « Tao Te Lin non plus ne l'était pas. Tu dois donc savoir qu'aucun homme n'est jamais digne de l'initiation divine. Au cas où tu penserais que les femmes en sont dignes, *Mherikhu* non plus n'en est pas digne. Mais le choix lui appartient, tout comme le choix t'appartient. Il te faut demander, sans quoi tu pourrais ne pas recevoir! »

Il se retourna et s'en alla. Je m'assis par terre, plein d'amertume et ruminant mes étranges réactions indisciplinées envers quelqu'un qui était apparemment un grand initié sur la voie de la Vérité. Dans chaque cellule de mon être je sentais la plus étrange des lourdeurs, une strangulation complète et mortelle de la liberté du soi, de l'esprit, de l'énergie. Il y avait en moi une intolérable noirceur qui s'accaparait et critiquait chacune de mes respirations, de mes actions ou de mes pensées. Elle trouvait de tels défauts que j'en venais à n'avoir que du mépris pour moi-même, et ensuite je me méprisais d'entretenir un tel mépris à mon égard.

« Pourquoi suis-je si abattu, si sombre et si triste? » demandai-je à Melchior. « Jamais auparavant n'avais-je connu cette lourdeur de l'être, ce doute obscur, ce désespoir au plus profond des cellules. »

Melchior s'assit sur ses pieds, à plat sur le sentier, à la façon d'un Oriental. « Non. Toujours, tu as été sereinement confiant et gai. Nous, de la Fraternité, avons attendu et surveillé avec inquiétude. Sache que tant que tu n'as pas passé à travers cette expérience, tu es de peu de valeur. Enfin, tu subis cette purge du Soi cellulaire – et nous en sommes heureux. »

Balthazar gloussa et dit d'un air espiègle : « Oui, cher Oint du Seigneur, nous ne pouvons sentir ce qui te fait gémir et ta souffrance ne nous fait pas de mal! »

« Nous sommes heureux », répéta Melchior pour me rassurer malgré mes doutes que ceci faisait effectivement partie du grand Chemin de l'évolution. « Tu es en train de subir en ce moment une partie du grand Enfer de l'initié. On l'appelle la Nuit noire du désespoir. C'est une angoisse qui affecte l'âme en trois étapes, mais ce n'est là qu'un des jalons et une des étapes marquant la Voie. C'est la raison pour laquelle les Hindous disent que chaque étudiant a besoin d'un Gourou. Chaque aspirant doit passer à travers ces expériences cruelles et destructrices. Certaines sont courtes et intenses, certaines sont longues et mortelles. Celles qui sont courtes produisent la plus intense souffrance. Celles qui sont longues produisent des années d'angoisse, de dégoût de soi et d'indolence personnelle. Prions pour que les tiennes soient courtes et intenses. Il est fréquent que les longues amènent l'initié à délaisser la Voie pour se jeter dans la débauche, ou qu'il en vienne à s'écarter à jamais du sentier.

« Vois-tu, à mesure que ton corps devient de plus en plus raffiné, plus il devient pur et nettoyé des scories, plus il devient alors utilisable pour l'esprit. Mais chaque cellule a une vie et un droit qui lui sont propres. Même si vous décidez de remettre le contrôle de votre corps à l'esprit, la cellule peut s'accrocher à son désir pour les scories qui lui sont familières. Vient alors un moment où l'esprit de la cellule se met à lutter contre l'esprit du système pour sa propre survie. S'il gagne, un initié est perdu. Si l'esprit du système gagne, un nouveau Christ est véritablement né. Lorsque le temps arrive pour l'esprit de se libérer comme bon lui semble de l'enveloppe corporelle, on pénètre alors dans un champ de bataille à l'intérieur du Soi cellulaire – on pénètre dans un enfer, dans une horreur.

Il y a trois Nuits noires distinctes, une pour la partie physique de l'être, une autre pour la partie mentale et une troisième pour la partie spirituelle. Chacune de ces horribles batailles est nécessaire, semble-t-il, au fur et à mesure que la chair se spiritualise. La première est la Nuit noire du désespoir physique. Tu as vécu celle-ci alors que tu étais dans la caverne de la fontaine. Ton être de chair a été malade pendant quarante-six jours – un temps de désespoir où tu as frôlé la mort. N'oublie pas que ceci n'était que la première des trois Nuits!

Par bonheur, tu es maintenant au creux de la Nuit noire du désespoir mental. Nous savons à quel point tu te sens futile. Tu as l'impression de n'avoir aucun contrôle sur tes émotions, que toutes tes pensées sont stupides ou même que tu n'arrives pas à penser. Nous savons que tu as le sentiment que tout ce que tu as pu avoir fait ou dit auparavant était le comble de la futilité ou que c'était une erreur. Nous savons que tu analyses ton comportement et que tu t'en veux tellement d'avoir manqué de discipline que tu en viens à te mépriser toi-même. Puis, te rappelant que tu es censé être sur le sentier initiatique, tu éprouves encore plus de mépris pour toi-même de t'être ainsi laissé aller à te mépriser. »

Balthazar qui était accroupi à côté de moi me dit en rigolant doucement : « Courage. Tu n'as même pas encore commencé à souffrir! Il y a bien pire encore à venir! »

Lorsque je secouai ma tête de désespoir, Melchior dit : « Oui, tu peux le croire. Le pire est encore à venir. Ces expériences sont inévitables avant que le Soi cellulaire ne puisse devenir le parfait serviteur obéissant et empressé de l'esprit. L'inévitabilité de cette expérience pour le véritable initié est la raison pour laquelle les Hindous – et certains autres – ont enseigné l'inévitabilité du karma, car ils tentaient par erreur d'appliquer la condition de l'initié à tous les hommes. Note bien ceci : *il y a un autre moment encore plus difficile à passer* – un temps d'enfer spirituel et de doute si intense qu'il consumera les dernières traces de scories du corps de chair et rendra le corps pleinement utilisable par l'esprit et l'âme. Ce moment redoutable reste encore à venir pour toi. Ce sera comme la plus grande de toutes les calamités. Ce sera mille fois pire que la Nuit noire mentale, tout comme la Nuit mentale est mille fois pire que la Nuit noire physique. »

« Oh, non! » dis-je en gémissant. « Rien ne pourrait être pire que ceci! »

« Oui. Mille fois pire! » Telle était la terrible promesse que ces trois voix bienveillantes me faisaient. Melchior poursuivit en disant : « Souviens toi bien de ce que nous t'enseignons, car cela pourrait te sauver la vie. Tu éprouveras une angoisse pire encore lorsque sera venu le temps de ta Nuit noire du désespoir spirituel, sois-en assuré. Quand cela arrivera, puisse l'Être suprême avoir pitié de ton être torturé. »

Je pense que j'aurais douté même de la parole de ces trois Maîtres de sagesse si ce n'eut été d'un prêtre du groupe de Christ perses qui, passant par là, regarda d'un air entendu et dit : « Qu'y a-t-il avec notre nouvel Oint du Seigneur, est-ce la Nuit noire? » Voyant mes amis faire signe que oui, il hocha tristement la tête. « Ça doit être la Nuit mentale. Si c'était la spirituelle, il se tordrait dans les affres de l'agonie. » Il se détourna et, chantant l'un des chants rituels, s'en alla tranquillement en direction de la résidence des prêtres.

Nous nous rendîmes également à ces quartiers, et l'on m'y attribua une chambre. J'y demeurai pendant plusieurs jours, l'âme douloureusement noire de désespoir et d'angoisse. Et je continuai à entretenir du mépris à mon égard – je ne pouvais rien faire pour arrêter cela. Puis je devins comme un légume, passant de très longues heures assis dans l'apathie la plus complète. Des semaines passèrent, puis des mois, et je demeurais assis à gâcher ma vie sous l'emprise d'un désespoir dont je ne pouvais m'échapper. Mes trois mentors me quittèrent – ce qui me plongea dans un désespoir encore plus profond – et firent un voyage en caravane. Ils revinrent au bout d'environ six mois, puis ils partirent de nouveau. Mon humeur changea. Je commençai à haïr activement ma chair. À de nombreuses reprises, je me rendis en des endroits élevés d'où le désespoir me poussait à me jeter à mon anéantissement. Une centaine de fois je fus grandement tenté, mais un fil ténu de lumière m'empêcha de passer aux actes.

Une fois encore mon humeur changea. Un jour, alors que je me promenais, je vis les ravissantes filles d'un marchand qui apportait des marchandises aux prêtres. Elles étaient charmantes et vinrent vers moi. Je les désirais dans ma tête. Je jetai mon dévolu sur l'une d'entre elles et lui fit la cour, et j'obtins son consentement en lui offrant l'un des joyaux de l'Ordre des Christ perses. Mais elle fut emmenée en voyage le matin précédant la nuit prévue pour notre rendez-vous d'amour, et je sus alors ce qu'était la haine primale. Je marchai et courus pendant des heures dans le désert, prenant plaisir à subir la punition de la chaleur et des épines qui me fouettaient. Les trois Rois mages revinrent une fois de plus, et j'étais toujours dans un profond désespoir.

Pendant une semaine ou plus ils tentèrent de me parler, mais j'étais trop amorphe, trop végétatif. Puis ils vinrent me voir un matin et dirent : « Nous devons partir pour deux ans. Nous partons avec une caravane de marchands vers l'Égypte. Que Dieu soit avec toi. »

Comme je ne trouvai rien à répondre, ils s'en retournèrent remplis de tristesse et entamèrent la descente du sentier. En les observant s'en aller, j'éprouvai un étrange mélange d'émotions.

La Nuit noire était toujours incrustée dans chacune de mes cellules. Mon corps était une masse lourde et repoussante, du moins c'est l'impression que j'en avais. Mais le mot *Égypte* avait allumé une étincelle de chaleur quelque part près du centre de ma tête, tout juste à l'arrière de mes oreilles. Cette unique étincelle brillante semblait rayonner plus fort que le soleil – plus fort qu'un million de soleils! Elle semblait se gorger de l'obscurité même des cellules l'entourant. Un brasier s'était allumé et prenait de l'expansion à travers les cellules de mon cerveau, répandant chaleur et détente sur son passage; puis il s'attaqua à l'obscurité des cellules de ma gorge, de mon cou, de mon tronc et finalement de mes jambes. Cette chaleur rayonnante semblait dévorer les chaînes qui me tenaient immobile, comme celles mises aux pattes d'un oiseau pour l'empêcher de s'envoler! Je ne sais pas combien de temps dura le processus. Mais tout d'un coup mon corps en entier fut dégagé, et j'étais léger et libéré du fardeau de l'enfer. Je lançai un grand cri de joie, et une centaine de prêtres se rassemblèrent bientôt autour de moi. Je criai tout haut à Dieu ma ferveur et Lui rendis grâces, car je venais véritablement de renaître. Tous les prêtres m'applaudirent, me réconfortèrent et asséchèrent mes larmes de joie. L'Archimage vint et il était heureux et remplit l'air de ses remerciements et ses louanges au tout-puissant *Zeronna Akherne*, le Dieu omnipotent.

Je remerciai l'Archimage de son amour et de son attention. Je lui embrassai les pieds et lui demandai de bien vouloir me pardonner, car j'allais devoir me lancer à la poursuite de mes trois Rois mages bien-aimés et partir avec eux en Égypte. L'Archimage se contenta de hocher la tête en signe d'assentiment ravi. Mon départ fut retardé, car plus de trois cents prêtres voulaient m'aider et m'accompagner pour fêter mon départ. Leur amour à mon égard était manifeste et on me remit enfin mon ballot prêt pour la route en dix fois le temps que j'aurais mis si je l'avais moi-même préparé. Je me mis en route pour prendre le sentier et les prêtres me suivirent. Je ressentais envers eux un amour que seul celui qui est libéré de l'enfer peut éprouver pour les anges qui ont monté la garde à l'entrée en priant pour sa libération.

Je dévalai le sentier à toute allure. Mes pieds étaient légers, mon corps était leste et mon esprit était vivant et alerte. Heure après heure, je filai sans m'arrêter jusqu'à ce que je rejoigne la longue caravane. Je la remontai à toute vitesse jusqu'à ce que je rattrape les trois Rois mages. Ils descendirent de leurs charrettes et demeurèrent debout l'un à côté de l'autre alors que j'arrivais vers eux.

Je courus jusqu'à eux, tombai à genoux et embrassai les six jambes.

« Oh! Maîtres de sagesse, emmenez-moi avec vous en Égypte, et enseignez-moi les connaissances de la Mère des religions. »

Bientôt des larmes de joie se mêlèrent d'une joue à l'autre alors que nous nous embrassions; puis chacun vaqua aux affaires de sa vie. Au cours des mois de voyage, les trois Maîtres de sagesse m'enseignèrent la religion de l'Égypte. Je me sentais poussé à faire de mon mieux pour bien apprendre, car je savais que je serais soumis à un examen rigoureux avant de pouvoir être admis au sein de la Fraternité Blanche. Bien que j'y aie fait allusion à quelques reprises et que j'aie eu une fois l'audace de le demander, aucune mention de cet Ordre n'émana de mes Maîtres. C'était comme si j'avais rêvé d'avoir entendu ce nom, et ils n'en reconnaissaient même pas le son! Mais ils m'enseignaient nuit et jour. Même lorsque je faisais mon travail autour de la caravane, réparant et fabriquant des selles et des charrettes, parfois faisant des échanges pour des marchandises particulières – même là un des trois Maîtres était avec moi. Ils ne laissaient passer aucune minute où ils pouvaient m'apprendre des choses sans qu'ils ne le fassent.

Durant les mois de ma vingt-quatrième année, nous avons lentement progressé vers l'ouest, sillonnant en tous sens les terres de chaque pays à la recherche de trésors inusités de tous genres. De temps en temps la caravane principale faisait halte dans une ville tandis que de plus petits détachements partaient vers des villages éloignés pour acheter ou faire du troc. Une fois nous avons envoyé six cents charretées en direction nord vers Jérusalem, et de là par navire une partie allait se rendre jusqu'à Rome.

Nous sommes arrivés sur les rives de la mer Rouge. Nous avons tourné vers le nord à l'intérieur des terres, et nous avons passé plusieurs semaines dans une ville arabe appelée Médina. Des centaines d'hommes provenant d'une vingtaine de tribus du désert y venaient pour fêter bruyamment, jouer à l'argent, boire jusqu'à se rendre soûls, et se bagarrer et mourir dans cette ville. Quelques-uns de ces hommes étaient pieux. Ils adoraient des idoles et des images de toutes sortes. Le seul culte pur qu'ils avaient était voué à une pierre noire appelée *Kaabah* qui, croyaient-ils, provenait du ciel du Dieu Suprême, Al Ilah. Leur religion était un amalgame confus, tout comme celle des anciens hommes de Judée. Lorsqu'ils étaient pieux, ils faisaient preuve d'ardeur et de fanatisme dans la pratique de leur foi, et ils étaient prêts à endurer n'importe quelle souffrance pour leurs convictions religieuses. C'est du sein d'un tel fanatisme émotionnel que naissent les prophètes.

À partir de Médina, 'la ville des prophètes qui n'étaient pas encore nés' comme nous l'appelions, nous avons obliqué vers le nord pour contourner le bout de la mer du Nord qui sépare le désert d'Arabie des terres frontalières de l'Égypte. Après plusieurs jours de marches interminables, nous avons dépassé le bout de la mer qui s'étirait sans fin et nous avons bifurqué en direction nord-ouest vers le Caire et une proche ville côtière avec tous ses quais et toutes ses jetées. Tandis que certains membres de notre caravane marchandaient avec les gens de la place pour se procurer des vêtements égyptiens spéciaux et d'autres articles, nous avons fabriqué de lourdes caisses assez solides pour le transport par mer. Bientôt, tout notre matériel était chargé dans les caisses et prêt à partir pour Rome, Athènes et même ma bien-aimée Bretagne. Nous avons expédié certains articles, tout particulièrement les bâtonnets d'encens égyptiens et les vases en or, directement à Cæsaria pour livraison à l'Assemblée des Esséniens du mont Carmel. Nous étions affairés à tout vérifier, à construire et à emballer; néanmoins mes Sages ne laissaient s'échapper aucun instant où ils pouvaient en profiter pour m'en enseigner plus, toujours plus, sur les religions des anciens Égyptiens.

Au début les études donnaient l'impression d'être extraordinairement embrouillées. Les Égyptiens avaient un dieu presque pour chaque heure de la journée, et leurs fonctions se chevauchaient au point qu'il était quasi impossible de comprendre ce que chacun devait réellement symboliser. Mais finalement je commençai à discerner la grande religion dans toute sa pureté, une fois dépouillée de ses rituels et de toute sa panoplie de dieux, une fois son cœur magnifique mis à nu – un cœur si merveilleux que je compris vraiment qu'il ne pourrait jamais mourir. Je savais pourquoi l'Égypte était appelée la Mère des religions. Nous avons été arrêtés durant nos voyages par les légionnaires romains, serviteurs de César et de Rome, de grands costauds présomptueux qui se donnaient des airs importants. La religion de l'Égypte n'aurait aucune difficulté à supporter dix mille ans de règne de César. Rome ne deviendrait jamais le centre de la Vraie Religion. Car la religion mère de l'Égypte renfermait toutes les religions du monde dissimulées au cœur de ses structures complexes, attendant d'être découvertes par l'étudiant sage et persévérant. Elle était semblable à la religion des puissants Druides, et elle laissait deviner de maintes façons ces subtiles améliorations qui disaient à l'étudiant sérieux que l'Égypte était une colonie et non la source originelle du druidisme ou de quelque religion à l'origine assez semblable.

Lorsque nos énormes cargaisons furent enfin toutes expédiées à des agents de l'autre côté de la Méditerranée, nous avons rassemblé notre caravane et traversé le Nil et nous avons continué vers le sud en longeant ses rives fertiles. Sans doute aucun autre fleuve dans le monde n'est l'objet d'une telle adoration – et ne mérite autant d'être adoré – que le splendide Nil. Ça ne m'étonnait pas que certaines croyances égyptiennes eussent fait du Nil un dieu.

Lorsque nous avons quitté les basses terres du delta à l'embouchure du Nil, nous sommes arrivés à un village appelé Fayuem où attendaient trente péniches et sept barques rapides pour amener la caravane plus haut sur le fleuve. Je ne devais pas aller aussi loin. Nous avons chargé une péniche additionnelle en faisant une allusion particulière à mon séjour au Temple du soleil sur une île qui s'appelait *On*. Cette île portait aussi le nom de *Khusna*, qui se traduisait par 'Terre de Dieu' ou 'Ciel', ou peut-être encore plus justement par 'Paradis'. Une fois arrivée à la hauteur de l'île d'*On*, notre péniche quitta les autres et se dirigea directement vers une petite anse à l'intérieur de l'île.

Cette 'Terre de Dieu' avait certainement été un paradis! Son point le plus haut s'élevait à environ quinze mètres au-dessus du point le plus élevé atteint par le fleuve en période de crue. Nous pouvions voir des temples monumentaux dédiés à de nombreux dieux différents. Au centre, nous pouvions voir l'énorme temple d'Osiris, appelé aussi le temple de Thoth-Hermès, car les deux grands dieux étaient adorés dans le même vaste complexe d'édifices.

Mais de tous les édifices aux couleurs vives, flanqués de magnifiques statues et de tours dorées, aucun n'attira autant notre attention que les deux petits temples de simple marbre blanc et doré. Le temple doré était situé bien au-dessus des eaux de l'anse, sur une petite pointe de terre qui formait presque une île. Le temple blanc se trouvait sur l'île principale à l'extrémité des collines de grès, directement de l'autre côté de la petite baie où se trouvait le temple doré. J'étais fasciné par la splendeur de cette île appelée 'Terre de Dieu'. Je réagis à la vue des deux temples avec une exceptionnelle prescience de leur importance pour ma destinée.

Je contemplai immobile les temples dominant le fleuve. Caspar s'approcha près du bastingage derrière moi. Il fit un grand geste de la main en direction du temple doré. « *Hore Kerhu.* Nous l'appelons 'Vierge du monde'. »

Je tentai de traduire les deux mots égyptiens, mais je n'y parvins pas. Ils voulaient dire 'Femme éternelle', 'Gloire de la féminité', 'Vierge mère', 'Vierge éternelle'. J'y renonçai moi aussi et acceptai le nom 'Vierge du monde'.

« À laquelle des mille déesses est-il dédié? »

« Il est dédié à la Vierge éternelle. Il est utilisé comme école de formation pour les Prêtresses de toutes les déesses sous la conduite d'Isis. »

« Parmi les milliers de noms de déesses que j'ai mémorisés, je n'ai jamais entendu celui de la Vierge éternelle. »

« Il ne s'agit pas du nom d'une déesse. Elle est la *source des dieux.* »

Caspar se détourna, presque comme s'il avait trop parlé. Je sentis le frisson de l'inconnu remonter le long de mon échine, et j'eus nettement le pressentiment que mon destin était relié à ce mystère. Caspar s'arrêta à l'instant où il franchissait la porte menant à l'intérieur du pavillon de pont et il montra de la main le temple blanc.

« Le temple d'Horus, fils de la Vierge. »

J'étais debout sous le soleil de cette fin de journée, observant l'île tandis que nous avancions doucement dans sa direction, portés par la brise soufflant dans notre voile et guidés par un énorme aviron. J'étais sous le coup d'un tel enchantement à regarder cette île que je ne remarquai pas la barque de teck et d'ébène qu'il nous fallait dépasser à l'entrée de l'anse, là où l'embouchure était la plus étroite. Mais tout d'un coup, mon corps s'alluma de l'intérieur, et chaque cellule de mon être devint un luth de cordes joyeuses. J'entendis la musique d'amour des sphères, je sentis l'attraction s'emparer de mon corps et mes yeux se tournèrent en direction du pont de la barque au bastingage d'ébène. Avant même que mes yeux ne la trouvent, mon cœur avait vogué vers elle sur des ailes d'adoration. La Fille d'Or était debout, appuyée contre le bastingage d'ébène, une main levée pour abriter ses yeux des rayons obliques du soleil, l'autre touchant la rambarde. Elle se trouvait sur un tapis d'or ceinturé de cordes pourpres soutenues par des montants dorés. Elle était protégée par deux gardes vigilants, forts, silencieux et sûrs.

Nous glissions sans faire de bruit vers notre quai, notre péniche ne passant qu'à quelques centimètres de sa barque, et nous étions si près que nos deux mains auraient pu se toucher si nous avions tendu un peu trop le bras. Je pouvais voir les mèches de cheveux dorés très fins qui flottaient dans la douce brise comme des fils de la Vierge et qui semblaient entourer sa tête d'un halo doré. Son corps svelte était enchâssé dans un fourreau égyptien d'un vert couleur de mer, si finement tissé qu'il semblait faire partie de sa chair.

Il était taillé de telle sorte qu'une épaule était à nu, et sur ses épaules flottait un léger voile de soie, porté comme un châle, qui recouvrait mais ne cachait pas la beauté de son cou et de ses épaules.

Sa peau était claire et si transparente qu'une lueur interne semblait en émaner à l'image du soleil dispensateur de vie se reflétant sur un succulent raisin. Son visage était mince mais énergique, son front était haut et formait un havre pour ses yeux vert jade bien espacés. Son nez était long mais joli, et il s'évasait en narines à fossettes. Ses lèvres de corail somptueuses traçaient une parfaite courbure ascendante qui donnait l'impression qu'une joie intérieure dessinait en permanence un sourire sur son visage. Comme je la regardais, nos regards se croisèrent, et je plongeai au-delà du miroir de la surface couleur de jade dans un océan de félicité plus profond que toutes les joies de ma vie entière. Chaque cellule de mon être semblait vouloir se presser dans mon regard, et s'efforçait de prendre racine dans cet ultime paradis céleste. Le frisson né de sa présence circula dans chacune de mes cellules comme de l'eau pénétrant dans le sable du désert et le rendant fertile et fécond, lui communiquant l'aspiration à une vie nouvelle afin de faire monter l'éternité vers le soleil doré.

Ses lèvres s'épanouirent en un sourire de complète reconnaissance et sa main s'avança presque comme si elle voulait chercher à me toucher malgré la distance qui nous séparait. Je me penchai vers elle, car mon être l'adorait, et le sang de ma virilité se mit à circuler plus vite et à rugir de sa vigueur retrouvée dans mes oreilles. Je tentai de sourire mais n'y parvins point. J'essayai de parler mais j'en fus incapable. Toutefois, son sourire était radieux et elle parla, et sa voix parfaite, profonde et naturelle semblait portée par la brise comme le timbre pur d'une cloche.

« Bienvenue à *Khusna*, Bien-aimé de Dieu. »

Je sentis la douce magie que sa voix opérait en moi. Je ressentis la pure joie que sa beauté provoquait en tout mon être – et pris conscience que sa présence était en train de faire de moi un homme dans le plein sens du terme. Même si je désirais de toutes mes forces parler, répondre, cela m'était impossible. Ma voix perdue était cachée dans l'un des nombreux palais de mon adoration pour elle. Mais mon être intérieur bondit à travers l'espace et embrassa ses lèvres de corail, et elle sembla en être ravie. Car son sourire devint encore plus large – animé d'une compréhension et d'une bienveillance pleines de tendresse. Je projetai mon adoration à travers la lumière d'âme émanant de mes yeux tandis que commençait à s'accroître la distance nous séparant. Je me mis à me déplacer vers l'arrière le long du bastingage, demeurant aussi près que possible d'elle. Lorsque je butai enfin contre la rambarde de la poupe, je fus inévitablement retenu et peu à peu entraîné loin d'elle. Mon cœur était tendu à force de battre si fort et chaque cellule en moi était devenue un calice s'emplissant du divin spectacle de sa présence dorée.

J'entendis derrière moi les pas rapides de mes trois Maîtres de sagesse, et ensuite la voix de Melchior qui exprimait ses salutations au nom des autres : « *Mherikhu*, comme tu es merveilleusement belle! Mon cœur chante son adoration devant toi. »

Ai-je imaginé voir son sourire s'estomper? Néanmoins, elle s'inclina légèrement et dit d'un air enjoué : « Merci, Maîtres des Mages. La beauté prend sa source dans l'âme de celui qui regarde. »

Durant cet échange de politesses, la péniche et la barque s'éloignèrent de plus en plus l'une de l'autre. Je voulais tendre le bras et la toucher. Pendant dix ans, elle avait été la joie illuminant mon univers intérieur. C'est grâce à elle si j'avais pu me ressaisir pour éviter la mort dans la caverne des tentations. Je fis un effort pour retrouver la maîtrise de moi-même et mis tout mon amour dans ce seul mot : « Merci. »

Je voulais lui dire tellement plus. Mais comment pouvais-je dire à un tel être d'or, « merci de m'avoir sauvé la vie » et « je t'aime *Mherikhu* »? Mon unique mot semblait avoir valeur de symbole pour elle et être chargé du sens connu uniquement dans le secret de mon cœur. Son sourire resplendit à nouveau si merveilleusement et ses yeux étaient rivés sur les miens alors même qu'elle adressait la parole aux trois Rois mages. Elle se tenait debout en toute sérénité, presque aussi grande que moi, une main sur le bastingage et l'autre en l'air pour se protéger les yeux. Avec son châle de soie et ses cheveux d'or flottant au vent, elle ressemblait à un ange prenant son envol.

Des cris frénétiques retentirent soudain pour appeler en toute hâte aux manœuvres précises nécessaires pour l'accostage au quai. Lorsque j'eus fini d'attacher les haussières pour amarrer la péniche, je me retournai pour la voir monter les marches dorées menant de la ligne des eaux au temple situé plus haut. Comme elle avançait d'un pas léger, vraiment comme un ange en plein vol!

Je reportai toute mon attention au but premier de ma visite – la préparation pour un examen de sept jours de mes connaissances sur la Mère des religions, conduit par des hommes qui étaient devenus des Maîtres du monde. Nous avons donc quitté sans délai la péniche, monté les marches de granit qui avaient été polies par des milliers de pieds, et nous avons franchi la porte de l'imposant temple d'Hermès. C'était un vaste complexe d'édifices qui était le théâtre de maintes activités. De nombreuses ailes formaient de petites communautés complètes et autonomes. Il y avait des pâturages, des granges, des champs. On y retrouvait des chambres pour les aspirants et des espaces réservés à l'enseignement, ainsi que des temples pour les fonctions sacerdotales et pour le culte rendu aux dieux. Nous nous sommes dirigés directement vers le centre du complexe le long d'une allée bordée de colonnes de granit géantes recouvertes d'or et de pierres précieuses.

Au loin, tout au bout de cet impressionnant corridor, se trouvait l'entrée d'un temple colossal, le temple d'Osiris. Sur chaque façade de ce gigantesque bâtiment on pouvait voir des statues et de fantastiques symboles en or pur incrusté de gemmes sans prix. À mesure que nous progressions le long de l'allée, des gongs retentissaient et notre procession était grossie par des prêtres qui s'y joignaient dans l'allée derrière nous depuis les nombreux autres temples plus petits. La musique des luths, des cornemuses, des tambours et des zinars s'unit en une parfaite cadence et une douce mélodie. Un hiérophante nous arrêta à la plus basse des trente-trois marches menant au temple. Sans qu'une parole ne soit échangée, au son de la musique, on m'enleva mes vêtements et on me baigna dans des cendres, du fumier, du miel, du lait et puis dans de l'eau, et ensuite on m'habilla d'une robe simple. Elle était faite comme un arc-en-ciel, avec des bandes de tissu aux couleurs différentes, et elle était parfaitement ajustée à ma taille. Il n'y avait aucune couture dans le vêtement. Elle semblait être faite de nombreuses pièces, non pas cousues ensemble, mais tissées ensemble avec des fils teints avec un soin délicat et minutieux.

Le hiérophante silencieux nous fit signe d'entrer dans le temple massif d'Osiris. Nous nous dirigeâmes vers la niche de la nef qui s'ouvrait sur les statues en or d'Osiris, d'Isis et d'Horus à tête d'aigle. Nous nous arrêtâmes devant un petit tapis qui captait le regard et forçait l'admiration. Il était de couleur pourpre royal et des cordes dorées soutenues par des montants l'entouraient – il s'agissait en fait d'une petite réplique de couleur opposée du tapis de la Fille d'Or, *Mherikhu.* Les trois Rois mages s'agenouillèrent et semblèrent faire leurs dévotions devant ce petit tapis. On me conduisit à une natte de paille au pied de la statue d'Osiris. La procession défila ensuite lentement près de moi, là où on m'avait laissé debout, fit demi-tour à la hauteur du tapis pourpre et chacun fit son salut d'adoration en passant devant ce dernier. Pas une parole ne fut prononcée et personne ne prêta attention à moi.

Peu à peu la musique s'éteignit au loin et les énormes portes dorées du temple furent refermées, interrompant le flot de lumière du soleil couchant qui entrait directement dans le temple. On me laissa seul, sans instructions, pour me préparer à la dure épreuve que j'allais devoir affronter – sept jours d'examen conduit par les plus grands esprits du monde. Mes premières pensées ne furent pas pour moi-même ou pour l'examen – mais pour *Mherikhu.* La douceur qu'évoquait son nom remplissait mon cœur d'une mélodie et d'un rythme divins.

Mherikhu. En égyptien cela pouvait signifier de nombreuses choses et j'essayai d'y penser à toutes. Joyeuse déesse. Femme parfaite. Vierge éternelle. Mère de Dieu. Mère du Dieu rayonnant. Vierge mère. Vierge mère du Dieu rayonnant. Oui, son nom pouvait signifier n'importe lequel d'entre eux ou tous ces sens à la fois! Je me plaisais à méditer sur la douceur de son nom. Mais je trouvais un plaisir encore plus grand à méditer sur la glorieuse personne de la déesse vivante qui portait ce nom.

Avant peu, cependant, mon esprit se tourna vers des pensées moins saintes mais plus structurées. Je m'assis sur la natte de paille et j'entamai la révision en esprit de ce que je savais au sujet de la religion égyptienne. Après avoir pensé de la sorte pendant des heures, je commençai à m'imaginer que j'étais en présence d'un important groupe de prêtres et que des questions m'étaient posées. Je répondais à ces questions dans ma tête. De fait, j'avais l'impression que les questions étaient posées par le souffle du vent circulant à travers le gigantesque temple. Lorsque j'y répondais, on aurait dit que mes pensées étaient transformées en paroles par la statue sonore d'Osiris. Peut-être n'était-ce là que l'écho des pensées de mon cerveau se répercutant dans ma tête. Mais je répondis aux questions et encore à d'autres questions, et voici un résumé de ce que j'ai dit – ou s'agissait-il de ce que j'ai pensé – durant cette seconde épreuve la plus importante de toute ma vie.

« La religion égyptienne est la Mère des religions. Elle renferme toutes les religions dans ses profondeurs mystiques, autant celles de nature exotérique que celles de nature ésotérique. Elle est la source de toutes les croyances. Même si elle peut sembler compliquée, elle est assez simple en réalité. Vue de l'extérieur et dans sa pratique courante, elle n'est rien de plus qu'un écran masquant une formation intérieure sacrée et secrète. Ainsi, par exemple, on dit qu'elle comporte beaucoup de dieux – plus d'un millier de dieux – au moins trois pour chaque jour de l'année! Mais en vérité il n'y a qu'un seul Dieu. Pour preuve de ceci, permettez-moi de citer des extraits d'écrits vieux de plus de treize siècles concernant Amon, le Dieu Suprême. Ainsi il était écrit :

"Amon se mit à exister au commencement des temps. Sa mystérieuse nature ne peut être connue. Aucun dieu n'existait avant lui. Aucun autre dieu n'est son égal. Personne ne peut connaître sa forme.

Amon n'avait pas de mère qui puisse lui avoir donné un nom. Il n'avait pas de père et personne ne l'a engendré. Il s'est manifesté à partir de sa propre force, mystérieux de naissance, créé par sa propre radiance, le Dieu divin qui commença à exister de par lui-même.

Amon ne se trouve pas dans le ciel ni en enfer. Il ne peut être connu. Son image n'est pas exposée, son nom n'apparaît pas dans les écrits, car personne ne peut témoigner de son existence. Il est mystérieux et inconnaissable. Sa force et sa majesté ne peuvent être révélées, il est trop grand pour que les hommes puissent s'enquérir à son sujet ou même mentionner son nom, il est trop puissant pour être connu. Quiconque prononce son nom mystérieux, sciemment ou non, est fauché par une mort immédiate. L'âme dans laquelle son nom est caché est, elle aussi, mystérieuse et ne peut être connue de l'homme.

Mais que les hommes se consolent. Car bien qu'Amon soit caché, tous les dieux sont au nombre de trois. Il y a Amon, Ra et Ptah. Il n'y en a pas de second après ceux-ci. Le nom du Suprême est à jamais caché lorsqu'il se manifeste en tant qu'Amon, mais Ra est son visage et Ptah est son corps. Bien que d'aspect ternaire, il n'est que l'Un Suprême. Amon, Ra, Ptah... Un seul Dieu Suprême composé de trois êtres."

En vérité, les nombreux dieux ne sont donc que des aspects ou des qualités adorables de l'Unique Dieu Suprême, caché, innommable qui s'appelle Amon. La religion égyptienne enseigne l'existence du *Sekhet-aaru*, le champ de roseaux, une demeure céleste à laquelle ont droit les âmes des défunts qui ont mené une vie pure. C'est là que l'esprit éternel jouira d'une vie paradisiaque de facilité et d'abondance. Les Égyptiens croient que l'âme est immortelle lorsqu'elle est pure et que l'âme ressuscitée peut reconnaître les membres de sa famille et ses amis et vivre heureuse dans le ciel après la mort du corps.

La résurrection du corps physique et du corps spirituel est également enseignée; et le corps physique devient le corps ou la demeure de l'âme après qu'ils sont tous deux ressuscités de la mort. Les Égyptiens croient que les morts revivront exactement dans les mêmes corps qu'ils avaient sur Terre, pourvu qu'ils aient vécu de bonnes vies pures dans leur corps physique. Ils momifient et préservent le corps physique pour que le corps spirituel puisse germer ou se développer au sein de ce corps en préparation pour la résurrection, afin de vivre au ciel avec les autres âmes également bonnes et divines.

Les Égyptiens croient qu'il y aura un jugement de l'âme de chaque être par le Dieu Tout-Puissant. Dans ce jugement, les bons reçoivent la vie éternelle et le bonheur en récompense. Les méchants sont mangés par le mangeur de cœurs. Mais pour parvenir au moment du jugement, l'âme doit traverser l'enfer dans toute sa longueur. Son passage est barré par de nombreux dieux vengeurs qui la terrasseront à moins qu'elle ne connaisse leur nom, leurs fonctions et les paroles qui les apaiseront.

Ils croient en la naissance virginale d'un Médiateur entre Dieu et l'homme. Dans pas moins de sept trinités de dieux, ils décrivent les aspects sacrés de la création du Sauveur à partir de la Vierge mère. La trinité la plus adorée se compose d'Osiris, d'Isis et d'Horus. Osiris était un roi humain, qui fut tué et qui fut ressuscité finalement à la vie éternelle par l'amour de sa femme, Isis, et par le pouvoir de son fils né d'une Vierge, Horus. Horus, le dieu à tête d'aigle, qui n'est qu'un symbole de la naissance par l'intercession de l'esprit, est le médiateur entre Osiris et l'homme. Osiris n'est qu'un aspect du Dieu innommable, Amon, en rapport avec l'humanité et l'amour.

Les Égyptiens croient que les cérémonies et les paroles appropriées peuvent aider à élever un homme dans les bonnes grâces du Dieu du Jugement et, par conséquent, le faire monter au ciel. Une bonne partie de leurs rituels sont conçus dans ce but et tous leurs textes funéraires sont destinés à cette fin. Cette magie est écrite sur des papyrus qui sont placés dans la tombe du mort, et l'on croit que ceci facilite son passage à travers le lieu de purgation ou pour le jugement permettant d'accéder au ciel. Même dans leurs processions funèbres, les prêtres répètent les paroles à l'intention du mort, aidant ainsi son esprit durant son périple incertain jusqu'au ciel éternel. Les prêtres ont fabriqué autour de ces croyances une religion qui prend au piège l'esprit de l'individu et le rend obéissant aux coutumes du peuple. Mais ces derniers ne semblent pas avoir été les véritables prêtres, car même quatre mille années auparavant les choses qui étaient préparées à l'intention du mort et qu'il devait dire au Dieu du Jugement possédaient autant un sens externe et qu'interne. Permettez-moi de citer ceci parmi les choses qui devaient être dites dans la Salle de la Vérité devant le trône du Jugement :

“Hommage à toi, Grand Dieu, Maître de toute Vérité. Je suis venu, ô Seigneur, pour comprendre tes mystères. Je te connais ainsi que ton nom et le nom des deux cent quarante dieux qui sont avec toi dans la Salle de la Vérité éternelle. Je suis venu à toi dans la Vérité, je t'ai apporté la justesse et la vérité, et j'ai détruit la méchanceté pour toi. En Vérité, et par crainte du Jugement, je jure que :

Je n'ai pas fait de mal à l'humanité, opprimé les membres de ma famille, amené le mal dans les lieux de bien et de vérité.

Je n'ai pas fait le mal, exigé un labeur excessif pour un petit salaire, cherché à obtenir des honneurs immérités, puni injustement les serviteurs, et que je n'ai même jamais pensé du mal des dieux.

Je n'ai pas dépossédé l'opprimé de ses biens, causé de la douleur, fait souffrir ou affamé un homme ou fait pleurer qui que ce soit, ni rien fait qui soit une abomination pour les dieux.

Je n'ai pas commis de meurtre ou fait assassiner qui que ce soit.

Je n'ai pas dépouillé les temples de leurs oblats, volé les gâteaux des dieux, dérobé les offrandes faites aux esprits du mort, commis la fornication, et que je ne me suis pas pollué moi-même dans les lieux saints des dieux de mon temple.

Je n'ai pas triché sur la quantité mesurée, volé de terres, empiété sur le champ des autres, pris le lait des bébés, ou chassé le bétail qui était dans les pâturages des autres et pris au piège le gibier à plumes dans la réserve de chasse des dieux.

Je n'ai pas appâté du poisson avec du poisson de la même espèce, endigué un cours d'eau alors qu'il aurait dû couler, détourné un canal d'eau courante, éteint une lumière qui aurait dû brûler, dérobé aux dieux leurs offrandes de viande, volé du bétail aux dieux ou à leurs prêtres, ou rejeté Dieu dans ses manifestations. Je suis pur. Je suis pur. Je suis pur. Ma pureté est celle du Bennu. Que le mal ne m'atteigne pas en cette Salle de la Vérité éternelle. Je connais les noms des dieux et je crois au Grand Dieu Suprême."

Une telle confession n'est qu'un testament personnel de l'obéissance aux dix grands Commandements, et n'a *apparemment* aucun lien avec une religion secrète. Mais même cette grande déclaration de moralité semble faire partie d'une formation globale à une foi secrète. Cette foi secrète semble former la partie centrale de la Vraie Religion égyptienne. Pour arriver à comprendre cette religion éternelle, il nous faut comprendre la foi secrète. Je vais maintenant tenter d'enlever l'écran et de montrer la religion interne. Commençons par la structure même de l'empire égyptien.

Le système politique égyptien a toujours été à l'image du corps d'un homme, tandis que la prêtrise a été à l'image de l'esprit de l'homme. Le corps sert et soutient, l'esprit éclaire et ouvre des horizons. La relation des deux avec le pharaon est des plus intéressantes. Le pharaon entre en fonction en tant qu'homme, mais on fait immédiatement de lui un dieu. Il est alors le Dieu de l'Égypte et l'Égypte est le corps de Dieu. En tant que Dieu, il n'a nul besoin du ministère des prêtres de la religion – il est au-dessus de toutes les religions. Cette structure même me semble avoir été développée par des hommes qui comprenaient la relation entre l'intelligence et le corps, et entre le corps et l'être de lumière. Car ce n'est que lorsque la raison a été mise de côté que l'être de lumière peut se manifester, hors du corps; ou plutôt, lorsque l'être de lumière se manifeste, la raison doit être mise de côté. Pourtant, en aucun temps est-il possible de mettre le corps de côté; il doit être sous la garde de l'esprit protecteur. Ceci représente donc une croyance secrète. L'empire devient le symbole de la Vraie Religion de l'Égypte.

Voyons maintenant si cette thèse peut être soutenue par des références à d'autres facettes de la foi égyptienne. Par exemple, voyons ce qui se dégage d'un examen du concept égyptien des neuf corps. La plupart des autres religions ne conçoivent l'existence que de sept corps, mais les Égyptiens disent qu'il y en a neuf. Chaque corps a une fonction spécifique et aussi est relié à tous les autres corps. Ces neuf corps sont groupés en trois unités de trois corps et, comme vous le verrez, la finalité de leur existence est de produire tôt ou tard un corps parfait, un dieu de lumière qui peut habiter avec les dieux dans le ciel.

Ren ou Nom est le premier des trois corps physiques. Il est de la plus haute importance pour l'individu, car un pouvoir créateur se manifeste lorsqu'il est prononcé. Le Nom doit par conséquent être préservé, car chaque fois qu'il est dit, l'individu dispose alors d'une nouvelle énergie de vie.

Khat est le second des trois corps physiques. Il constitue la totalité des essences physiques de l'individu, avec toutes les forces brutes et indomptées de la créativité. Il est sujet au déclin et à la déchéance. Néanmoins, il est également la source à l'origine d'un corps supérieur. Il doit par conséquent être préservé comme le temple à partir duquel grandit le corps supérieur au moment opportun.

Ka est le troisième des trois corps physiques. Il est le double du corps physique et il est l'individualité abstraite de la personne. Il est fait de tous les actes et gestes de sa vie, incluant son nom, et il est incorporel. Il peut résider dans la tombe de la momie ou dans le corps vivant. Il peut aller à volonté où bon lui semble et il peut même habiter dans n'importe quelle statue d'un individu. Je crois qu'à une époque postérieure à celle de la Vraie Religion, on disait qu'il était capable de manger et de boire, et il était d'usage dans de nombreux rituels religieux de lui apporter des gâteaux et de l'eau.

Ces trois corps constituaient le corps physique. Ils se composaient du concept du père, le Nom; du concept de la mère, le corps ou la Terre; et de l'Esprit Saint, ou le Double – et les trois ne formaient qu'un seul corps. Celui-ci est le fondement des corps supérieurs.

Le second des trois groupes de trois corps était composé de ceux qui ont trait aux émotions – le caractère mental et émotionnel de l'individu, c'est-à-dire le cœur.

Ab, le premier des corps de nature à la fois mentale et émotionnelle, est simplement le 'cœur'. Il est le centre de la pensée de nature spirituelle. Selon la pensée égyptienne, tout bien ou mal que l'individu fait est écrit dans le Livre du Jugement dernier du cœur. Le Jugement concerne la pesée du cœur sur la balance avec la Plume de la parfaite Vérité comme contrepoids, car chaque mauvaise action survenue dans une vie ajoute au poids du cœur.

Ba, le second des corps de nature mentale et émotionnelle, est l'âme du cœur. Il peut adopter à volonté une forme matérielle – un fait qui est démontré par le symbole de l'homme à tête d'aigle. L'âme du cœur se développe à partir de l'âme de la chair ou *Ka*, l'Esprit Saint. L'Esprit Saint sert de support à l'âme du cœur, lui donnant de la substance et une demeure.

Khaibit, qui veut dire ombre, est le nom donné au troisième des corps de nature mentale et émotionnelle. Il puise son essence dans le cœur et il est une copie, un double ou l'Esprit Saint des corps de nature mentale et émotionnelle. Lui aussi peut se mouvoir et aller où bon lui semble. Nous devrions noter qu'il y a jusqu'ici trois corps qui peuvent s'élever des corps physiques ou de nature mentale et émotionnelle de l'homme et qui sont capables de mouvement ou d'action de manière indépendante du corps. Nous devrions également noter que jusqu'à maintenant tous les corps décrits sont mortels, soumis à la mort dès la destruction du corps ou du cœur de l'individu.

Sekem ou 'Pouvoir vital' est le premier de ces corps spirituels. Il est la force vitale de l'individu qui devient une entité non matérielle, une personnification au niveau spirituel de la vitalité et de l'énergie humaines. Cette force vitale élevée en esprit réside au ciel avec les dieux de lumière – mais n'est pas un dieu. Il importe de prendre bonne note de ce fait!

Sahu ou 'corps spirituel' est le nom donné au second corps du groupe spirituel. Il se développe à partir du corps physique, c'est-à-dire des trois corps du niveau inférieur qui constituent le groupe physique. Son développement se fait au moyen de paroles de pouvoir, grâce aux prières et aux pensées de l'individu tout au long de sa vie, et par les prières et les pensées d'autres personnes à son sujet. Cependant, une fois qu'il a été créé, il acquiert une existence autonome, n'ayant plus de responsabilités envers le complexe physique qui l'a créé, mais il est soumis aux dieux et à leur justice. Bien qu'il soit créé par tous les attributs des plans mental et spirituel de l'individu et qu'il participe de ceux-ci, dès qu'il possède ses propres pouvoirs, sa nouvelle vie, il acquiert sa nature propre. Il devient à son tour le temple, l'habitation ou la demeure d'un corps encore plus élevé.

Khu ou 'âme spirituelle' est le troisième corps du groupe spirituel. Il est un être éthéré, une entité semblable aux dieux, un être de lumière. Il réside dans le corps spirituel et il est immatériel et ne peut jamais mourir, bien qu'il puisse être détruit. Ainsi l'âme spirituelle est le dernier corps rayonnant et parfait qui prend sa source dans l'homme. Il semble être la raison de l'existence de l'homme. Il émerge des autres corps où il séjourne et ceux-ci émergent à leur tour du groupe de corps physiques et du groupe de corps de nature mentale et émotionnelle. C'est cette partie de l'homme qui devient un dieu éternel et qui demeure au ciel avec les autres dieux.

Il semblerait alors que la vie physique sur Terre ait pour finalité la préparation du *Khu* immortel et éternel ou Âme Esprit. Il semblerait également que chaque acte, chaque pensée, chaque parole et chaque émotion de l'ensemble de la vie physique de l'individu contribuent à cette finalité. Ou bien elles sont une entrave, ou bien elles sont une aide. La confession négative rapportée ci-dessus (la répétition de toutes les choses que l'individu n'a pas faites) peut-elle être autre chose qu'une description en des termes favorables du fait qu'il s'est conformé aux mœurs physiques et mentales et à la morale de la société? Il a été un homme moral, bon, obéissant et gentil. Il avait donc préparé son corps physique et son corps de nature mentale et émotionnelle pour le développement des corps supérieurs.

Maintenant, nous sommes confrontés à un impondérable. L'individu a préparé les corps supérieurs mais il est possible qu'ils ne franchissent jamais la barrière, la nuit mortelle du Jugement. À moins qu'ils réussissent à passer cette terrible épreuve, ils ne peuvent devenir immortels et demeurer au ciel dans une éternelle félicité. Au lieu de cela, ils seront détruits par la chose féroce qui mange tous les mauvais cœurs. Quelle est cette chose féroce, cette chose qui provoque la mort éternelle autant de l'âme et du corps spirituel que du corps physique? Il s'agit d'un dieu représentant le temps, la réclusion et la corruption physique, n'est-ce pas exact? Ne s'agit-il pas d'un symbole indiquant que, dans un homme mauvais, l'âme spirituelle meurt parce qu'elle ne peut s'échapper des corps du groupe physique?

Voyons s'il m'est possible d'apporter des preuves à l'appui de cette thèse à partir des écrits de la religion égyptienne. N'est-elle pas soutenue par le papyrus même qui est laissé dans le cercueil ou qui se trouve enroulé entre les jambes du mort? Celui-ci est parfois appelé le 'Papyrus du mort'. Mais les mots égyptiens sont *Reu Nu Per-Em-Hru*. Personne n'a jamais été capable de traduire ces mots en langage moderne. Mais ils ont quelquefois été traduits de la façon suivante : 'Le jour du déploiement maximal de son pouvoir', 'Le jour de perfection du soi spirituel', 'Le jour de la manifestation de sa divinité', 'Le jour de la conquête de l'éternité'. Cette expression se réfère au matin suivant la Nuit du périple à travers l'enfer inférieur, la terrible vallée de la noirceur et du désert, en présence de la terrifiante mort dans le monde de *Taut*. L'âme émerge triomphante, victorieuse, et devient semblable à Osiris. Il est ressuscité triomphalement de la mort et de l'effroyable tombe dans la lumière du matin et dans la splendeur et la félicité éternelles. N'est-il clair, vous en conviendrez, que l'âme doit être devenue semblable à un Dieu, à Dieu Lui-même en fait pour émerger dans ce jour triomphant? Dans de très anciens papyrus nous retrouvons cette citation :

> Une âme triomphante parle à son Dieu :
> "Je me suis manifestée à partir de la matière informe,
> tel le dieu *Khepera* se recréant perpétuellement lui-même.
> Je me suis revêtue d'une dure coquille de substance,
> et je contiens le germe de chaque dieu qui fut, est ou sera.
> Je suis le Passé des quatre quartiers du monde.
> Je suis le dieu *Horus*, né d'une vierge, qui émet
> la lumière à partir de son corps divin.
> Je suis apparu en ce jour après la nuit du Jugement.
> Je suis triomphant, je suis un Dieu."

Dans des écrits encore plus anciens, nous trouvons cette déclaration d'une âme au Dieu *Osiris* :

"Je suis l'âme rayonnante du Dieu Suprême et je
proviens du corps physique de l'homme triomphant.
Je suis le créateur de la nourriture divine.
Ce qui est un acte abominable à mon égard est un péché
sur lequel je ne m'attarde pas. Je parle d'être juste et vrai
et je vis en cela. Je suis la nourriture divine qui n'est pas
corrompue, c'est-à-dire que mon corps a été bon et il a
servi d'aire de pâture pour mon âme.
Je me suis ainsi donné naissance à moi-même à partir de
mon être physique; comme le dieu *Khepera*, je me suis
manifesté un peu plus chaque jour.

Je suis le Dieu qui s'est fait chair et les ouvriers
de l'iniquité ne détruiront jamais mon être radieux.
Je suis le Dieu premier-né de la matière des premiers âges,
c'est-à-dire que je suis l'âme rayonnante. Je suis devenue
l'Âme de Dieu, immortelle. Mon être physique a été le terreau
où a pu grandir la semence de l'éternité. Mon être est
maintenant immortel, il est le Seigneur du temps,
le Roi de l'éternité. Je suis devenu le Maître de ma
source de vie et il m'est facile de franchir l'abîme
qui sépare la Terre du ciel."

Il y a là un étrange mystère religieux à découvrir! Que signifie le fait que l'accent soit mis avec tant d'insistance sur la maîtrise du temps, de l'espace et de l'éternité? On enseigne dans la religion égyptienne que l'âme animale du mort (qui a été entraînée par l'âme spirituelle dans l'autre monde 'au-dessus des cieux') tire sa subsistance des essences des offrandes qui sont faites sur la tombe où repose le corps physique. On croit généralement que l'âme spirituelle peut être détruite dans l'autre monde si elle déplaît à Dieu ou à ses chefs. Mais nous savons également que le Dieu Suprême ainsi qu'Osiris étaient au-dessus de cette destruction. Dans notre mantra, tel que cité plus haut, le corps spirituel est devenu l'égal du Dieu Suprême, l'égal d'Osiris – c'est-à-dire *au-delà de toute destruction*.

Nous voyons aussi que cette âme rayonnante s'est manifestée un peu plus chaque jour, se créant elle-même à partir du groupe de corps physiques et du groupe de corps de nature mentale et émotionnelle. Nous devons être attentifs à ceci : on dit que la source du mantra se trouvant dans le 'Papyrus du mort' est le dieu Thoth, c'est-à-dire Hermès. Il était le scribe des dieux, il prononça le Verbe créateur du Dieu Suprême, et tout ce qu'il disait était parole de Vérité. Il prononça le Verbe et le monde fut créé. Son Verbe était l'essence vitale de la vie. C'est de là que provient l'idée adoptée par toutes les religions du monde voulant que le chef des prêtres soit infaillible, que lorsqu'il parle, c'est la vérité qui est dite. Nous retrouvons également dans la religion égyptienne une forte croyance dans les *Hekau* ou 'Paroles de pouvoir'. On croit généralement que si quelque chose de bien ou de mal est dit correctement par une personne dûment préparée, cela se manifestera. Le Verbe peut influer sur le temps, il peut effacer la distance, il peut avoir un effet sur toutes les choses physiques et spirituelles – tout particulièrement sur les gens!

Permettez-moi maintenant de développer un dernier aspect de cette thèse avant de conclure. Chaque personne semble posséder la capacité de former plusieurs 'corps' non physiques. Le *Ka* ou 'Double' semble être un temple pour l'âme du cœur lorsqu'il est absent de son siège dans le cœur physique. Ces deux, en combinaison, semblent tout de même être appelés le *Ka*. Ce *Ka* a une existence indépendante et est libre de ses mouvements. Le *Khaibit* ou 'Ombre' semble résider dans l'âme du cœur après avoir été créé à partir du groupe de corps physiques. Ceci semble indiquer la présence d'une trinité d'âmes physiques et émotionnelles qui constituent une unité et qui peuvent néanmoins être trois. Nous avons aussi une autre trinité, le *Sahu* ou 'corps spirituel' qui se forme à partir du groupe de corps physiques à travers le groupe mentale/émotionnel, et qui devient à son tour le temple du *Khu* ou 'âme spirituelle'. Ainsi l'homme, de jour en jour tout au long de sa progression, développe des corps non physiques indépendants et puissants dont les déplacements sont sous le contrôle d'une mystérieuse source. Ce contrôle ne semble pas être centré dans l'esprit physique, l'esprit émotionnel ou l'âme spirituelle. C'est là un mystère, une lacune dans ma compréhension de la magnifique religion des âges.

Cependant, cette condition – ou devrais-je plutôt dire cette croyance? – vient à l'appui de ma thèse voulant que la Vraie Religion soit secrètement cachée à la vue de tous dans la religion externe des Égyptiens. Sachant que le *Ka* ou 'âme physique' et le *Khu* ou 'âme spirituelle' ont chacun la capacité de se mouvoir de façon indépendante, permettez-moi de citer les écrits de Thoth – et rappelez-vous que chacune des paroles qu'il a dites est devenue réalité. C'est l'âme spirituelle qui parle :

> "Je suis hier et demain, j'ai toujours existé
> et je serai à tout jamais. J'ai le pouvoir de naître
> une seconde fois. Je suis l'âme rayonnante et cachée
> qui crée les dieux et donne l'essence vitale aux êtres

divins cachés dans les Enfers (la tombe de la chair), dans l'*Amenti* (la Chambre des dieux) et dans le Ciel (la Place des êtres radieux). Je suis le Seigneur de ceux qui sont ressuscités de la chair, le Maître qui apparaît dans l'obscurité de la tombe. Je travaille pour tous les corps et nous voyageons en nous donnant la main de l'un à l'autre."

Puis-je interrompre ici les paroles du dieu Thoth pour soulever la question suivante : le pouvoir qui guide les différents corps se trouve-t-il caché dans la phrase "nous voyageons en nous donnant la main de l'un à l'autre"? Mais terminons, si vous le voulez bien, la citation :

"La force qui me protège est la même qui garde mon âme physique, mon *Ka* sous son pouvoir protecteur. Oh! Dieu, vous êtes en moi et je suis en vous. Vos attributs sont mes attributs. Mes corps sont les corps du dieu *Khepera*, l'être qui se recrée sans cesse. Je peux entrer dedans sous la forme d'un homme dénué de toute compréhension. J'émergerai sous la forme d'une vigoureuse âme physique. Je regarderai ma forme qui sera pour toujours et à jamais celle d'hommes et de femmes."

Maîtres, je conclus sur la base de cette preuve manifeste que la religion égyptienne renferme en elle un secret central qui est dissimulé derrière des secrets fondamentaux. Ceci doit être la Vraie Religion, le Principe Éternel que tous les hommes, où qu'ils soient, recherchent. La compréhension partielle de ce Principe Éternel doit se trouver dans les religions extérieures et aussi dans les religions cachées et secrètes de toutes les races – mais ce n'est qu'ici en Égypte que la Vérité totale et le Secret final peuvent être trouvés. »

Lorsque j'eus terminé, les voix-pensées dans ma tête se turent, et je ne pouvais plus entendre mes propres pensées retentir dans mon cerveau. Le bruit de l'ouverture des portes d'or me fit sursauter. Le bruit de leur ouverture fut suivi d'un afflux de lumière directe du soleil et mes yeux me firent mal comme lorsque l'on a trop longtemps été privé de la lumière vivifiante. Le son de la musique retentit soudain à travers le temple. Les prêtres entrèrent, l'un derrière l'autre, suivis par les trois Rois mages.

« Jeshuau Joseph-bar-Joseph, tu as passé avec succès tes sept jours d'épreuve. »

C'était la voix de Melchior, et une grande joie s'empara des prêtres qui m'acclamaient. Puis Melchior continua en disant : « Tu as prouvé que tu peux émettre et recevoir la pensée, et que tu as atteint le plus haut niveau de formation mentale et émotionnelle qui soit connu de l'homme. Lève-toi, Maître des hommes, et reçois le joyau secret de ta fonction. »

Je me mis debout sur des pieds qui picotaient en raison d'une inaction prolongée, et des jambes qui tremblaient par manque d'exercice. Avant que le joyau ne puisse être placé autour de mon cou, j'entendis la voix glorieuse de mon père.

« Mon fils, mon fils, mon fils né de l'esprit, en toi je me complais. Tu t'es élevé aussi haut que tout autre homme ne s'était jamais élevé auparavant, et tu t'es mérité l'adoration et la vénération du monde entier. Aucun homme avant toi n'a été capable de franchir l'étape suivante – tous sont morts dans l'effort final. Sachant cela, accepteras-tu de prendre le joyau du Maître des hommes et seras-tu satisfait ainsi? Ou bien refuseras-tu le joyau et persisteras-tu vers une mort presque certaine pour servir tes frères initiés et ton prochain? »

Je voulais le joyau scintillant. Mais je voulais voir mon père bien-aimé et je cherchai du regard autour de moi pour le trouver. Sa voix avait semblé provenir de par-delà la statue d'Osiris, au-delà du tapis pourpre. Je me dirigeai vers cet endroit. Une étrange force semblait me pousser de l'avant et je ne pouvais arrêter mes jambes de flageoler, car elles n'obéissaient plus à ma volonté consciente. Je franchis la corde dorée et je m'immobilisai et m'assis au centre du magnifique tapis. Et voici qu'éclatèrent autour de moi de tels cris de joie et d'allégresse, des cantiques de louanges et des hosannas si merveilleux que je pensai que les anges chantaient comme ils le firent à la naissance de Zarathoustra ou de Bouddha. Les prêtres s'agenouillèrent devant le tapis et face à moi, et les hiérophantes vinrent et firent de même. Les trois Rois mages se mirent à genoux et chaque personne présente enleva son chapeau sacré et le plaça devant moi sur le plancher. Je les regardai dans la consternation, car je réalisais que j'avais, sans trop savoir pourquoi, fait un choix qui leur faisait grandement plaisir, mais qui inspirait de la peur à certains.

QUATORZE

Le Maître Plan pour la Vraie Religion

La voix glorieuse de mon père résonna depuis la statue d'Osiris, remplissant l'énorme temple d'échos. « Appelez le Conseil de l'humanité, réunissez les Maîtres du monde. Que tous les Maîtres intéressés disent ces choses qui sont pour le bien de l'homme. Que cet aspirant à la plus haute récompense possible connaisse toutes les conditions. »

Les prêtres se levèrent comme un seul homme en lançant des cris de joie. C'était à qui allait avoir l'honneur de transporter la plate-forme portant le tapis pourpre sur lequel j'étais assis. Ils me paradèrent en triomphe à travers le vaste complexe de temples. Partout où ils allaient, de nouvelles nuées de prêtres grossissaient leurs rangs. Chaque fois, les nouveaux prêtres tombaient à genoux et accomplissaient le rituel inusité consistant à enlever leur chapeau sacré et à le placer devant moi. Leur joie était si grande que je commençai à revenir de mon ahurissement et mon cœur se mit lui aussi à éprouver une certaine légèreté. Il commença à chanter sa propre joie lorsque nous arrivâmes près du temple d'or et que je vis ma bien-aimée *Mherikhu* debout à la balustrade, face à la cour. Elle observait la scène avec un évident plaisir et elle leva une main pour m'adresser un tendre salut. Nous passâmes à moins de trente mètres d'elle, et je sentis que son corps attirait chaque cellule de mon être vers elle. Nous sommes finalement sortis du complexe de temples en décrivant un cercle et nous nous sommes rendus jusqu'au temple d'Horus, le temple blanc.

On m'amena dans de confortables chambres donnant sur une cour qui s'étendait jusqu'à la falaise surplombant l'anse. De la terrasse en marbre, je pouvais observer le temple doré de l'autre côté de la petite baie, ce que je fis. Ma bien-aimée *Mherikhu* était là, debout sur sa propre terrasse, et je sentais encore le pouvoir qu'exerçait son corps sur chacune de mes cellules. On me donna à manger, on me lava et on me permit de dormir. Je fus éveillé avant l'aube et on me pressa de me préparer pour la réunion du Conseil de l'humanité. Ce Conseil sacré s'était réuni dans le temple central d'Horus, Celui qui était né d'une vierge. L'immense salle était remplie à pleine capacité au moment où j'y entrai, porté sur les épaules d'une centaine de prêtres empressés qui jouaient constamment du coude pour porter le poids du trône d'or sur lequel on m'avait ordonné de m'asseoir, lequel trône se trouvait sur le tapis pourpre. L'atmosphère était chargée d'excitation car – ainsi que les fervents prêtres se le chuchotaient de l'un à l'autre – les plus grands et les plus brillants hiérophantes de tous les temps s'étaient rassemblés ici pour cette conférence.

« Cela pourrait changer le cours de l'histoire religieuse. Cela pourrait changer tout le cours de l'histoire du monde! » murmuraient les prêtres, et ils me regardaient avec des yeux étincelants d'admiration.

Je vis que la place était embrasée de lumière. Elle rayonnait littéralement de la radiance des auras des hommes s'y trouvant dont l'évolution dépassait de loin le plan physique. Par-delà la statue de jade d'Isis et de son enfant, je vis le Prêtre Jaguar et sa suite. Puis, un quart de cercle à la droite de l'autel de la Vierge Mère, je vis l'Archidruide et environ une cinquantaine de ses chefs druides. Dans l'enceinte de l'autel d'Amour, près de la statue d'or d'Horus, je vis l'Archimage et les prêtres de *Bokhara* qui avaient eu à supporter pendant si longtemps ma Nuit noire du désespoir. Regroupés devant l'autel de l'est se trouvaient les plus grands hommes du brahmanisme, les magnifiques Yogis, et mon vieux maître Ramanchana était à leur tête. Ramanchana n'était pas un simple moine, mais il était paré dans la splendeur du Grand Yogi, le chef suprême des Hindous. Près de la base de l'autel de l'est, je vis mon propre père bien-aimé, Joseph de Nazar. Il portait la robe du Suprême Maître secret, le maître de tous les Esséniens. Avec lui se trouvaient mes bien-aimés professeurs de la communauté essénienne de Nazar – tous dans leurs robes de Maître. Il y avait même des représentants de la Chine, et le bouddhisme était bien représenté. De fait, jamais auparavant dans le monde de mon époque tous ces hommes d'une magnificence et d'une érudition incomparables ne s'étaient ainsi rassemblés!

Mes porteurs me déposèrent au centre du temple. Tous ces grands Maîtres se levèrent comme un seul homme par déférence, par respect et par amour. Mon cœur m'embua les yeux à force de battre sous le coup d'une trop grande fierté. Je repris le dessus sur cette passion soudaine et déplacée, et m'inclinai devant le Conseil en signe d'obéissance. Les chefs des douze grandes religions du monde entamèrent leurs délibérations. Mon père se leva, s'avança et prit place sur le magnifique Trône de jade devant l'autel de l'est. Un silence immédiat descendit sur tous ceux qui étaient présents dans le temple sacré.

« Bien-aimés de Dieu. Maîtres des hommes. Maîtres des religions. Mon bien-aimé fils né de l'esprit en qui nous nous complaisons tous. Ce Conseil se réunit dans le but de bien faire comprendre à l'aspirant à quoi il s'engage et quelle est sa responsabilité, ainsi que pour remercier au nom de l'humanité ce Maître suprême. Maintes et maintes fois, il a renoncé à son confort immédiat et à sa récompense pour continuer la lutte au service de l'homme et de Dieu. Toujours il a choisi le sentier le plus difficile et le plus court pour le service éternel. »

Mon cœur m'aurait incité à lui crier que je n'avais jamais choisi mais que j'avais été choisi, mais il poursuivit sans s'interrompre. « En seulement vingt-cinq ans, il a appris à fond toutes les connaissances des religions à la fois externes et internes des sept grandes religions. » Un murmure d'approbation et d'étonnement parcourut cette vaste assemblée d'hommes instruits et expérimentés, et un afflux de sang fier doit certainement avoir fait rougir mon visage. « Cet exploit, aucun autre homme dans toute l'histoire ne l'a jamais accompli. Mais il n'est pas au bout de ses épreuves, et la plus mortelle de toutes est encore à venir. Il a choisi de tenter le sacrifice suprême, cette initiation pour la gloire de l'humanité à laquelle aucun autre homme n'a jamais été capable de survivre. Il est donc de notre devoir, nous du Conseil, de lui faire comprendre ce principe éternel pour lequel il entreprend de tenter ce qui est presque impossible. Le moment est venu de lui révéler dans son ensemble le grand plan ancien et secret. Que chaque Maître prenne la parole à tour de rôle pour expliquer le secret de l'éternité, la Grande Cabale de Basul. Que le dessein du passé et du futur lui soit clairement exposé. »

Les Maîtres se mirent alors à parler, chacun apportant son aide à l'autre. À partir d'éléments puisés aux quatre coins du monde, ils reconstituèrent une histoire si merveilleuse qu'au tout début même moi – qui étais au premier chef concerné – je ne parvenais pas à la croire tout à fait. L'histoire était si simple que même alors, si longtemps après le fait, elle devait être mise en doute, mais c'était une histoire si extraordinaire qu'il fallait néanmoins la croire. Je l'entendis des lèvres de prêtres initiés qui s'étaient engagés sous serment à ne jamais mentir pour quelque motif que ce soit. Voici donc ce qu'ils dirent...

Au commencement des temps, l'homme fut créé à partir de la pensée, du Verbe créateur de Dieu Tout-Puissant. Toutes les choses qui existaient venaient de l'essence de Dieu et l'homme en était le chef. L'homme était Dieu, et le fiat créateur, le verbe puissant, avait été confié à sa garde. L'homme fut conçu par Dieu comme le temple suprême et éternel. L'homme fut doté d'un corps, d'une intelligence et d'un esprit. Le corps de chair était le temple physique. L'intelligence et les émotions avaient la garde et la charge du bien-être du corps. L'esprit était l'essence rayonnante du Dieu Tout-Puissant qualifiée pour l'usage de l'homme et résidant dans sa chair. L'homme pouvait alors exister soit comme un animal humain, comme un homme mental ou comme un Esprit vital et créateur. À cette époque, l'homme était capable de créer sa propre espèce grâce aux pouvoirs de cet Esprit qui l'habitait. Car le Soi Radiant pouvait être extériorisé en dehors du temple du corps. L'homme avait la capacité de produire au moins sept corps radiants à partir de son être charnel pour servir son prochain et Dieu. Le plus subtil de ceux-ci, et le plus difficile à extérioriser, renfermait l'essence créatrice par laquelle l'homme pouvait reproduire sa propre espèce grâce au pouvoir de la pensée. Par le pouvoir de la pensée et du désir, il pouvait implanter dans l'utérus de sa bien-aimée la semence fertile de la naissance. À cette époque, tous les hommes vivaient dans une éclatante splendeur lumineuse et ne connaissaient ni le besoin, ni la maladie, ni le péché.

La preuve de la capacité qu'avait autrefois l'homme de créer son espèce par la force de la pensée se trouve dans l'histoire de la naissance virginale dont toutes les religions font état. La preuve du bien-être que connaissait l'homme anciennement se trouve dans l'histoire légendaire du 'jardin du paradis' que toutes les religions rapportent.

Toutefois, l'homme est – car il l'est devenu – mille fois plus sensible aux stimuli de la chair qu'aux stimuli de l'esprit. Il a peu à peu délaissé les joies pures mais subtiles et évanescentes de l'esprit au profit des sensations du soi charnel. Il s'est éloigné de plus en plus du Soi Radiant, perdant ainsi graduellement contact avec Dieu, jusqu'à ce que toute communication avec le Dieu créateur soit finalement rompue. Ce Soi Radiant, son énergie divine, fut pris au piège dans le corps, enseveli dans la chair. Cette étincelle divine rayonnante et parfaite a toujours aspiré à retrouver sa liberté, ce qui explique la quête de tous les hommes pour trouver le sens de l'existence et de Dieu.

Les religions du monde se sont formées autour de cette aspiration intérieure. À l'origine, toutes les religions n'en formaient qu'une seule – ne consistant alors qu'en de simples méthodes pour élever le Soi Radiant afin qu'il entre en contact avec le Dieu Suprême. Mais des catastrophes naturelles dispersèrent les hommes de cet ancien paradis insulaire. Par la suite, tout fut oublié sauf le cœur mystérieux de la religion, et même ce cœur sacré fut perverti par de faux chefs qui voulaient ainsi accroître leur pouvoir. Chacun de ces mystificateurs prétendait être le seul à détenir le vrai secret, le Verbe reçu directement de Dieu. L'ancienne procédure permettant la naissance du Soi divin à partir du soi charnel devint un rituel vide de sens. Toutefois, pen-dant que la plupart des hommes tournaient leur attention vers les sensations charnelles, quelques-uns tournèrent leur attention vers l'intérieur, vers le tranquille verbe créateur, et ils s'attachèrent avec une détermination résolue à préserver la Vraie Religion. De plus en plus, ces hommes rassemblèrent et gardèrent les secrets sacrés, et ils devinrent un secret vivant au cœur de chaque culture, de chaque religion, de chaque peuple. Mais les pressions de nature physique et temporelle s'accrûrent contre eux, au point qu'ils durent finalement se réfugier dans le secret le plus absolu et qu'ils furent menacés de disparaître à tout jamais. C'est ainsi que chaque grande religion en vint à faire étalage des rituels, de la pompe et des apparats qu'on leur connaît – toutes choses susceptibles de plaire à la chair et aux corps émotionnels de l'homme. Peu à peu, même les religions intérieures secrètes perdirent le véritable savoir et le sens réel de ces rituels. Les rituels eux-mêmes dégénérèrent et beaucoup en oublièrent la véritable signification.

À ce moment-là, le Prêtre Jaguar parla, et je me rappelle de ses paroles : « On retrouve l'expression d'un rituel semblable dans les pratiques des *Caribes*. Pendant des milliers d'années, nos prêtres pratiquèrent la cérémonie sacrée en ayant une parfaite connaissance de son symbolisme. Nous préparons la nourriture sacrée, le pain d'hostie sacré qui est le symbole du corps de notre Dieu. Nous préparons le breuvage sacré, le vin sacré de la vie qui est le symbole du sang de notre Dieu. Nous préparons aussi l'encens sacré, le parfum qui est le symbole de l'esprit de notre Dieu. Nous mangeons, buvons et respirons le corps, le sang et l'esprit de notre Dieu. Par cet acte – et par l'utilisation de notre esprit – nous nous transformons en l'essence même de notre Dieu. Nous faisons ainsi de nous des hommes-Dieu sur Terre.

Mais de nombreux prêtres se sont mis à confectionner la nourriture sacrée et à la cacher dans un coffret placé sur la *patache*, l'autel inférieur des *Caribes*. Ces faux prêtres ont ensuite prétendu que la nourriture sacrée ne devient le corps de Dieu que si le prêtre bénit la nourriture et fait passer en elle une partie du pouvoir sacré accordé seulement aux prêtres. Ils prétendent également que le breuvage sacré devient le sang de Dieu uniquement s'ils le bénissent et s'ils transfèrent en lui une partie du pouvoir sacré que seul le prêtre a reçu. Ils s'interposent entre l'homme et Dieu. Ils assument de faux pouvoirs qu'aucun homme ne peut avoir, car dans les choses de Dieu tous les hommes furent créés égaux. Mais l'homme du commun est rempli d'une crainte révérencielle face aux rituels et il abdique son droit de naissance. C'est ainsi que le prêtre devient l'obstacle; il rend l'homme encore moins divin que lorsqu'il fut créé. Car il y a une vérité consacrée parmi les initiés selon laquelle chaque homme doit être son propre prêtre et établir directement son propre contact avec Dieu à partir du Soi divin qui est en lui. »

La grande histoire se poursuivit dans la même veine, telle que racontée par de nombreux Maîtres. Les rituels, comme il en a déjà été fait mention, n'étaient à l'origine que des exercices sacrés, des méthodes grâce auxquelles l'homme pouvait se re-spiritualiser lui-même. Mais n'est-il pas clair que les rituels religieux ne sont plus maintenant qu'un simulacre donné en spectacle? Même les rituels secrets n'expliquent plus de façon précise comment l'homme pouvait se recharger lui-même avec l'esprit divin et extérioriser à volonté son propre corps de lumière! Le yoga en montrait une petite partie, surtout en enseignant simplement le 'non-faire', en créant à partir du soi un monde de néant – vide de tout sentiment, de toute pensée, de toute sensation. Les Druides étaient plus directs, puisqu'ils provoquaient une magnifique extase par l'action, la peur et le stress. Les Mages enseignaient beaucoup par le développement de la pensée-force. Mais tout cela dépendait de la faim, de la soif, de la privation de sommeil, de l'isolation du monde et d'une extrême fatigue pour affaiblir l'organisme afin que l'expérience de l'extase puisse se produire avec suffisamment de force pour être ressentie par l'aspirant.

Plusieurs groupes religieux faisaient appel à des drogues naturelles pour faire naître des visions; les Égyptiens utilisaient un champignon doré, les Chinois se servaient du bouton d'une fleur dorée, les *Caribes* connaissaient ceux qui utilisaient les boutons de fleurs de cactus – au moins sept sortes différentes de cactus, chacune étant efficace pour provoquer l'extase religieuse. N'est-il pas évident alors que l'absence de nourriture pouvait engendrer certains désordres dans la chimie du corps qui à leur tour provoquaient l'extase, et aussi que l'organisme affaibli subissait certains changements physiques qui entraînaient cette extase? Toutefois, chaque moyen physique utilisé ne produisait son effet que pendant un court moment.

Aussi glorieux que fussent de tels moments, c'était par la faute de ces rituels religieux s'ils ne parvenaient pas à créer l'affinité naturelle avec Dieu dont l'homme était capable. La Vraie Religion avait le pouvoir, l'objectif et les techniques nécessaires pour y parvenir. La Vraie Religion pouvait susciter et faire durer cette extase sans devoir pour cela affaiblir l'organisme par la fatigue, le jeûne ou la soif; ou par de longues diètes – telles les diètes sans viande – qui privaient l'organisme de certains éléments chimiques; ou par l'utilisation de puissants produits chimiques naturels tirés de certaines plantes dans le but de perturber l'équilibre du corps; ou encore par l'ingestion de breuvages chimiques – peu importe à quel point ils étaient soi-disant sacrés – qui intoxiquaient l'esprit en bouleversant la chimie de l'organisme. Les exercices de la Vraie Religion fortifiaient l'organisme, rendaient l'esprit lucide et résolu, donnaient une énergie inépuisable, incitaient l'homme à s'engager personnellement face aux problèmes de ce monde plutôt que de chercher à y échapper dans l'extase insaisissable et éphémère que peut éprouver l'organisme affaibli.

La Vraie Religion avait ces exercices sacrés – elle les avait eus depuis des siècles. Ils avaient fait leurs preuves pour de nombreux hommes qui sont par la suite devenus des adeptes avancés qui sont parvenus à accomplir des miracles. Mais ces techniques sont difficiles à apprendre, elles exigent du temps, un engagement total et une rigoureuse maîtrise de chaque exercice avant que d'autres ne puissent être entrepris. Ces exercices sacrés devinrent finalement cet exercice bien particulier à l'origine des changements dans la chimie du corps qui mit initialement l'homme en contact permanent avec le Dieu Suprême. Seul l'homme à l'engagement le plus inébranlable avait suffisamment de ténacité pour parvenir à la maîtrise de ce travail au fil des nombreuses années de formation et des sept années requises pour que l'organisme soit pleinement purifié. L'homme du commun n'a pas le dynamisme qu'il faut pour réussir, il n'a pas d'attachement émotionnel au résultat de cette démarche, il ne croit pas fermement aux bienfaits pouvant résulter d'efforts en apparence sans fin, il ne démontre pas de tournure d'esprit personnelle et n'y voit pas de défi spirituel à relever.

La raison pour laquelle l'homme s'est graduellement éloigné de la Vérité a été comprise il y a plus de 4 000 ans lorsque le Conseil du monde s'est réuni à Memphis. Ils ont alors élaboré la première étape d'un long programme qui allait peut-être pouvoir ramener l'humanité à la Vérité. Puis les hiérophantes prirent la décision de lancer le concept d'un Dieu unique, chaleureux et aimant, pur et paternel, soucieux du bien-être de chaque individu, et d'en favoriser la dissémination à travers le monde. Ils espéraient ainsi parvenir à extirper de l'esprit de l'homme la confusion engendrée par de trop nombreux dieux qui n'étaient en réalité que des aspects particuliers ou négatifs du Dieu Suprême.

Ils tentèrent également de faire échec au pouvoir oppressif des rois séculiers, et ils conçurent des lois simples régissant les relations de l'homme avec ses semblables. Ces lois devinrent les Commandements, les préceptes moraux que l'on retrouve dans toutes les religions. Après de nombreuses années de sélection et de formation, les hiérophantes produisirent finalement le pharaon mystique et initié Amenhotep IV qui devint le pharaon Akhenaton et qui fonda la religion mondiale du Dieu unique. Akhenaton l'Initié donna à l'humanité le concept d'un Dieu unique d'Amour. Cela lui coûta la vie. Les indélogeables prêtres anéantirent les réformes qui avaient été conçues pour l'amélioration de l'homme. Ils étaient furieux du fait que la présence des prêtres n'était plus nécessaire pour jouer le rôle d'intermédiaires entre l'humanité et ce Dieu unique.

Une autre partie de cette cabale à long terme avait été mise en branle environ mille ans avant mon époque. Le Conseil du monde avait projeté d'introduire peu à peu des réformes dans les religions de tous les pays, lesquelles auraient permis à chaque homme de savoir qu'il était lui-même d'une remarquable et exceptionnelle valeur, et qu'il était véritablement un Fils de Dieu. À cette époque, les douze Ordres de la Grande Fraternité Blanche furent réunis ensemble en vue de constituer une arme secrète pour l'avancement de l'humanité. Chaque ordre fut purgé de ses éléments indolents, purifié par une discipline accrue, et chacun reçut la nouvelle révélation de Vérité éternelle afin de l'enseigner sous le sceau du plus grand secret à tous les hommes ayant les qualités requises pour la recevoir. Chacun des douze Ordres était dirigé par de puissants avatars. Ils avaient pour tâche de former des adeptes et de favoriser l'enseignement des vérités morales et de concepts capables d'améliorer le comportement social. Cette formation insistait sur l'obéissance à la communauté d'intérêts, c'est-à-dire ce qui est communément appelé la 'moralité'; l'accent était mis sur l'honneur, la sincérité, la tolérance, la compréhension, l'amour et un grand sens de sa valeur personnelle. Elle enseignait aussi que chaque homme sans exception faisait partie de Dieu et qu'il pouvait, grâce à une forme particulière d'adoration, entrer en contact direct avec Dieu.

En somme, on enseignait à l'homme que la pureté et l'altruisme menaient au contentement et à la paix, et que le contentement et la paix menaient à la béatitude, la béatitude à l'extase, et l'extase à un état d'être nécessaire pour l'union avec Dieu. C'est à partir de ces écoles spéciales – qui étaient toujours secrètes et réservées pour l'homme qui aspirait le plus ardemment à l'illumination introuvable dans la religion traditionnelle – que la rédemption de l'homme se répandit lentement dans tous les coins du monde. Les méthodes et concepts enseignés étaient magnifiques, mais pour que les écoles puissent durer sous la coupe des lois séculières des rois et des prêtres, elles durent demeurer secrètes et cachées. Mais ces écoles cachées 'sous le boisseau' aidèrent à enrayer la course précipitée de l'homme vers sa déchéance finale, freinèrent cette acceptation abjecte et lâche de l'idée fausse voulant qu'il ne puisse être son propre prêtre, sa propre voie, son propre esprit lumineux.

Grâce à ce mouvement, maintes religions furent peu à peu touchées par de nombreux changements. L'emprise dominatrice des prêtres de la vieille école se relâcha partiellement. Au bout d'environ cinq cents années, de solides groupes étaient apparus qui transmirent en partie l'enseignement à l'extérieur de leurs rangs. Le brahmanisme fut perfectionné par de pieux yogis. Le bouddhisme apparut pour déferler sur le monde avec son doux message de grâce personnelle par la tranquillité de l'esprit et la conscience de sa valeur. Le treizième Zoroastre, ou Zarathoustra, réforma la foi perse, rendant tous les hommes soumis aux besoins de la communauté, et inculqua l'amour et l'estime à des peuples sauvages et violents. Même le *Mithracisme* secret fut purifié et rendu accessible à plus de gens, et il ouvrit ainsi la voie pour la conversion de nombreux légionnaires romains au cours des cinquante dernières années. Le druidisme fut transformé et amélioré. Même la culture des *Caribes* vivant sur un lointain continent en ressentit l'impact. Le taoïsme vit le jour en Chine. Le jaïnisme fut fondé et prit de l'expansion. Tout cela se produisit en l'espace de cent cinquante ans et prit fin cinq cents ans avant ma naissance.

Chacune de ces réformes mena l'homme vers son but final, soit la prise de conscience de ses propres pouvoirs divins; l'acceptation du fait sacré que Dieu est en toutes choses et en chaque être humain; et que chaque homme a la possibilité de marcher dans les traces Dieu et de mettre Sa magie en œuvre s'il veut bien se discipliner lui-même pour laisser à Dieu la pleine maîtrise de son corps, de son intelligence, de son âme et de son esprit. De fait, beaucoup de progrès a été accompli. Mais il y avait pourtant certaines choses qui avaient besoin d'améliorations. Les hiérophantes du monde n'avaient pas donné à l'homme d'alors la Vraie Religion sacrée et les méthodes secrètes – car elles devaient être éternellement protégées de la destruction par les prêtres jaloux qui détenaient la puissance séculière. Même si la formation était bonne, elle n'était pas la Vérité. Elle apportait la tranquillité de l'esprit, et une telle formation attirait l'homme faible, celui qui cherchait refuge dans l'extase religieuse. Ce qu'il fallait, c'était une formation à la Vérité qui soit la religion des hommes robustes, des faiseurs et des penseurs du monde qui se lançaient à sa conquête sans se replier sur eux-mêmes. Les douze Ordres de la Grande Fraternité Blanche avaient demandé qu'un nouveau plan soit dressé pour rendre disponible une formation plus solide pour le bien de l'humanité.

La majeure partie de l'humanité avait toujours tendance à se laisser entraîner loin de la divinité de l'homme. Les enseignements orthodoxes faisaient croire aux hommes qu'ils n'étaient pas dignes de la grâce divine et qu'ils avaient besoin d'un prêtre érudit comme intermédiaire entre eux et Dieu. L'homme, en général, n'était pas prédisposé par sa tournure d'esprit à chercher à atteindre l'Instant de grâce divine. Les chefs de la Grande Fraternité Blanche se rendirent compte que même les initiés avaient souvent de la difficulté à croire que l'homme pouvait franchir le grand abîme – car ils avaient le sentiment qu'aucun homme ne l'avait jamais véritablement fait.

Ils doutaient même qu'aucun homme ne le puisse jamais!

Jadis, le grand Osiris était adoré comme l'homme qui était parvenu par son évolution à la vie éternelle. Il a ensuite été utilisé comme symbole du

Grand Initié, un but pour lequel tout homme était disposé à consacrer sa vie entière, car il avait là un exemple à suivre. À présent, le miracle d'Osiris (celui d'un homme devenant un dieu rayonnant) était disparu de l'esprit des hommes, perdu dans les brumes de l'Antiquité. Osiris – autrefois le symbole d'un grand sacrifice – était devenu un mythe qui n'avait plus aucun impact direct dans la vie de l'homme. Pour le bien de l'humanité, pour le bien de la Grande Fraternité Blanche, il fallait un nouvel Osiris, un être connu et adoré par beaucoup d'humains– qui était ressuscité d'entre les morts et qui avait franchi le grand abîme pour devenir un Dieu éternel.

Oui, on avait grandement besoin d'un homme qui pouvait franchir la grande ligne de partage séparant l'homme interne du Dieu externe. Telle avait été la décision du Conseil du monde réuni en session extraordinaire à Basul, près du désert d'Arabie.

La réunion du Conseil à Basul avait eu lieu cent sept ans avant ma naissance. Ils avaient alors entrepris la troisième grande étape en vue de sauver l'humanité déchue. C'était leur Grande Cabale – produire pour l'humanité un nouvel Osiris, un nouveau symbole de l'Aspirant aux Mystères éternels. Ils avaient donc conçu le projet de produire et de donner à l'humanité le Médiateur éternel, le Sauveur, le Guide vers la vie éternelle, un Rédempteur qui aurait le pouvoir de transcender la mort et qui prouverait que l'homme peut parvenir à la vie éternelle. Un tel Sauveur de l'homme deviendrait un exemple pour la foi, le symbole de l'amour et du sacrifice, de la patience et du pouvoir, de la beauté et de la vérité. Un tel exemple allait insuffler à l'humanité l'état d'esprit nécessaire pour s'appliquer à atteindre la divinité.

De nombreux aspirants s'étaient efforcés d'y parvenir, sans doute le plus noble but dans toute l'histoire de l'humanité. Chacun d'entre eux avait échoué au moment final. Pourquoi avaient-ils tous échoué au dernier moment après avoir réussi toutes les épreuves préliminaires? Si l'aspirant pouvait arriver à transmuter cette chair malgré la tension de l'initiation, pourquoi n'y parvenait-il pas au moment crucial de l'épreuve? Les chefs de la Grande Fraternité Blanche en avaient conclu qu'ils n'avaient pas été suffisamment entraînés, ou qu'ils avaient été entraînés trop longtemps par des méthodes qui visaient à affaiblir l'organisme. Même celui qui pouvait transmuter sa chair à volonté dans la paix et la quiétude, ou dans le moment d'extrême tension de l'initiation, ne parvenait pas à déclencher une telle transmutation au moment exact requis pour l'épreuve finale. Peut-être qu'avec le temps chacun y serait parvenu, mais la mort dans une exécution aux mains des pouvoirs temporels ne pouvait attendre la force ou la volonté subconsciente. Par conséquent, l'aspirant au rôle de Grand Initié devait avoir reçu une formation rapide et complète, et il devait pouvoir faire face à l'instant suprême et transmuter sa chair en esprit sous une grande tension, dans les conditions les plus effroyables, et au commandement de sa volonté consciente.

Comment pouvait-on arriver à produire un tel aspirant? De quelle formation aurait-il besoin? Qu'est-ce qui serait nécessaire pour lui préparer la voie? Quelles tribulations devrait-il affronter avant d'être soumis à l'épreuve finale? Qu'est-ce qui devrait se passer par la suite? Chacune de ces considérations avait été examinée par le Conseil du monde. Chacune d'entre elles allait être soumise à mon évaluation et j'allais devoir y consentir. S'il advenait que je m'objecte à l'une d'elles ou que j'exprime à n'importe quel moment le désir de mettre fin à mon entraînement, je pourrais le faire en quittant l'île sacrée d'On.

Comment devrait-on s'y prendre pour préparer l'aspirant? Le plan du Conseil visant à préparer un aspirant apte à réussir l'épreuve commença par l'analyse de l'objectif à atteindre en bout de ligne. Ce qui arriverait en dernier lieu fut d'abord considéré. Le Conseil avait décidé que pour que l'homme du commun aime le symbole et décide de l'adopter en son cœur, il fallait que le symbole soit lui-même à l'origine un homme ordinaire. L'aspirant devait avoir pratiqué un humble métier et faire preuve d'un attachement profond à sa famille et à sa maison. Il devait provenir d'une famille aimée et respectée dans sa communauté, tout en étant cependant une famille distincte et progressiste. Il devait avoir des frères et des sœurs qui l'aimaient bien. Il devait avoir reçu un enseignement scolaire traditionnel jusqu'à ce qu'il en connaisse toute la sagesse, et être capable de rompre avec celui-ci de façon telle qu'il puisse mener l'esprit des hommes ordinaires à la gloire de la révolte sans expression de haine. L'aspirant devait donc provenir d'un petit village, et pourtant être d'une lignée fameuse pour ses rois et promettre des qualités dignes d'un roi.

Afin d'accélérer si possible son développement spirituel, l'aspirant devait idéalement être le fils d'un homme qui était devenu un Maître suprême, et il devait être engendré par conception mentale dans l'utérus d'une vierge sacrée qui était pure, instruite et consentante. Son empressement à bien vouloir jouer ce rôle était des plus importants car, sans son parfait accord, une telle conception n'était guère probable. Une occasion propice se présenta lorsqu'arriva un Maître suprême de la lignée de Jessé, roi des hommes de Judée, portant le nom de Joseph de Nazar. Il y avait une femme de son choix, Marie, qui s'était fiancée avec lui. Elle était de la lignée des prêtres de la religion juive, et elle avait accepté de consacrer sa vie au service de Dieu. C'est ainsi que ma naissance a pu être planifiée avant même ma conception!

De quelle formation l'aspirant aurait-il besoin? Une fois de plus, ce qu'il adviendrait en dernier fut considéré en premier. L'aspirant devait être en mesure de subir n'importe quel degré de sévices corporels *sans en éprouver du ressentiment.* Il devait pouvoir tolérer n'importe quel traitement, et même y être indifférent, sans en imputer la faute à ceux qui accompliraient l'action. Il devait avoir un esprit pur, un corps robuste, et avoir reçu une formation exhaustive – comme première étape du moins – touchant à tous les enseignements de la Grande Fraternité Blanche et des religions externes du monde. Par conséquent, puisque le choix du Conseil s'était porté sur moi, j'avais été soigneusement formé. Au sein de la Confrérie essénienne d'abord, j'avais reçu une formation à la religion orthodoxe et j'avais appris ce qu'étaient l'amour et la bonté. Sur le navire des Maîtres, le *Britannin*, j'avais été endurci à l'affront de la peur, des châtiments et de l'agression physique. Au pays des Druides, on m'avait enseigné les anciennes sagesses au moyen de symboles et par un encadrement d'extrême discipline, d'action, de peur et de tension. Au pays des Hindous, j'avais été formé aux aspects du repli en soi, de la tendresse et de la paix. Dans la religion perse, j'avais été formé par le recours à la pensée-force, à la sagesse et aux bonnes actions. Dans la religion égyptienne, j'avais été formé par la suggestion et la transmission de pensées-forces.

La maîtrise que j'ai acquise en chacune de ces formations démontra ma versatilité et ma grande intelligence; mais, malgré tout cela, ma formation n'était pas complète. Tel que prévu par le Conseil, j'allais avoir besoin d'encore cinq autres années de dur labeur pour acquérir la maîtrise des exercices sacrés de la Vraie Religion. Pas moins de sept années en tout allaient être nécessaires pour que la formation arrive à maturité dans les cellules de mon corps et reconstitue chimiquement mon être jusqu'au point où il me serait possible de me manifester comme un Dieu sur Terre. Si je décidais de suivre cette formation sacrée, je devais m'attendre à de constants efforts, à des heures intenses d'un entraînement en apparence interminable, et à de grandes difficultés personnelles pour parvenir à la maîtrise du travail exigé. Il y aurait des complications dont je ne pouvais même pas imaginer l'ampleur et qu'aucun homme ne pouvait même prévoir.

Qu'est-ce qui serait nécessaire pour préparer la voie à l'aspirant? Pour porter ses fruits, la venue de l'aspirant devait être proclamée dans son pays par un précurseur qui annoncerait également le but de sa mission. Cela devait être accompli de façon à lui conférer prestige, autorité et pouvoir avant même son arrivée. L'aspirant devait être remarqué par tous les gens du pays lorsqu'il commencerait sa mission parmi eux. En plus d'un précurseur populaire, l'aspirant devait pouvoir disposer d'hommes vigoureux et prêts à le servir, des hommes exerçant des métiers ordinaires et aimés de leurs semblables. Car les dires de ces hommes vigoureux et simples devaient être crus par les hommes de toutes les origines sociales, partout, dans toutes les nations. De plus, l'aspirant devait réussir à conquérir le cœur des hommes. C'est là qu'ils devaient le couronner, là qu'ils devaient l'adorer et faire de lui le roi de leurs cœurs, et non le roi de leur pays. L'aspirant devait être pour tous les hommes et toutes les femmes un symbole de ce qu'ils seront eux-mêmes lorsqu'ils auront fait un pas de plus sur le sentier menant à la Vie éternelle. Tous devront sentir, comprendre, croire – et même, ils devront *savoir* – que tout ce qu'il aura fait, ils pourront le faire, et encore plus. Il devra être aimé à un point tel qu'ils seront prêts à mourir pour lui; qui plus est, il devra être tellement aimé que tous seront prêts à *vivre* pour lui, à sa manière, et pour les mêmes fins que lui.

Quelles tribulations devrait-il affronter avant d'être soumis à l'épreuve finale? Skakus s'avança sur l'ordre de mon père et dit : « Tu dois engendrer une naissance virginale. Tu as abordé cette question de maintes façons déjà. Elle a été introduite de force dans ta vie aussi. Ta propre naissance virginale fait partie de l'épreuve finale. La troisième méthode de naissance virginale *est* l'épreuve finale. Elle était symbolisée dans les pierres en apparence inutiles, les flèches phalliques, à *Caer Gaur*. Elle t'a été démontrée dans le degré suivant par l'éclatement de la statue de Sita au cours de ton initiation à *Éléphanta*; à cet endroit une pensée-force fut utilisée pour créer une forme en céramique et pour faire éclater la statue, le tout simultanément. Tu l'as détectée dans les neuf corps des Égyptiens, car elle avait été cachée à la vue de tous les hommes depuis qu'ils s'étaient éloignés de la Vraie Religion. Tu as remarqué que le septième corps dans les croyances égyptiennes était le *Sekem*, la personnification incorporelle de l'esprit.

Tu peux maintenant être formé à la pratique des exercices sacrés de la Vraie Religion. Tu pourras alors découvrir que tu apprends à faire s'élever les corps dans l'ordre du troisième au neuvième. Avant de pouvoir faire s'élever le *Sahu*, ou Corps spirituel, et le *Khu*, ou âme spirituelle, il te faudra pouvoir faire s'élever le *Sekem*, ou Corps du pouvoir vital. En te servant de ce corps tu peux créer, tu peux transmuter. Il faut beaucoup moins d'habileté pour créer des *choses* que pour créer la vie. Mais tu dois également apprendre à commander à ce septième corps afin qu'il t'obéisse et qu'il sorte lorsque tu le lui ordonnes, transportant en lui le *Sahu*, le Corps spirituel, et le *Khu* radiant, l'âme spirituelle. Tu dois être capable de créer la vie, de créer ta propre espèce, dans le corps virginal d'une femme consentante au moyen de ce pouvoir mental spirituel. Tu dois faire la preuve de ta divinité inférieure avant qu'il ne te soit permis de tenter d'user d'un pouvoir encore plus élevé.

Avant de pouvoir espérer te transmuter *toi-même*, tu dois être capable de créer. Mais plus important encore, tu dois être capable de créer à ta propre image, ce qui est la fonction de Dieu.

Pour prouver que tu es prêt, tu dois trouver une vierge pure qui accepte de devenir ta femme. Vous serez alors fiancés, tout comme ta mère et ton père l'ont été. Tu devras alors faire la preuve de ta divinité inférieure en créant dans le corps de cette Vierge du monde, de cette femme éternelle, une nouvelle vie à ta propre image. Cette femme consentante a été symbolisée dans les histoires de déesses de toutes les races, dans la patience infinie d'Isis à rechercher toutes les parties du corps mutilé d'Osiris – et dans l'histoire de la naissance d'Horus par immaculée conception. On retrouve son symbole dans toutes les religions et dans toutes les langues. Elle est toujours appelée Marie la Grande Mer de la Création. Elle est l'éternelle Vierge Mère qui consent à aider l'homme à prouver qu'il est prêt à remonter sur le trône de sa divinité. »

Alors même qu'il poursuivait ses explications, mon imagination s'enflamma avec une douce vision qui fit bouillonner mon sang. Mais j'étais en même temps plongé dans le désespoir. Car dans ma tête je ne pouvais voir pourquoi ma bien-aimée *Mherikhu*, ma Fille d'Or, voudrait passer sa vie avec quelqu'un d'aussi petit, large d'épaules et roux – et d'aussi peu instruit que moi dans les choses de l'amour et des femmes. Le sang qui refluait m'échauffa les oreilles, mais mon attention fut à nouveau accaparée par le Conseil.

Qu'est-ce qui devrait se passer après l'épreuve finale? Mon père s'avança depuis l'autel de l'est. « Mon fils bien-aimé, le Conseil doit d'abord considérer ce qui devrait se produire en cas d'un échec. Voici quelles sont les options qui se présentent à nous : premièrement, tes disciples écriront des récits qui amèneront le monde entier à croire que tu es mort pour le seul bénéfice de l'homme. Ainsi, même dans le cas d'un échec, tu seras la source d'un grand bien pour l'humanité. Deuxièmement, nous ferons appel à l'Ordre de Melchisédech, ces Maîtres de la Vie éternelle, afin qu'ils investissent ton corps d'une vie temporaire et qu'ils te fassent ressusciter de la mort au moins assez longtemps pour que tu réapparaisses afin de montrer que tu es vivant. On te fera ressusciter de la mort. Ainsi, même en cas d'échec pour ton grand but, tu pourras devenir un symbole pour l'homme, un témoignage montrant que par l'amour et le sacrifice, n'importe quel homme peut parvenir à la vie immortelle et devenir le fils de Dieu.

La troisième voie nécessite quelques explications. Dans l'éventualité où tu échouerais, le Conseil n'aurait pas la possibilité de faire connaître immédiatement à tous les hommes les exercices sacrés de la Vraie Religion.

Il serait nécessaire de procéder avec prudence de peur que les hommes ayant connaissance de la Vérité ne soient impitoyablement pourchassés et qu'ainsi la Vérité soit oblitérée à tout jamais de la surface du monde. Il faudra laisser du temps à la nouvelle foi d'Amour et de Sacrifice que tu auras établie pour qu'elle se répande dans toutes les régions du monde. Ceci, croyons-nous, devrait prendre environ deux mille ans. Ce n'est qu'à ce moment-là que l'homme sera vraiment prêt à croire en la valeur exceptionnelle de chaque individu, et à accepter d'en venir à connaître Dieu par expérience directe. Ce n'est que lorsque cette façon de voir sera devenue une partie intégrante de l'expérience de vie des hommes forts partout dans le monde, qu'il n'y aura plus de danger à réintroduire la Vraie Religion.

Mais il y a une quatrième option. Que tu échoues ou que tu réussisses, partout on fera de toi un symbole de l'Aspirant éternel dans toutes les écoles de Mystères et tous les enseignements ésotériques de toutes les religions. Ainsi, même si tu échoues, tu aideras tous les hommes ordinaires et tous les initiés en devenant le symbole de la réussite – car tu as déjà connu plus de succès comme initié que tout autre homme de ton âge sur Terre.

Mais ne nous laissons pas aller à adopter une attitude défaitiste, même si nous envisageons des options de rechange. Gardons en notre esprit l'image de ta réussite, car il n'y a pas de doute que tu réussiras! Une fois ta réussite acquise, celle-ci ouvrira une voie jusqu'au cœur de tous les hommes. Chaque cœur deviendra un cœur de croyant et chaque homme suivra tes traces. La Vraie Religion pourra alors être montrée aux hommes et ils pourront s'engager sur le chemin menant à leur rédemption. En très peu de temps, la Vraie Religion pourra être présentée à chaque homme, et aucun pouvoir temporel ou groupe orthodoxe n'auront le pouvoir de la détruire ou de lui faire du tort. C'est ainsi que chaque homme pourra rapidement parvenir à cet état d'être si familier au Maître Suprême. Chacun peut devenir un Maître Suprême par sa propre volonté. La Terre redeviendra alors comme aux jours du Paradis et chaque homme vivra dans la paix, l'obéissance, l'amour, et en continuel contact avec le Dieu Suprême. Ceci, mon fils bien-aimé, est la Grande Cabale du Conseil du monde. Qu'as-tu à dire de cet ancien plan secret conçu pour aider ton prochain? » Mon père cessa de parler. Les échos de sa voix s'éteignirent lentement dans le vaste temple.

Je me levai du trône d'or sur le tapis pourpre pour regarder mon magnifique père de l'autre côté du temple.

« Bien-aimé Maître de ma jeunesse, Maîtres éternels, Conseil du monde. Si ce n'était de l'immense confiance que vous placez en moi, je devrais renoncer à tout espoir de réussir pareille entreprise. Il serait sûrement présomptueux de ma part d'assumer que je puisse réussir totalement là où tant ont échoué. Le fait que votre choix se soit posé sur mon inepte personne pour être votre aspirant donne du courage à mon cœur et augmente ma détermination. Le plan du Conseil est tellement sage, cette Grande Cabale de Basul est étudiée avec tellement de soin que même dans l'échec je ne peux qu'aider mon prochain. Voilà pourquoi même le plus sombre échec ne pourra qu'être une grande réussite.

Je ne décèle aucune faille dans votre plan. Si vous n'étiez pas si puissants et si sages, cependant, je me permettrais de mettre en doute votre jugement pour m'avoir choisi comme votre aspirant pour une mission si merveilleuse. En outre, comment pourrais-je – moi dont l'apparence est si peu avenante et qui suis si inepte dans l'art de faire la cour aux femmes – comment, de fait, pourrais-je devenir le choix d'une femme digne d'être l'Épouse de Dieu, la Vierge du monde? Mais je me mettrai à sa recherche, priant que mon amour puisse être retourné, et je demanderai à celle que j'adore de devenir mon épouse. Ceci revient à dire : À moins que vous, membres du Conseil, ne décidiez dans votre sagesse de renoncer à votre choix, je promets sur mon âme que jamais je ne vous abandonnerai, que jamais je ne renoncerai à accomplir la Grande Cabale, pas plus que le plan du Conseil du monde. Je suis prêt. Que ma formation finale commence afin qu'il me soit donné de connaître et de servir l'humanité grâce à la Vraie Religion éternelle. Ma vie est entre vos seules mains. »

Il n'y eut tout d'abord qu'un silence de stupéfaction. Il fut rompu par les Maîtres des hommes qui sanglotaient leur joie à Dieu. Puis l'assemblée s'anima d'un colossal souffle tellement rempli de joie que ses louanges firent trembler le monde. Des hymnes d'amour et de joie ébranlèrent les statues dans le temple. De la musique s'éleva jusqu'à devenir un joyeux tohu-bohu. Des hommes pleuraient de pure joie et l'étreinte de mon père prouva qu'il y avait des larmes de joie sur ses joues. Sa voix s'éleva et porta son message d'un bout à l'autre du temple.

« Voici mon fils, né de l'esprit, en qui je me complais. »

QUINZE

Vol d'âme

Les trois Rois mages, mon père bien-aimé, Ramanchana et le Prêtre Jaguar furent affectés au personnel de mon collège d'enseignants dans le temple d'Horus. Mais Skakus était le maître enseignant et cela ne faisait vraiment pas mon bonheur. Skakus était comme un frelon pour ma conscience – il me piquait au vif et m'irritait. Je voulais de la douce persuasion de mon père, de l'instruction patiente de Ramanchana, ou de l'épanchement de connaissance stimulant pour l'esprit des trois Rois mages. Mais Skakus!

Balthazar dit à sa façon amusante : « Jeschuau, Joseph-bar-Joseph, tu es chanceux d'avoir Skakus comme enseignant. Il sera le premier à te dire qu'il ne sait pas quoi t'enseigner, mais qu'il sait ce qu'il ne faut pas t'apprendre. Il a échoué dans sa tentative pour intéresser les Grecs à la Vérité et au sens profond de la morale il y a environ six cents ans. »

Skakus confirma ce qu'il disait avec son énorme corps debout, les jambes écartées, ses petits yeux enflammés de cet air étrange, et un sourire accroché sur son visage presque laid. « Écoute-moi, garçon, je suis le seul qui soit allé plus loin que ton père. J'ai vécu la glorieuse expérience de l'échec. J'ai presque réussi. J'avais des milliers de garçons grecs qui étaient des disciples de la Vérité. Qu'est-ce qui pourrait être mieux? Sais-tu comment les prêtres orthodoxes m'ont eu? Ils m'ont accusé de corrompre les jeunes qui étaient mes disciples en leur enseignant à honorer de faux dieux. Ha! Je leur ai appris à honorer le génie protecteur en eux – le Dieu éternel. Mais les Grecs n'acceptaient aucun changement à leurs vieilles et sottes croyances. Ils m'ont forcé à boire de cette ciguë. C'est amer, garçon, mais c'est une mort sans souffrance. C'est comme s'endormir en commençant par les pieds puis en remontant. J'ai échoué comme Socrate, mais j'ai fait un certain bien. J'ai donné au monde une philosophie que les hommes peuvent suivre tout en professant les croyances de l'Église qui les domine. Je leur ai donné le concept d'un Dieu éternel, intérieur et parfait; Platon a répandu la même idée, particulièrement après avoir été formé ici à *On*. Aristote, quant à lui, n'a jamais eu la vision intérieure et il a rejeté tous les enseignements intérieurs depuis l'âme du cœur, le *Ba*, jusqu'à l'âme spirituelle, le *Khu*. Il a fait de l'homme un simple animal intelligent – ce qui pouvait devenir un concept très populaire. Il est facile pour l'homme de nier l'existence de tout ce qui est au-delà des cinq sens les plus primitifs. Platon a conservé le cœur dans son enseignement, car il connaissait la sublime expérience du contact direct avec Dieu. Aristote a fait de l'obéissance à l'autorité un impératif incontournable, et il a mis des fers de prisonnier à l'esprit des hommes pour un millier d'années. Ha! »

Même si les autres me traitaient avec déférence, Skakus m'appelait 'Garçon'. Son enseignement était direct, simple, chargé d'importance, et généralement fondé sur une question qui ouvrait sur un vaste champ d'informations inexplorées. Je me souviens de sa voix rauque me décochant des questions comme :

« Garçon, quel est le but de la vie? Pourquoi sommes-nous ici? »

Lorsque j'échafaudais patiemment une raison détaillée et structurée pour laquelle nous étions ici – pour servir Dieu, pour nous perfectionner, pour servir notre prochain – Skakus fronçait alors les soucis et m'interrompait brusquement.

« Bon. Bon. Bien raisonné, mais cela vient de ce que tu as appris. Garçon, tu es un Maître maintenant. Tu dois enseigner à partir de ce qui vient de l'intérieur de toi. Tu dois assumer le rôle et le pouvoir d'un Maître – sinon tu n'en seras jamais vraiment un. Cherche les réponses en toi. Maintenant, essaie plutôt ceci pour commencer. Nous sommes ici pour servir le but de la Vie, c'est-à-dire pour entraîner le Dieu rayonnant en nous à se manifester sous notre contrôle conscient. Nous sommes ici pour ressusciter le Dieu rayonnant de sa tombe de chair. Nous sommes ici pour devenir immortels et avoir la vie éternelle. »

Une autre fois il me demanda sur un ton brusque : « Garçon, qu'est-ce que Dieu? » Il était debout face à moi, les pieds à plat au sol, son poids réparti également sur ses pieds, comme un gladiateur prêt à se battre.

« Dieu est le Créateur. Dieu est tout Amour. Dieu est le Grand Architecte! » J'en aurais dit plus mais il m'arrêta en levant la main.

« Que voilà une réponse orthodoxe. Regarde, garçon, regarde à l'intérieur de ton cœur de Maître. C'est là que se trouve la vraie réponse. Ce n'est pas l'une ou l'autre des réponses que l'on t'a données durant ta formation. Essaie ceci : Dieu est l'Énergie divine éternelle, absolue, parfaite. Dieu n'est pas l'amour. Dieu est toutes choses, et il n'est pas plus l'amour que la haine, pas plus la tendresse que la fureur. Dieu est l'Énergie créatrice qui se trouve au sein des choses terrestres et physiques mais qui n'en fait pas partie. Dieu n'est rien de moins que la totalité. Mais surtout, Dieu n'est pas un puissant vieil homme en robe blanche d'humeur ardente et prompt à punir, se promenant sur un gros nuage entouré d'anges jouant sur des harpes dorées comme vos prophètes juifs l'ont dépeint. Dieu est une Énergie parfaite, une Radiance parfaite. Mais Il est innommable. Tel est le sens du *JOD* juif, du *Ré* égyptien, du *Kak Och* des Caribes. Il est la Voie du Tao. Il n'est pas définissable. On ne peut connaître Dieu qu'en ayant l'expérience divine, lorsqu'on fait sortir de sa propre chair le Dieu rayonnant s'y trouvant enfoui comme dans une tombe. Car tu es vraiment Dieu en toi-même. »

Skakus possédait l'énergie de dix hommes, et l'énergie ardente et dévorante d'un jeune chiot avide de trouver un os. Il était aussi impitoyable qu'un aigle plongeant sur sa proie. Me former semblait être plus important pour lui que la vie elle-même, et il se comportait comme si son avenir était en jeu, et non le mien. Un jour, alors que j'étais justement en train de songer à cela, il me lança brusquement : « Garçon, c'est mon avenir qui est en train d'être investi en toi. Mon avenir et l'avenir de la vraie liberté de l'homme en ce monde. Pas la tienne seulement, garçon. La vie de tous les hommes encore à naître, la libération de la tyrannie mentale, la joie de l'homme de pouvoir connaître Dieu en sa propre chair! »

Une autre fois encore, il m'arrêta au milieu de l'un des exercices et me cria : « Concentre-toi! M'entends-tu? Concentre-toi! Tu as beaucoup progressé en te fiant à ton esprit *non pensant*. Mais tu dois maintenant soumettre toutes les parties de ton âme à la volonté de ton esprit conscient. Garçon, tu dois absolument être meilleur que je ne le fus, que je ne le suis. J'ai échoué. Tu ne dois pas échouer. Travaille! »

Nous nous sommes rendus au temple du sommeil, le centre de guérison du dieu Osiris. Une fois là, nous avons prononcé les incantations qui ressuscitent les hommes du grabat de la mort. La guérison me plaisait, et j'éprouvais une grande joie à être capable de guérir et à apprendre l'art de la guérison dans ses formes les plus avancées. Skakus était un maître guérisseur, égal ou peut-être même quelque peu supérieur à mon magnifique père. Pourtant, lorsqu'il se rendit compte du plaisir que l'art de guérir m'apportait, il me dit à brûle-pourpoint, alors que nous marchions depuis l'hôpital en direction du temple blanc dans les premières lueurs de l'aube : « Garçon, la guérison c'est bien. Mais ce n'est réellement qu'un talent mineur parmi les moins importantes des capacités divines. Bientôt, je te démontrerai. La guérison est le piège divin, une voie de déviation. Ce n'est pas le but de la vie, ni l'objet de tes études. Cela ruine le progrès de beaucoup de ceux qui s'engagent sur le sentier. »

Skakus était brusque et insistant. Il était mon compagnon de tous les jours, et il lui arrivait fréquemment d'empiéter sur les douces heures que je passais avec mon père et les autres Maîtres. Car, si je n'avais pas progressé sous sa direction aussi loin qu'il le désirait, il continuait la leçon. Il m'éveillait aux petites heures du matin, il me tenait éveillé jusqu'à une heure avancée de la nuit, parfois il venait au beau milieu de la nuit pour me faire travailler. Il me harcelait sans répit, impitoyablement, jusqu'à en rendre mon corps lourd de fatigue et mon cerveau engourdi.

« Tu es ici pour apprendre à transmuter ta chair en énergie divine et rayonnante, et puis à la ramener sous forme de chair parfaite. Ma responsabilité, c'est de voir à ce que tu sois amené jusqu'à ce point. Tu peux me détester, tu peux me mépriser, mais, à moins de quitter cette île et de rompre ton engagement avec la Fraternité, tu ne peux m'échapper. »

Il me faisait continuellement travailler d'arrache-pied aux exercices. Et il ne cessait jamais de travailler avec moi. Il me câlinait, me flattait, me cajolait, me contraignait par la menace. Il me taquinait tendrement et me donnait des ordres avec arrogance. Il me maintenait dans un incessant trouble émotionnel, et pourtant il insistait sans arrêt par-dessus tout cela pour que je travaille à faire les exercices sacrés. Même lorsqu'il me donnait un cours sur quelque point de connaissance ou de philosophie, il lui arrivait de s'arrêter soudain pour dire : « Garçon, es-tu en train de construire ton Temple rayonnant? Es-tu en train de remplir tes cellules de paix et de force avec chaque inspiration? Chaque fois que tu respires, ou bien tu ajoutes à ta Divinité, ou bien tu la diminues! »

La maîtrise de la respiration fut son sujet favori pendant la majeure partie des cinq années de ma formation. Au cours des cinq premiers mois, on me fit répéter sans cesse les exercices qui détendent le corps physique. Ceux-ci étaient basés sur le contrôle de la respiration. Il lui arrivait parfois de crier : « Pas la technique de respiration du yoga! Ça, c'est pour les débutants, c'est pour ceux qui sont moins que des vrais Maîtres. Je sais, on t'a montré trente-trois formes de yoga. Tu es un maître en yoga. Mais tu dois maintenant apprendre ce qui est au-delà du yoga. Tu ne dois pas te servir de leurs méthodes de respiration, mais de celles que je t'enseigne. Tu vas te rendre compte que lorsque tu seras prêt pour cela – et tu es mieux de l'être bientôt, garçon! – nous t'en apprendrons plus avec cinq des exercices sacrés que tout ce que tu as pu apprendre avec les trente-trois formes de yoga. »

Je doutais du bien-fondé de ce qu'il disait. En fait, j'étais rebuté par ce qu'il avait l'impertinence d'affirmer. N'avais-je pas accompli de merveilleuses choses grâce aux respirations du yoga? Toutefois, à l'instant même où cette pensée me traversa l'esprit, il s'écria soudain : « Tu doutes de moi!

Bien! Je me fiche que tu me haïsses ou que tu m'aimes; contente-toi de faire les exercices de la façon dont je te l'indique et que ton propre jugement te dise qui a raison et qui a tort. Tu n'as pas besoin d'aimer, d'admirer. Tu peux haïr et condamner – c'est la reconstitution chimique de ta chair qui m'intéresse, pas ton attachement émotionnel à ma personne. »

Plus tard, je me rendis compte qu'il n'avait fait qu'affirmer la vérité. Lorsque je fus prêt, cinq exercices m'amenèrent bien plus loin que tous les entraînements de toutes les formes de yoga. J'essayai de l'aimer pour sa sincérité. Mais il ne voulait rien savoir d'une émotion de tendresse envers lui de ma part. Il était neutre, aussi neutre et aussi détaché que Dieu pouvait l'être. Il débordait tellement de connaissances et de talents que ça jaillissait de lui comme la foudre d'un nuage. Il semblait être au-dessus de tout intérêt pour l'attachement humain de quelque nature qu'il soit. Il ne s'intéressait qu'à une seule chose, m'apprendre à transmuter mon corps à volonté pour ainsi réussir mon épreuve finale.

Pas une seule fois il ne relâcha cette extraordinaire discipline qui, comme j'en vins à l'apprendre, m'avait été imposée à son insistance à bord de mon navire d'entraînement, le *Britannin*. Il dirigeait le temple comme on commande un navire, poussant même les grands Maîtres à de plus grands efforts, et tout était orienté dans le but d'apporter un soin minutieux à mon enseignement afin de me permettre d'apprendre les exercices sacrés, la Religion de la Vérité, et comment transmuter ma chair et la reconstituer à nouveau. Un jour, dans un moment de désespoir, j'osai dire que je ne promettais guère. Skakus me lança un de ces regards de ses yeux insondables. « Garçon! Comment oses-tu douter de ta divinité! Mais bien sûr que tu promets beaucoup. Ce n'est que pour quelqu'un promettant autant que toi que j'ai accepté de m'enduire de cette répugnante graisse d'ours sur le *Britannin*. Ne doute plus jamais de tes capacités. M'entends-tu bien, garçon? Ne doute pas de toi, jamais! Le doute de soi est la prise que la Nuit noire du désespoir a sur nous. »

La formation que Skakus me donnait couvrait tous les aspects de la technique permettant de faire s'élever l'Esprit Radiant hors de la chair. Cela débuta avec la respiration et la relaxation physique, puis se poursuivit avec le développement et la maîtrise aux plans mental et émotionnel, et ensuite avec les exercices spirituels. Le corps décontracté et soumis devint la coupe de l'éternité, remplie de lumière dorée, de relaxation et d'énergie divine. Un jour Skakus m'amena dehors sur la terrasse pour me donner son cours, et je vis de l'autre côté de la petite baie la forme ravissante de la Fille d'Or, debout, seule sur la terrasse du temple d'or de la Vierge du monde. Mon cœur bondit de sa joie secrète et Skakus dit avec une étonnante douceur dans sa voix : « Garçon, tes couleurs sont celles d'un homme en amour. C'est bien. Un bon signe. Aucun homme ne devrait jamais être sans compagne et être ainsi privé des délices physiques de la sexualité. Pourquoi? Les hermétistes disent qu'un homme qui meurt sans mettre au monde au moins un enfant doit être retourné à la terre comme s'il n'était ni un homme, ni une femme – ils devaient vouloir faire référence ainsi à certains de ces prêtres orthodoxes qui ne croient pas que l'homme devrait connaître la femme », ajouta Skakus en grognant. « Affirmer pareille impertinence, que Dieu aurait conçu l'homme et la femme comme des partenaires si parfaits pour s'accoupler, et puis aurait renié la divinité de chacun en obligeant les prêtres à s'abstenir d'une telle félicité! Ils avilissent la bonté de Dieu, ils défient Sa Gloire! »

Tout d'un coup, il me lance : « Garçon, qu'est-ce que le péché? »

J'étais tellement excité par la vision lointaine de ma Fille d'Or que je répondis mal à sa question. Mais avoir bien répondu n'aurait rien changé de toute façon. Il ne m'avait jamais été donné de connaître ce qu'était le péché de la manière dont il me l'a expliqué.

« Un instant, garçon. Tu ne m'apportes pas la réponse venant de l'intérieur de ton cœur de Maître. Le péché tel que tu le définis est l'œuvre de l'esprit des hommes qui élaborent d'astucieux traquenards pour s'emparer de l'esprit, de la liberté et de la bourse des gens. Le péché, garçon, n'est autre que ceci : ce qui empêche l'évolution de l'homme vers l'union avec le Dieu Radiant, vers la béatitude éternelle et la vie éternelle. Ce qui fait obstacle à l'union ultime de l'homme avec Dieu, cela seul est péché. Si c'est cela un péché, alors tous les concepts moraux de l'homme n'ont pour but que de contrôler les actions de l'homme, et ils n'ont rien à voir avec le péché. Car la moralité concerne les rapports de l'homme avec l'homme – pas les rapports de l'homme avec Dieu. Ne viens pas me dire que Dieu s'intéresse aux rapports de l'homme avec l'homme. Fais cela et tu rabaisses Dieu au rang d'un esclave.

Il se peut que tu commettes un péché lorsque tu manques à un code moral, mais ce n'est pas dû au fait que tu sois alors en train d'enfreindre ce code. Tu ne pèches que si tu laisses ton esprit prendre part à l'acte, si tu permets à tes pensées de t'arrêter dans tes efforts pour parvenir à l'union totale avec la Radiance divine. Lorsque tu es parvenu à un degré d'évolution tel qu'il te soit possible de faire n'importe quoi sans que ça ne te fasse dévier dans une attitude de négation, il t'est alors impossible de pécher. Tes yogis t'ont expliqué que lorsqu'un yogi est dans l'état de félicité parfaite, même le fait d'assassiner quelqu'un ne serait pas un péché. Ceci est partiellement vrai. Alors, veux-tu cesser de t'en vouloir pour les saintes impulsions que tu ressens lorsque tes yeux se posent sur cette superbe femme. Veux-tu bien apprendre à te pardonner toutes tes impulsions fougueuses et divines, car tu découvriras alors que le monde entier est exempt de péché. Maintenant, dis-moi. Garçon, comment Dieu en vient-il à être dans l'homme? »

Sa question inattendue me prit mentalement par surprise, et je balbutiai : « Pourquoi, par la Grâce divine. »

« C'est vrai, du moins en partie. Mais si c'est uniquement par la Grâce divine, alors à quoi sert tout ce travail que nous faisons? Hein, Garçon? Il est vrai que l'homme naît à la fois de l'essence physique et de l'essence divine. L'Atome central divin de son être lui est donné à sa naissance comme semence de sa divinité. Mais c'est à l'homme que revient la responsabilité de faire croître et mûrir cette semence. La divinité ne vient pas seulement par la Grâce, mais par le développement du Soi divin en chacun de nous afin de réussir à atteindre et toucher l'Énergie éternelle qui est Dieu et y être absorbé. Le développement de la divinité en toi ne dépend pas de Dieu, il dépend de toi. Il t'a fait don de la semence. Tu dois faire pousser le fruit.

Comment grandit-elle cette Semence divine en l'homme? Une des voies est le courage. Et cela, garçon, tu en as. Tu possèdes le courage de dix hommes. J'ai compris cela alors que je t'observais ramener Nicodème de la proue du *Britannin* endommagée dans la tempête. Tu as fait la démonstration de ta vivacité d'esprit et de ta robustesse physique. Nous t'avons regardé évaluer les nombreuses forces en jeu et venir à bout des problèmes. Mais par-dessus tout, tu nous as démontré, à nous qui t'observions dans une impuissance apparente, que tu possédais un courage sans bornes. Un courage qui n'a pas fait défaut à ta volonté malgré des circonstances difficiles. Un tel courage est nécessaire pour développer la divinité en n'importe quel homme – et pourtant si rares sont ceux qui ont ce courage. »

Un frisson de plaisir me traversa. Skakus m'avait fait un compliment, et je ne pus m'empêcher d'y réagir. Mais alors même que s'amplifiait ma joie, il me décocha une question.

« Comment l'homme fait-il mûrir sa divinité intérieure? » Il m'observait attentivement de derrière ses paupières à demi closes. « Merci de ne pas répondre, garçon. Si tu connaissais la réponse à cette question, tu serais mon professeur. Je me propose maintenant de t'enseigner la véritable signification dissimulée derrière les neuf corps de la religion égyptienne. Aimerais-tu cela ou préférerais-tu te rendre au temple d'or et rencontrer cette douce déesse? »

Il demeurait debout, attendant ma réponse, mais j'étais incapable d'articuler un mot. Voulait-il réellement que je réponde à une telle question? Mais comme le silence se prolongeait, je compris qu'il attendait une réponse. J'esquissai un sourire, mais il attendit, me regardant sans sourciller avec ses étranges yeux.

« J'aimerais faire les deux. Mais j'aimerais tout d'abord... lui parler. »

« Tu vas le faire, garçon. Ton père t'a bien appris à ne jamais mentir, pas même à propos de tes sentiments. Viens, allons rendre visite à la jeune femme pour lui présenter ensemble nos respects – ah! et pour échanger aussi quelques mots avec la prêtresse qui est en charge de son éducation! »

Je sentis un millier de flèches de doute s'enfoncer dans mon cœur tandis que nous nous dirigions vers le temple d'or. Nous arrivâmes finalement sur la terrasse, et *Mherikhu* était là, si dorée et si belle que je ne pouvais rien voir d'autre que sa magnificence. Skakus nous laissa seuls, et je me retrouvai debout sur le même sol que ma bien-aimée. J'étais en extase devant elle, et je ne trouvais pas de mots pour parler. Mais elle sourit et de la musique se mit à résonner dans chacune de mes cellules.

« Enfin, tu es venu! » Ses paroles étaient si simples, mais elles me comblèrent d'une grande joie ardente. Elle me tendit la main pour prendre la mienne, et elle entraîna ma maladroite personne derrière elle. Elle se dirigea vers un banc placé à l'ombre d'une tonnelle fleurie sur la terrasse. Nous y avons pris place. Son parfum ressemblait à celui du miel sauvage et des fleurs de gingembre. Assis comme ça, juste à côté d'elle, je pouvais voir la beauté infinie, l'intime délicatesse lustrée de sa peau. Gagné d'une folle audace, j'osai effleurer son poignet de mes doigts. Elle en eut le souffle coupé d'étonnement, et moi j'avais des picotements dans les doigts. Même si je sentais que ma hardiesse dépassait les bornes, je maintins le contact avec son poignet et laissai mes doigts se délecter de la chaleur de sa peau. Lentement, ses doigts s'ouvrirent, sa paume vint toucher la mienne et nous demeurâmes là, enveloppés dans notre bonheur enchanté. C'est à peine si nous avons parlé, car j'avais la respiration trop coincée dans la gorge pour pouvoir parler et les idées trop confuses pour être capable de penser clairement. Néanmoins, au cours de cette heure joyeuse, j'en vins à apprendre qu'elle recevait une formation pour devenir une prêtresse d'Isis, qu'elle avait été formée comme la fille de Ceridwen, c'est-à-dire au plus haut niveau de savoir possible chez les Druides. Elle avait également reçu une formation de yoga, et elle suivait maintenant une formation plus avancée.

Il y avait beaucoup de choses dont je voulais parler, mais lorsque je *pensais,* je ne pouvais pas apprécier pleinement le contact de sa main dans la mienne et la fragrance émanant de sa présence. Je cessai donc de poser des questions pour profiter tout simplement d'elle en silence. Puis, je me rendis compte que j'avais recommencé à parler et qu'elle m'écoutait, le regard tellement suspendu à mes lèvres que j'avais l'impression de recevoir un baiser d'elle. Lorsque Skakus et la prêtresse d'Isis vinrent nous retrouver sur la terrasse, nous leur avons raconté à voix basse tout le plaisir que nous avions partagé durant cet après-midi, comme s'il s'agissait là d'un secret précieux. Je demandai hardiment si j'allais pouvoir revenir la voir, et elle en rougit de plaisir. Mes propres sentiments me firent rougir tout autant alors même que ses yeux cherchaient les miens.

« Oh! j'espérais tant que tu veuilles venir encore », laissa-t-elle échapper.

Nous étions debout face à face sous la tonnelle.

Mon être intérieur se pencha vers elle à travers mon corps et déposa un baiser sur ses lèvres de corail. Elle le sut immédiatement, et elle en était manifestement ravie.

Durant notre retour vers le temple d'Horus, Skakus garda le silence presque jusqu'à notre arrivée à la terrasse menant à la chambre qui m'avait été assignée. C'est alors qu'il dit : « Garçon, tu es en amour. » Lorsque je m'arrêtai en proie à un émoi évident, il dit sèchement : « Ne renie pas le fait que tu sois un homme. Comment pourrais-tu renier ce fait sans en même temps renier la sagesse de Dieu? Mais sache que tu devras même renoncer à l'amour dans ton épreuve finale. Accroche-toi trop fermement à l'amour – l'amour sous quelque forme que ce soit – et cela pourrait signifier ta mort. »

Nous montâmes sur la terrasse et il me lança tout d'un coup : « Maintenant, nous allons travailler toute la nuit pour rattraper le temps perdu. Notre objectif à présent est de t'enseigner la Vérité se cachant derrière les neuf corps, et d'amener chacun de ces corps à obéir à ta volonté consciente. Es-tu prêt? »

Nous avons effectivement travaillé toute la nuit. Et nous avons continué à travailler sans arrêt durant plusieurs jours pendant lesquels il me donna des cours, me prouva ce qu'il m'expliquait par des exemples tirés de l'histoire, et enfin réussit à faire la démonstration des choses dont il me parlait. Ses cours s'échelonnèrent sur plusieurs semaines, mais à la fin ils formèrent un magnifique ensemble cohérent de connaissances. Même dans mon sommeil, je pouvais entendre sa voix cassante, décrivant des vérités éternelles en un flot continu de phrases courtes et directes. Ses cours se résumaient en gros à quelques concepts répétés d'une myriade de façons différentes jusqu'à ce que mon être en soit saturé : « Neuf corps. Tu dois être capable en toute conscience d'avoir la maîtrise de chacun d'entre eux. Neuf corps, et chacun est un peu plus important que l'autre – et pourtant chacun est dépendant de l'autre. Neuf corps, chacun une coupe, chacun un calice d'or pour un certain type d'énergie divine qui est spécialement adaptée pour être utilisée par l'homme. Neuf corps, chacun un véhicule, chacun aussi utile qu'un char – pourtant, chacun aussi dur à conduire que si ce char était attelé à des éléphants sauvages talonnés par des tigres bondissant sur leur dos. Notre travail à présent consiste à faire s'élever chaque corps. Faire s'élever hors de toi chacun de ces corps, l'un après l'autre, les discipliner, les faire se lever comme des centurions et les faire marcher au rythme de ton tambour mental.

Revenons maintenant à ce que tu as ressenti à propos de l'importance de ces corps. Tu étais dans le vrai – beaucoup plus dans le vrai que tu ne pouvais même te l'imaginer à ce moment-là. Pourquoi as-tu été éduqué avec une discipline aussi rigoureuse? Hein, garçon? Pourquoi toutes ces années de formation intensive, et ensuite ces neuf derniers mois d'études continuelles, reprenant depuis le début avec la respiration et le corps physique? À cause du *Ren*. Les Égyptiens voulaient en effet signifier beaucoup plus que 'Nom' par ce mot! Le *Ren* est le registre de toute ta vie – plus encore garçon, il renferme les archives vibratoires de *toutes tes vies*! Chaque pensée, chaque action et même chaque manque d'action, tout fait ultimement partie de ce *Ren*, de ce 'Nom'. Chacune de tes pensées fait partie de cette chronique enregistrée permanente. Ceux qui prétendent pouvoir lire dans le Grand Registre ne font en réalité que lire dans la réserve magique du *Ren*. Le *Ren* croît et grandit à mesure que tu vis des expériences. Il prend de l'expansion au fil de tes activités. Ton 'Nom' développe et renferme la totalité de la partie de toi qui se trouve plus bas que le niveau humain sur l'échelle de l'évolution. En lui se trouvent enroulées ton âme animale et l'âme de la race, chacune étant alimentée par tes propres expériences. Cette âme animale ne devient obéissante que si tu l'obliges à se soumettre à ta volonté. Ceci n'est possible qu'en vivant et en pensant de façon conforme aux modèles acceptés de comportement de la race, et aux mœurs et à la moralité de ton époque. Si tu es indiscipliné, rebelle, méchant, ton âme animale suit alors chaque suggestion mentale qui est implantée assez longtemps et avec assez de clarté. Par conséquent, si tu désires avoir une âme animale bonne et obéissante, tu dois la former par des pensées et des comportements qui lui montrent comment être bonne et obéissante. C'est le genre de formation que l'on obtient dans la préparation offerte par la plupart des religions et c'est ce qui explique pourquoi de nombreuses religions se contentent de n'enseigner que des notions élémentaires de moralité et seulement quelques dogmes de foi religieuse.

Heureusement, garçon, tu as une forte avance en ce domaine. Tu as une bonne âme animale. Ta mémoire de race est excellente. Et tu as déjà reçu un petit peu de formation, hein! garçon? Un peu, la majeure partie étant confuse ou dans l'erreur – mais pour l'âme animale, même cette formation-là est bonne. Très bonne.

Tu dois toujours te souvenir que cette âme animale est récalcitrante, indocile, et résistera à tout dressage avec un acharnement qui semble la rendre indépendante du corps dans lequel elle croît et dont elle tire son existence. Sois attentif, je vais te révéler un grand secret : tu peux arriver à la maîtriser par un désir intense. Tu peux la contrôler par une très grande force de volonté. Tant que tu ne seras pas parvenu à te faire obéir de ce *Ren* insoumis, de cette âme animale, tu ne pourras faire s'élever sans danger et en permanence l'Esprit radiant hors de toi.

Les techniques spéciales de respiration que tu as apprises sont un moyen spécifique de harnacher cette âme animale. Tu es maintenant prêt à recevoir de nouvelles instructions. Elles concernent le corps physique, le temple de chair, le réceptacle de tous ces corps et de toutes ces âmes différentes que tu es sur le point de maîtriser et de contrôler.

Le corps physique est d'une importance toute particulière, car il est le point d'appui à partir duquel tous les autres corps se meuvent. Comme tu l'as déjà dit, c'est le temple central, le gouvernail du Navire de l'éternité. Les Égyptiens s'efforcent par tous les moyens possibles de préserver le corps, croyant qu'il est le lieu où réside l'âme et ce même après la mort. Cette perception se fonde sur une connaissance qui n'est que partielle. Le corps est l'élément le plus important de tous les neuf éléments jusqu'à ce que le corps spirituel, le *Sahu*, ait bien pris racine dans les cieux, comme tu le verras dans environ deux ans. Jusqu'à ce que survienne cet instant du couronnement de la lutte pour parvenir à la Divinité, le corps physique est le point central d'ancrage des autres corps et âmes. S'il est détruit, l'individualité l'est tout autant. Une fois que le corps spirituel a été édifié, ce temple flamboyant qu'aucune main n'a érigé, et qu'il est bien attaché pour l'éternité dans les cieux, alors c'est *lui* qui devient le corps le plus important. Car c'est à partir de celui-ci que croît le corps d'énergie primale, le *Sekem*, et l'âme d'énergie radiante, l'illustre *Khu*.

Tu as passé tous ces mois à acquérir la maîtrise des techniques de respiration qui apportent une profonde relaxation dans le corps cellulaire et qui lui insufflent en même temps le plus grand pouvoir connu de l'homme. Tu l'as rempli à craquer de ce pouvoir. Tu as fait tout ce que tu pouvais pour soumettre ton corps physique aux exigences de la croissance spirituelle, et pour qu'il obéisse à toute commande mentale ou spirituelle. Une telle obéissance doit être instantanée, indiscutée. Une fois que l'exécution est entamée, elle doit se poursuivre automatiquement jusqu'à son achèvement – c'est-à-dire sans autre pensée. Cela peut t'apparaître impossible en ce moment, mais ça ne l'est pas. Cela peut être fait, et tu disposes d'un bon avantage sur tous les autres à cet égard.

Tu as la chance d'avoir un bon corps robuste. Tu es en santé et tu ne permettras jamais à des cellules affaiblies de faire apparaître involontairement des corps comme le font certaines personnes qui parlent avec des esprits familiers. Feras-tu cela, garçon? Non? Bien. Tu es discipliné, mais tu le deviendras encore plus d'ici quelque temps. Attends voir. Oh! après ce cours j'aimerais que tu travailles avec le Prêtre Jaguar. Les *Caribes* ont une façon bien à eux de maîtriser le corps physique de telle sorte qu'il leur est possible de demeurer assis durant trois heures sous le soleil du midi et de ne pas transpirer malgré la chaleur. Il te faut parvenir à un degré identique de contrôle de ton corps intérieur.

Nous allons maintenant entreprendre une nouvelle série d'exercices sacrés. Tu auras l'occasion de constater qu'ils apportent paix et force à chacune des cellules. Ils transforment aussi la composition chimique du corps, te rapprochant ainsi de cet instant d'accomplissement divin. Ton contrôle devra être si grand que pas une seule cellule de ton corps n'imposera le moindre stress à aucun de tes muscles et de tes nerfs lorsque tu exprimeras le ferme désir qu'il en soit ainsi. Au moment où le corps spirituel s'élèvera hors des cellules, il ne devra y avoir absolument aucune tension, pas même dans le cerveau ou dans les viscères.

Tu dois être capable de parvenir à une quiétude aussi profonde que cela, même sous la pression et la tension. Il n'est pas suffisant que tu atteignes le niveau de sérénité du Bouddha. Te souviens-tu qu'il est dit qu'il avait atteint une telle paix que même le passage de cinq cents chars à bœufs à côté de lui ne l'avait pas perturbé? Eh bien, tu dois atteindre un tel degré de paix intérieure et de quiétude que même le passage sur ton corps de chars à bœufs ne pourra te déranger!

Ensuite, une fois ce niveau atteint, tu dois être capable d'entraîner chacune des cellules de ton corps à se tourner docilement vers le soleil de ton esprit, tout comme les fleurs qui suivent le soleil physique. Tu dois avoir la capacité de partir de l'émotion physique la plus intense qui soit et plonger directement dans cet Océan de Paix. Tu dois pouvoir immobiliser tous les tissus, chaque cellule, chaque pensée – et le tout doit pouvoir se faire dans l'espace de sept respirations.

Lorsque tu es parvenu à ce stade dans ta formation, tu donnes une impulsion à ta volonté sans troubler le calme de la pensée et des émotions. Cette volonté pure éjecte l'âme humaine du corps placide et consentant. Lorsque tu seras capable d'extérioriser l'âme à volonté, tu entreprendras alors une formation plus avancée. Note bien ceci, garçon, je ne tolérerai aucune manifestation de formes indéfinies d'un blanc pâteux que les cellules affaiblies, les corps malades et les volontés faibles développent. Je ne veux rien savoir de ce genre de tissus d'un blanc laiteux de bas niveau, de cette mise en scène spiritualiste d'énergie. Tu m'entends bien? Je ne veux que de cette brillante et ferme manifestation violette de l'âme qui est la marque d'un organisme vigoureux, d'un esprit fort et d'une volonté puissante! M'entends-tu bien, garçon? Bien.

Ça te semble impossible? Tu crois que ça sera long? Eh bien, c'est long, mais ce n'est pas impossible. Parvenir à contrôler l'âme animale et le corps physique est probablement le plus difficile. Cela pourrait demander de nombreuses vies si tu n'avais personne pour te guider et t'aider. Heureusement, deux choses jouent en ta faveur. Tu as déjà travaillé de nombreuses années pour acquérir de la discipline. De plus, une fois que tu arrives à extérioriser l'âme violette et à lui donner l'apparence que tu désires, tu as un bon bout de chemin de fait. Vraiment un bon bout de fait, mon garçon! Tu sais que la chose est possible puisque tu as déjà extériorisé l'âme violette à trois reprises – ou est-ce plutôt cinq fois – j'oublie combien d'initiations tu as reçues. Tu sais que cela peut être fait. Nous voulons te voir le faire en ayant le plein contrôle du phénomène, en étant tout à fait conscient des différentes étapes du processus grâce auquel tu accomplis cet apparent miracle, et en étant pleinement capable de maintenir l'âme humaine extériorisée et soumise à ta volonté consciente pendant n'importe quelle période de temps et dans n'importe quelle circonstance.

Fais bien attention, garçon! Bien attention! L'âme violette essaie de s'échapper du corps de la manière qui lui est la plus naturelle, sans traîner de fardeau. Elle laisse alors les corps inférieurs et les âmes supérieures dans un état d'immobilité, une sorte de paralysie. Tu en as déjà fait l'expérience, hein? Sais-tu pourquoi c'est ainsi? Eh bien, les facultés de l'esprit total furent développées durant la maturation des neuf corps. Certaines de ces facultés sont rattachées à un corps, certaines à un autre. La vue, par exemple, est rattachée à l'âme violette. La première chose qui se produit lorsque tu commences à extérioriser l'âme humaine négligente et paresseuse est que tu as l'impression de voir à partir de deux endroits à la fois. Deux centres de la vue! Mais les autres facultés – les quatre autres sens et beaucoup plus – se retrouvent en d'autres corps et d'autres âmes. L'âme violette paresseuse ne transporte rien qu'elle n'est pas forcée à transporter. Elle est donc comme un automate, une énergie ambulante qui n'a pas toute son intelligence, toute sa mémoire et toute sa capacité d'élocution. Ça donne froid dans le dos, garçon, froid dans le dos! Ah! Mais...

Ah! oui, une fois qu'elle est disciplinée, elle devient un serviteur docile et increvable à la tâche, et elle transporte tous les autres corps jusqu'à ce que le corps spirituel se soit complètement développé. Ensuite, elle devient la source des corps supérieurs – mais seulement lorsqu'elle a été soigneusement entraînée et rendue soumise à ta volonté. Puis, lorsque les âmes supérieures sont disponibles pour aider, l'âme violette peut se revêtir et même adopter l'apparence solide de la chair humaine. Tiens, laisse-moi te le démontrer, garçon. »

Skakus s'étendit sur le muret de pierre polie entourant la terrasse, sa robe blanche brillant sous le soleil du milieu de l'après-midi. Au bout de trois respirations, je vis son corps se mettre à changer, comme si la force de son énergie de pensée se transférait de l'avant à l'arrière de sa tête. Au bout de sept respirations, il semblait s'être endormi. Puis je vis apparaître au-dessus de lui une brume ou une lumière violette ou d'un blanc bleuté. En une seule respiration, elle prit complètement forme et s'éloigna pour aller planer au-dessus de la petite baie. Puis elle revint et alla se placer à l'autre extrémité de la terrasse, à l'opposé de l'endroit où se trouvait la forme immobile de mon Maître vêtu de blanc. Peu à peu cette nouvelle forme se recouvrit de couleurs, de tons de chair, de cheveux et finalement même d'une robe – une robe bleue pâle qui ressemblait en tous points à la robe blanche pour le style et la forme mais pas pour la couleur. Il me fit signe de le rejoindre à l'autre bout de la terrasse et, tandis que nous étions assis sur le muret opposé, il continua à me donner son cours et sembla oublier l'autre corps étendu en robe blanche.

« Viens près de moi, garçon. Tu vas réaliser plus tard qu'il est difficile de demeurer très proche du corps lorsqu'on est extériorisé. Les cellules du corps exercent une attraction irrésistible qui reprend l'âme violette au piège dès qu'elle le peut. Tu vois qu'à une distance raisonnable du corps physique, l'âme humaine devient une chose qui peut rendre de grands services. Tu pourrais, par exemple, lorsque tu auras acquis la maîtrise de cette technique, être en train de m'écouter ici, et en même temps dormir dans ta chambre – ou même aller nager dans la baie ou faire tout ce que tu pourrais désirer. Bien sûr, je sais que jamais tu ne voudrais faire quoi que ce soit d'autre que d'écouter mon cours. Mais dis-moi, le voudrais-tu, garçon? Ha! Il rougit comme un homme en amour! Bien. Bien. Maintenant, allons nager un peu, d'accord? »

Nous nous sommes alors précipités vers l'eau en passant par les marches. Après les quelques premiers pas, Skakus apparaissait être bien en chair. Si je n'avais pu durant tout ce temps voir son corps étendu sur le muret là-haut, je n'aurais pas hésité à croire qu'il était là en chair et en os à côté de moi dans l'eau chaude. Nous avons nagé jusqu'au centre de la baie et Skakus dit : « Garçon, veux-tu faire une course avec un vieil homme jusqu'au bord? »

Il commença la course et je pris légèrement les devants sur lui. Mais tout d'un coup, il arriva à côté de moi en marchant sur l'eau à grands pas. Il se rendit ainsi jusqu'au rivage et m'attendit au pied des marches en riant à gorge déployée. Il était comme un jeune gamin qui venait tout juste de jouer un bon tour à quelqu'un.

« Tu vois, garçon. Commode! Utile! Pratique! »

Une fois revenu sur la terrasse, il se dirigea vers le corps à la robe blanche, sembla dissoudre les vêtements bleus et la couleur de peau, puis il se retourna et tomba à reculons dans le corps. Skakus laissa échapper un soupir, remua, se releva et continua à rire, tout à sa joie de la magnifique leçon qu'il m'avait enseignée. « Tu es en train de te dire que ça serait bien de pouvoir rester dans cette forme tout le temps, hein? D'ici à ce que tu parviennes à la divinité parfaite, tu vas te rendre compte que c'est presque impossible. Ça prend une énorme quantité d'énergie et un grand désir ardent. Non, garçon, il est mieux de n'avoir recours à cette âme violette que pour de courtes sorties et pour certains types de guérison lorsque le pouvoir de l'âme animale est nécessaire. Tu verras.

À présent, tu as passé des mois à étudier la partie physique de ton être, ce que j'appelle le soi cellulaire. Ce soi cellulaire est constitué de l'âme animale, du corps physique et de l'âme humaine ou violette. C'est l'unité physique. C'est la première et la plus longue des trois étapes menant à la divinité, et c'est à celle-ci que la plupart des religions font vaguement allusion et à laquelle la plupart des rituels secrets préparent hardiment. Mais ce n'est que le début. Le tout début, garçon. Tu verras! Bien que ce niveau soit agréable, il n'est pas vraiment difficile. Tu t'en es servi à *Éléphanta* et à *Bokhara*, mais dans des conditions d'extrême fatigue, de faim et de vive émotion. Voici maintenant des exercices qui t'aideront à apprendre à t'en servir dans n'importe quelle circonstance. »

Skakus m'avait toujours encouragé à travailler de plus en plus fort. J'avais maintenant un secret et un motif personnel de travailler. Je commençai à hâter les choses avec impatience, car plus d'une année s'était écoulée depuis que j'avais eu la permission de rendre visite à ma bien-aimée *Mherikhu*. Tout au long de cette année-là, je l'avais observée à partir de ma terrasse de l'autre côté de la petite baie tranquille et mon désir pour elle n'avait cessé de grandir. Chaque fois que je la voyais, mon cœur se sentait de plus en plus esseulé. Je me mis à rêver du moment paradisiaque où je me retrouverais assis à côté d'elle, absorbant la chaleur rayonnante de sa beauté et touchant sa main de mes doigts assoiffés répondant à l'appel de la vie! Même si j'y avais fait allusion, si je l'avais suggéré et si j'avais même tenté une fois de le demander sans détour, mon Maître Skakus m'avait demandé d'attendre à plus tard en raison du travail à faire. Cependant, chaque fois que je la voyais mon âme se tendait vers elle comme si je pouvais toucher sa douce main, et mon corps connaissait le feu ardent de la création. À présent, j'étais bien déterminé. J'allais la voir, me tenir à côté d'elle, la toucher! J'allais le faire. J'étais résolu à apprendre à extérioriser l'âme violette sous mon contrôle absolu, à la revêtir de ma forme et à m'échapper jusqu'à elle. Je savais que je ne pourrais le faire très souvent, mais même si je n'y parvenais qu'une fois à l'occasion, cela serait sûrement suffisant pour empêcher mon âme de pleurer dans sa solitude. Pour cette raison, je précipitai les heures, forçai les minutes, et trouvai longue chaque seconde qui passait.

Skakus était content de me voir redoubler d'efforts. Je maintins le rythme à une telle intensité forcenée que je semblais bloquer mon propre apprentissage. Je m'aperçus que faire des efforts, ce n'est pas travailler, que l'effort détendu est plus important que la force dispersée. Mais je ne pouvais arrêter le rythme frénétique. Je ne faisais aucun progrès apparent. Je commençai à être découragé. Un jour, Skakus me dit assez subitement : « Garçon, demain je dois passer toute la journée au temple d'or avec cette grande prêtresse. Préfères-tu demeurer ici et travailler, ou venir avec moi pour une journée ennuyeuse? »

Je ne pouvais dissimuler la joie que suscitaient mon espoir et mon anticipation et il éclata de rire. « Nous avons besoin de vacances pour nous libérer de toute contrainte. Et si j'envoyais quelqu'un ce soir pour demander si nous pourrions aller pique-niquer demain tous les quatre sur la plage, là où la rivière se jette dans l'anse? Si la jeune fille ne peut venir, nous pourrions avoir notre conversation à cet endroit tandis que tu te retirerais dans l'un des refuges pour y faire tes exercices. Ainsi, d'une manière ou d'une autre, la journée ne sera pas une perte de temps complète pour nous. »

Ô comme elle fut longue la nuit de l'espoir! N'était-elle pas aussi longue que la nuit du désespoir? Dès le milieu de la matinée, nous étions sur la terrasse du temple d'Isis. Il devait certainement y avoir d'autres personnes autour, mais je n'avais d'yeux que pour ma bien-aimée qui était debout dans un fourreau doré à côté d'un grand panier à pique-nique. Elle leva les yeux et, en apercevant Skakus, son visage se mit à rayonner d'une douce joie. Elle accourut vers nous, le bout de ses pieds effleurant à peine le marbre de la terrasse.

« Seigneur Skakus, la Femme déesse m'envoie pour vous prier de bien vouloir patienter. Il y a quelque chose... je ne sais vraiment pas quoi... qui la retiendra pour un moment. Elle vous invite à vous rendre avec nous à la plage pour l'y attendre. »

Skakus fit la grimace et s'assit sur un banc. J'eus l'impression qu'il y avait une lueur d'amusement dans ses yeux lorsqu'il dit : « Au diable ces femmes. Elles ont toujours quelque chose! Eh bien! On peut être confortable ici pour l'attendre, hein? Ou alors, aimeriez-vous tous les deux vous rendre jusqu'à l'anse et nous attendre là? »

Ah! que mon cœur bondit de joie en entendant ces mots! Je courus presque pour ramasser le lourd panier à pique-nique, je me retournai pour bredouiller nos excuses et notre décision. Néanmoins, j'avais la quasi-certitude qu'il y avait bien une lueur particulière dans ces étranges yeux impénétrables.

J'étais seul avec ma bien-aimée, ma *Mherikhu*. Les marches dorées étaient comme le plus doux des duvets tellement mon cœur était léger. J'avais le cœur dans la gorge, et je n'osai tenter d'adresser la parole à ma bien-aimée. Mais rendu au bas des marches, je me retournai face à elle. « Tu m'as manqué, bien-aimée de Dieu. »

Mherikhu esquissa un sourire si radieux que mes oreilles se mirent à bourdonner. « Oh! Tu m'as manqué toi aussi, bien-aimé de Dieu. » Le vent chaud s'empara de ses mèches de cheveux dorés et les caressa longuement comme s'il ne voulait pas cesser de la toucher. Ses yeux brillaient comme des soleils jumeaux et mon monde était retenu captif dans l'univers de sa beauté. Combien de temps sommes-nous demeurés ainsi debout, face à face, je ne le sais pas, mais finalement je réussis à murmurer : « Je veux être souvent avec toi, bien-aimée de Dieu. »

« Oh! Comme je désire que tu veuilles être avec moi », me souffla-t-elle? Mon désir était si ardent que j'étais sur le point de me pencher vers elle pour effleurer ses lèvres de corail de mes lèvres lorsque Skakus nous héla de la terrasse plus haut.

« Rendez-vous à la plage. Ça pourrait prendre des heures avant qu'on y aille! » Comme ce message était joyeux! Nous partîmes en toute hâte vers les lointains abris et la vaste étendue de plage sablonneuse.

Nous nous chuchotions nos mots de bonheur comme si nous étions des conspirateurs. Même si nous pouvions être vus d'en haut, nous ne pouvions être entendus, et pourtant nous parlions tout bas comme pour accroître ainsi notre joie par l'intimité même de nos voix. Nous nous sommes hâtés tout le long du chemin, et nous faisions mieux de nous dépêcher, car la journée passa très vite. Nous avons parlé et marché dans le sable, sentant sa caresse à la fois chaude et froide nous mouler le pied et s'enfoncer entre nos orteils. Parfois, après un coup d'œil circonspect par-dessus notre épaule, nous osions même nous tenir par la main, et mon corps s'emplissait alors d'un bonheur absolu. C'est ainsi que le temps fila à tire-d'aile tandis que nous faisions mutuellement connaissance, transformant les heures en minutes et chargeant un seul soupir de plus d'émotions qu'un rituel sacré n'en peut contenir. Comme elle était douce, comme elle était gracieuse, et comme elle était cultivée! Sa sagesse était cent fois plus grande que la mienne.

La journée passa si vite. L'après-midi était déjà avancé lorsque nous décidâmes de manger notre part du repas, car les deux autres n'étaient toujours pas apparus. Étrangement, nous nous rendîmes compte que soit nos appétits étaient énormes, soit il y avait eu tout juste un peu plus de nourriture que nécessaire pour satisfaire deux solides appétits. Nous sommes ensuite allés nous asseoir à l'ombre de l'un des abris feuillus, et mes yeux se délectèrent de sa beauté, tandis que mon âme se gorgeait de la sagesse de son être qu'elle dispensait d'une voix feutrée. Vers le milieu de l'après-midi, Skakus nous appela de la terrasse et nous fit signe de revenir. Mon cœur était lourd de regret de devoir partir, toutefois mes veines étaient plus enflammées que jamais du désir de maîtriser l'âme violette et d'être plus souvent avec elle. Alors que nous retournions vers les marches dorées, je lui demandai à voix basse : « Serai-je le bienvenu si je reviens... peu importe par quel moyen? »

« Le temple d'Isis est ouvert à tous. »

« Non. Je veux dire si je viens pour te voir. Toi seulement! »

« Oh? Une femme peut-elle le savoir à moins qu'on ne le lui ait dit? »

« Serais-je le bienvenu? »

« Je... je... Oui! Sous n'importe quelle forme et à n'importe quel moment, tu serais le bienvenu... » Elle s'arrêta au pied de l'escalier. « ... À n'importe quel moment, bien-aimé de Dieu. Mais pendant la nuit et les jours sacrés, je dois demeurer sur mon Tapis de la Promesse, et je suis entourée de gardes qui veillent sur ma personne. Tu sais que je suis promise pour être la Fiancée de Dieu, que je dois toujours être gardée durant la nuit et qu'il ne m'est pas permis de fouler un sol qui ne soit sacré ou qui n'ait pas été consacré. Si ce n'était du fait que toute cette île est sacrée, je ne pourrais même pas me promener à ma guise. »

Je sentis le poids du désespoir qui était comme du plomb dans mon estomac. « Fiancée de Dieu? Cela veut-il dire que tu ne peux pas te marier? »

« Oh? Oui. Je *pourrais* me marier. Je pourrais me marier et rester quand même fidèle à mes vœux et aux vœux de mes parents si les conditions le permettaient... Je pourrais aussi bien sûr renoncer n'importe quand à mes voeux et me marier. »

« Si les conditions le permettaient? »

« Oh! Si quelqu'un me désire suffisamment! »

Je lui aurais posé d'autres questions, mais Skakus appela du haut des marches dorées. Ceci coupa court à ma quasi-confession que mon désir pour elle était plus fort que tout. Nous remontâmes les marches, nos cœurs et nos joies toujours imprégnés de ce que nous venions de vivre sur la plage. Le souvenir de ce jour le plus glorieux de ma vie pénétra dans tout mon être physique. Mais souvent je méditai au fond de mon cœur sur le sens de sa phrase : « Si quelqu'un me désire suffisamment! ». Assurément, plus que toute autre chose, je voulais être avec elle, je voulais la toucher et la caresser avec hardiesse, et l'embrasser avec mes lèvres physiques, et lui déclarer l'amour qui grandissait, grandissait et grandissait en moi.

Les heures d'efforts frénétiques et pressés se transformèrent en semaines, puis en mois épuisants, et je répétais encore et toujours les exercices. Chaque jour je portais mon regard de l'autre côté de la baie vers ma bien aimée et chaque jour ma détermination grandissait de m'élever hors de ma chair et d'être avec elle. Un jour, je la vis sur sa terrasse et mon désir était comme une flamme en moi. Je me rendis à l'endroit exact où Skakus s'était étendu sur le muret, je m'y étendis et plongeai profondément en mon Temple de Paix. Puis je *voulus* que mon âme violette jaillisse hors de moi et se rende auprès de *Mherikhu*.

Je sentis ce coup maintenant familier à la base de mon cou et je pus voir avec chaque cellule de mon corps la brume violette qui se formait au-dessus de moi. J'étais tellement content que mon cœur se mit à battre à tout rompre. Le corps violet revint brutalement dans mon corps physique, me faisant presque tomber du muret et mettant tous mes nerfs à vif.

Je m'étendis de nouveau et cette fois je fis sortir l'âme violette et l'empêchai de s'approcher à moins de vingt pas de mon corps. Puis, j'essayai de marcher mais je m'aperçus que je chancelais et qu'une force quasi irrésistible me ramenait vers mon corps physique au moyen d'une corde d'argent qui partait de la base de mon cerveau. Je retins l'âme violette à distance par la seule force de ma volonté, et lui fis descendre les marches donnant sur l'anse. Plus elle s'éloignait de moi, plus il était facile de la maintenir bien droite, et finalement je lui fis faire le tour de la petite baie et monter les marches dorées. Là, une fois parvenu en haut, je m'arrêtai et regardai ma belle bien-aimée. Je vis dans ses yeux qu'elle me voyait et qu'elle n'était pas effrayée mais au contraire bien contente. Je pouvais voir ses lèvres former des mots et y lire combien elle était heureuse que j'aie pu réussir à maîtriser cette technique, mais je n'arrivais pas à entendre un mot de ce qu'elle disait. Lorsque j'essayai de parler, pas un son ne sortit de ma bouche. Mon cœur esseulé se délecta à regarder sa beauté jusqu'à ce que je me mette à trembler sous l'effort. Puis je relâchai mon effort de volonté et repartis en flèche à travers la baie pour finalement rentrer dans mon corps physique avec une telle force que le choc me fit basculer par terre.

J'étais triomphant. J'avais vu ma bien-aimée. Je pouvais maintenant aller la regarder à ma guise et me griser des charmes de sa beauté. Chose étrange, je me rendis compte que chaque jour mes Maîtres étaient retenus par quelque autre devoir religieux au moment précis de la journée où *Mherikhu* sortait sur sa terrasse. C'est ainsi que chaque jour je m'étendis sur le muret et envoyai mon âme violette auprès d'elle pour la regarder et me délecter de la splendeur émanant de sa belle silhouette. Ce manège se poursuivit chaque jour pendant plus de trois mois. Je commençai à avoir l'irrésistible envie de sentir la chaleur de sa présence, de jouir de son parfum de miel et de fleurs de gingembre, d'entendre sa merveilleuse voix et de la toucher. Bien que j'eusse laissé entendre qu'une autre visite serait bien agréable, et que j'eusse même demandé à Skakus s'il avait affaire à se rendre au temple d'or, je ne fus jamais libéré assez longtemps de mes obligations pour pouvoir m'y rendre physiquement. Je pris donc la décision de mettre Skakus au courant du fait que je pouvais maintenant extérioriser mon âme violette afin que ma formation puisse progresser jusqu'au point où je pourrais revêtir ce corps extériorisé de tous les sens et de l'apparence d'un homme réel.

Skakus s'interrompit au beau milieu de ses explications à propos d'un exercice, il jeta sur moi cet étrange regard qu'il avait parfois et lança brusquement : « Tu as quelque chose à me dire? »

Je sus immédiatement de quoi il parlait et lui confessai que j'étais maintenant capable d'extérioriser mon corps violet et de le maintenir hors de moi, mais que je n'étais pas capable de le revêtir d'une apparence tangible, ni de le munir des autres sens habituels. Il sembla en être très satisfait et dit : « Garçon, tu fais du progrès. Le temps est venu maintenant de laisser de côté les exercices destinés au développement des parties physiques de ton être. Nous allons à présent consacrer nos efforts à faire s'élever hors de toi les corps de nature mentale et émotionnelle, et donc nous occuper du développement de l'*Ab* ou Cœur physique, du *Ba* ou Cœur de l'âme et du *Khaibit* ou Soi bleu, quelquefois appelé le Soi de l'Ombre. Mais remarque bien, garçon! Tu ne cesses pas de faire tes exercices, tu ne fais qu'en ajouter plus. Tu auras de moins en moins de temps pour autre chose. Tu dois continuer à pratiquer les exercices que tu as faits jusqu'ici afin de faire croître ton Soi cellulaire et pour entraîner ton corps violet à sortir facilement de la chair. Continue. Travaille. Travaille!

Maintenant ne pensons plus à cela et occupons-nous des corps de nature mentale et émotionnelle. Dans les enseignements d'une ancienne secte connue sous le nom des Hermétiques, on retrouve le proverbe suivant : "En ce qui concerne les choses divines, ce qui est en haut est comme ce qui est en bas, et ce qui est bas est comme ce qui est en haut!" L'organisation des corps de nature mentale et émotionnelle est la même que celle des corps cellulaires.

Le cœur, ou plutôt le cœur psychique est le centre du complexe de corps de nature mentale et émotionnelle. Au début il est le plus important. À mesure que le cœur physique en vient à mieux connaître les émotions de base, les énergies sont transmutées dans le cœur psychique. Il contient toutes les émotions raffinées et purifiées. Il renferme l'étincelle vitale de la vie, l'atome-semence de la divinité qui est la racine au centre des cellules de chaque homme permettant de parvenir à l'état divin. Au fur et à mesure qu'elle croît, elle devient semblable au cœur vivant, puis à l'ensemble du corps. Lorsqu'elle est extériorisée, elle semble être faite de rayons de lumière couleur de rubis, et les membres de notre Fraternité secrète la nomment parfois l'âme vermeille ou corps vermeil. À ce niveau, tous les corps sont des âmes, et inversement toutes les âmes sont des corps lorsque qualifiées. Le corps vermeil devient le centre de toute la croissance spirituelle et mentale. Il croît à mesure que l'esprit croît, non pas en éclat, mais en compréhension ressentie au plus profond du cœur. Il est le siège de la sagesse et du pouvoir de raisonner sur des sujets abstraits. Le corps vermeil grandit avec chaque pensée, bonne ou mauvaise, et finalement il permet réellement d'apprécier à sa pleine mesure la véritable bonté de l'homme.

C'est ici que l'intégrité d'un homme prend toute son importance. L'opinion qu'il se fait de lui-même est vitale. Car s'il entretient des doutes à son sujet sur toute question de morale, son corps vermeil ne peut se développer pleinement et aussi rapidement qu'il le devrait. Heureusement, garçon, tu as un bon développement. Tu as l'expérience de la tendresse, de l'amour, de l'honneur et d'une scrupuleuse sincérité. Ces qualités font maintenant partie de toi grâce à tes années de formation. Tu n'auras aucune difficulté avec l'âme vermeille. Tu verras. »

Un étrange sourire apparut au coin de ses lèvres et il ajouta : « Tu le sauras sans l'ombre d'un doute lorsque tu auras acquis la maîtrise de ce corps. Il contient le sens du toucher et celui de la perception des émotions et des sensations qui sont nécessaires pour doter le corps extériorisé d'une véritable capacité de ressentir l'émotion. Voici maintenant les exercices que tu dois faire en premier. »

Les exercices semblaient n'avoir aucun effet sur moi. Néanmoins, chaque jour je pouvais me rendre voir ma belle *Mherikhu*, car, chose curieuse, je trouvais toujours le temps de me projeter vers elle même si le reste de la journée n'était qu'une suite ininterrompue d'activités. Jour après jour, je me délectai de sa beauté, et plus je la regardais, plus mon amour pour elle grandissait. Puis, un jour, alors que je la contemplais de mon corps projeté, je sentis dans mon cœur la même douleur que si l'on y tournait un poignard. Lentement, cette douleur irradia dans toutes les directions et mon corps en entier devint réceptif aux sensations. J'étais soudain capable de sentir les pierres sous mes pieds, et de sentir la chaleur de ma bien-aimée. Je tendis doucement la main pour toucher la sienne, et elle leva les yeux et sourit. Oh! comme j'étais heureux en cet instant. Chaque jour par la suite je n'avais de cesse que de me retrouver seul pour me projeter à nouveau à ses côtés.

Un jour, Skakus commença son cours du matin en disant : « Garçon, à présent que tu peux sentir et savoir que tu contrôles l'âme vermeille, que dirais-tu si on passait à des choses plus élevées? L'âme du cœur, ou *Ba*, est la prochaine que nous allons maîtriser. Elle se développe à partir de l'âme vermeille et de l'âme humaine. Elle prend forme par le pouvoir de toutes les pensées que tu as déjà eues, entendues ou qui ont déjà été dites à ton sujet. Toute parole chargée d'émotion la fait grandir, et c'est par le pouvoir de la prière qu'elle se développe le plus rapidement. C'est donc pour stimuler le développement de cette âme du cœur que les yogis chantent leurs mantras et que les bouddhistes font tourner leurs moulins à prières. L'âme du cœur est d'un jaune pur. Lorsqu'elle est extériorisée seule, elle a la couleur resplendissante du soleil de midi sur un nuage blanc – sauf qu'elle est encore plus transparente que la lumière reflétée. Comme je l'ai dit plus tôt, l'âme jaune réside dans le corps vermeil jusqu'à ce qu'elle ait grandi en magnificence et en puissance. Elle tire sa puissance de l'âme humaine, le corps violet, et elle modifie et accroît les pouvoirs de ce corps. Elle amplifie le pouvoir de guérison. Elle rend possible la guérison de la plupart des maladies. Elle est extrêmement active et elle est la base de la faculté sensorielle de l'odorat. Tu le sauras immédiatement lorsque tu auras maîtrisé l'extériorisation de cette âme jaune, car tu disposeras alors du sens de l'odorat. Mais je te préviens! Les odeurs seront incroyablement puissantes.

L'âme jaune peut être matérielle ou bien immatérielle. Au début, cela dépend de la volonté du soi cellulaire. Mais plus tard elle acquiert une volonté indépendante, presque une intelligence qui lui est propre. Lorsque tous les corps ont été maîtrisés et mis sous contrôle à ce point, le symbole est celui d'une âme ressuscitée, d'un aigle à tête humaine, c'est-à-dire une âme évoluée, ressuscitée du corps mais soumise à l'esprit conscient et à la volonté. Voici la série d'exercices qui t'aideront à extérioriser, maîtriser et contrôler ce corps jaune. Ils débutent par l'apprentissage de la valeur du son. Chaque parole que tu dis, et même l'énergie vibratoire de chaque pensée que tu formes t'aideront à y parvenir. Commence en chantant ce mantra sacré. »

Il me fallut travailler très dur. J'attendis avec une impatience croissante pendant trois mois que quelque chose se passe lors de mes visites quotidiennes à ma bien-aimée. Puis, un jour, le parfum de ma bien-aimée parvint à mes sens. La fragrance terriblement tentante et vivifiante qui flottait autour d'elle me laissa abasourdi. Chaque jour, j'allais voir ma bien-aimée de toujours, la toucher et me griser de son parfum; mais bientôt j'éprouvai l'irrésistible envie de l'entendre et de lui parler. Il me tardait de lui dire mon amour intarissable pour elle.

Quelques jours plus tard, Skakus commença ainsi sa journée de cours : « À l'intérieur de l'âme jaune se trouve une essence plus subtile et plus parfaite. Elle est le centre énergétique du groupe de corps de nature mentale et émotionnelle. Elle se développe directement à partir de l'âme animale. Pourtant, cette force acquiert diverses qualités en passant à travers le corps physique, le corps violet, le cœur et l'âme du cœur. Il s'agit de l'âme bleue, le corps de l'Ombre, que les Égyptiens appellent le *Khaibit*. Au début, elle est dépendante du *Ba*, l'âme du cœur. Elle devient indépendante lorsqu'on la nourrit de prières, d'émotions pures et d'une grande attention physique dans le but de la faire croître. C'est en elle que se trouvent les éléments sensoriels de l'audition. Tu le sais lorsqu'elle est développée et soumise, car elle renferme la capacité d'entendre. Les exercices que tu as faits jusqu'ici pour le soi cellulaire doivent être pratiqués plus souvent. Les exercices pour le cœur et l'âme du cœur doivent également être pratiqués plus fréquemment. Nous allons maintenant ajouter à cela encore d'autres exercices, dont les chants sacrés rythmiques, et nous utiliserons la force du temple rayonnant qui sera appliquée à chaque cellule de ton corps. »

Dès lors, il me fallut travailler encore plus dur. La simple pensée que j'allais pouvoir entendre la voix de ma bien-aimée était pour moi un tel ravissement que les journées de vingt heures me semblaient ne durer que quelques minutes. En vérité, tout cela démontra à l'évidence qu'à celui dont le désir était grand, toute chose était rapidement donnée. Car, en moins de deux mois, j'eus le plaisir de me retrouver assis sous la tonnelle aux côtés de mon amour et d'entendre ce qu'elle me disait. Au bout de quelques jours, elle comprit que je pouvais l'entendre et elle se mit à me chanter de jolies chansons d'une voix pure et douce. Mais, rapidement, j'éprouvai une grande envie de pouvoir aussi lui parler, de lui dire toute la joie que je trouvais auprès d'elle. Le jour même où je résolus d'en parler à Skakus, il vint à moi et me lança brusquement : « Garçon, il est temps que tu te choisisses une épouse. Ton cas a été soumis à l'attention du Conseil. Ils ont chargé la Femme déesse d'Isis de déterminer laquelle de ses prêtresses accepterait de s'associer au travail d'un initié aussi avancé que toi, de devenir ta fiancée et finalement ton épouse lorsque tu auras prouvé ta fraternité au Dieu créateur. »

Trois jours plus tard, une délégation du temple d'Horus se rendit au temple d'Isis. Tout n'était que pompe et cérémonie, avec un tas d'échanges de politesses. Le formalisme était vraiment excessif, et je dus me présenter devant un comité tandis que, l'une après l'autre, de jeunes prêtresses étaient autorisées à entrer dans la cour. Elles étaient assez belles et assez enjouées pour faire tourner la tête de n'importe quel homme. Mais à mesure que cette longue journée s'éternisait, c'était en vain que je cherchais ma bien-aimée *Mherikhu* parmi toutes celles qu'on me présentait. Elle ne vint pas, et à la fin Skakus perdit patience et me demanda : « Garçon, vas-tu offenser le temple d'Isis? Qu'attends-tu pour choisir l'une de ces jolies filles. La grande prêtresse s'impatiente. »

Soudain je m'éloignai du comité, mais Skakus m'attrapa par le bras.

« Reviens. Où crois-tu aller ainsi? »

Je me dégageai sans ménagement de mon étrange Maître et partis en courant vers le comité de prêtresses à l'autre bout de la cour. N'ayant guère de patience pour les civilités, je demandai : « Femme déesse, où est *Mherikhu*? »

Elle jeta un étrange regard en direction de Skakus qui arrivait sur mes talons. « Pourquoi, Bien-aimé de Dieu, elle est une épouse de Dieu. Elle a fait le vœu de ne jamais se marier, sauf dans les plus exceptionnelles des conditions. »

« Quelles conditions? » J'étais d'une grossière impatience.

« Qu'elle soit choisie de préférence à toute autre dans le monde. Que l'homme qui la choisit consente à prouver sa divinité. Et d'autres conditions. »

« Où se trouve-t-elle? »

« Sincèrement, je n'en ai aucune idée! »

Elle ne mentait pas, mais les yeux de toutes les prêtresses du comité se tournèrent en direction des abris, là-bas, sur la plage.

« Cela n'a aucune importance, garçon. Ton comité des fiançailles a choisi pour toi une ravissante prêtresse. Femme déesse, nous du temple d'Horus te remercions... »

« Prenez-la donc vous-mêmes comme fiancée, vous, les membres du comité. Il n'y a qu'une seule femme que j'épouserai! »

Je pense qu'ils m'ont barré le chemin. J'eus vaguement conscience du contact de mon corps avec celui des autres, et que ma tunique fut déchirée. J'ai dû recevoir un coup au visage, car de mon nez s'écoulaient des gouttes rouges sur l'escalier doré. Mais je me frayai un chemin au travers d'eux, et me mis à courir comme une bête affolée et blessée en direction de ma bien-aimée. Je l'aperçus une fois rendu à mi-chemin de la plage. Elle était blottie dans l'abri le plus éloigné, chétive et prostrée, et elle semblait totalement désespérée. Sans m'arrêter de courir, je puisai à pleines mains de l'eau de la baie pour me laver le visage, et je l'asséchai et arrêtai le saignement. Mais ma tunique fut éclaboussée et mouillée, et comme je courais, mes pieds projetèrent du sable partout sur ma tunique et ma tête. Quelle apparition pour le moins étonnante je devais être en entrant en trombe dans l'abri et en glissant avant de m'arrêter devant ma bien-aimée! Elle leva les yeux vers moi, prise d'une peur soudaine, et je vis qu'elle était aveuglée par les larmes qui lui inondaient les yeux. Peut-être cela était-il heureux pour moi, car ainsi elle ne pouvait voir l'allure de fou furieux échevelé que j'avais. Elle se leva, et semblait prête à s'enfuir de moi, prise de panique.

« Veux-tu m'épouser? », demandai-je.

Les larmes se mirent à tomber de ses yeux et je crus qu'elle devait être capable de me voir, car elle tressaillit et retint son souffle un instant. « Pourquoi... pourquoi devrais-je? »

« Parce que je t'aime plus que moi-même! Tu le sais très bien! »

« Comment le saurais-je, tu ne me l'as jamais dit? »

« Tu l'as su dès l'instant où je t'ai vue pour la première fois. Tu es toute ma vie. Avec toi, je suis un Dieu; sans toi, je suis moins que rien du tout! »

« J'ai prononcé mes vœux... »

« Tout comme moi, bien-aimée. J'ai fait le vœu d'aider toute l'humanité, s'il est en mon pouvoir de le faire et si telle est la volonté de Dieu. Mais sans toi, la vie n'a aucun sens. Sans toi je vais sûrement échouer, car le cœur n'y sera pas. Sans toi, je n'ai pas d'espoir d'amour, personne à aimer, pas de point d'ancrage pour mon cœur. Si tu veux bien de moi avec mon vœu, je te reviendrai. Si tu le souhaites, je renoncerai à mon vœu et quitterai l'Ordre, afin de pouvoir être avec toi pour tous les jours de ma vie. »

« Toute ma vie je t'ai attendu. » Ses paroles étaient tellement simples que je n'ai tout d'abord pas compris ce qu'elles signifiaient. Puis elle fut dans mes bras, et je pus enfin tenir ma Bien-aimée contre ma poitrine. Ses lèvres étaient plus douces que le miel sauvage, plus excitantes que les fleurs de gingembre.

Après avoir retrouvé suffisamment de calme pour faire face à la colère des prêtres et des prêtresses d'On, nous avons refait le chemin en sens inverse, puis jusqu'en haut des marches, et nous sommes arrivés sur la terrasse, main dans la main. Des visages fulminants nous attendaient; par petits groupes, on les voyait chuchoter et bavarder. Beaucoup froncèrent les sourcils en voyant de quoi j'avais l'air dans mes vêtements mouillés, maculé de sable, les joues marquées par les larmes de ma Bien-aimée. Mais, tenant sa main, je fis face à mon Maître avec un air de défi et dis : « Seigneur Skakus, Femme déesse, je vous remercie tous deux de vos efforts. Mais il n'y a qu'une seule femme que je puisse aimer. Celle-ci, qui est maintenant ma fiancée. »

Skakus s'avança vers moi avec un air de colère, et la grande prêtresse s'avança aussi vers *Mherikhu*. « Et si cela entraînait votre renvoi de l'Ordre? »

Mon bras entoura encore plus étroitement le corps tremblant de ma Bien-aimée. « Qu'il en soit fait selon la volonté de Dieu. Telle est ma décision! » répondit-elle d'une voix ferme.

« C'est aussi la mienne! », ajoutai-je.

Skakus tourna les talons et se dirigea à grands pas vers le mur de la terrasse.

SEIZE

L'amour peut vous tuer

Skakus se détourna de moi, se dirigea à grands pas vers le muret de la terrasse et y grimpa. Il leva les bras au-dessus de sa tête et par trois fois les croisa ensemble. De l'escalier du temple d'Osiris, l'énorme gong résonna à trois reprises. Brusquement, les voix de tous les prêtres et de toutes les prêtresses s'élevèrent de jubilation. Leurs cris jaillirent avec une telle soudaineté et une telle intensité que ma Bien-aimée, dans un mouvement de recul, se réfugia tout contre moi, et je connus la joie bien virile de protéger celle que j'aimais. Spontanément, les prêtresses, dans un élan de gaieté et de bonheur, formèrent un cercle autour de nous. Nous apprîmes bientôt de ce qu'elles nous disaient que nous avions tous deux été mis à l'épreuve. Si nous n'avions pas, l'un et l'autre, accepté de renoncer à tout pour l'autre, l'Ordre aurait mis fin au programme dans lequel nous étions engagés.

« L'amour, mon garçon! C'est merveilleux! Ça peut te tuer, mais c'est merveilleux. L'épreuve visait à révéler si tu l'aimais plus que tu ne t'aimes toi-même. Tu l'as prouvé hors de tout doute. Nous pouvons maintenant te le dire que, tout comme toi, elle est membre de l'Ordre. Tout comme toi, elle est née d'une vierge pure par le pouvoir de la pensée créatrice. Et tout comme toi, elle a franchi toutes les initiations et vécu comme une vierge pure dans l'attente que ton développement atteigne ce stade où tu es parvenu. Sache aussi qu'elle faisait partie de ta formation. Elle a abrégé tes efforts de nombreuses années, car tu as désiré sa présence avec suffisamment de force pour réussir à te dégager de l'emprise de ton soi cellulaire. Elle est la fille de la Femme déesse et de l'Archidruide Camus. Elle a été préparée en prévision de ce jour avec autant de soin que tu l'as toi-même été. »

Nous avons vécu une semaine remplie de joie pendant laquelle nos fiançailles furent de nouveau célébrées, mais en grande pompe cette fois. Nous fûmes chacun portés sur notre tapis symbolique jusqu'au temple d'Osiris, où nous fûmes placés côte à côte. Avec un luxe de rituel, une des cordes ceinturant le tour de son tapis fut prise de l'un des côtés et entrelacée avec la corde de mon tapis. On fit la même chose de l'autre côté, tressant ainsi les symboles de nos serments et de nos vies en une seule corde. Oh! comme cet instant fut exquis et merveilleux lorsqu'il fut proclamé, en vertu d'un décret de l'Ordre, qu'elle était désormais ma fiancée.

Toutefois, en dépit de toute la majesté et toute la pompe des cérémonies, je constatai que ma ravissante future épouse avait beaucoup d'humour, et un esprit lutin qui semait le rire dans tous les cœurs. Lorsque vint pour moi le moment de lui demander officiellement si elle voulait bien m'épouser – après en avoir officiellement demandé la permission à mes Maîtres, à sa mère, et aussi à son Ordre de prêtresses – elle me regarda avec une grande joie dans les yeux, mêlée à une grande envie de pouffer de rire. Et quand l'occasion s'en présenta, elle me murmura à l'oreille : « Ta demande en mariage était plus énergique avec du sang sur ton visage, de l'eau sur ta tunique, et du sable et du soleil dans tes cheveux! »

Oh! comme nous avons ri! Comme toute l'île a célébré! Comme la nature elle-même retenait son souffle pour entendre notre joie! Ce fut mon merveilleux père qui nous fit la lecture sacrée dans laquelle était résumée la philosophie de l'Ordre sur l'amour et le mariage.

« Que tous les hommes m'écoutent! Que toute la nature prête l'oreille! Que la création se réjouisse! Il est rare de trouver le véritable amour et, lorsque deux êtres s'aiment vraiment, leur mariage est scellé dans le ciel. Aucun homme ne peut se permettre de défaire un tel mariage, car il doit durer pour toujours et plus encore. L'éternité attend une telle union, et elle ne peut être brisée, ni annulée. Car, en ce cas, chaque acte créateur est un péché de fornication, et la joie de l'amour est comme la piqûre d'un scorpion.

Le véritable amour ne vient pas que dans l'âme, l'esprit ou le corps seuls! Car celui qui n'aime qu'en son âme sera faible de corps et changeant d'esprit. Celui qui aime uniquement en esprit sera insouciant en son âme et animal en son corps. Celui qui n'aime qu'avec son corps sera en rut et forniquera et sera inférieur aux vers. Pourtant, celui qui n'aime pas dans son corps ne connaîtra jamais la vague d'amour créatrice qui rend sa virilité semblable à la divinité. Celui qui n'aime pas en esprit ne connaîtra jamais la poussée ascendante de sagesse qui l'élève au-dessus des immondices, dans la pensée pure et rayonnante. Celui qui n'aime pas dans l'âme ne connaîtra jamais le jaillissement d'âme qui l'unit avec les dieux rieurs et scelle le mariage pour l'éternité.

Celui qui aime vraiment, aime tout autant avec son âme qu'avec son esprit et son corps. Celui qui aime vraiment, aime avec fierté et ardeur à ces trois niveaux. Oui! Celui qui aime vraiment, aime de toutes les façons, toujours! »

Durant notre semaine de célébration, j'en vins à connaître encore mieux ma Bien-aimée, et à comprendre toute la profondeur de sa sagesse. À la fin de la semaine, on nous fit reprendre la routine de l'entraînement, et je ne pouvais plus la voir que lorsque j'allais la visiter dans mes corps extériorisés. À ce moment-là, je n'arrivais pas encore à lui parler. Je ne pouvais lui dire ma joie et mon amour, et lui murmurer des mots tendres et parfois grivois sur sa beauté! J'aspirais ardemment de toutes les fibres de mon cœur à pouvoir faire cela.

Skakus surgit devant moi, tôt le matin, après notre festin de fiançailles dans le temple de Hermès-Thoth. J'avais encore les yeux lourds de sommeil, mais il était alerte et encore habité de cette énergie intense et impétueuse – de ce pouvoir de dix hommes et d'une poignée de frelons! Sa voix rauque me piqua jusqu'à ce que je sois bien à contrecœur éveillé, et ma journée commença même si la plus belle fille du monde était maintenant ma promise! Mais le cours débuta comme si nous n'avions jamais interrompu nos efforts.

« Garçon, tu as acquis la maîtrise du complexe de corps physiques et de corps de nature mentale et émotionnelle. Tu peux extérioriser tes corps avec précision et facilité. Mais as-tu remarqué que tu ne peux te souvenir avec clarté de ce que tu as fait pendant que tu étais projeté? Et as-tu remarqué que tu ne peux parler? Bien. Aimerais-tu garçon te rappeler clairement de tout, et non comme si tu regardais à travers un verre sombre? Aimerais-tu pouvoir parler? Bien. Tu dois à présent commencer ces exercices qui feront surgir le corps spirituel, le *Sahu*. C'est – comme tu l'as dit – le premier de la trinité des corps spirituels. Il grandit à partir du Soi cellulaire, de tous les trois corps reliés au plan physique. Il puise la force nécessaire à sa croissance dans le corps physique en raison de la soumission finale de l'âme animale et à partir de l'échange créatif entre la soi-disant âme 'inférieure' et l'âme du cœur. C'est de là qu'il naît. Mais il est nourri par l'âme humaine, l'âme violette capable de se mouvoir hors du corps. Le *Sahu* se nourrit de chaque pensée, mot, idée, son et parcelle d'aliments ou de breuvage qui entrent en contact avec l'individu au cours de toute sa vie physique. Bien qu'il prenne naissance dans la partie animale de l'être et qu'il puise sa nourriture dans la partie humaine, il ne peut se développer pleinement sans la force créatrice combinée de la trinité de corps de nature mentale et émotionnelle, et c'est là que semble être son berceau. C'est pourquoi les Hermétiques disent que le corps spirituel est bercé par le vent, c'est-à-dire par les émotions et les pensées combinées. De fait, il est incubé par la chaleur des passions du sein, et il s'abreuve de la nourriture de l'âme du cœur d'où il tire toutes les émotions. Mais elles sont purifiées et élevées, grâce aux continuels changements dans la chimie de ces corps, jusqu'à ce qu'elles soient enfin parfaites.

Tu as parlé, t'en souviens-tu, de l'Arbre de la Vie qui se trouve à l'envers, avec les racines dans les cieux et les branches sur Terre? Le *Sahu* doit être à l'image de ce que veut exprimer ce symbole oral. Lorsqu'il est enfin enraciné dans le sol des cieux supérieurs, ou dans les âmes supérieures, il devient telle une nouvelle plante. Puis, il débute lentement ce cannibalisme divin qui est si souvent démontré dans les structures des religions. Il alimente sa propre croissance en absorbant et en purifiant la souche d'où il a grandi, l'épurant, l'élevant et la soutenant en une nouvelle dimension et un nouveau royaume. Lorsque le corps spirituel se trouve enfin profondément enraciné dans le monde céleste, sa croissance est si rapide qu'elle semble presque instantanée. Tu comprendras plus tard cette étrange et importante complexité. Mais l'âme spirituelle doit connaître une croissance considérable avant de devenir fermement enracinée dans les corps supérieurs *qui se développent à partir de celle-ci.* Il s'agit bien là du Serpent de la sagesse qui se développe à partir de lui-même et qui pourtant se nourrit de lui-même.

Lorsqu'il y a déjà un certain temps que le corps spirituel se développe, sa présence commence à devenir manifeste. Même encore jeune, il est possible de l'extérioriser. On peut lui donner un aspect matériel. On peut également le rendre immatériel lorsqu'il est soumis à la volonté. Il peut si bien se revêtir d'aspects matériels de la nature qu'il échappera à toute détection. Il peut être aussi subtil que les brumes du gaz d'Amon* ou il peut être aussi solide qu'une barre de fer. Une fois parvenu au bon stade de développement, il possède une vitesse et une énergie considérables. Il peut donc pénétrer dans absolument n'importe quoi. Il ressemble beaucoup à une lumière qui ne peut être contenue, et pourtant il peut être préparé et solidifié par une volonté parfaite. Il peut être façonné par la pensée en une barrière que rien ne peut pénétrer, pas même la flèche des rois! Enfin, le corps spirituel est indestructible, essentiel pour la protection, et il est la source d'énergie et le véhicule de transport des deux essences supérieures. Il est le support de la vie éternelle, le bateau de *Ré* naviguant éternellement dans les cieux.

Parvenue à mi-chemin de son développement, cette magnifique énergie développe soudain la faculté vitale de la mémoire. D'ici à ce que tu parviennes à mi-parcours de ton développement, au point de semi-divinité, tu pourras faire sortir les corps, et agir, voir, toucher et sentir grâce à eux.

* Par gaz d'Amon on semble vouloir faire référence ici à de l'ammoniac. L'ammoniac fut découvert par les prêtres du temple d'Amon, à Thèbes. Les vapeurs d'ammoniac sont légères, d'un blanc vaporeux, assez raréfiées pour être quasi invisibles, et elles sont très âcres.

Mais toute perception de la nature est reflétée comme à travers les ondulations à la surface d'un étang boueux. Car la semence de la mémoire doit encore grandir. C'est une incroyable merveille lorsque les différents corps sont soutenus et assurés en toutes choses par le souvenir des choses matérielles et immatérielles. Ce corps spirituel contient également la semence du temps, et lorsqu'il parvient à mi-chemin de son développement, il devient le siège du pouvoir de prophétiser et de discerner les temps à venir. On retrouve le symbole de cette étape à mi-chemin entre l'animal et le divin dans le centaure qui est un être à moitié animal et à moitié humain/divin.

Ne mésestime pas la longue période de temps que tu passeras à cette étape du mi-parcours. Car c'est le temps de l'enracinement du corps spirituel dans les cieux. C'est le temps de la croissance des corps supérieurs vers la vie éternelle. Une fois fermement enracinés, surviendra alors un instant unique où, avec une mystérieuse soudaineté, ils feront tous le saut dans la vie éternelle. Dès lors la divinité et la vie éternelle sont *connues*. Dès ce moment, cet instant de sublimation dans la divinité, les tissus organiques peuvent être rendus invisibles, transportés et de nouveau assemblés. Dès cet instant, les deux autres corps sont à pleine maturité. Ce sont le *Sekem*, le corps vital, et le *Khu*, le corps radiant éternel de l'âme.

Écoute-moi bien, garçon. Lorsque tu auras la mémoire complète et que tu te rappelleras clairement de ton extériorisation, tu devras me le dire. Le temps pourrait alors être compté presque au jour près avant que n'arrive ton Moment de divinité. Cela demande trente-trois mois, soit neuf cent quatre-vingt-dix jours – peut-être un peu moins si l'individu est une femme avec le cycle de vingt-huit jours établissant un rythme puissant qui lui est propre. Environ mille jours, garçon. Ceci semble être automatique.

À présent, pour ta sécurité future, examinons dès maintenant ce qui se produira après ce moment de gloire. Le *Sekem*, ou corps vital, se développe à partir du corps spirituel. Son épanouissement est stimulé par la progression de l'énergie de l'âme humaine. Il est incubé par l'âme animale et transporté par l'énergie mentale créatrice développée dans l'âme de l'Ombre ou âme bleue. Toutefois, dès qu'il est enraciné, il tire son existence du corps spirituel et c'est en lui qu'il se trouve alors enchâssé. Une fois enraciné, il est de nature divine. Mais tant qu'il n'est pas enraciné, il est transporté – tout comme le corps spirituel – par l'âme humaine mobile.

Cette âme vitale est pratiquement invisible, n'ayant pas plus de substance visible qu'une onde de chaleur s'élevant au-dessus du sable brûlant sur un fond de mer bleue. On dit habituellement d'elle qu'elle est d'un blanc bleuté ou argenté; or en vérité, ni l'une ni l'autre de ces descriptions n'est juste.

Cependant, elle renferme les énergies créatrices de l'homme, du monde et du ciel. Son immense énergie lui donne la capacité de faire de grandes choses, et de créer au commandement de la pensée. Lorsqu'elle n'est que partiellement contrôlée, elle est la source des anges et des entités indépendantes qui n'obéissent pas à la volonté de l'individu. Les anges se soumettent à la volonté de l'âme radiante, mais pas les entités. Tu notes bien ce que je te dis, garçon?

L'âme vitale sert à son tour de corps pour l'âme radiante. C'est dans cette âme vitale que se trouve le Verbe magnifique, l'Énergie créatrice. Elle est le siège de la parole, du fiat créateur, du Verbe divin capable de se manifester.

Bien que le temps soit essentiel au développement de ce corps vital après que le corps spirituel soit parvenu à mi-chemin de son évolution, il faut lui accorder beaucoup d'attention pour que la créativité ainsi que la parole se développent. L'usage de la parole dans le corps extériorisé est beaucoup plus aisé que celui de la créativité. Le développement automatique de l'âme radiante prend place durant ce bref délai avant que la créativité ne s'épanouisse. Passons maintenant à cette étape finale du développement du corps spirituel afin d'en avoir une parfaite compréhension.

Pendant que le corps vital poursuit sa croissance au-delà de l'étape de la parole jusqu'à celle de la créativité, l'âme radiante prend racine en préparation de sa montée subite jusqu'à la dominance éternelle. Au cours de cette période, les deux sont pris en charge par le corps spirituel. Mais lorsque l'énergie créatrice peut enfin se déployer, l'âme radiante assume soudain le commandement. Elle insuffle dans tous les corps permanents l'énergie éternelle, la puissance perpétuelle, la vie éternelle. Elle purifie et spiritualise le *Ka* et absorbe lentement son énergie dans la gloire éternelle, élevant ainsi la personnalité de l'individu à la vie éternelle.

À partir de ce moment, l'individu a le choix d'exister sous forme humaine ou sous forme d'esprit divin. C'est alors que se manifeste le pouvoir de dissoudre et de recréer à volonté le soi. Mais note bien, garçon. Il y a là encore une étape à mi-chemin du développement de l'âme radiante – et ceci revêt une grande importance pour l'ensemble du monde. »

Skakus s'arrêta et garda le silence pendant un bon moment. Puis il me fixa avec ses yeux insondables et me demanda soudain : « Garçon, n'as-tu pas trouvé étrange de ne pas avoir eu à faire aucun serment du secret avant d'entreprendre cette présente formation? Sais-tu pourquoi? Parce que j'ai insisté pour qu'on te fasse confiance. Je vais maintenant te confier un grand secret. Je ne veux pas que tu t'engages sous la foi du serment à ne jamais révéler ceci. Au contraire, je veux que ce soit révélé à l'homme. Pas maintenant! L'homme n'a pas encore la formation mentale nécessaire pour le comprendre et l'utiliser. Il se détruirait lui-même. Mais ce temps viendra, et je te charge maintenant de reconnaître et de mettre à profit ce temps pour le bien des hommes.

Lorsque l'âme radiante est parvenue à mi-chemin de son développement, une barrière se dresse alors. Fais bien attention à mes paroles, garçon, car les mots ne peuvent suffire à expliquer ce qu'est cette barrière. À ce point – si près de la divinité éternelle – il y a une pause, un intervalle, un colossal abîme. Ceux qui ne parviennent pas à franchir le gouffre sont les puissants Hommes-Dieux de l'Ordre de Melchisédech. Ces hommes disposent de tous les pouvoirs de la création excepté celui-ci : ils ne semblent pas pouvoir transmuter leur propre corps. Note bien ceci, garçon. Ils peuvent transmuter le corps des autres, mais pas le leur. Je ne connais pas la raison de ce mystère éternel – mais telle est la volonté du Dieu Suprême à laquelle toutes choses matérielles et immatérielles doivent obéir. Ce mystère, de fait, donne lieu à deux choses étranges. Ce sont la Légion des vivants, et l'Ordre sans Nom.

La Légion des vivants est composée des corps d'individus dans la fleur de l'âge qui ont dû quitter prématurément leurs corps. Les membres très avancés de l'Ordre de Melchisédech revêtent alors ces bons corps et les utilisent avec la permission de Dieu et des âmes défuntes. Ainsi, il n'y a pour eux aucune perte de temps et aucun besoin d'être à nouveau formés. La Grande Fraternité Blanche s'occupe de former ceux qui naissent dans la chair et prépare la voie pour l'illumination finale. Elle s'acquitte de cette tâche avec l'aide bienveillante de tous les Ordres. L'Ordre de Melchisédech investit des individus d'une nouvelle vie, d'une nouvelle personnalité, d'une nouvelle force et d'un nouveau concept de ce qu'est la divinité. C'est ce qui explique pourquoi beaucoup de gens qui semblent trépasser reviennent soudain à la vie et sont par la suite transformés. Cependant, il arrive que l'Ordre de Melchisédech puisse, pour un court moment, lorsque le besoin est très grand, usurper la voix, le cerveau, le cœur, les membres et les autres facultés d'un corps consentant et l'utiliser au service de l'homme et de Dieu.

Ceux qui sont capables de parvenir à la dissolution de leur propre chair font partie de l'Ordre sans Nom, un Ordre tellement secret jusqu'ici qu'on n'a jamais fait mention de l'existence de ces êtres. C'est justement le but visé de la formation de tous les hommes qui font ces exercices divins dans le temple que de favoriser l'émergence de cette condition divine, de cette vie éternelle à l'intérieur de la chair qui n'a pas connu la résurrection. Tu n'es pas tenu sous serment de garder le secret. À titre de Maître, tu pourras choisir le moment où tu estimeras que l'humanité sera prête, et alors tu pourras divulguer ces secrets sacrés tenus bien gardés. Je vais même te donner le nom de cet Ordre transcendant. Tu sais que, dans le cadre de tes exercices, tu as eu recours au symbole du scarabée sur un mur vert. Ne t'es-tu pas étonné du fait que l'âme spirituelle, le Soi radiant éternel, est en réalité de couleur blanche aux reflets d'or, tellement claire et translucide qu'elle est de toute évidence plus éclatante que le soleil. Or, la source de ce pouvoir provient d'un petit disque vert – plus éclatant qu'un millier de soleils – qui croît dans l'espace de la semence-atome du Cœur divin. À défaut d'un meilleur terme, on l'appelle le Jade divin – ce qui signifie que le cœur est tellement purifié et discipliné qu'il s'est étendu au-delà des limites de tous les corps. C'est de là que l'Ordre sacré tire son nom. On l'appelle l'Ordre du Soleil de Jade.

La formation de l'Ordre exige que l'individu ait d'abord franchi au moins sept des Ordres faisant partie de la Fraternité Blanche avant de pouvoir être admis à la Formation sacrée de cet Ordre du Soleil de Jade, qui est celle que l'on t'a donnée ici. Néanmoins, lorsque l'humanité sera prête et en temps opportun, la formation pourra être directement offerte. Lorsque les hommes auront un esprit plus ouvert grâce à l'éducation, la confiance en soi, la croyance en la valeur individuelle et la confiance mutuelle, alors la formation sera écourtée et la voie mènera plus directement au but. Voilà quelle sera ta tâche. Voilà ce que sera ton avenir.

Mais revenons au présent. Lorsque le développement du corps vital s'est fait jusqu'à son mi-parcours, son énergie, qu'elle soit corporelle ou incorporelle, peut être qualifiée par un autre corps. Le non-manifeste peut être rendu manifeste par la force magnétique exercée par une âme développée et un esprit consentant. L'énergie vitale peut donc alors exprimer l'éternel Verbe créateur. Lorsque ceci est conçu et matérialisé par un autre corps, la force spirituelle peut être façonnée en une semence créatrice qui pourra ensuite s'épanouir dans la chair. Elle ne peut être rendue manifeste que par la force de la volonté et d'un ardent désir à la fois de l'émetteur et du receveur. Par cette fécondation à travers l'espace et le temps, tu sauras que tu as atteint le moment décisif, lequel montrera peu de temps après si tu dois faire partie de l'Ordre éternel de Melchisédech ou bien de l'Ordre éternel du Soleil de Jade. À ce moment-là, lorsque tu auras la certitude de pouvoir sublimer ton corps physique et élever sa vibration, tu devras te préparer à l'initiation finale. Dès cet instant, il ne saurait y avoir de déviation de ton grand œuvre. Tu dois savoir que tu es parvenu à l'essence divine de Dieu et amorcer les derniers efforts.

Tous les Ordres, toutes les Confréries et toutes les écoles initiatiques au cœur des grandes religions seront préparés dans l'attente de ta parole. Lorsque tu prononceras cette parole, la grande poussée irrésistible du changement sera mise en branle et aucun homme ne pourra y faire entrave. Aucun homme ne bougera tant que tu n'en auras pas donné l'ordre et le code déclencheur sera lorsque tu diras : « *Que ce qui doit être fait le soit rapidement!* » Avant de prononcer ces paroles, sache que tu détiens en toi la puissance de l'Éternel, que tu peux faire se déplacer les montagnes, que tu peux transformer la pierre en or par le pouvoir de ta divine volonté. Sache que tu as le pouvoir de transformer les déserts en forêts fertiles, de faire instantanément flétrir ce qui est verdoyant, de faire grossir les nuages et éclater la foudre – tout cela au commandement de ta divine volonté. Sache que tu es capable de faire disparaître ta chair en la transformant en énergie pure, puis d'assembler de nouveau ta forme charnelle à partir de cette même énergie. Que tout ceci demeure présent en ton esprit sans laisser place au moindre doute possible. C'est de cette seule façon que nous parviendrons à cette grande réussite qui changera le cours de l'évolution de l'humanité. »

De retour à l'intérieur du temple d'Horus, mes Maîtres se mirent tous à travailler plus fort et plus longtemps avec moi, et c'est ainsi que mon temps fut entièrement monopolisé par ma formation. Bien des jours s'écoulèrent sans que je n'arrive à trouver un seul moment de solitude assez long pour me projeter en esprit et ainsi rendre visite à ma Bien-aimée. Il m'arrivait parfois de me trouver sur la terrasse et je pouvais la voir de l'autre côté de la petite baie. Mais on ne m'accordait aucun temps pour aller la visiter en personne. À présent que le but final était en vue et que mon esprit avait perçu dans sa totalité ce que je croyais être le plan de ma vie, c'est avec une ardeur renouvelée, une compréhension enrichie et des efforts accrus que je me remis au travail. Peu à peu, une détermination inébranlable se forgeait au plus profond de mon être. Désormais, je voulais par-dessus tout terminer mon travail pour la Fraternité et rejoindre pour toujours mon épouse bien-aimée. Je comprenais maintenant que mon amour pour elle avait été utilisé par mes Maîtres comme la plus forte motivation possible pour m'inciter à extérioriser mes corps subtils, car mon désir pour elle était comme la traction d'un éléphant lancé au pas de course. Et même si j'avais conscience que cela me précipitait tête baissée vers une mort possible – sous une forme qu'il m'était absolument impossible de prévoir ou de savoir – je voulais néanmoins à tout prix que l'épreuve finale ait lieu.

Il arrivait, quoique rarement, que j'aie le temps de passer quelques moments précieux en projection auprès de mon amour. Mais à présent que je savais quoi remarquer, j'avais conscience que mes souvenirs de ces précieux instants s'évanouissaient plus rapidement que le souvenir diffus d'un rêve. Je voulus avoir un souvenir permanent de ces doux moments et non un vague souvenir déformé tel celui d'une simple cellule se rappelant d'un plaisir. Je voulais un souvenir clair, et je voulais être capable de parler à mon amour. Je travaillai sans relâche pour atteindre ces buts immédiats, sachant qu'ensuite le but ultime serait à portée de main. Mais, en dépit de tous mes efforts, ce n'est qu'à la toute fin de ma cinquième année de formation en Égypte que je crus avoir enfin retenu un souvenir exact de ces rares moments. Pendant quelques jours, je gardai le silence là-dessus, de crainte d'avoir l'esprit trop perturbé par les vapeurs troublantes de mon désir. Je me rappelais des moments les plus récents lorsque ma projection consciente toucha ses doigts chauds, ou quand elle effleura la frange de mes cheveux châtain roux, ou lorsqu'une mèche de ses cheveux d'or soyeux caressa mon front alors que j'étais assis à côté d'elle. Le jour vint ou je pus me souvenir distinctement du pétale rose qui s'était détaché de la fleur qu'elle portait dans les cheveux pour choir dans le creux de ma main. Alors là, je sus que j'y étais vraiment parvenu.

Ce jour-là, je me levai de ma place sur le muret et courus retrouver mon Maître.

« Je me souviens maintenant! »

Skakus leva les yeux au ciel de joie et de soulagement. « Plus que mille jours! » Sa voix avait une nouvelle sonorité et laissait presque deviner un accès d'exubérance. Pourtant, il demeurait impersonnel et distant – une véritable énigme pour moi.

Pendant trois jours, je travaillai avec mes Maîtres sans prendre un instant de répit. Chacun me soumit à un nouvel examen approfondi de mes connaissances sur le travail qu'il m'avait donné à faire. Chacun m'interrogea pour s'assurer que je pouvais expliquer le sens de son enseignement à tous les trois niveaux d'interprétation. Puis, pendant trois autres jours, un comité d'hiérophantes me mit à l'épreuve en plaçant différents objets sur les autels sacrés des temples. On me demandait ensuite de m'y rendre, de voir, de revenir et de rendre compte de ce dont je me souvenais, car ils voulaient vérifier à fond ma mémoire. Ensuite, on me posa des questions sur ce que j'avais vu la journée précédente.

Cette interminable série d'épreuves de vérification se poursuivit durant neuf jours. Je fis d'innombrables voyages en projection pour faire la preuve que j'étais indubitablement capable de me souvenir de ce qui était étrange ou légèrement différent sur les autels des temples de l'île d'*On*. J'étais tellement occupé que je ne disposai d'aucun instant pour aller voir ma Bien-aimée, et lorsqu'ils en avaient terminé avec moi à la fin de chaque journée, j'étais vidé de toute énergie et m'effondrais à bout de force dans l'inconscience. Lorsque le douzième jour arriva, nous étions sur la terrasse et je pouvais la voir de l'autre côté en train de regarder longuement dans notre direction, faisant de son mieux pour distinguer quelque chose malgré les rayons contraires du soleil. Ce fut au cours de cette même heure que les Maîtres se réunirent en comité pour mettre la dernière touche à leurs plans, annoncer mon incontestable réussite et fixer le jour de mon départ.

Je devais quitter l'île dans trois jours pour retourner dans mon propre pays. Les Juifs subissaient de grandes tribulations sous le joug des Romains et chaque jour ils parlaient un peu plus ouvertement du Messie qui devait venir. Ils avaient grandement besoin de leur Rédempteur et l'attendaient avec impatience. C'était en terre d'Israël que mon navire devait m'amener, pour y commencer et y achever mes derniers enseignements et mon épreuve finale. Je passai la moitié de ces trois jours précieux à recevoir d'ultimes instructions et l'autre moitié auprès de ma bien-aimée *Mherikhu*. Skakus m'encouragea en cela en disant d'une voix rauque : « Garçon, si tu ne profites pas des sensations de la chair, comment peux-tu jouir pleinement des sensations plus subtiles de l'esprit et de l'âme? Seul celui qui est faible et faussement saint refuse de profiter des joies de l'amour terrestre! »

Oh! comme je m'empressai alors d'obéir à mon Maître! *Mherikhu* et moi avons passé ces heures ensemble à la plage, et notre plaisir était si intense que le temps, même s'il fuyait à toute vitesse, nous sembla durer une éternité. À un moment, nous avons fait des projets sur ce que nous ferions après mon retour. Nous avons alors décidé de retourner au petit vallon de la rivière Brue – pour un temps de bonheur du moins. Cette idée lui plaisait beaucoup, car elle était originaire de ce pays.

À d'autres moments, nous demeurions simplement assis dans ce silence commun qui est vraiment la plus exquise communion d'amour. Nous nous délections de chaque petite chose, particulièrement du chant des alouettes de rivière lançant au ciel leurs joyeux appels. À un moment donné, *Mherikhu* plaça doucement sa main dans la mienne et dit : « Ma mère, la Femme déesse, m'a beaucoup parlé de la signification profonde du symbole du serpent qui mange sa queue. Je pense que le plus grand symbole est celui du toucher des amoureux. Car n'est-il pas vrai que le toucher se nourrit de lui-même, se dévorant lui-même, et pourtant gagnant éternellement en force? »

Nous étions heureux d'un étrange contentement qui semblait repousser le temps et la distance loin de nous. Nous formions notre propre réalité à l'intérieur des limites de notre intimité. Aucune pensée d'un possible échec ou de ma mort physique n'y était admise. Nous n'avons même pas formé de projet en cas d'échec, puisqu'à nos yeux c'était comme si l'obstacle final était déjà surmonté et mon retour en tant qu'homme assuré.

Le matin de mon départ arriva beaucoup trop vite. Mon navire était à quai près du côté de la rivière où se trouvait sa barque à la rambarde d'ébène. Elle était sur la barque, assise sur le tapis à la fois doré et violet, les deux couleurs étant tissées ensemble en signe de notre promesse mutuelle. Toutefois, une corde de protection était entrelacée dans la frange du nouveau tapis en symbole du fait qu'elle voulait bien me laisser partager avec d'autres l'espace sanctifié et gardé de son monde. Ce symbole annonçait au monde son désir d'accepter et de partager mon Verbe créateur et de laisser éclore l'esprit en sa chair. J'étais auprès d'elle tandis que le navire était préparé en vue du départ. En premier, nous n'arrivions pas à trouver de mots pour exprimer l'amour qui nous traversait.

Elle parla tout doucement, ses paroles flottant quelques instants comme autant de sons argentés en suspension au-dessus du Nil. « Tout est prêt. L'univers entier attend la réalisation de l'ancien plan, l'accomplissement de la Grande Cabale. Tu as derrière toi la plus grande armée secrète qui ait jamais été assemblée pour le bien de l'humanité. Mais, ô mon Bien-aimé, pour moi cela semble être une triste guerre – car le seul soldat à y participer est mon doux amour à moi.

Je vais te dire quelque chose, même si tu le sais peut-être déjà. J'ai moi aussi été formée dans cette grande armée. Mais je t'aime plus que je n'aime mon devoir. Une heure d'attente pour une caresse de toi est assurément plus bénie que tous les baisers de tous les rois de la Terre. La joie n'a cessé de m'habiter même durant les moments d'attente et d'espoir. J'attendrai avec la même joie au cœur d'ici à ce que tu reviennes. Mais, mon Bien-aimé, s'il devait t'arriver à n'importe quel moment d'avoir même un léger doute sur la façon dont tout cela va se terminer, ou si tu devais simplement vouloir revenir sans affronter l'épreuve finale, sache que je t'aime avec une passion que seule une femme peut comprendre. Si tu le souhaites, maintenant, en cet instant même – ou à n'importe quel autre moment – nous renoncerons à nos vœux. Nous quitterons cette île sacrée et nous laisserons derrière nous cette guerre sainte vouée au bien de l'homme. Nous irons bras dessus, bras dessous vers n'importe quelle contrée où je pourrai enlacer ton adorable corps et connaître ton amour comme une jeune fille connaît l'amour d'un homme. »

D'un doigt sur sa tendre bouche, je mis gentiment fin à son doux discours. « Écoute-moi, Bien-aimée. Je vais revenir. J'ai ce 'devoir de soldat' à remplir et j'entends bien l'accomplir. Mais c'est en chair et en os que je reviendrai et plus rien ne nous empêchera alors d'explorer le trésor de l'amour. Je t'ai aimée – et toi seulement – et je t'aime avec une passion qui lutte maintenant contre le lourd fardeau de la nécessité. Je serai fidèle à mes vœux et je reviendrai dans ce même corps à la rencontre de tes plus tendres caresses. Crois-moi. »

« Oh! Jeshu, mon époux! Je te crois. Mais la femme ne connaît point une telle compulsion à faire son devoir; elle ne connaît que l'ardent désir de son cœur. Crois-moi, mon Amour, si je t'affirme que pour la femme la conquête et la maîtrise de la chair sont déjà assez difficiles! Je t'attendrai – dans la joie et le plaisir – mais c'est avec chaque souhait de mon cœur et chaque fibre de mon être que je désirerai de toutes mes forces que tu me reviennes. Puis je bondirai sur toi et te retiendrai avec les serres avides de mon âme métamorphosée en aigle! »

Alors, je l'embrassai et la pris dans mes bras pour ces quelques dernières secondes. Elle me chuchota : « Je t'aime encore plus fort, d'un amour qui va au-delà de l'âme. L'homme peut connaître les plaisirs du devoir, de la fraternité et des choses ordonnées – et pour lui tout cela peut avoir une utilité. La femme, quant à elle, ne connaît jamais vraiment de telles joies collectives. Les siennes sont toutes des joies privées et secrètes, liées à ses pulsions créatrices. Comment de telles joies peuvent-elles être partagées? Je voudrais que tu remportes la récompense la plus élevée dans toute l'histoire de l'homme. Je voudrais que tu changes le cours de l'histoire – mais pas pour moi! Je voudrais que tu le fasses pour satisfaire ton propre sens du devoir et ta propre fierté devant l'œuvre accomplie. De telles choses ne sont pas pour moi; elles demeurent à distance de mon cœur intérieur. Là, dans cet endroit secret, je voudrais t'avoir dans mes bras, je voudrais que tu me fasses des fils vigoureux, que tu sois le père de mes enfants et l'amant de ma consentante personne. »

Le temps était venu de partir. Le navire était paré. Je lui promis : « Je viendrai à toi. »

Elle releva la tête, et ses yeux brillaient. « Oui! mon époux bien-aimé, je t'accueillerai et porterai fièrement ton fils. »

Comme je me retournais pour partir, elle ajouta : « Lorsque tu reviendras, reviens par amour pour moi, chéri. Pas pour l'amour du devoir ou de l'esprit, mais pour l'amour de ma tendre chair. Et souviens-toi de ceci : même si Dieu crie pendant que l'amant lui chuchote à l'oreille, une jeune fille en amour n'entend pas la parole de Dieu. Aucun Dieu rayonnant ne peut prendre la place de la chair chaude et vitale dans le cœur d'une fille – ou dans sa vie. »

C'est alors que je la quittai, ma Fille d'Or aux yeux brillants, ma joie, ma vie – mon espoir d'une éternelle félicité!

Le navire à bord duquel je montai était encore plus gros que le *Britannin*; il était plus large et avait de plus hautes voiles, et il s'appelait le *Galiléen*. Skakus et les autres Maîtres vinrent à ma rencontre au moment où je m'apprêtai à monter à bord. Les autres Maîtres m'embrassèrent affectueusement et me parlèrent, fiers de leur amour pour moi et moi, du leur. Lorsque enfin il ne resta plus que Skakus, il demeura à l'écart, et cela je ne pouvais le comprendre.

« Pensées finales! On dit de toi que tu es un Maître, prêt à fonder la Vraie Religion dans le cœur et l'esprit des hommes. Rappelle-toi, garçon! Aucun homme n'est un Maître même s'il se comporte comme un Maître et que les autres croient qu'il en est un. Il n'est un Maître que lorsqu'il *sait* lui-même en être un. »

Il se tenait à l'écart, n'offrant ni de me toucher ni de m'embrasser. Dans ma tête, je l'accusai d'être indifférent aux émotions humaines. Il me regarda avec ses yeux insondables et dit d'un ton dur : « L'amour! Il est dans ton cœur, il est dans ta tête. L'amour peut te tuer! Le moment pourrait venir où tu devras choisir entre l'amour et la mort physique. Je sais, garçon! Si j'avais été assez sage et assez fort pour renoncer à mon amour pour les jeunes d'Athènes plongés dans les ténèbres de l'ignorance, j'aurais peut-être réussi. Si j'avais été assez grand pour renoncer aux jeunes d'Athènes, tu n'aurais pas maintenant cette chance d'accéder à la gloire! »

Il attendit un moment avant de poursuivre, puis il ajouta : « Les plans sont faits – des plans dont tu dois ignorer la nature tant que leurs effets ne te toucheront pas directement. Tout a été mis en place pour ton épreuve finale. Le monde entier est prêt. Toi seul, cependant, peux mettre en branle les derniers jours. Je t'ai donné les mots codés à dire, car il y aura toujours près de toi un de nos frères qui sera prêt à nous rapporter que tu as ordonné que la poussée irrésistible du changement soit mise en mouvement. Mais écoute bien ceci. Ton ordre de mettre en branle la grande poussée de transformation ne doit pas être donné si tu tombes dans le terrible abattement de la Nuit noire du désespoir spirituel. Sois bien attentif à ceci! Combien de temps cela durera-t-il? Ça, personne ne le sait. Mais c'est terrible à vivre, et cela, l'angoisse et les cris d'innombrables initiés peuvent en témoigner. Lorsque cette main noire se pose sur toi, pas même le Dieu Suprême ne pourrait te forcer à réussir. Ta seule volonté serait alors ton unique rempart contre cela. Par conséquent, *encore et toujours* tu devras surveiller ton énergie. Tu devras fréquemment te retirer du monde pour faire des exercices et reconstituer tes forces intérieures. Tu me comprends bien, garçon?

Lorsque ton but final sera en vue, tu pourrais alors faire preuve d'un excès d'enthousiasme, voire être trop sûr de toi. Cela peut entraîner ton échec – comme ce fut le cas pour moi avec la ciguë dont je croyais pouvoir triompher. Dieu est toi, garçon. »

Sur ces paroles, Skakus, mon étrange et impénétrable Maître, se retourna et s'en alla, et les vagues du Nil semblaient grésiller sous l'effet de son énergie impétueuse. Je le suivis du regard, espérant qu'il se retournerait et me dévoilerait son amour, qu'il me permettrait de le comprendre. Mais il ne sembla même pas entendre mes remerciements sincères que je lui adressai pour ses années d'efforts consacrées à ma formation. Pourquoi refusait-il ainsi mon amour? Pourquoi se tenait-il loin de toute expression d'émotion? Pourquoi ne pouvais-je jamais arriver à le connaître et le comprendre? Pourquoi est-ce que je n'arrivais pas vraiment à l'aimer?

Alors même que je réfléchissais ainsi, le nez massif du *Galiléen* entra dans le courant du Nil. Je me retournai pour regarder la beauté de mon épouse et elle se tenait exactement comme je l'avais vue là, pour la première fois, comme un ange prêt à s'envoler.

Je connus la secrète joie intérieure de débuter mon aventure finale, ma plus grande épreuve. Y a-t-il jamais eu soldat mieux entraîné, y a-t-il jamais eu armée plus soigneusement préparée et mieux soutenue? Un élan de reconnaissance monta en moi, ainsi que de la compassion pour tous les hommes – et un amour sans limites. J'étais heureux et ne connaissais ni la peur ni le doute tandis que je voguais vers ma terre natale et ma destinée.

DIX-SEPT

Jean-Jean et le baptême

Oh! Israël! Lorsque César Tibère vint pour gouverner à titre de régent de Rome la Conquérante, Israël et les Juifs entêtés n'étaient jamais tombés aussi bas de toute leur histoire. Ce despote cruel n'était pas un homme religieux, pourtant il haïssait la religion juive de toutes ses forces et usait au besoin du pouvoir militaire à sa disposition pour l'écraser. Sous son ombre terrifiante, les Juifs courbaient l'échine, dispersés et désunis, abrutis par leurs rituels vides de sens, l'esprit paralysé, rebelles dans leur fierté sans fondement, bons à rien aux yeux de Dieu. Leur observance pointilleuse de leur 'Loi sacrée' était une parodie de la Miséricorde divine, leurs rituels n'étaient que pantomimes dénuées de sens et plus stériles que la branche morte de l'arbre de vie! En vérité, je vous le dis, l'esprit de Dieu ne saurait être présent lorsque des prêtres accomplissent des rituels dénués de vie, et ceux-ci ne sont qu'une profanation de la promesse de divinité en chaque homme faite par Dieu.

Les cathédrales et les églises ne devraient jamais être des lieux où sont conservées les ordonnances de Dieu, mais des endroits où œuvrent des Frères formés pour leur ministère et ne tirant aucun gain ni revenu d'une telle formation. Si vous voulez bien m'écouter, je vous demanderai que ces édifices soient démolis pierre par pierre, que les prêtres qui vivent du désir des hommes pour le ciel soient bannis, que les symboles qui sont utilisés pour soutirer de l'argent des hommes remplis d'espoir et de crainte soient mis à la fonte. Que les hommes se tournent vers l'intérieur pour trouver Dieu et qu'ils fassent transparaître ce Dieu à partir d'eux-mêmes, manifestant ainsi leur divinité aux yeux de tous. Voilà la seule véritable église! Voilà le seul véritable Salut! Telle a toujours été ma voie et nulle autre ne le sera jamais!

Oh! Israël. Chaque homme était obligé de se rendre chaque sabbat à la synagogue. Là, l'interminable rituel était suivi, avec la lecture des rouleaux de la Loi et le sermon – mais toujours avec une 'personne d'autorité' qui était là pour voir à ce que ne soit exprimée aucune autre pensée que celle qui était approuvée par les Anciens. Qui étaient ces Anciens? Qui avaient-ils été depuis la première fois où l'Église avait été conçue comme moyen pour exercer un contrôle sur l'homme? Ce sont les médiocres, les incapables, ceux dont l'esprit est si faible qu'ils ne pensent ou ne font jamais ce qui pourrait déplaire à leurs propres 'supérieurs'. Ils n'ont en eux ni originalité ni force. Comme Dieu est avant tout une force originale, Dieu n'est donc jamais en eux!

Oh! mon Israël perdu! Des percepteurs d'impôts furent mandatés par Rome. Ils prirent place aux croisées de chemins et pillèrent chaque chargement commercial qui passait. Ces publicains étaient de véritables pécheurs, car nombreuses étaient les occasions de profit personnel par la tricherie et la fraude. Quel homme aurait pu résister à cette tentation? Il y avait une taxe de dix pour cent qui était prélevée sur les produits des champs et des vignobles, une taxe sur la tête de tous les hommes âgés entre quatorze et soixante-cinq ans et de toutes les femmes âgées entre douze et soixante-cinq ans. Il y avait une taxe sur tout ce qui circulait et sur tout ce qui était acheté ou vendu. Les détrousseurs de l'impôt étaient partout pour molester, exiger et détruire si l'envie leur en prenait – et ils étaient soutenus par la puissance de Rome. Les taxes imposées sur le mouvement des marchandises ou sur le travail et l'économie de l'individu sont une abomination pour l'homme. La nation qui la subit court inévitablement à sa perte, car la capacité individuelle de créativité et de faire de nouvelles choses est encore plus grande que celle de la collectivité.

Mais la furie des percepteurs séculiers n'était rien comparée à l'hypocrite sournoiserie des impôts prélevés par le *Sanhédrin* pour le Temple. Lorsque, une fois l'an, tous les Juifs étaient contraints par la loi religieuse – sauf pour un motif valable – de se rendre au Temple à Jérusalem, ce n'était pas pour la glorification de Dieu. Non! C'était pour la trésorerie du Temple. Il y avait de nombreuses monnaies différentes, mais le Temple n'en acceptait qu'une seule. Chaque homme était donc obligé de convertir ses pièces de monnaie et les pères du Temple faisaient un profit sur cet échange. Chaque homme était obligé d'offrir son sacrifice, et les animaux de même que les oiseaux nécessaires pour ce sacrifice étaient vendus par les prêtres qui en tiraient un grand profit. En vérité, ils transformaient les avenues et les rues, les portiques et les cours du Temple sacré en un vaste enclos pour animaux, rempli de kiosques de change... tout ça pour gagner de l'argent pour la famille d'Ananias, ces prêtres pompeux et bornés qui ne connaissaient rien de Dieu.

Oh! Israël, ma brebis égarée! Il y avait dans le Temple un immense rideau suspendu faisant cinq fois la hauteur d'un homme, fermant l'ouverture donnant accès au sanctuaire sacré, la chambre de l'initié, la *shekinah.* Une fois encore, la religion des Juifs était tellement remplie de mensonges que les prêtres allaient même jusqu'à refuser à chaque homme le droit d'y entrer pour sa propre initiation. Seuls les grands prêtres avaient le droit d'y entrer, et tous les autres étaient maintenus dans une terreur révérencieuse à l'égard de ce présumé lieu saint. Pour moi, ce rideau était une abomination, un péché. Car, ce faisant, n'interdisaient-ils pas tout espoir à l'homme de jamais pouvoir communiquer directement avec Dieu? Ne le privaient-ils pas de ce qu'il y avait de meilleur dans sa foi? Ne faisaient-ils pas de lui un esclave physique et mental et un lâche spirituel? C'était un péché, tout comme de tels obstacles au contact personnel de l'homme avec Dieu seront toujours péché! En vérité, je vous le dis, il n'existe aucune barrière entre l'homme et le Dieu éternel. Je vous enjoins de détruire tous les symboles à la surface de la Terre qui sont prétendument réservés à l'usage d'un groupe de personnes spécialement formées qui seules possèdent la clef, le secret, le droit exclusif d'utilisation. À moins que la vérité ne soit librement donnée à tous les hommes qui sont prêts à faire le Serment du secret, on ne peut prétendre qu'il s'agisse bien de la Vérité. Le Nouvel âge arrive! Le mensonge doit disparaître, même dans les hauts lieux du pouvoir! L'homme ne doit pas être empêché par quelque rideau que ce soit de communiquer avec Dieu!

Oh! mon Israël emmêlé dans la confusion! Chaque sabbat, les Juifs annonçaient dans leur enseignement la Nouvelle Alliance à venir, le Messie qui allait tirer les Juifs de leur situation, le nouveau Roi des Juifs qui allait les mener à la victoire. Mais ils laissaient des factions semer la discorde entre eux, ils permettaient que des points de doctrine créent de mortelles dissensions, ils toléraient que des gestes rituels sans importance soient prétextes à des conflits civils et des meurtres! Les dirigeants d'Israël étaient pires qu'inutiles. Ils étaient une vraie plaie pour leur propre peuple.

Parmi les hommes du commun, chez les agriculteurs, les pêcheurs, les marchands, un certain esprit régnait. Il est vrai que c'était un esprit déprimé, maussade, rebelle – mais il y avait un esprit du moins, un esprit qui aspirait à mieux! Pourtant, même ces bons hommes étaient eux aussi confus. Les Juifs refusaient de parler aux Samaritains et ils allaient même jusqu'à faire un détour de plusieurs jours lorsqu'ils voyageaient pour éviter d'entrer en Samarie. La Judée et la Samarie étaient toutes deux sous le joug du conquérant romain, et il n'y avait pas vraiment de réelles différences religieuses qui valaient la peine d'être mentionnées. Dans leur cœur, tous les hommes savaient qu'ils vivaient dans l'erreur, que la religion était une aberration de l'histoire, que le Temple était dirigé par des fraudeurs et des tricheurs, que l'homme était dans un bourbier duquel seul un miracle pourrait le sauver!

Voilà dans quelle situation se trouvait Israël lorsque le *Galiléen* me débarqua près de la mer de Galilée et que je partis pour trouver ma propre voie jusqu'à l'initiation finale. Ma route était bientôt toute tracée. Moins d'une semaine plus tard, je parlais avec les citoyens, apprenant à m'exprimer dans le jargon de la rue que je n'avais jamais appris et qu'il me fallait à présent très bien connaître. Je travaillais comme ouvrier de chargement à Cæsarée Philippes, et je vivais avec trois autres ouvriers dans une masure qui donnait sur le palais philippin sur la colline. Mes exercices sacrés progressaient rapidement; néanmoins, je passais beaucoup de temps avec ces trois hommes, grands buveurs de vin, à la transpiration abondante et au rire tapageur. Ils me considéraient comme un travailleur doux mais empressé. Je pense qu'ils m'aimaient. L'un d'eux arriva en poussant des cris à propos d'un homme miraculeux qui prêchait aux foules d'auditeurs ahuris à l'autre bout de la mer de Galilée, près de l'embouchure du Jourdain, dans un village appelé Enon.

« Il est grand et beau avec des cheveux blanchis par le soleil. Il s'habille de vêtements grossiers en poil de chameau attachés à la taille avec une ceinture de cuir. Il a un regard fou avec ses yeux bruns et doux. Même ses disciples disent qu'il se nourrit de sauterelles et de miel sauvage et qu'il a passé vingt ans dans le désert de Paran à chercher à connaître la volonté de Dieu. Maintenant, il revient vers nous avec son message divin. Et lorsqu'il parle – ah! il a exactement la voix que doit avoir le messager de Dieu! Une voix qui crie dans le désert de nos doutes et de nos peurs, et qui commande d'être entendue. Lorsqu'il prêche, tout le monde doit l'écouter et les hommes affluent pour le suivre. Mais cela ne lui est pas monté à la tête. Non, il est resté humble et à tous il crie : "Ne me suivez pas, car je ne suis que le précurseur de Celui qui doit bientôt venir. Venez à moi et repentez-vous, rentrez dans le droit chemin qui mène à Dieu, car le Royaume est tout proche. Je suis envoyé tout juste avant pour être le prophète de Celui qui vient! Venez, repentez-vous de vos péchés, voyez en moi le symbole d'une nouvelle vie et acceptez d'être baptisés dans cette eau vivante!" »

Je savais, par le lien mystique qui nous unissait depuis toutes ces années, que ce ne pouvait être que Jean-Jean. Il tenait certainement là la promesse qu'il m'avait faite dans notre jeunesse. Il avait fait du baptême un sacrement de purification en mon honneur.

Je pris mon pain et entrepris le voyage pour aller retrouver mon grand cousin, car son travail n'était qu'un témoignage de sa foi en ma propre divinité. Je le découvris au gué qui permet de traverser le Jourdain près du village d'Enon, et il prêchait à une foule énorme. Même si de sa forte voix et par ses histoires et son humour tendre il savait rendre son message captivant, le message qu'il livrait pouvait néanmoins se résumer à ceci : « Je suis le précurseur de Celui qui vient. Repentez-vous, purifiez-vous par le baptême et mettez de l'ordre dans votre vie. Le temps est proche. » J'eus l'idée de le surprendre pour lui faire plaisir et tentai de me faufiler à travers la cohue de disciples se pressant autour de lui. Mais comme je n'y arrivais pas, je me joignis à la file de gens qui entraient dans l'eau du Jourdain pour être baptisés de ses mains.

D'abord, il ne me vit pas, même lorsque j'étais sur le bord de l'eau. Lorsque mon tour vint de me placer devant lui, il ouvrit grands les yeux en me reconnaissant, puis les referma avec cet air de vénération et de respect que ma mère lui avait si bien inculqué. Devant lui, il ne voyait pas son cousin en chair et en os, mais quelque aspect potentiel de moi! : « Oh! Jeshuau, pourquoi viens-tu à moi? Je baptise simplement dans l'eau, alors que c'est avec le Feu sacré de la Vie que tu baptises . »

Se tournant vers les personnes assemblées sur la rive du fleuve, il dit : « Regardez! Voici venir Celui qui est plus puissant que moi, Celui dont je ne suis même pas digne de défaire la courroie de ses sandales. »

Il se serait alors détourné par respect, mais je vins vers lui pour lui montrer que je me souvenais de notre passé et lui témoigner mon amour pour lui. Alors, ce grand prédicateur ne se fit pas prier pour m'embrasser. Avec des gestes empreints de vénération, ses larmes se mélangeant à l'eau vive du fleuve, il me baptisa dans le Jourdain. Et lorsque je fus soulevé hors de l'eau, il me fixa avec ces yeux qui semblaient ne pas me voir mais plutôt percevoir ce que j'étais en puissance, et il dit d'une voix forte, remplie de joie : « Regardez! Un esprit, telle une colombe, descend sur lui. Et dans mon cœur j'entends une voix puissante qui s'écrie : "Voici mon fils bien-aimé en qui je me complais." Écoutez bien, vous qui avez fui la colère imminente, vous de la nouvelle génération de sages et futés serpents, car j'ai dit que le temps est maintenant très proche. Je suis sûr que, lorsqu'il parlera, il vous dira que le temps de l'accomplissement est arrivé. »

Ainsi avait-il clairement préparé la voie pour que je puisse réclamer la place du Messie, un geste que durant toute sa vie il avait espéré me voir poser. Je ne pouvais cependant le faire.

Je restai avec lui et ses disciples pendant quelques jours. Durant nos soirées tranquilles, avant et après la prière, je tentai de leur parler du temps que j'avais passé dans le désert de Perse et des épreuves que doit affronter l'initié. Certains d'entre eux dont l'esprit avait été purifié par le baptême de Jean comprirent le sens profond de ce que racontais, mais certains interprétèrent mal mes paroles et crurent que je parlais de tentations vécues dans le désert d'où était venu Jean, tout près de là. Or, Jean-Jean décida de réunir ses disciples et insista pour que je leur parle, ce que je fis pour lui faire plaisir. Quelques-uns qui étaient venus avec la foi furent guéris par mes prières. Alors même que je tentais simplement de suivre mon bien-aimé Jean-Jean, il s'évertuait de toute son étrange volonté à faire de moi son guide.

Lorsque mon désir de voir ma famille m'amena à le quitter, il dit à ses disciples : « Vous savez tous fort bien que l'Agneau pascal est sacrifié dans le Temple des Juifs afin qu'il puisse ainsi racheter leurs péchés. Je vous le dis, il est venu pour racheter les péchés du monde. Voici l'Agneau de toute l'humanité! »

Ah! Jean-Jean! Comme son amour était grand, car, tout ce qu'il souhaitait, c'était d'être l'instrument de ma croissance. En vérité, la voie m'avait été toute tracée par mon adorable cousin et c'est grâce à lui que les premiers de mes disciples personnels vinrent à moi. Ils m'emboîtèrent le pas et je demandai à savoir pourquoi ils me suivaient plutôt que de suivre leur maître, Jean-Baptiste. Ils rétorquèrent par une astucieuse question : « Maître, où habitez-vous? »

Je compris qu'ils souhaitaient m'observer afin de décider si Jean-Jean avait raison d'affirmer à ses propres disciples que j'étais Celui qui devait venir. « Venez et vous verrez! », fut ma seule réponse possible, et ils vinrent et demeurèrent devant l'endroit où je logeais pour la journée. Ils attendirent de bon gré d'avoir la permission de me suivre. Ce n'est que deux jours plus tard que je les y encourageai lorsque je les vis et les invitai à me suivre.

Un des deux premiers de mes disciples fut André de Bethsaïda, près de la mer. L'autre fut Jean, fils de Zébédée, et frère de Jacques. Après avoir passé trois jours en ma compagnie et m'avoir éprouvé avec des questions, et aussi interrogé pour me faire admettre que j'étais le fils de Dieu – ce que je ne pouvais faire, non plus que je ne pouvais le nier, par égard pour ma mère – ils se déclarèrent convaincus et se joignirent à moi avec la grande énergie qui caractérise les pêcheurs et les hommes simples.

André se rendit chercher son frère Simon et l'assura que Jean-Baptiste avait raison et que j'étais bien le Messie. Il s'empressa de m'amener cet homme grand et fort. Simon n'avait pas le même teint que Jean-Jean mais il en avait l'imposante stature et l'esprit tenace et inflexible. Avant qu'il ne dise un mot, je vis dans son aura le doute qui l'habitait et cet esprit inquisiteur qu'il avait, et je dis : « Tu es Simon, fils de Jona. Tu es tellement grand et têtu que tu es aussi difficile à faire bouger qu'une roche – tant que tu n'as pas été convaincu. Tu seras donc appelé Petros, c'est-à-dire Pierre, qui veut dire roche en grec. » Le grand pêcheur indiqua d'un sourire qu'il croyait et qu'il était content, et il se joignit à moi, et sa conviction que j'étais bien le Messie eut un effet déterminant sur des centaines d'autres personnes qui vivaient près de la mer, car tous aimaient Simon-Pierre. Bientôt, on m'amena à sa maison et ses nombreux amis vinrent parce qu'il les avait appelés, et ils crurent parce qu'il croyait, et de nombreuses guérisons se produisirent.

Jean, fils de Zébédée, et son frère Jacques laissèrent alors là les barques de leur père et ne me lâchèrent plus d'une semelle. Un ou deux jours plus tard, nous fîmes la rencontre de Philippe de Bethsaïda et, cédant à une impulsion subite, je lui dis : « Suis-moi. » En raison des nombreuses guérisons qu'il avait observées, Philippe tenta de convaincre Nathanaël-Barthélemy que j'étais Celui dont parlaient les prophètes, venu pour appliquer la loi de Moïse. Nathanaël ne voulait pas croire et demanda sur un ton de défi : « Se peut-il que quoi que ce soit de bon vienne du village inconnu de Nazar? » Cependant, grâce à une vision à distance, je l'avais vu sous un figuier, un homme pieux, et j'avais lu en son esprit qu'il préparait ses marchandises pour la fête de Pâque et qu'il se rebellait contre l'injustice des impôts du Temple. Lorsque je lui eus raconté cela, il en fut frappé de stupeur et s'écria : « Maître, vous devez vraiment être le fils de Dieu! » Je le grondai gentiment et répondis : « Tu crois avec une telle ferveur simplement parce que je t'ai vu dans l'ombre d'un lointain figuier. Si je suis ce que tu dis, tu verras sans doute aussi les cieux s'ouvrir et les anges de Dieu apporter leur aide au Fils de l'homme! » Beaucoup d'autres furent convaincus par la voix puissante de Jean-Jean et par sa foi sincère et personnelle, et ils proclamèrent en chuchotant ce qu'ils croyaient.

Après être demeuré un temps à Nazar avec ma bien-aimée famille, je retournai à Capharnaüm et à la maison de Simon-Pierre. Nathanaël-Barthélemy s'était arrangé pour que je puisse parler à la synagogue à Cana. Apprenant que j'allais y passer un moment, ma famille décida de venir de Nazar pour le mariage de la fille du troisième cousin de ma mère. Sa fille s'appelait Anna, une forme abrégée de Hannah, je crois. Elle devait être mariée à Aram de Cana, un homme bien mais jeune et pas d'une richesse telle qu'il pouvait se permettre de payer ce que coûte un grand banquet de noces. Avec ma famille et mes disciples, nous ajoutions trop de personnes au banquet.

C'était de fait une grande foule qui accompagna la future mariée voilée de la maison de son père à celle d'Aram, le futur marié. On considérait le mariage comme un sacrement qui accordait le pardon des péchés – et c'était une occasion de grande jubilation. Nous sortîmes tous par le passage couvert, chaque personne portant une torche ou une lanterne placée au bout d'un bâton et chacun chantant à gorge déployée les louanges de la jeune mariée. Nous portions chacun un présent, d'huile ou de vin, mais, pour la plupart, nous apportions de l'huile. En traversant le passage couvert, nous avons presque trébuché sur six grandes jarres de pierre, contenant chacune environ soixante-quinze litres, qui étaient remplies d'eau destinée au lavage cérémonial des mains et aussi pour le lavage des casseroles et des ustensiles du banquet.

Le contrat de mariage fut signé et Aram donna à Anna le cadeau en argent que l'on attendait de lui, soit environ trente deniers, une somme énorme et généreuse. Lorsque le montant de sa dot fut cité, il annonça avec grande générosité qu'il doublait ce montant, alors que selon la tradition il ne lui fallait qu'y ajouter une moitié du montant! Je mentionne cette anecdote car il fut bientôt évident qu'il avait mal évalué la foule attendue, ou qu'il avait décidé d'économiser sur les vins offerts à ses convives afin de pouvoir faire un aussi généreux cadeau à sa future épouse – et je me plus à croire qu'il s'agissait effectivement du second motif. Il fut bientôt évident que nous allions manquer de vin et qu'Aram n'avait pas l'argent nécessaire pour en acheter d'autre. Ma mère, à qui tout le monde confiait leurs épreuves et leurs joies, assura la mariée inquiète que j'allais faire quelque chose pour sauver le banquet de noces. Puis, avec cet air à la fois fier et implorant de quelqu'un qui espère une réponse, elle me demanda de faire quelque chose. Je savais qu'en son for intérieur ma mère n'était pas tant intéressée par la réussite du banquet que par le fait de savoir si j'allais faire ce qu'il fallait pour démontrer, comme elle l'espérait, que j'étais bien le Fils de Dieu.

« Oh! femme! » lui lançai-je sur un ton de reproche, mais voyant le regard blessé qu'elle me retournait de ses chers yeux, j'ajoutai aussitôt : « Chère mère, en quoi cela me regarde-t-il? Même si j'étais le Fils de Dieu, mon temps est-il maintenant venu? »

Toutefois, à l'instant même où je disais ces paroles, je me rappelai que Skakus m'avait donné pour instructions de demeurer constamment à l'affût de moyens permettant d'éprouver mes capacités grandissantes. Je me dis qu'un petit miracle donnerait certainement matière à discussion aux gens pendant quelques jours. Je retournai donc un sourire à ces chers yeux implorants et ma mère se dirigea aussitôt avec assurance et fierté vers les serviteurs à qui elle dit : « Faites tout ce que mon fils vous dira, rapidement et dans la bonne mesure! »

Je demandai que les jarres de pierre soient amenées et remplies d'eau, et beaucoup plus de mains empressées que nécessaires s'offrirent. Tout en riant, ils remplirent presque complètement chacune des jarres. Un convive de forte carrure leur recommanda sur un ton railleur de les remplir à ras bord afin que personne ne soit dupe d'une supercherie, car c'était contre les lois connues de l'homme et de Dieu que de l'eau soit transformée en vin.

Je calmai mon Soi cellulaire avec sept respirations, puis je fis sortir mon âme violette et chargeai les eaux de pouvoir. Puis je mis en œuvre la puissance terrestre et créatrice de l'âme vermeille, la voyant par la force de ma volonté transformer l'eau pure en vin pur.

Même si j'avais les yeux fermés, les cris étouffés de surprise des invités se trouvant près des jarres me firent comprendre que la transformation s'était effectuée, et la mariée se mit à pleurer de bonheur. Celui qui avait la responsabilité d'organiser le banquet, un certain Johan Bessar, un marchand de Cana, s'écria à l'intention d'Aram dès qu'il eut goûté le vin : « Oh! toi, petit roublard! Les autres offrent leur meilleur vin en premier, mais Aram de Cana garde le meilleur pour la fin! » J'étais content car ma mère me regarda avec des yeux qui ne voyaient pas la vérité, mais un merveilleux rêve – son rêve qui devenait réalité! Toutefois, son rêve ne pourrait jamais contenir la Vérité de l'Initié secret, et j'eus pitié d'elle du sein de mon tendre amour pour elle.

Lorsque je quittai Cana, ma mère et mes frères retournèrent à Capharnaüm avec moi. J'aimais l'air charmant de cette nouvelle cité établie à proximité de la ravissante plaine fertile appelée Gennasaret, c'est-à-dire Jardin des princes. Elle s'étalait près des rives du lac de Tibériade, à environ trois kilomètres de l'embouchure du Jourdain. Il y avait là une synagogue, don d'un centurion romain, construite de pierre et de calcaire blanc sur une fondation de basalte. J'aimais cette petite synagogue. Chaque fois que je franchissais son portail, le souvenir de ma Bien-aimée me revenait. Au-dessus de l'entrée se trouvait un symbole représentant un panier de manne qui rappelait aux Juifs la bienveillance de Dieu à leur égard, mais qui pour moi évoquait plutôt les soins que m'avait prodigués ma Bien-aimée alors que je faisais une forte fièvre dans la caverne de l'épreuve près de *Bokhara*. Ma famille vint avec moi. Il ne restait plus que quelques jours avant que nous soyons tous tenus de nous rendre à Jérusalem, car le temps de la Pâque juive approchait rapidement. Cela se passait au mois d'avril, au cours de la seizième année du règne de Tibère. Nous étions tous affairés à réparer les routes et les ponts et à blanchir les sépulcres, toutes choses que les Juifs avaient coutume de faire avant la Pâque.

Il y avait beaucoup d'amertume parmi les hommes de la campagne. Ils étaient tous en train de rassembler leurs troupeaux dont une partie allait servir à payer leur dîme au Temple, ce qu'ils étaient obligés de faire au plus tard deux semaines avant la fête pascale. Des hommes venaient de partout en pèlerinage, certains se hâtant d'aller à Jérusalem pour y être purifiés de toutes sortes de transgressions imaginaires. Les hommes se plaignaient que ni la dîme ni la purification ne servaient à satisfaire les besoins de l'homme, mais qu'elles n'avaient pour but que d'enrichir encore plus les prêtres.

Puis, les installations des changeurs d'argent commencèrent à faire leur apparition devant chaque synagogue et à tous les carrefours. Encore une autre taxe pour le Temple devait être payée – la taxe sur la tête de tous les hommes de plus de quatorze ans et de toutes les femmes de plus de douze ans. Même si la taxe aurait pu être payée avec des pièces de monnaie de cuivre ou d'argent d'égale valeur provenant de Perse, de Tyr, de Syrie, d'Égypte, de Grèce ou des régions sous le contrôle de Rome, les prêtres tenaient absolument à imposer une autre forme d'escroquerie. Ils n'acceptaient que le demi-sicle comme monnaie de paiement. Ils prélevaient un montant représentant environ un dixième ou même parfois jusqu'à un cinquième de la valeur de la monnaie des gens pour la convertir à leur monnaie spéciale. Lorsque nous sommes arrivés au Temple à Jérusalem, ma famille, mes disciples et moi-même, avec une foule nombreuse de fidèles des synagogues des environs, afin de commémorer la promesse de Dieu aux Juifs, c'est un endroit bruyant et chaotique que nous avons découvert. Non seulement y avait-il tous ces cris de colère des pèlerins qui se faisaient extorquer par les changeurs qui exigeaient des frais exorbitants, mais il y avait aussi tous ces enclos pour les bœufs et les chèvres, et tous ces colombiers pour les colombes et les pigeons. Au milieu des éclats de voix et de la bousculade pour se procurer tous ces animaux pour les sacrifices, il n'y avait guère de place pour le culte. Bien des hommes criaient en prenant Dieu à témoin que tout cela était une honte de la part des Juifs – mais ils étaient réduits au silence par les regards intimidants que leur lançaient les prêtres qui tiraient profit de ce commerce et ne toléraient pas qu'on le perturbe. Mais cette pratique était impopulaire et la plupart des hommes la trouvaient déplorable.

Lorsque j'entrai dans la Cour des Gentils et que je vis qu'on avait peine à y circuler, tout autant que dans le porche d'ailleurs, tellement il y avait de changeurs, d'animaux, d'oiseaux et de prêtres rapaces, la colère divine descendit sur moi comme un calme immense. Je savais très bien ce que je faisais, car je pensai très clairement : « Je vais prouver ici à toute l'humanité qu'un homme seul peut s'opposer à tout un clergé bien implanté si c'est pour la gloire de Dieu qu'il le fait. » Dans une autre partie de mon cerveau, je me fis le raisonnement que ce que j'étais sur le point de faire allait me valoir une grande notoriété et beaucoup de disciples – de même que la haine du *Sanhédrin,* qui avait pouvoir de vie et de mort sur les Juifs.

Je pris calmement les cordes au cou de deux grands taureaux et je les entortillai ensemble pour m'en faire un fouet, et ensuite je chassai les changeurs du Temple. Mes disciples se saisirent des cordes autour du cou de tous les animaux et les menèrent d'une cour à l'autre et les relâchèrent une fois sortis des portes du Temple. Puis nous avons jeté par terre les pots d'argent et fait sortir les colombiers d'oiseaux hors de la partie sacrée du Temple. Lorsque tout cela fut terminé, je criai de toutes mes forces : « Ceci est la Demeure de Dieu. Ne faites pas de la maison du Père un bazar de trafic! » Les prêtres étaient hargneux et méchants, mais les gens étaient avec moi et ne toléraient aucune intervention de leur part. Lorsqu'on eut signalé l'action au *Sanhédrin*, le conseil composé des soixante-dix personnes qui étaient à la tête de la religion juive, ils envoyèrent ceux parmi eux qui étaient les plus rusés pour essayer de me tendre un piège. Ils savaient qu'ils avaient tort et de ce fait n'osèrent pas m'aborder en m'accusant ouvertement.

Ananias, le Grand-Prêtre, vint à ma rencontre et me demanda : « Montre-moi en vertu de quelle autorité tu poses de tels actes. Donne-nous un signe tangible de cette autorité. »

Je savais quel piège il me tendait ainsi. Il voulait me faire dire que c'était de Dieu que je tenais ce pouvoir, ce qui aurait été punissable, tandis que l'action elle-même ne l'était pas. Je lui répondis donc d'une voix forte : « C'est de ma propre autorité que j'agis et vous dis que si vous détruisez ce temple de Dieu, en trois jours il sera relevé. »

Mais le Grand-Prêtre répliqua : « Cet édifice est le fruit du travail de centaines d'hommes qui y ont œuvré pendant quarante-six ans – et toi tu prétends pouvoir le reconstruire en trois jours! » Il n'osa pas rester là à débattre de son point, car de nombreux hommes étaient en colère et il s'empressa de partir. Bien des disciples se joignirent alors à moi, certains parce qu'ils pensaient que j'étais brave, d'autres parce qu'ils avaient entendu mes enseignements. Je redoublai de prudence afin d'éviter de dire quoi que ce soit qui aurait pu laisser entendre que je prétendais être le Fils de Dieu. Je prenais également soin de ne pas le nier et cela par égard pour ma mère.

Ma mère et mes frères étaient un constant problème pour moi. Ils voulaient être avec moi et me suivaient chaque fois qu'ils le pouvaient. Il advint donc qu'ils étaient venus de Nazar pour être avec moi et que leur présence provoqua des complications la première fois que le Conseil du monde envoya un représentant. Il vint pour savoir jusqu'où je comptais aller dans ma divulgation des concepts secrets et cachés de la Vraie Religion alors que j'étais à jeter les bases de ma nouvelle religion. Le comportement de mes propres disciples m'amena à souhaiter être plus prudent à cet égard. Ils s'intéressaient beaucoup plus au phénomène de la guérison qu'ils ne s'intéressaient aux disciplines personnelles grâce auxquelles on pouvait faire s'élever l'Esprit hors du corps de l'homme. Ils ne disposaient évidemment pas de la clef que l'initiation conférait – et elle ne leur serait pas accessible avant un certain temps encore – et, en conséquence, je ne pouvais leur parler de rien de trop précis et ils n'entendaient que ce qu'ils voulaient bien entendre de toute façon.

Voilà où en étaient les choses en cette étrange soirée venteuse du printemps lorsque Jean de Zébédée entra dans l'*aliyah* en proie à une grande agitation. L'escalier extérieur menant à cette chambre d'amis sur le toit de la demeure de notre hôte n'était pas visible de la rue. Seul un homme robuste pouvait être dehors à cette heure dans une nuit pareille. Les chuchotements insistants de Jean avaient un air de grand mystère.

« Maître, un chef des pharisiens est venu demander audience, mais il ne doit pas être reconnu des autres Juifs. »

Il était tard et mes frères dormaient déjà sur les paillasses dans l'*aliyah*, et les autres disciples avaient trouvé refuge sur le toit. Mais Jean insistait tellement pour que j'accepte de recevoir le visiteur! Je le sentis venir de loin et compris le but de sa mission longtemps avant qu'il ne monte en silence les marches. En réalité, il avait un double motif de vouloir entourer de secret sa visite. À l'instant même où il émergea de l'obscurité à la lumière mouvante de notre lampe, il ne se trahit pas si ce n'est d'un bref regard complice.

« Voici Nicodème, Maître, chef parmi les Juifs. » Je pouvais reconnaître l'ancien capitaine du *Britannin* peu importe le nom qu'on lui donnait, et je savais pourquoi il était venu. Jean était beaucoup attaché à ma personne et ne voulait pas sortir, et nous dûmes nous résoudre à parler comme si Nicodème était vraiment venu en tant que chef des Juifs plutôt que comme un initié.

Nicodème dit : « Maître, nous savons que vous êtes un docteur venu de Dieu. Personne ne peut faire les miracles que vous faites sans l'aide de Dieu. »

J'étais heureux, car il m'indiquait ainsi que le Conseil approuvait ce que j'avais fait jusqu'à maintenant. Je savais qu'il était venu là pour entendre mon rapport sur ce que je projetais d'enseigner à l'humanité et sur les moyens choisis pour y parvenir. Je ne pouvais pas encore parler au monde des exercices sacrés, mais j'avais la conviction que les gens étaient prêts à comprendre que l'homme pouvait faire naître le divin de l'intérieur de son être et en venir à connaître cet esprit de lumière que chacun avait à l'état latent en lui.

« En vérité, je vous le dis, à moins de naître de nouveau, nul homme ne peut connaître le royaume de Dieu. » Par cette seule phrase, je lui disais ce que je comptais enseigner, mais il voulait savoir de quelle façon j'allais enseigner cette grande vérité. Nicodème assuma le rôle d'un homme ordinaire que mes paroles laissaient perplexe et il me donna une chance de répondre à toutes ses questions. Il demanda : « Mais comment un homme peut-il renaître? Un vieil homme peut-il rentrer dans le sein de sa mère? »

« Un homme doit renaître de l'esprit, car autrement il ne peut connaître le royaume de Dieu. La chair est née de la chair, l'esprit est né de l'esprit. Il n'y a rien d'inexact à enseigner que l'homme de chair doit renaître de l'esprit. » Son hochement quasi imperceptible me dit qu'il voulait savoir comment j'entendais procéder pour mettre à la portée de la compréhension de l'homme ce concept de la renaissance spirituelle; je m'empressai donc d'ajouter : « Le vent souffle où il veut. On peut en entendre le bruit et pourtant ne pas savoir d'où vient le vent ni où il va. Il en est toujours ainsi de ceux qui sont nés de l'esprit. »

« Mais comment une telle chose est-elle possible? » demanda Nicodème sur le ton de quelqu'un qui est déconcerté.

« Ceux qui savent par expérience directe peuvent parler de ce qu'ils connaissent et de ce qu'ils ont vu. Ceux qui n'ont pas vécu d'expérience de ce genre ne peuvent croire sur parole ceux qui l'ont vécue. Certains sont des incrédules, même parmi les Juifs. Si je tentais de parler de choses de la terre et que vous ne pouviez les accepter, croiriez-vous ce que je dirais des choses célestes?

En vérité, aucun homme ne peut connaître le ciel à moins d'y avoir été, et c'est la même chose pour l'être spirituel divin. De même que Moïse souleva le serpent avec son bâton dans le désert afin que ceux qui l'observaient puissent être sauvés de la morsure du serpent, de même cet homme de lumière à naître, cet esprit qui nous habite doit être sorti de sa torpeur afin que ceux qui croient en cet être divin qui naît en nous puissent parvenir à la vie éternelle. Au commencement, Dieu a tellement aimé le monde qu'il a fait don à l'homme de sa pure essence. Celui qui *connaît* ce Fils de Dieu ne périra jamais, mais aura la vie éternelle. »

Il y eut un instant de calme absolu dans l'*aliyah*, rompu seulement par la respiration de ceux qui dormaient. Je ne savais pas encore à ce moment-là à quel point le monde entier s'était lui aussi enfoncé dans un profond sommeil.

« Assurément, Dieu n'enverrait pas son Fils dans le monde pour y condamner les hommes – le fait même de condamner qui que ce soit va à l'encontre du serment de l'initié – mais afin que les hommes du monde puissent apprendre, à l'exemple du Fils de Dieu, à se sauver eux-mêmes. Celui qui, en son for intérieur, connaît le Fils de Dieu ne peut être condamné. Celui qui ne reconnaît pas en lui le Fils de Dieu s'est déjà condamné lui-même – parce qu'il a rejeté la connaissance intérieure de l'esprit éternel. Néanmoins, c'est une honte éternelle que les hommes refusent de voir la lumière divine lorsqu'elle se fraie un chemin jusqu'à leur esprit. Car ceux dont les actions et les pensées sont mauvaises aux yeux de Dieu ont appris aux hommes à maintenir leur esprit dans l'obscurité. »

Nicodème savait que je parlais des prêtres orthodoxes du judaïsme lorsque je disais : « Car beaucoup parmi ceux qui font ce mal à l'humanité vouent une profonde haine à cette lumière intérieure et n'oseraient pas permettre aux hommes de voir cette glorieuse lumière de crainte qu'ils ne se révoltent ensuite contre leurs fallacieux enseignements. Seul celui qui connaît la Vérité cherche la lumière par laquelle toutes ses actions pourront refléter la gloire de Dieu. »

Voilà comment j'annonçai à mes Maîtres jusqu'où je voulais aller dans mon enseignement des anciennes vérités et dans ma campagne contre la stupidité des Juifs et le contrôle qu'ils exerçaient sur les esprits, les bourses, les énergies, les corps et l'avenir de l'homme.

Quittant Jérusalem, nous retournâmes sur le bord de ma chère mer de Galilée. J'enseignai à beaucoup de gens par des sermons sur ce sujet, montrant que tous les hommes étaient égaux *en dedans*, car ils étaient tous issus de Dieu. Les gens venaient en foule pour m'entendre, pourtant il m'arrivait parfois de penser que s'ils venaient, c'était plus en raison des histoires convaincantes de ma mère, des guérisons continuelles et du témoignage de Jean-Jean que parce qu'ils comprenaient réellement ce que je leur racontais. Je finis par me rendre compte que je ne pouvais enseigner que les croyances les plus simples, car même mes propres disciples n'étaient pas prêts pour des notions de foi plus complexes et ne pouvaient comprendre ce qu'était le Temple de l'Esprit divin.

Les nombreuses guérisons étaient possibles parce que j'étais capable de conserver en permanence ou du moins de retrouver rapidement cet état d'élévation spirituelle qui m'avait permis de guérir l'Hindou mort par la morsure d'un cobra royal. Cette sensation de douce gloire et de force s'écoulait généreusement de moi tel un calice d'or débordant de lumière! Tous ceux qui venaient à moi étaient guéris à moins d'être constamment obsédés par les nombreux 'péchés' des Juifs. Ces soi-disant 'péchés' étaient innombrables et engendraient les pires maladies en affaiblissant l'énergie vitale jusqu'à un seuil critique. Il n'y a pas de doute que même Dieu se serait surmené à tenter d'inventer la multitude de 'péchés' que les prêtres vomissaient sur l'homme! C'était même un 'péché' que de pardonner un 'péché', ou de faire quelque chose de bien le jour du sabbat. Mais je n'arrêtai pas pour cela de guérir les malades le jour du sabbat. C'était le moment de la semaine où ils disposaient de temps libre pour venir. Je savais cependant que je mettais ainsi en danger le contrôle qu'exerçaient les prêtres du judaïsme sur les gens, car celui qui connaît la Vérité ne peut qu'être à jamais libre face à de tels moyens de contrôle.

Il arriva qu'un homme s'éleva contre eux et les défia – et voici son histoire. Quatre hommes dévoués descendirent un pêcheur paralytique, Salim, un lointain cousin de Simon-Pierre, à travers le toit de l'endroit où j'enseignais. Je lui dis que ses péchés étaient pardonnés, de prendre courage et de se lever. Les Juifs demandèrent de quel droit je me permettais de pardonner les péchés, puisqu'il s'agissait d'une prérogative divine, et il commencèrent à conspirer contre moi. De fait, comme j'enseignais dans tous les coins du pays et que beaucoup de gens, une multitude même, accordaient foi à mon enseignement, les Juifs s'affolèrent et se mirent à chercher comment jeter le discrédit sur moi et mes enseignements.

À l'occasion d'une fête, nous sommes allés à la piscine de *Béthesda* qui était entourée de cinq bâtiments où séjournaient de nombreuses personnes affligées de diverses maladies. Ils attendaient tous la venue de l'ange qui, d'après ce que l'on racontait, descendait régulièrement agiter les eaux de la piscine, et l'on croyait que la première personne qui entrait ensuite dans les eaux allait être complètement guérie. Il y avait là un homme qui ne pouvait marcher mais qui espérait être guéri. Il n'arrivait jamais à descendre dans la piscine avant que le pouvoir de l'eau ne soit usurpé par quelqu'un d'autre. Constatant son profond désir, je lui dis : « Lève-toi, prends ton grabat et marche ». Il eut foi en moi et fut guéri. C'était le jour du sabbat et les Juifs l'interpellèrent lui disant que c'était illégal de transporter son grabat le jour du sabbat. Certaines lois sont faites de telles stupidités!

Cet homme leur tint tête et cria : « Celui qui m'a guéri possède plus de pouvoirs de Dieu que tous les prêtres réunis! Il m'a dit de prendre mon grabat et de marcher, et je lui ai obéi! »

Ils étaient furieux et demandèrent qui l'avait guéri. Il refusa de leur indiquer où j'étais. Satisfait de ce que j'avais vu, je me retirai rapidement, car le moment où mon épreuve finale devait se produire n'était pas encore clairement déterminé.

Je rencontrai par hasard cet homme dans le Temple tandis que j'enseignais. Je lui dis : « Tu as été guéri. Change ta façon de penser maintenant de crainte que pire ne t'arrive. » Lorsque, dans un élan de joie, il parla de moi à d'autres Juifs, les prêtres découvrirent que c'était moi qui l'avait guéri le jour du sabbat, et ils essayèrent de me prendre au piège et de me faire du mal en usant de fourberie.

Suivi de mes disciples, je partis en Samarie et le fait d'y avoir lu le passé d'une femme dans son aura eut pour résultat que beaucoup de gens croyaient en moi. Partout où j'allais maintenant il y avait toujours foule autour de moi. Je demandai à mes disciples de baptiser les foules en l'honneur de Jean-Jean, ce qu'ils firent, mais je m'abstins de baptiser moi-même les gens dans l'eau.

Nous sommes ensuite retournés à Cana et, dès notre arrivée, un homme de naissance noble vint me trouver, car son fils était malade à Capharnaüm et allait bientôt mourir. Je ne voulais pas revenir en toute hâte à Capharnaüm. Au lieu de cela, j'envoyai l'âme violette et le corps vital effectuer la guérison, et je lui dis de retourner chez lui parce que l'enfant était guéri. Quelle ne fut pas sa surprise lorsque ses serviteurs venant à sa rencontre sur la route lui dirent : « Votre fils est vivant! Sa fièvre l'a brusquement quitté hier à la septième heure! » Le noble revint me voir et s'écria que son fils avait été guéri à l'instant même où je le lui avais dit. Alors, le noble crut en moi de même que toute sa famille et tous ses serviteurs, car c'était un homme très puissant. Pourtant, les prêtres trouvèrent à redire, car ils avaient grand-peur d'une religion qui libérait l'esprit des hommes.

Les prêtres incitèrent les Juifs à essayer de me tuer, et lorsqu'ils me prirent à partie en m'accusant d'avoir guéri quelqu'un le jour du sabbat, je me contentai de répondre : « Mon père avait de tels pouvoirs de guérison et maintenant je les utilise à mon tour. »

Les prêtres exhortèrent les gens à me tuer car j'avais violé le repos du sabbat, affirmaient-ils, et j'avais également blasphémé contre Dieu en disant que j'étais Son Fils – cependant je ne dis rien pour ma défense et ne niai rien par égard pour ma mère.

Alors qu'ils allaient avancer contre moi, je leur enseignai certaines choses divines de la façon suivante : « Vous êtes à l'image du Père divin et en chacun réside le Fils rayonnant. Le Fils ne peut rien faire par lui-même, sauf ce que le Père permet. Le véritable Père aime le Fils et montre à tous que de plus grandes œuvres peuvent être accomplies que celles que j'ai moi-même faites et dont vous vous émerveillez. Ce Père peut ressusciter les morts, et ce Fils peut accorder la vie à qui il le veut. Ce Père ne juge aucun homme, mais il permet à ce Fils toute compréhension et tout pouvoir. Tous les hommes ne devraient-ils pas alors honorer ce Fils tout comme ils honorent ce Père? Écoutez-moi bien ici! Celui qui comprend mes paroles et a foi en elles peut en arriver à connaître l'immortalité; il n'aura plus jamais à mourir et pourra passer de la mort à la vie éternelle. Car ce Père donne à ce Fils le pouvoir de décision indépendante et le pouvoir de vie même ainsi que le pouvoir vital et l'autorité de vivre de Lui-même. Que ceci ne soit pas source de confusion en vous. Le temps doit venir où tous ceux qui sont dans la tombe de chair pourront entendre Son appel. Ceux qui auront fait de bons efforts s'élèveront jusqu'à la vie de l'Esprit, et ceux qui n'auront pas essayé d'en sortir demeureront pris au piège. » Lorsque j'eus terminé, les gens refusèrent de suivre les prêtres et aucune main ne s'éleva contre moi. Cependant, ils ne purent comprendre les grandes vérités d'initié que je venais de leur communiquer.

Je fis ainsi que Skakus me l'avait ordonné. Je mis peu à peu à l'épreuve chacun des pouvoirs que mon développement spirituel mettait à ma portée. Chaque jour, si possible, je me retirais à l'écart de la cohue pour centrer toute mon attention sur mes exercices, et aussi pour voir en mon cœur l'image de ma Bien-aimée. Alors même que la colère des Juifs était attisée, je me servais de chaque occasion propice pour mettre mes pouvoirs grandissants à l'épreuve. La guérison de maladies était chose facile dans la mesure où je demeurais dans cet état d'extase suprême. La lèpre était guérie, la cécité, de nombreuses maladies répugnantes, la toux brûlante de même que la démence.

Mais je n'avais pas encore tenté de transmuter et transformer des *choses*. Il me fallait m'exercer à l'usage de ce pouvoir. À deux reprises l'occasion de m'y exercer se présenta, et je vais à présent en faire le récit. Il s'est trouvé qu'un grande nombre de bonnes gens m'avaient suivi jusqu'au lac de Tibériade au temps de la Pâque*. Il n'était pas approprié qu'ils manquent cette fête des Juifs; j'appelai donc Jean et Philippe et leur demandai à quel endroit nous pouvions acheter de la nourriture pour cette multitude. Philippe fut stupéfait de ma question, disant qu'une petite fortune ne suffirait pas à acheter assez de pain pour n'en donner qu'un morceau à chacun. André dit qu'un garçon avait cinq pains d'orge et deux petits poissons, mais que c'était

* Appelée aussi 'Fête des azymes' parce qu'on y mange un pain sans levain, cette fête judaïque annuelle commémore l'exode d'Égypte

la seule nourriture qu'ils avaient trouvée dans toute cette foule.

C'est alors que je décidai de faire ma première tentative de transmutation de la matière. Je demandai que l'on fasse asseoir tout le monde, que chacun garde le silence, comme s'il était en prière, et que tous respirent au même rythme que moi. Puis, je plaçai les pains et les poissons sur une pierre surélevée, comme s'il s'agissait d'un autel, mais bien à la vue de tous. Ensuite, j'entrepris de faire mes exercices sacrés, je franchis l'Océan de Paix, suivis le Sentier de Gloire et fis sortir l'âme vitale. Avec l'âme animale, j'insufflai de l'énergie dans chaque microscopique particule, dans chaque atome. Puis, par la force de l'âme vitale et de la volonté parfaite je les fis se recréer eux-mêmes sur l'impulsion créatrice de chaque cellule de mon corps.

Les disciples distribuèrent les pains et les poissons à chaque personne présente, et il en manqua un de chaque pour moi. Car chaque initié apprend qu'il ne doit jamais lui-même tirer profit de l'utilisation des pouvoirs divins, ne fut-ce même qu'une seule bouchée. Constatant que mes disciples étaient très troublés de voir que je jeûnais si longtemps, je les rassurai en disant : « Je dispose d'aliments et de forces dont vous ne pouvez même pas encore rêver, mais qu'avec le temps vous pourrez aussi avoir comme moi. »

Une fois la fête terminée, je leur suggérai de ramasser tous les morceaux qui restaient, et grande fut ma joie de voir qu'il y en avait sept paniers d'un demi-boisseau chacun!

Comme la nuit arrivait rapidement, nous nous sommes tous dirigés vers la rive du lac car nous devions retourner vers Capharnaüm. Je m'attardai derrière afin de pouvoir entrer en communion avec ma Bien-aimée. Avant que je ne les rejoigne au bord du lac, les disciples, ne me voyant nulle part, en avaient conclu que j'avais été pris à bord d'une autre barque, s'étaient mis en route et avaient déjà un bon trois kilomètres de parcouru. Mais un fort vent contraire soufflait et ils n'avançaient plus que très lentement sur le lac. Avec toute cette foule qui m'entourait et ne voyant aucune autre barque, je décidai d'attendre un peu et puis de voir si je pouvais marcher sur l'eau comme Skakus me l'avait montré. Pour ma première tentative, je ne voulais pas que quiconque me voie. Lorsque la nuit tomba et que de nombreux feux furent allumés pour ceux qui devaient, étant donné les circonstances, passer la nuit sur place, je m'approchai du bord de l'eau et j'ordonnai à mes corps d'être légers et à l'eau d'être ferme, et ensuite je m'empressai de franchir la distance de presque cinq kilomètres pour arriver jusqu'au bateau des frères Zébédée.

Le vent contraire qui les ralentissait avait soufflé fort sans désemparer et malgré tous leurs efforts pour ramer, ils n'avaient guère avancé. Me voyant arriver ainsi près de leur barque, une grande peur s'empara d'eux, mais je les rassurai aussitôt et ils m'aidèrent à monter à bord cependant que des louanges fusaient de toutes les lèvres. Ils étaient tous fatigués d'avoir tant ramé et je décidai de tenter de sublimer les forces du vent et de l'eau pour faire avancer la barque. En me concentrant sur les énergies du corps vital, je fis descendre l'eau en pente devant le bateau et la fis monter derrière, tout en faisant tomber le vent devant nous et souffler par derrière. Nous traversâmes rapidement le reste du lac au grand étonnement de tous et particulièrement de ceux qui s'aperçurent qu'ils ne pouvaient pas même plonger leur rame dans l'eau tant la barque avançait vite.

Ceux qui étaient demeurés sur le rivage opposé se levèrent tôt et se lancèrent à ma recherche. Comme ils ne me trouvaient nulle part, ils commencèrent à s'inquiéter sérieusement et se dépêchèrent de trouver des bateaux pour traverser le vaste lac. Ils se rendirent ensuite à la maison de Simon-Pierre pour m'y chercher. « Comment êtes-vous venu ici? », demandèrent-ils. « Il n'y avait pas de barques et vous n'êtes pas venu par voie de terre. » Ils étaient au comble de l'étonnement et en parlèrent pendant plusieurs jours – et c'est ce qui m'incita ensuite à parler du souffle de vie à la synagogue, tenant alors des propos qui devaient en amener beaucoup à cesser de me suivre, ce sur quoi je reviendrai plus loin.

Il s'est trouvé que très tôt je choisis six autres disciples qui devaient me suivre. Il s'agissait de Matthieu, Thomas à la volonté opiniâtre, Jacques d'Alphæus, Simon le zélote, Judas d'Alphæus et l'autre Judas, un Judéen dont le nom de famille était Ish Kehrioth, ce qui veut dire 'homme de Kehrioth'. Comme je désirais leur confier autant de vérités qu'ils allaient être capables d'absorber afin de pouvoir ainsi les perpétuer, sans cependant porter atteinte aux anciennes Vérités sacrées, je dus consacrer beaucoup d'attention à leur formation. Tel que l'exige toute étude initiatique, je commençai par leur enseigner des choses simples de nature morale. Je leur appris à être doux, honnêtes, persévérants, et à ne pas craindre la pauvreté; à aimer leurs ennemis et à traiter les autres de la même façon qu'ils aimeraient eux-mêmes être traités; à faire preuve de miséricorde et à ne jamais juger; à donner d'eux-mêmes de façon à être dispensés d'avoir à refaire leurs forces intérieures comme tout initié est obligé de le faire.

Même s'ils m'aimaient bien, ils ne pouvaient comprendre le sens véritable de ce que je leur enseignais. Il leur arrivait souvent de manquer de foi pour des choses simples, ou de se disputer entre eux à propos de menus détails dans ce que je leur avais enseigné, accordant ainsi tant d'importance à la lettre de mon enseignement qu'ils en oubliaient l'esprit de Vérité plus vaste qui l'animait. Je leur communiquais mon enseignement à l'aide d'histoires simples et par des contes voilés inspirés de ma propre initiation, tentant ainsi de leur transmettre une étincelle de Conscience divine. Je leur expliquai bien des choses de grande importance, mais c'étaient des gens simples avec des croyances simples et les concepts les plus élevés étaient hors de leur portée. Je leur parlai des Druides et du Tolmen, la pierre sacrée, le symbole d'une foi qui ne se tarit jamais. Je leur expliquai que même si la pierre était creuse, tout comme le centre de la foi est invisible, et en apparence facile à briser, c'était néanmoins sur cette pierre de la foi que j'allais bâtir mon église et que toutes les forces des hommes ou des enfers ne pourraient prévaloir contre elle.

Une occasion se présenta toutefois qui me permit de leur enseigner une importante leçon sur la façon de se défaire de l'emprise des prêtres orthodoxes. Ce jour-là, les prêtres, les scribes et les pharisiens amenèrent une femme qui était contusionnée et en sang, et que l'on força malgré ses pleurs à s'agenouiller devant moi. Chaque homme avait dans sa main une pierre avec laquelle il s'apprêtait à la tuer. Elle avait été prise en flagrant délit de copulation, et elle était mariée à un Juif.

Ils l'accusèrent d'adultère et puis demandèrent : « Moïse donna pour Commandement qu'il ne fallait pas commettre l'adultère, et que selon la loi il fallait lapider quiconque s'en rendait coupable. Qu'as-tu à dire à propos de cette loi ancienne et parfaite? »

Je savais qu'ils avaient l'intention de me lapider si ma réponse ne leur plaisait pas. Je fis une lecture rapide de l'aura de chacun et vis qu'ils avaient tous commis l'adultère, ou volé, ou menti, ou fraudé. Je me penchai alors et j'effaçai toute trace sur une partie du sol à mes pieds, puis j'inscrivis dans le sable : « Dieu donna à chaque homme le besoin de créer, et les hommes qui contrôlent les croyances au sujet de cette pulsion créatrice contrôlent les autres hommes. »

Ils ne comprirent pas le véritable sens de cette phrase. Ainsi, à nouveau, j'écrivis : « Dieu donne à chaque homme le besoin de créer. Les hommes doivent-ils interdire par décret de céder à ce besoin? »

Tandis qu'ils murmuraient entre eux, chacun tentant de trouver le courage de jeter sa pierre, j'écrivis de nouveau sur le sol. Cette fois, j'inscrivis le nom de chacun des meneurs présents sur une seule colonne. Ils se pressèrent autour de moi complètement stupéfaits. Ensuite, je mis comme titre à une nouvelle colonne 'Les péchés commis'. En examinant leurs auras, j'écrivis à côté de chaque nom le péché, et en de nombreux cas d'adultère j'inscrivis même le nom de la femme avec laquelle ils avaient copulé. Puis je me relevai et dis : « Si vous pensez que cette femme doit être lapidée, ainsi que tous ceux qui ont commis l'adultère, que celui qui est sans péché lui jette la première pierre. » Ils me lancèrent tous des regards hostiles, mais je me penchai et commençai à écrire les noms d'autres hommes et les péchés commis, ainsi que les noms de leurs partenaires de copulation, et ils reculèrent de peur que leurs secrets soient dévoilés au grand jour. Lorsqu'ils furent tous partis, je demandai à la femme où étaient ses accusateurs, et si nul n'était resté pour la condamner.

« Aucun n'est resté », murmura-t-elle.

« Alors va. Tu ne peux réellement commettre un péché aux yeux de Dieu pour des actes de la chair. Dieu inscrirait-il en chaque homme la loi de la procréation et ensuite une loi encore plus importante interdisant son usage? Je ne pourrais croire en un Dieu si incohérent. Mais sois quand même prudente. Va maintenant, je ne te condamne pas. »

Mes disciples apprirent alors une leçon sur le pardon qui les fit s'aimer encore plus les uns les autres. Je leur enseignai la partie du serment de l'initié concernant le pardon où il est dit de pardonner toutes les offenses même jusqu'à la septième fois, incluant les offenses morales – pourtant, je leur enseignai que même ceci n'était pas la loi de Dieu et qu'il n'y avait aucun châtiment pour l'imperfection!

Une fois de plus, je le dis, en vérité, Jean-Jean m'a donné mes adeptes et mes disciples. Même si le nombre de mes adeptes augmentait rapidement, il vint souvent avec ses fidèles afin qu'ils puissent m'entendre enseigner. Peu à peu, ils commencèrent à s'éloigner de lui et à s'attacher à moi. En l'honneur de sa foi, j'ordonnai à mes disciples de baptiser les croyants dans l'eau afin qu'ils aient une vie nouvelle. Une telle purification est également requise avant d'entreprendre les initiations à la Vérité. Mais je refusai de prendre part à ces baptêmes afin de respecter la promesse qu'il avait faite à ses partisans, celle où il disait : « Il vous baptisera avec l'esprit et avec le feu. »

Jean-Jean semblait désirer que sa notoriété diminue à mesure que la mienne augmentait. Un de ceux qui étaient régulièrement avec lui vint me raconter l'histoire suivante. Un jour que les disciples de Jean-Baptiste se plaignaient qu'il me permettait de devenir plus populaire que lui, il eut un sourire doux et triste et poussa un soupir de bonheur. Je savais qu'il avait effectivement tenu sa parole donnée durant notre jeunesse. Il dit à ceux qui lui adressaient ce reproche : « Un homme peut-il faire usage d'un pouvoir à moins qu'on ne le lui ait donné pour s'en servir? Je vous ai toujours dit la même chose que j'ai dite aux responsables du *Sanhédrin*. Je ne suis pas le

Fils de Dieu. Je suis venu dans le seul but d'annoncer son arrivée imminente. Ma joie est comme celle de l'ami du jeune marié qui n'a pas la mariée mais qui partage le bonheur du marié. La renommée de celui dont j'ai annoncé la venue doit croître et la mienne décroître. Car je crois qu'il est au-dessus de tout sur Terre, alors que je suis simplement de la Terre. Par son existence même, il se fait le témoin de ce qu'il a vu et entendu. Nul homme ne comprend encore de quelle réalité ses miracles rendent témoignage – que Dieu est l'éternelle Vérité. Le Père qui aime son Fils a sûrement mis tous pouvoirs entre ses mains. Celui qui croit au Fils peut en venir à connaître la vie éternelle. »

À mesure que le nombre de ses adeptes diminuait, Jean-Jean avait de plus en plus souvent des ennuis avec les Juifs. À la fin, Hérode osa le faire jeter en prison pour avoir déclaré qu'il était illicite qu'il prenne pour épouse Hérodiade qui avait été mariée au frère d'Hérode. Comme Jean-Baptiste était populaire, Hérode n'osa pas lui faire de mal et le garda même emprisonné dans un confort acceptable. Sa situation ne nous inquiétait pas; il était content, car il avait le sentiment que son travail était presque terminé, et il s'arrangea pour me le faire savoir. Cependant, lui et ma mère furent l'objet de continuels harcèlements de la part de Juifs insidieux et de prêtres menaçants, et ils étaient constamment embêtés par des messages de hauts dignitaires religieux qui étaient furieux parce qu'ils avaient dit que j'étais le Fils de Dieu. À maintes reprises, ma mère fut emmenée sans ménagement par les représentants de 'la Loi' et eut à subir divers affronts aux mains des prêtres. Elle fut brutalisée et menacée, mais elle se raccrocha à son histoire et refusa de se rétracter même avec la promesse d'une alléchante somme d'argent. Les représentants de 'la Loi' ont toujours eu la mauvaise habitude, une fois bien établis, d'abuser des faibles et des défavorisés et de protéger les forts et les privilégiés. Le harcèlement que subissait ma mère me devint insupportable!

Mais ce sont ces mêmes tribulations qui poussèrent bien des gens ordinaires à venir en foule à moi pour marquer leur protestation et leur sympathie à son égard. Elle et Jean-Jean, dans leur amour et leur dévotion, ont incommensurablement accru le nombre de mes adeptes. La pression des foules devint insupportable, car c'étaient virtuellement des multitudes qui, chaque jour, s'amenaient pour être guéries, et mes bien-aimés disciples étaient occupés du petit matin jusqu'à une heure avancée de la nuit par les baptêmes et les autres tâches. Mais même ceux qui se convertissaient à la foi n'étaient intéressés que par ce qu'ils pouvaient en recevoir, et non par le Cheminement sacré *grâce auquel ils pouvaient eux-mêmes faire de telles œuvres.*

L'organisation du travail que nous avions mise sur pied était fort simple, et je donnai aux douze disciples une formation qui allait leur permettre de poursuivre le travail. Puis, nous avons sélectionné soixante-dix personnes parmi les adeptes rapprochés, nous les avons formés à agir comme agents annonciateurs de notre venue, et nous les avons envoyés deux par deux dans toutes les régions avoisinantes pour annoncer notre venue.

Beaucoup vinrent, beaucoup virent, beaucoup crurent – seulement quelques-uns demandèrent plus qu'un petit miracle excitant pour leur ravissement! Nous œuvrâmes avec assiduité pour établir le fondement d'une foi qui allait rompre avec l'orthodoxie, enseigner dans le tabernacle du cœur de l'homme, qui ne posséderait aucun bien, apprendrait à ses adhérents à servir leur prochain et à propager la foi sans édifices ni structures, et dont les apôtres ne prendraient rien pour leur privilège personnel mais seulement l'essentiel pour le vivre et le couvert. Tel était notre simple travail et, en vérité il n'augurait aucun commandement de construire des édifices géants, de conserver des états politiques séparés, ou de devenir l'unique religion d'une nation.

Nous avons travaillé dur. Il nous arrivait, quoique très rarement, de nous échapper de la cohue en un endroit désert afin de prendre un peu de repos. Chaque jour, je tentais de me retirer en mon cœur, afin d'y pratiquer mes exercices sacrés, et pour être avec ma Bien-aimée. Je disposais de trop peu de temps pour mon propre développement et j'avais besoin de l'influx spirituel qui vient du repos physique et de la solitude mentale. Je pris donc Simon-Pierre, Jacques et Jean de Zébédée avec moi pour aller chercher un peu de solitude à la montagne, sur un éperon du majestueux mont Hermon, afin de donner la possibilité à nos cœurs et nos âmes de mieux se connaître. Nous y avons séjourné durant plusieurs jours sous la lumière vivifiante du soleil en haute altitude, et je travaillai dur et longtemps pour que mon âme vitale se plie à ma volonté et pour que mon corps en vienne à connaître le doux repos de chaque cellule.

Seul dans une petite maison rustique servant de refuge à un berger des hautes terres, je fis mes exercices et me projetai auprès de ma Bien-aimée. Ah! quelle douce bénédiction d'amour que celle de l'homme pour sa demoiselle. Sans elle, le Soi cellulaire se vide de la sève de la vraie compréhension; sans elle, la pensée consciente se met à gîter violemment dans une seule direction comme un voilier privé de sa quille; sans elle, l'esprit devient aussi friable qu'un ancien rouleau de la Loi. Cette nuit-là, je laissai mon amour envelopper sur trois niveaux ma Bien-aimée, et mon désir de lui dire mon amour était plus grand que jamais. J'avais la nette impression d'être en sa présence et d'être entouré de ses charmes et sa beauté. Tout à coup, je réussis à parler à mon amour et elle me répondit, et nous nous sommes dit et répété, je ne sais combien de fois, tout l'amour que nous éprouvions l'un pour l'autre.

Jour de gloire. Divine allégresse. J'avais parlé avec mon amour. Skakus m'avait dit que, lorsque je serais capable de parler dans mon corps extériorisé, la longue attente serait alors presque terminée. Le temps jouait maintenant en ma faveur. J'avais atteint le point situé à mi-chemin de la croissance de mon corps spirituel, mon *Sahu*, et mon esprit était désormais enraciné dans l'éternité. Ce matin-là, je suis allé peu après l'aube sur une butte éloignée, exprimant en mon cœur par des prières toute ma gratitude au Dieu Tout-Puissant pour avoir ainsi béni Son serviteur. Tandis que j'étais en prière, mes trois disciples étaient venus s'asseoir non loin de moi pour prier et méditer, et soudain je les entendis qui poussaient de grands cris et j'ouvris les yeux.

Il y avait une luminescence qui irradiait de moi et jetait à la ronde des éclats opalescents sur les rochers ternes, les faisant scintiller comme des joyaux. Chaque cellule de mon corps semblait brûler d'un feu doux, dégageant mon esprit de ses tensions et scories, et ce feu intérieur nettoya ma robe, la rendant plus blanche que la neige sous le soleil de midi. Alors même que j'entendais mes disciples s'exclamer en voyant ma beauté rayonnante et la blancheur de ma tunique, mon propre père et Skakus apparurent devant moi et nous nous embrassâmes, eux sous forme d'esprit radiant, moi dans la chair rayonnante. Oh! quel jour glorieux c'était!

Même si leurs salutations étaient empreintes d'une ineffable grandeur d'esprit, c'étaient les affaires de l'Ordre qui les amenaient là, et nous nous sommes entretenus du plan général. Ils approuvaient ma décision d'avoir reporté à plus tard ma tentative de révéler les secrets de la Vraie Religion à l'humanité, mais ils me demandèrent avec insistance de cesser dorénavant de dire que j'étais simplement le Fils de l'homme ou un fils de Dieu, disant que je devais plutôt déclarer ouvertement ma complète divinité et affirmer que j'étais le Fils de Dieu.

« Tu as bien agi. Tu as formé tes gens comme de véritables initiés. Tu as démontré la valeur de la formation que tu as reçue. Tu as jeté les bases d'une nouvelle religion et tout cela en moins de sept cents jours. Voilà qui est bien, mon garçon! » Pourtant, alors même qu'il me complimentait, j'avais le sentiment que Skakus ne m'aimait pas réellement. « Souviens-toi, ce sera à toi en dernière analyse de juger s'il est opportun ou non de dévoiler le Secret des âges à l'humanité– et, le cas échéant, de choisir le moment de cette révélation. N'oublie pas les paroles qui déclencheront l'irrésistible poussée du changement, mais ne les prononce que lorsque tu seras certain d'être prêt. »

Ensuite, mon père bien-aimé se tourna vers les trois disciples agenouillés et clama d'une forte voix : « Voici mon fils bien-aimé. Écoutez-le bien! »

Ils disparurent aussi soudainement qu'ils étaient apparus. Lorsque je descendis rejoindre les trois autres, grande était leur joie d'avoir été témoins de cette merveilleuse expérience et ils se considéraient bénis d'avoir pu y assister. Simon-Pierre, dans un élan de joie, s'écria : « Maître, érigeons ici même trois tabernacles, un pour Moïse, un pour Élie et un pour vous afin de commémorer ce jour de votre réunion. » Je ne m'y opposai pas et ils érigèrent trois petits autels creux en pierre.

Ces autels se dressent dans la splendeur solitaire d'une butte rocheuse sur le contrefort nord-ouest du mont Hermon et peuvent même encore y être trouvés. Voici comment les reconnaître : ils forment un triangle aux côtés égaux, pointant comme une flèche vers le soleil levant, et chacun est un cube parfait. Tandis que nous redescendions pour reprendre nos activités normales, je leur ordonnai expressément de ne parler à personne de ce qu'ils avaient vu tant que je ne serais pas ressuscité d'entre les morts – et ils en furent troublés et stupéfaits, et ne comprirent pas de quoi je parlais. Je venais néanmoins d'annoncer là au monde mon épreuve prochaine.

À notre retour, nous nous sommes retrouvés au beau milieu d'un incroyable tumulte. Une immense foule s'était rassemblée, car un homme avait amené un fils qui souffrait d'épilepsie; celui-ci était même tombé à quelques reprises dans le feu et de l'écume lui venait aux lèvres – et, manifestement, mes disciples étaient impuissants à le guérir. Je reconnus la difficulté grâce aux mois de travail dans les Temples du sommeil, et je le guéris. La confiance de mes disciples était ébranlée parce qu'ils n'avaient pu le guérir, et je leur dis : « La seule véritable cure en pareil cas est le jeûne et la prière », et ils reprirent confiance. Peu après, je leur annonçai : « Je dois bien vous former. Il se peut que je sois livré au jugement de l'homme et que je sois tué. Je ressusciterai à la vie éternelle. »

Ils ne pouvaient comprendre ce que je voulais dire, et une vive controverse éclata entre eux – pas au sujet de la religion que je leur avais enseignée, mais pour savoir qui parmi eux serait le *premier* s'il advenait réellement que je meure! Tout d'abord une divine fureur s'empara de moi, mais ensuite je les appelai tous et leur dis : « Que celui parmi vous qui veut être le premier soit le dernier de tous, le serviteur de tous les autres. » Toutefois, peu de temps après, Jean de Zébédée dit : « Nous avons vu un homme qui guérissait les gens en se servant de votre nom, mais il n'était pas l'un des nôtres. Nous lui avons interdit de faire cela parce qu'il ne suivait pas notre manière de faire. »

Je fis à nouveau une sainte colère, mais je me calmai et dis : « Ne le lui interdisez pas. Il est impossible qu'un homme accomplissant un miracle en mon nom puisse dire du mal de moi! S'il n'est pas contre nous, il est avec nous. Acceptez tout ce qui est offert en mon nom, même un simple verre d'eau, et vous verrez que c'est bon pour vous. N'offensez personne qui croit en moi, car il vaudrait alors mieux vous accrocher une pierre au cou et sauter dans la mer. Vous êtes le sel et la saveur de notre foi, et chacun de vous a été salé avec le feu de l'esprit. Si ce bon sel en vous est perdu, avec quoi serez-vous assaisonnés? Conservez le sel divin de l'esprit et ne luttez pas l'un contre l'autre. »

Nous sommes alors retournés une fois de plus à Capharnaüm et j'ai proclamé ma divinité et annoncé ainsi mes épreuves à venir : « Je suis le pain de la vie. Celui qui vient à moi n'aura jamais faim, celui qui croit en moi n'aura jamais soif. Celui qui est poussé par l'esprit du Père divin à venir à moi ne sera pas renvoyé, car je suis venu pour faire la volonté de mes Maîtres et non ma propre volonté. Malgré tout, je ne perdrai rien de tout ce que j'ai lorsque la mort m'emportera mais, ce jour-là, je ressusciterai dans ce même corps. Celui qui voit ceci et croit ce que je dis sera lui aussi capable d'entrer dans la vie éternelle et d'être ressuscité en ce dernier jour de vie. »

C'en était trop pour eux! Bon nombre de mes adeptes me délaissèrent alors. Les Juifs et même mes disciples murmuraient. « Ne murmurez pas. Comprenez mon message à la fois simple et direct. Je suis le fils de Joseph et Marie que vous connaissez, mais le Seigneur Tout-Puissant m'a donné de connaître l'esprit intérieur et tous les hommes qui viendront à moi seront ressuscités en ce dernier jour. En vérité, je vous le dis, celui qui comprend et croit aura la vie éternelle. Chaque homme est le fils de Dieu. Son corps même est le pain dont se nourrit l'esprit vivant, et celui qui mange de ce corps et boit de son esprit ne mourra pas, mais aura la vie éternelle. Mes Maîtres m'envoient et je donnerai ma chair pour qu'elle soit le pain du pardon. J'y renoncerai pour la vie du monde. »

Un peu plus tard, je dis à mes disciples : « C'est l'esprit qui donne la vie et la chair est sa tombe. La vie de l'esprit est dans ce que je vous enseigne, car mes paroles apportent réellement la vie. » Et, dans ma colère, je mis les douze au défi : « Allez-vous maintenant partir et me laisser? » Le grand et gentil Simon-Pierre dit avec un sourire : « Maître, où irions-nous? Vous avez dit que vous avez les paroles qui enseignent la vie éternelle. »

Je ne pouvais manquer de voir l'humour de ses paroles et j'en ris de bon cœur, puis il ajouta sur un ton plus sérieux : « Nous croyons tous, nous *savons* que vous êtes le Fils du Dieu vivant. » Je ne pouvais être en désaccord avec cela, mais je dis : « Je suis heureux de vous avoir choisis, tous les douze, même si l'un d'entre vous est un démon! »

Ainsi mes disciples étaient autant une bénédiction qu'une plaie pour moi. Ils m'aimaient bien et avaient beaucoup de tolérance, mais ils ne retenaient que l'interprétation la plus orthodoxe de tout ce que j'enseignais, et ils ne pouvaient discerner la Vérité d'initié que je n'osai leur enseigner avant qu'ils ne soient prêts. Il leur arrivait de très bien comprendre mes propos, et à d'autres moments ils étaient aveuglés par leurs croyances juives, comme celle de ce proverbe : « Les fils seront punis jusqu'à la troisième génération pour les péchés du père. » Ainsi ne pouvaient-ils comprendre pourquoi un homme était aveugle de naissance, et ils demandaient : « Cet homme a-t-il péché, ou bien est-ce à cause des péchés de ses parents? »

À ceci, je leur répondis : « Un Dieu juste ne punit pas l'homme pour un péché. Cet homme n'a pas péché, pas plus que ses parents. Cet homme peut simplement représenter une occasion qui s'offre à nous de démontrer le pouvoir de Dieu en nous. Pendant que je vis en ce monde, je serai la lumière du monde et je donnerai la vue à tous les aveugles. » J'appliquai un peu de boue sur ses yeux et lui dis d'aller les laver dans l'étang de Siloam dont les eaux ont des propriétés curatives. Il s'y rendit, y lava ses yeux et se mit à voir.

Toutefois, je savais à l'avance que cet homme se présenterait un jour et qu'il serait aveugle de naissance. Car il était dit que « depuis le commencement du monde, aucun homme n'avait pu ouvrir les yeux de celui qui est né sans la vue » – néanmoins, ceci je l'avais accompli. Lorsque l'homme en question fut amené devant les Juifs, il leur raconta son histoire, même si ses parents l'avaient abandonné par crainte de la réaction du *Sanhédrin* et des prêtres. L'homme insista pour dire de moi : « Si cet homme ne venait pas de Dieu, pourrait-il faire une telle chose? » Mais ils le rejetèrent comme étant l'un de ceux nés dans la multitude de péchés qu'ils inventaient pour dominer l'homme.

La vicieuse trahison dont Jean-Jean fut la victime et sa mort furent cependant pour moi le plus dur coup. Cela se produisit de fort étrange façon. Hérode avait promis à une fille d'Hérodiade, sa femme illégitime, de lui donner tout ce qu'elle demanderait. Il lui avait fait cette promesse parce qu'il avait bien aimé sa façon de danser devant lui lors d'une beuverie avec ses officiers. Pour faire plaisir à sa mère, l'innocente enfant avait demandé que la tête de mon gentil cousin soit tranchée et lui soit amenée sur un plateau d'argent. Cette vile chose fut faite, et je ressentis la douleur infligée par la lame tranchante de même que la rupture de la corde mystique qui nous avait reliés depuis notre prime jeunesse. Lui qui m'avait attribué tout le mérite pour lui avoir sauvé la vie durant notre jeunesse fut toujours le plus grand des hommes. Il ne s'éleva pas jusqu'à des hauteurs sublimes, car il niait sa propre divinité en croyant que d'autres étaient divins mais pas lui. Jean-Jean m'avait bien aimé, mais pas assez pour croire à mon enseignement selon lequel chaque homme est capable d'atteindre à la divinité et à la vie éternelle. J'aimais Jean-Jean, mais il était tombé sous l'emprise envoûtante de ma mère qui l'avait persuadé que j'étais le fils de Dieu et le seul à détenir la maîtrise de la divinité. Nul homme ne devrait jamais se laisser persuader qu'il n'est pas divin, ou du moins potentiellement divin! La mort de Jean-Jean fut pour moi le premier signal que mon temps tirait à sa fin. Ce fut, je pense, le souvenir amer de sa mort qui ralentit mon propre développement et faillit provoquer l'échec complet de ma mission.

Les Juifs resserraient peu à peu leur étau autour de moi et je n'avais pas encore prouvé ma valeur comme initié. Ce fait et mes souvenirs de Jean-Jean me revenaient fréquemment à l'esprit au point de me contrarier et de retarder ma propre acceptation de la parfaite paix intérieure nécessaire pour extérioriser mes corps spirituels. Je me dis alors : « Si je ne parviens pas à m'élever jusqu'au niveau Divin lorsque je suis seul avec mes pensées, comment pourrai-je parvenir au plus haut niveau lorsque je serai entouré de bruits et de confusion lors de l'initiation finale? »

Des Juifs pleins de hargne me cernèrent alors que j'enseignais sur le porche du temple de Salomon, et me demandèrent : « Si tu es le Messie, prouve-le! » Je savais qu'ils avaient été envoyés par les prêtres pour me lapider. Je ne savais pas à ce moment-là – et il ne me fut pas donné de le savoir avant les toutes dernières heures de ma vie – quelle forme prendrait l'épreuve finale. Je répondis avec prudence. « Je vous l'ai déjà prouvé, mais vous vous refusez à en accepter l'évidence. Mes œuvres ne suffisent-elles pas à démontrer que je fais des miracles au nom du Père! Quoi que je fasse ou dise, vous ne pourrez probablement jamais croire, car vous n'avez rien en commun avec moi. À ceux qui m'accordent leur foi, j'ai donné la connaissance leur permettant d'atteindre à la vie éternelle afin que jamais plus ils ne meurent. Ceux qui ont connu le contact avec l'Être Suprême ne peuvent être détournés de cette indéniable connaissance de Dieu, et de cette certitude absolue que Dieu et le Christ intérieur sont Un. N'est-il pas écrit dans la loi juive que Dieu a dit 'Vous êtes des dieux'? À qui voulait-il ainsi s'adresser sinon à ceux qui acceptent ses Écritures? Vous affirmez que ces Écritures sont vraies d'un bout à l'autre et qu'elles ne peuvent être dans l'erreur. Alors pourquoi lapideriez-vous celui qui croit et accepte qu'il soit le Fils de Dieu?

Si je n'accomplis pas les œuvres du Père, condamnez-moi. Mais si je fais les œuvres de Dieu, croyez en elles même si vous me condamnez. Car de telles œuvres ne démontrent-elles pas que Dieu habite le fils? »

Il y eut un flottement de confusion et j'en profitai pour m'éclipser. Mais le danger était grand et je n'étais pas encore prêt. Nous sommes donc retournés au Jourdain. Une fois arrivés, nous avons séjourné près de l'endroit où Jean-Jean m'avait baptisé, et j'avais le cœur lourd de tous mes souvenirs. Je commençai alors à connaître la terrible agonie intérieure de celui que le doute et la terreur rongent.

Lorsqu'on me rapporta que mon ami d'enfance, Lazare de Béthanie, était malade, je ne me levai pas pour aller l'aider. Sa sœur aînée s'appelait Martha et sa plus jeune sœur, Marie – qui avait reçu le nom de ma mère – et c'était dans leur maison que nous restions souvent. Dans mon trouble et mon doute, je dis à mes disciples : « Notre ami n'est pas malade au point d'en mourir. Sa maladie est pour la gloire de Dieu afin que nous puissions faire la démonstration de nos pouvoirs. » Je me sentais incapable d'y aller, me donnant comme excuse que la fureur des Juifs ne s'était pas encore assez apaisée.

On nous apporta la nouvelle de la mort de Lazare, et j'eus honte de ma négligence et dis : « Notre ami est simplement en train de dormir, mais nous devons y aller et le réveiller. »

Cependant, mes disciples ne comprirent pas que je parlais ainsi à partir de la perspective de l'esprit de l'initié qui met en branle la chose qui doit être faite en la visualisant comme étant déjà accomplie. Lorsqu'ils insistèrent pour que j'explique le sens de ces paroles, je dis : « Lazare, à vrai dire, ne dort pas. Ce n'est qu'une façon de parler. Lazare n'est pas mort. Partons immédiatement le retrouver. »

Thomas Didyme, qui avait toujours des doutes et remettait tout en question, se leva et dit : « Nous devrions tous aller avec le Maître, car il s'en va au-devant de sa mort! »

Cela ne fit que confirmer ma propre conviction selon laquelle les instants m'étaient comptés alors que ma préparation n'avançait pas assez vite.

Mais je ne pouvais plus reculer maintenant. Je ne pouvais admettre un échec à mes Frères. Je ne pouvais repousser le plan de mise en exécution établi depuis des siècles! Je résolus de hâter mon propre développement, d'obliger ma volonté à une complète attention et à sa pleine puissance. Lorsque Martha vint, je pus l'assurer que Dieu accordait tout ce qu'on Lui demandait et que, en vérité, le Fils de Dieu était la résurrection et la vie – et en cet instant, nous le croyions sincèrement tous les deux. Lorsque Marie arriva, je me mis à réfléchir à ma mère et à ses années de labeur, et je m'enfonçai à nouveau dans une profonde introspection chargée d'émotions et gémis de douleur devant le doute et le désespoir qui m'assaillaient. Je fondis en pleurs.

Mais le sentiment du devoir me fit relever la tête et je me rendis rapidement jusqu'au tombeau. Une fois là, je me concentrai pour parvenir à l'état de paix intérieure et mis à l'épreuve ma capacité de transmuter la chair de la mort à la vie – suivant en cela les recommandations expresses de Skakus. L'âme violette aiguillonna la chair. L'âme vermeille donna la force, l'âme humaine donna le souffle, et l'âme vitale, gonflée à bloc par la volonté parfaite, donna la vie et la force. Le flanc de coteau renvoya l'écho de mon commandement alors que je prononçai les mots au pouvoir créateur. Lazare émergea du tombeau, clopinant dans son linceul mortuaire, attaché et le visage couvert d'un suaire.

La joie était à son comble tandis qu'il était détaché et qu'on découvrait qu'il allait bien, et même qu'il avait faïm. Quant à moi, j'étais extrêmement content d'avoir pu ainsi démontrer que je pouvais sublimer et contrôler la chair des autres. J'étais maintenant parvenu au niveau de l'Ordre de Melchisédech. Mais la peur aussi me tenaillait, car le temps me fuyait entre les doigts et j'avais fort à faire encore avant de parvenir à l'Ordre du niveau plus élevé!

Une autre raison m'empêchait de me retirer maintenant : la religion que j'avais édifiée s'était gagné un grand nombre de fidèles et les Juifs voulaient réprimer cette vague de liberté en l'homme. Nous apprîmes de la bouche d'un des scribes que les prêtres s'étaient réunis et avaient décidé que je devais mourir, car les miracles que j'accomplissais détournaient des hommes du judaïsme et menaçaient la foi.

Ce fut Caïphe, le Grand-Prêtre de cette année-là, qui demanda avec le plus d'insistance ma mort par ces paroles machiavéliques : « Si nous ne le détruisons pas, c'est lui qui nous détruira. N'est-il pas plus expédient que cet homme meure plutôt que de perdre toutes nos ouailles à cause de son enseignement? S'il continue ainsi, notre foi périra certainement. Je vais préparer les gens à accepter sa mort. Je vais prédire qu'il mourra pour la nation. C'est d'ailleurs ce qu'il affirme lui-même. J'irai même plus loin et je prédirai que par sa mort il ramènera à l'unité tous les enfants de Dieu de tous les coins du monde. Alors, même ses propres disciples ne pourront nous reprocher de l'avoir aidé à accomplir une telle destinée! »

Dans mon émoi et mes doutes, je me trouvai par hasard à arrêter sous un figuier sur la route de Béthanie, et j'aurais bien aimé manger de ses fruits mais il n'y en avait aucun. Il devint à mes yeux le symbole de ce que j'étais, un arbre stérile qui ne donne pas de fruits. Comme je m'en éloignais, je me souvins que Skakus avait dit que le fiat créateur survenait peu après le fiat destructeur – et je me retournai et commandai que l'arbre soit détruit. Comme je repassais par là, je remarquai que l'arbre était mort et qu'il avait flétri en moins de six heures, ce que voyant, la joie tout autant que la crainte montèrent en moi – la joie de voir que mon développement progressait, et la crainte qu'il ne parvienne à temps à son terme.

Les Juifs se mirent à surveiller les abords du Temple, jurant de me capturer à la première occasion. Si je ne trouvais pas le courage de leur faire face, mes adeptes m'abandonneraient. Le temps de la Pâque approchait rapidement et c'était un moment de grand danger pour moi. Néanmoins, il me fallait aller dans le Temple et enseigner. Il y avait une autre raison pour laquelle je devais y aller. Je ne voulais plus vivre sans ma Bien-aimée. Mon désir pour elle était devenu si grand que je préférais la mort et l'échec à la perspective d'être tenu loin d'elle plus longtemps encore.

Je me suis rendu compte de ce désir irrésistible lorsque je vis Marie à la maison de Lazare. Une grande notoriété avait rejailli sur Lazare parce qu'il avait été ressuscité d'entre les morts, et bien des gens venaient le voir. Cela faisait de lui une cible d'assassinat toute désignée pour les prêtres, car il étendait ma renommée. Je me rendis le voir afin de le persuader de ne plus en parler à personne. Durant le dîner, je remarquai la petite Marie qui était venue avec un pot d'huile parfumée et qui s'assit à mes pieds. Elle avait le teint plus foncé que celui de ma Bien-aimée, mais elle lui ressemblait à bien des égards, et je sus alors que mon cœur allait se briser d'ennui à moins que je n'aille bientôt rejoindre ma Bien-aimée. C'est alors que j'eus la conviction de vouloir me rendre jusqu'à l'ultime épreuve.

Quelqu'un protesta en affirmant que l'usage d'autant d'huile était un gaspillage, et je répondis : « Des pauvres vous en aurez toujours avec vous, mais moi, je ne serai pas longtemps ici. Elle a gardé ceci pour le jour de ma sépulture! »

Oui. Je sus alors que j'allais devoir monter là-haut, et il ne restait plus que six jours avant la Pâque!

Tant de choses me poussaient à aller de l'avant – pourtant, je n'avais toujours pas prononcé les paroles qui allaient déclencher la grande force irrésistible du changement.

Il y avait tant à faire, et si peu de temps devant moi. Je travaillai le jour. Je travaillai la nuit. Chaque seconde, je travaillai afin de pouvoir extérioriser en entier mon corps spirituel et prononcer le verbe créateur. Le temps filait mais chacune de mes cellules était si léthargique et tellement remplie de doute que même mon esprit se refusait à prendre son envol. Le jour où je partis de Béthanie, beaucoup se mirent à courir devant moi et à lancer des fleurs. Comme j'approchais de Jérusalem, beaucoup de gens se portèrent à notre rencontre avec des rameaux de palmiers, en chantant des louanges et en criant : « Dieu soit loué! Béni soit le Roi d'Israël qui vient au nom du Seigneur! »

La nouvelle du miracle que j'avais accompli en ressuscitant Lazare d'entre les morts se répandit devant moi comme une traînée de poudre parmi la foule qui se rassemblait à Jérusalem.

DIX-HUIT

Les derniers jours

Tant de choses à enseigner et si peu de temps pour le faire! L'amour que je portais à mes disciples m'enserrait étroitement le cœur. Ce serait bientôt à eux que reviendrait la responsabilité de poursuivre l'édification de la religion que j'avais fondée, laquelle ne faisait qu'effleurer la Vérité. Ils auraient bientôt besoin de connaissances sûres, et d'un accès à l'influx divin. Ils étaient de si bonne volonté, mais il ne leur venait même pas à l'idée qu'une plus grande vérité pouvait se trouver derrière les vérités primaires que je leur avais enseignées. La Vérité éternelle était le fondement de tout, plus grande et plus belle que toutes les religions ossifiées érigées en Églises à la surface de la Terre – même la mienne; et, selon la loi immuable, pour connaître Dieu, tous les hommes devaient Le connaître directement, en leur propre être. Puisque même ceux qui m'aimaient ne pouvaient imaginer l'existence des grandes vérités de la religion initiatique, je ne pouvais leur en enseigner que de petits fragments, et ce, essentiellement par l'exemple. Nous nous rendîmes au temple, et là j'enseignai à la foule de tous ceux qui étaient venus pour faire leurs dévotions, mais c'est moi que beaucoup d'entre eux vénéraient. Je passai les journées de mardi, mercredi et jeudi de cette semaine où tout se bousculait trop vite à essayer de préparer mes propres disciples à la tempête imminente et en vue de la perpétuation de ma religion.

Les Juifs vinrent me tenter pour voir si je me montrerais favorable à l'idée de refuser de payer le tribut aux Romains. J'enseignai qu'il fallait rendre à la société ce qui appartient à la société, et rendre à Dieu ce qui appartient à Dieu. Ceux qui croyaient que la tombe était la fin éternelle de l'homme arrivèrent avec une question pitoyable, demandant comment serait, une fois rendue au ciel, une femme qui aurait été successivement la partenaire de sept frères, et j'enseignai qu'il n'y aura au ciel que ceux ayant réussi à devenir des anges – car comment pouvais-je expliquer que, dans la forme éternelle de l'esprit, l'homme est à la recherche du bien absolu et non du plaisir personnel? Lorsque j'observai que les disciples admiraient les édifices et les pierres du Temple, j'eus subitement une vision d'un lointain futur. Le

Temple n'allait pas durer bien longtemps. Je leur fis alors voir combien il était insensé de mettre la Vérité dans une boîte. En réalité, la religion ne peut jamais être confinée dans des édifices et des constructions humaines. Aucune boîte de pierre et de verre ne pourrait même jamais contenir mes enseignements et certainement pas la Vérité éternelle. Je leur dévoilai la nature des épreuves et des tribulations prochaines et les avertis des persécutions à venir. Des faux prêtres et des gens malveillants allaient tout mettre en œuvre pour détruire ma religion. Je fis de mon mieux pour affermir leur engagement envers ma foi, afin qu'ils demeurent fidèles à mes enseignements et ne reviennent pas au judaïsme. Je tentai d'extirper d'eux l'idée qu'ils étaient mes serviteurs afin de les amener à prendre conscience qu'ils étaient mes égaux – mais cela, ils ne pouvaient encore le comprendre. Je leur dis : « Je vous ai enseigné ces choses afin que ma joie puisse devenir vôtre et le demeurer. Voici mon commandement : aimez-vous les uns les autres comme je vous ai aimés. Rappelez-vous qu'il est dit que la plus grande preuve d'amour qu'un homme puisse offrir est de faire le sacrifice de sa vie pour son ami. Vous êtes de ma foi parce que je vous ai choisis. Vous ne faites plus partie du monde, et pour cela les gens vous haïront car ils ne vous comprendront pas. Pour vous aider dans votre labeur même lorsque je ne serai plus là, j'enverrai à vos côtés un Consolateur issu de l'Être divin, afin de vous servir en Esprit. J'aurais beaucoup de choses à vous dire et vous enseigner, mais le monde ne pourrait maintenant les comprendre. Toutefois, lorsque la Vérité sera prête à être révélée et que le cœur des hommes y sera préparé, l'Esprit leur fera alors voir toute la magnificence de la Vraie Religion. Ce jour-là, toutes les choses que j'ai faites et connues seront faites et connues par chaque homme, car tout ce dont je suis capable leur sera enseigné. »

Or, voilà que même si le dernier jeudi était presque terminé, et que nous étions attablés devant notre propre agneau pascal, je ne savais toujours pas ce qui allait réellement se produire. J'avais tenté durant trois jours de voir clairement, et j'arrivais à peine à pressentir ce qui venait. Les sacrifices au Temple furent avancés d'une heure afin de laisser plus de temps pour la fête pascale. J'envoyai deux de mes disciples dans la ville pour trouver un certain homme que j'avais entrevu en train de porter sur sa tête une cruche d'eau. Je ne savais pas pourquoi cette vision m'était venue, ni pourquoi j'avais eu l'intuition que cet homme nous fournirait une salle d'invité où prendre le repas de Pâque avec mes disciples. J'avais la certitude intérieure qu'il disposait d'une grande pièce à l'étage supérieur de sa maison, prête et pourvue de tout le nécessaire, et que c'était là que nous devions partager ensemble notre dernier souper de l'amitié. Pris d'un doute et d'une crainte, j'éprouvai les dispositions prises par le Conseil. Tandis que nous prenions place autour de la table, je leur dis : « Je suis sûr que l'un d'entre vous me trahira bientôt. »

Je vis de la tristesse et de l'inquiétude dans les yeux de onze de mes disciples. Dans les yeux de l'un d'eux, je discernais le regard plus brillant de l'amour et du devoir. Judas Ish Kherioth était celui qui allait me livrer. Rien pourtant dans son attitude ne le trahissait. Pourquoi ne m'étais-je douté de rien? Judas, le Judéen, l'homme de Kherioth. J'étais sûr qu'il avait été l'homme de la Fraternité depuis le tout début. Il devait bien savoir, tout de même! Il avait été avec moi depuis trois ans, et tout au long de ces jours – malgré mon enseignement – il n'avait jamais laissé voir, par quelque geste, parole ou pensée, sa grande connaissance ou son profond amour. Comme il avait dû se discipliner, et comme je l'aimais en cet instant pour sa discipline désintéressée, pour s'être mis ainsi au service de ma cause, et au service de la Fraternité. Judas était assurément un véritable initié, plus sage et plus instruit que les autres, m'aimant doublement pour le travail que nous faisions ensemble, mais demeurant toujours soumis à la nécessité du plus grand bien. Judas Ish Kherioth était le plus authentique de tous mes disciples et son nom devrait certainement occuper un rang élevé dans l'histoire.

Si peu de temps encore, et tant à faire! Nous étions réunis pour notre dernier repas commun, et je n'avais pas encore donné à ma religion un symbole illustrant comment transformer l'homme en Dieu. Je me souvins de l'ancien rituel des *Caribes*. Ils mangeaient, buvaient et respiraient la divinité. Je voulais une telle eucharistie ayant un sens particulier en souvenir de moi. Je pris le pain azyme qui avait été rompu et mis de côté alors que le repas commençait, et je le rompis en petits morceaux. « Prenez et mangez. Ceci est le corps du Dieu intérieur. » Je pris la coupe qui avait été passée trois fois de l'un à l'autre au cours du repas, et je la remplis et la remis aux disciples. « Buvez à longs traits. Ceci est le sang du Dieu intérieur. » Il n'y avait pas d'encens, quoique l'air embaumait le parfum de roses. Mais j'avais ainsi intégré l'ancienne pratique des *Caribes* dans ma religion. Un seul de ceux qui étaient là comprenait que je forgeais des symboles pour l'esprit afin d'aider à atteindre le Dieu intérieur. Ma religion était maintenant établie, avec sa doctrine, son rituel et ses pratiques. Je savais que j'avais incorporé en elle le plus d'éléments de la Vérité éternelle qu'il était possible aux esprits de l'époque de comprendre, et même s'il ne s'agissait là que d'une mince part, elle allait sûrement survivre au passage du temps. L'homme ne peut effleurer la connaissance ou venir en contact avec la Vérité sans qu'il n'en vienne finalement à s'imprégner de cette Vérité. Même avec ce modeste commencement, la vigne de la Vérité allait croître et grandir et, un jour, l'esprit des hommes serait prêt pour le retour de la Vraie Religion. Il y avait une chose encore qu'il me fallait enseigner et c'était l'humilité. Ceci, je le fis en me munissant d'un linge et en leur lavant les pieds, l'un après l'autre.

Maintenant, j'avais fait tout ce que le temps me permettait. Ma besogne n'était pas terminée, mais les heures s'étaient toutes envolées. En vérité, je vous le dis, j'étais prêt, car je désirais si ardemment retrouver ma Bien-aimée que je me serais moi-même précipité vers ma mort ou dans ses bras! J'étais prêt à mourir, mais pas encore prêt pour réussir ma mission. Quelque chose en moi m'incita subitement à élever la voix et à dire : « Que ce qui doit être fait le soit rapidement! » Avant même que l'agneau ne soit fini, avant même le lavement des mains après le festin, le Frère de Kherioth avait quitté la pièce. Je savais que l'irrésistible poussée du changement était maintenant lancée, et que nul homme n'allait pouvoir contrecarrer sa puissance.

Mais le repas n'était pas encore terminé que le doute et la terreur m'assaillaient avec une force telle que je faillis m'effondrer sous l'intensité de cet assaut. Nous avons chanté des louanges à Dieu, puis quitté la salle qui avait été mise à notre disposition. Mes pensées tout autant que mes pas étaient lourds, car je n'étais pas prêt et le temps me manquait! Nous sommes partis vers l'ouest, au-delà du torrent de *Cédron*, nommé ainsi en raison de la teinte noire de ses roches mouillées, puis nous avons tourné à gauche et marché encore mille pas. Rendus à un point précis, nous avons fait un arrêt pour nous assurer que personne ne nous suivait sur la route, car l'hostilité des Juifs était grande et ils pouvaient être mauvais. Nous avons alors pris à droite dans un étroit sentier et sommes arrivés dans le jardin d'un vignoble où se trouvaient des cuves, des cruches et un petit pressoir à vin. Pour cette raison, nous l'appelions le jardin de *Gethsémani*. Craignant d'être pris par surprise, je laissai huit disciples à la porte du jardin pour y monter la garde et je me retirai avec Simon-Pierre, Jacques et Jean de Zébédée tout au fond du jardin, au-delà des cuves. Mais nous avions à peine fait trente pas que l'âpre douleur de mon âme me prit mes forces et je me sentis abattu, lourdaud, misérable.

Prenant conscience de ce qui m'arrivait, mon souffle se crispa de terreur. Je reconnus la véritable cause du doute, de la peur, de la tristesse et du sentiment d'échec qui m'envahissaient. Je savais maintenant pourquoi j'avais la peur au cœur, pourquoi mes cellules pleuraient, et pourquoi mon âme souffrait. J'étais pris dans l'effroyable étreinte de la Nuit noire du désespoir. Elle chevauchait mon esprit tel un démon. Pris de terreur, je m'agrippai à mes amis et m'effondrai au sol. Ils restèrent là, à côté de moi, complètement stupéfaits, et je laissai échapper faiblement sur un ton découragé : « Mon esprit est sous l'emprise de la douleur et de la mort. Attendez ici et priez pour moi. »

En sanglotant, je me relevai et avançai en trébuchant, puis m'écroulai à nouveau par terre. J'avais vraiment trahi l'Ordre. Je n'avais pas respecté les consignes reçues et j'avais détruit la Grande Cabale. Skakus m'avait préparé, mais je n'avais tenu aucun compte de ses conseils sous la pression des événements et de mon enseignement. Pendant une heure, je passai tour à tour des larmes à la prière. Pendant une heure, je m'efforçai dans une angoisse grandissante d'extérioriser mon être spirituel. Finalement, en désespoir de cause, je me mis à crier dans la nuit étoilée : « Ô! Dieu! À Toi tout est possible. Éloigne de moi cette Coupe de l'initiation si telle est Ta volonté! »

Dans mon désarroi, je revins sur mes pas pour découvrir que les trois disciples s'étaient assoupis. Ma terreur et ma solitude se transformèrent soudain en colère. Par apitoiement sur moi-même et non par sens de la droiture, je les réprimandai : « Déjà endormis? Ne pouvez-vous demeurer éveillés une toute petite heure? Réveillez-vous et priez, ne cédez pas à la tentation de dormir. Priez pour moi! Oh! mon esprit est fort, mais que ma chair est faible! »

Pleurant sur mon sort, je retournai me recueillir seul pour tenter de faire mes exercices, mes méditations, mes prières – et pour extérioriser mon être spirituel. Mais mes cellules étaient comme des grappins et refusaient de laisser aller mon esprit. Je m'efforçai encore plus fort d'y parvenir, et à mesure que le temps filait, la terreur grandissait dans mon cerveau obscurci. À la recherche de sympathie et de compagnie, je revins encore vers mes amis, mais ils étaient abrutis par l'heure d'attente et s'étaient assoupis alors même qu'ils mettaient toutes leurs énergies à lutter contre le sommeil. Je me détournai, las et triste, et je revins encore prier et me lamenter sur mon sort. Tout d'un coup, il me sembla entendre la voix rauque de Skakus. « Nul n'est un maître à moins d'en assumer pleinement le rôle! »

En vérité, je ne m'étais pas comporté comme un Maître. Je m'étais tourné vers mes disciples pour recevoir du réconfort. Comme ils avaient attendu patiemment, et combien grande était mon injustice envers eux! Non, réellement, ils ne pouvaient savoir que j'affrontais un supplice inconnu et terrible. Les journées avaient été longues, le travail ardu, et ils étaient à juste titre épuisés de corps et d'esprit. Ils avaient le regard alourdi de fatigue et c'est avec un amour patient qu'ils attendaient. Je me devais d'être le Maître. Je ne devais pas me tourner vers eux pour trouver une consolation, mais devais accepter mon destin.

De nouveau je priai, demandant que la Coupe de l'initiation soit retenue encore un peu. La réponse à ma prière vint sous forme de faibles éclats de voix déjà toutes proches qu'on entendait sur le sentier menant de la route au jardin. Je tentai désespérément de m'extérioriser, mais rien n'y fit et je relâchai ma détermination acharnée. Car je venais de me rappeler que le plan de la Grande Cabale était si ingénieux que, même si je ne parvenais à atteindre mon grand but, je réussirais néanmoins partiellement. Alors même que les voix se rapprochaient, je me sentis mieux, car j'avais en partie surmonté le sentiment accablant de l'échec imminent.

Je pouvais maintenant entendre clairement les voix du détachement de gardes de la garnison romaine d'Antonia qui arrivaient en compagnie de Juifs de la gendarmerie du Temple. Je n'avais aucune peine à deviner qu'ils avaient été envoyés à ma recherche par le Grand-Prêtre. Les minutes s'envolaient vraiment à toute vitesse, et le temps était maintenant venu. Je me relevai quelque peu revigoré. Lorsque les choses tirent à leur fin et que les doutes disparaissent, la force intérieure et le courage reviennent. Ce qui est connu n'est jamais aussi terrible que ce qui peut être imaginé. Je retournai auprès de mes chers amis avec cette tranquillité de l'esprit qui accompagne l'action.

« Dormez, amis bien-aimés. Refaites vos forces maintenant. L'heure est proche où je serai livré entre les mains des faux prêtres. » Tandis que je parlais ainsi, les voix devinrent si fortes que tous les disciples, pris d'une vive inquiétude, se relevèrent d'un bond, et certains s'éclipsèrent par la porte dans la nuit. Avant même de pouvoir atteindre la porte, une troupe nombreuse entra dans le jardin, portant des lanternes au bout de longs bâtons. Les gendarmes juifs étaient armés de gourdins. Les gardes romains portaient des épées. Ils nous bloquèrent la voie et nous encerclèrent rapidement. Judas Ish Kherioth s'avança avec cet air indéfinissable de celui dont l'amour guide le devoir. Il me salua et ensuite m'embrassa.

Ah! ce baiser! Il me le fit sur tous les points d'amour secrets à la manière de ceux de la Confrérie. C'était un baiser d'amour, un moment de joie enivrante. Je sentis couler les larmes de son amour sur ses joues foncées, et je plongeai mon regard dans ses yeux bruns. J'y vis l'agonie de l'amour transcendée par l'amour plus grand du devoir, et je reconnus la gloire de l'amour désintéressé. Néanmoins, je voulais une preuve plus tangible et demandai doucement : « Est-ce par ce baiser que tu me livres? » Il ne reconnut pas avoir ainsi accompli sa mission, mais je le *savais*. Le fait de savoir que la Fraternité était informée de tout ceci me redonna quelque peu courage. Ils étaient également au courant que l'Initiation finale était sur le point de débuter. Il prolongea son étreinte pendant une seconde, puis se retourna et partit – ce soldat dévoué, silencieux et affectueux de l'armée de Dieu.

Cela me donna encore plus de courage de savoir que je n'étais pas seul dans la lutte pour la libération de l'esprit, du cœur et de l'âme des hommes. Je n'étais pas seul, car je n'étais que le meneur de la charge. Je calmai la colère de mes disciples furieux et effrayés qui s'apprêtaient à me défendre, et leur dis de se disperser de crainte qu'ils ne soient mis à mal par la populace en colère. Je voulais qu'ils vivent pour moi.

Il était une heure du matin lorsque je fus emmené et remis aux princes des prêtres et au *Sanhédrin* qui avait été appelé à siéger. Mon Soi cellulaire était en proie à l'agonie tandis qu'on me passait en jugement. Jugement? Est-ce un procès lorsque de faux témoins viennent l'un après l'autre raconter sous serment de tels mensonges qu'ils transforment le témoignage des autres en fausses déclarations?

Lorsqu'enfin ce simulacre de justice fut joué au point que même les anciens en riaient, le Grand-Prêtre se leva et vint pompeusement se placer debout devant moi. Il se redressa de toute la hauteur dont il était capable en dépit de son gros ventre et de ses jambes courtes et s'écria : « Par le pouvoir du Dieu vivant, je t'adjure de nous dire si tu es le Fils de Dieu ou pas. »

Quelle caricature il faisait du pouvoir de la Vérité éternelle lorsque c'était un véritable initié qui y recourait! Il n'aurait même pas réussi à se faire obéir d'une mouche et je faillis bien pouffer de rire, ce dont les anciens du peuple et les scribes ne se gênaient pas, dissimulés derrière leurs mains. Mais je lui répondis : « Il y a un passage dans vos écritures qui dit ceci : 'Vous verrez désormais le Fils de l'homme siéger à la droite du Pouvoir éternel et être porté par les nuées du ciel.' »

Était-ce bien un procès? À ces mots, il déchira sa tunique, car ainsi le voulait la coutume pour ceux qui entendaient un blasphème, et il s'écria sur un ton de pitié moralisatrice que par ces paroles mêmes j'avais été témoin de mon propre blasphème. Sur ce, l'assemblée des prêtres et des anciens proclama que j'étais coupable de blasphème, une faute pour laquelle je devais mourir. Ils m'ont ensuite craché dessus, m'ont bandé les yeux avec une écharpe et m'ont frappé en demandant sur un ton moqueur que je prédise qui allait être le suivant à me frapper.

Dans tout mal il peut se trouver quelque bien. Leur cruauté même me rappela mon initiation sur le *Britannin*, et un espoir ténu commença à poindre en mon cœur. N'avais-je pas été incomparablement bien préparé à tout ceci? Pourtant, je ne savais toujours pas quelle forme ma mort allait prendre et je ne pouvais qu'attendre la suite des événements. Le temps m'était compté à présent, car alors même qu'ils m'abreuvaient d'injures et d'imprécations, j'essayai de me servir des exercices sacrés pour brûler les dernières scories de mon Soi cellulaire.

Au petit matin, six heures après mon arrestation, je fus livré au gouverneur de la Judée qui s'appelait Ponce Pilate. Mais les chefs juifs se refusaient à entrer dans ce Palais de justice, car c'était un édifice appartenant aux Gentils, et cela, croyaient-ils, les souillerait et les rendrait impurs pour les jours de fête à venir. Ponce Pilate ordonna que le tribunal se transporte sur le pavement surélevé devant les marches sur lesquelles il remplit sa fonction officielle. Il baissa les yeux vers moi du haut de l'estrade de marbre et d'or recouverte d'un tapis rouge et me demanda : « Prétendez-vous être le roi des Juifs? »

Surpris, je levai les yeux et eus peine à réprimer un sourire. Car Ponce Pilate n'était autre que Romulo du ***Britannin***! Toutefois, je savais qu'il n'allait pas pouvoir m'aider, car il faisait partie de la Fraternité, de la Grande Cabale. « C'est vous qui avez amené le sujet », éludai-je, et je vis qu'il se retenait de sourire.

Mais les prêtres et les anciens se pressaient autour en m'accusant d'un tas de choses ridicules contre lesquelles je ne ressentais pas le besoin d'offrir une défense. Toute défense aurait été inutile de toute façon. Qui aurait pu se défendre contre des accusations si variées, si fausses et si stupides? Pilate savait que je n'allais pas offrir de défense, mais il se tourna vers moi et lança à la blague : « Vous ne répondez rien à tout cela? Regardez de quoi on vous accuse! »

Je le remerciai du sein de mon cœur, car je ressentais un léger regain d'énergie contre l'emprise de la Nuit noire sur mon âme, et pendant un moment je me permis même d'espérer. Mais cet espoir devait être de courte durée.

En cette période de l'année, il était de coutume pour le gouverneur de relâcher un détenu, au choix du peuple. Tandis que nous parlions, des groupes commencèrent à arriver de tous les coins de la ville et à s'attrouper à l'extérieur du palais en réclamant à cor et à cri la libération de leur prisonnier comme à chaque année. Pilate se rendit jusqu'au balcon et leur demanda : « Dois-je vous délivrer le roi des Juifs? »

Mais d'une seule voix ils répondirent dans un tonnerre de cris : « Donnez-nous Barabbas! Donnez-nous Barabbas! »

« Que dois-je faire alors du roi des Juifs? »

Leurs cris mirent fin à tout espoir pour moi et me plongèrent au plus profond de l'épouvantable Nuit noire du désespoir. « Crucifiez-le! »

La crucifixion était la plus vile et la plus cruelle de toutes les morts, à laquelle on avait recours pour les plus ignobles criminels. Même Pilate en fut très surpris et il éleva la voix pour leur demander : « Pourquoi? Quel mal a-t-il fait? »

Mais ils se mirent tous à crier encore plus fort : « *Crucifiez-le! Crucifiez-le! Crucifiez-le!* »

Dans mon cerveau engourdi, je me pris à espérer avoir encore un jour ou deux de répit. Je n'étais pas encore prêt pour le déferlement implacable des événements et du temps. Je fus flagellé avec un fouet sur les marches du palais. Épuisé de douleur, je fus remis entre les mains de la garde prétorienne. Ils se moquèrent de moi et m'injurièrent, puis me revêtirent d'un manteau pourpre et me placèrent une couronne d'épines sur la tête. Ensuite, ils paradèrent devant moi en scandant : « Salut, roi des Juifs! » Puis, en un simulacre d'adoration, ils se mirent à genoux devant moi et me crachèrent au visage. C'était très amusant pour eux, quoique pour moi d'autres initiations m'étaient apparues un peu plus agréables.

Toutefois, leur plaisir fut écourté et brutalement désorganisé par l'arrivée d'un centurion qui beugla : « Crucifiez-le maintenant. C'est un ordre! »

Douze heures ne s'étaient même pas encore écoulées depuis que j'avais prononcé les mots codés! Le temps fuyait trop rapidement, les événements m'avaient laissé frappé de stupeur, la flagellation m'avait épuisé, et mon Soi cellulaire récalcitrant et souffrant défiait mon esprit et ma volonté. Tout allait désespérément trop vite.

On me fit sortir du Palais de justice et une croix fut jetée sans ménagement sur mes épaules. J'étais trop épuisé pour porter ce lourd fardeau et je m'effondrai sur les pierres de la chaussée. Alors que j'étais étendu par terre, le souffle coupé, les cellules de mon cerveau aussi noires que la nuit, j'entendis les soldats plaisanter entre eux, et ensuite la voix habituellement calme de Nicodème s'éleva. Il criait qu'il était Simon, un Syrien, et que la garde romaine n'avait pas autorité pour le réquisitionner. On le força à soulever ma croix, et tandis que nous avancions dans les rues, il me dit à voix basse : « Je t'ai dit une fois qu'un jour je porterais ta croix pour toi. »

Oh! comme je l'aimais en cet instant. Oh! comme j'aimais mes Frères en cet instant! Et comme la douleur me transperça tout le corps à l'idée de manquer à mes engagements envers eux – comme si un millier de flèches s'enfonçaient à travers chaque cellule, chaque pore de ma peau. Mon Frère porta ma croix et soutint mes pas chancelants jusqu'en haut des pentes abruptes du Golgotha. Toutefois, lorsque les gardes romains l'obligèrent à s'éloigner, l'emprise étouffante de la Nuit noire du désespoir fondit à nouveau sur moi avec une force terrible. En vérité, je vous le dis que nul homme ne croie que le fouet, les épines, ou les clous m'infligèrent quelque souffrance. Je n'éprouvai aucune douleur à cause d'eux. La seule douleur que je connus fut l'intolérable agonie de ma Nuit noire du désespoir. Elle fit de chaque cellule un boulet et donna à chacune d'entre elles le terrifiant pouvoir de se rebeller et se révolter contre la raison, et de s'arracher de ses pareilles pour s'isoler dans une noirceur torride. Je ne sentis rien des clous qu'on enfonça en moi sur la croix, mais je souffris mille morts de la défaite infligée par les fausses cellules de mon propre corps! Le clou pénétrant dans ma main droite – comme le voulait la coutume d'empaler d'abord la main droite – alluma une petite lueur dans l'obscurité absolue de mon cœur. Le clou pénétrant dans ma main gauche alluma une petite lueur dans mon esprit. On me leva ensuite en l'air. Le clou s'enfonçant à travers mes pieds alluma une petite lueur dans mon sang. Je pouvais entendre des gens qui pleuraient, mais je ne voyais rien car mes yeux étaient obscurcis par le voile de la mort.

Je n'ai aucun souvenir de ce qui se produisit durant cette première heure, mais il me sembla que deux autres personnes furent crucifiées près de moi, et que l'une d'entre elles parla en ma faveur. Plus tard, je pris conscience qu'un écriteau avait été placé au-dessus de ma tête disant : « Jésus de Nazar, roi des Juifs ». De nombreux curieux s'arrêtèrent sur la voie romaine qui passait tout près et ceux qui en étaient capables lurent les mots à haute voix à leurs compagnons. Beaucoup montèrent sur le sommet du monticule pour m'injurier et rire de moi.

Plus tard, je vis arriver les Juifs triomphants, les faux prêtres et les scribes. Ils me tournèrent en dérision et me mirent au défi de me descendre moi-même de la croix ou de me guérir comme j'avais guéri les autres.

Quelques-uns de mes adeptes vinrent pour m'implorer à grands cris de descendre de la croix afin qu'ils puissent croire en moi et accepter mes enseignements. J'essayai de toutes mes forces de m'extérioriser, mais l'étreinte de mes cellules noires était plus forte que celle des clous de fer. Je n'ai cependant aucun souvenir net de tout cela, et l'image qui m'en reste est aussi floue que lorsqu'on cherche à voir à travers les reflets d'un étang boueux. Au bout d'un long moment, j'eus l'impression d'avoir récupéré quelques forces, de m'être rétabli de l'épuisement provoqué par la séance de flagellation, et mon esprit recommença lentement à fonctionner – un peu comme un ver froid se frayant un chemin dans un sol gelé.

Durant la troisième heure, je commençai à tenter de me rappeler comment j'en étais réellement arrivé là. Pourquoi? Pourquoi? Pourquoi? N'avais-je pas fait tout ce qu'il fallait – même plus que n'importe qui d'autre? J'avais bien aimé ma famille, mais n'avais-je point renoncé à eux de mon plein gré pour le plus grand bien du monde? J'avais aimé chacun de mes Maîtres, mais n'avais-je point renoncé à eux de mon plein gré pour avancer sur la voie initiatique? J'avais aimé chacun de mes disciples, mais n'avais-je point renoncé à eux afin de pouvoir ainsi servir la Fraternité? J'avais aimé la vie, mais n'y avais-je pas renoncé pour le bien de tous, tel l'agneau du sacrifice, afin d'expier les péchés du monde? N'avais-je pas renoncé à tout?

Soudain, ma raison clama, tel un coup de tonnerre : « Non! »

Je n'étais pas là pour expier les péchés du monde. J'étais là pour accomplir ma destinée initiatique. S'il fallait que je devienne un symbole pour l'expiation des *péchés*, je forgerais alors un maillon de plus dans la chaîne qui maintiendrait captifs les esprits de tous ceux qui le croiraient.

Non, non, non! Je n'avais pas renoncé à tout! Peu à peu, des pensées commencèrent à frémir dans mon cerveau obscur, rampant une à une au ras du sol comme des serpents sur la glace noire. Non, je n'avais pas renoncé à tout!

Avais-je jamais renoncé à ma fierté secrète que je tirais du fait de pouvoir apprendre rapidement? Non! Dans mon serment d'initié, j'avais solennellement promis de renoncer à la fierté envers tous les talents, car ils ne venaient pas de l'homme mais de Dieu. Avec un soupir torturé, je renonçai à cette subtile émotion qui subsistait encore. La lueur dans mon cerveau grandit en une timide flamme brûlant sur un bois humide – mais avec la promesse d'une plus grande flamme encore.

Avais-je renoncé à la véritable haine que j'avais pour la stupidité des Juifs? Il est vrai que j'avais appris à ne pas les haïr – mais je conservais encore une rancœur contre leur intarissable stupidité, tout comme un homme qui se noie se raccroche même à une pierre. La petite flamme dans mon cœur commença à lécher les cellules noires autour d'elle.

Avais-je renoncé à mon pur espoir d'accomplir pour la Fraternité ce que l'on espérait de moi? Non! Car n'étais-je pas – en cet instant même – en train de tout faire pour m'attirer les plus grands éloges? Si je cherchais dans les recoins secrets de mon cœur, n'étais-je pas, en vérité, plus attiré par les louanges de l'homme que par le service de Dieu? Une fois de plus, d'un souffle profond, je rejetai hors de ma chair les serpents insidieux et séducteurs, et mon esprit commença à brûler sa noirceur avec une flamme paresseuse et primitive.

Avais-je renoncé à mon ressentiment à l'égard de ceux qui m'avaient torturé, et de ceux qui m'avaient même accablé de sarcasmes? Non! J'entretenais du ressentiment à l'égard même des princes des prêtres, des scribes et de leurs acolytes qui étaient venus pour me tourner en dérision dans ma défaite! J'avais promis dans mon serment d'initié de pardonner toutes choses même jusqu'à la septième fois. J'entendis le son de ma voix et les paroles : « Père, pardonne-leur car ils ne savent ce qu'ils font. » La flamme en mon cœur devint ondoyante et rebelle, mais elle grandissait.

Avais-je renoncé à mon amour de l'apitoiement dans l'échec? Non! Car je justifiai toujours mentalement mon échec en mettant cela sur le compte des événements défavorables et de l'irrésistible avalanche du temps. Mais, si j'étais un Maître, pourquoi n'avais-je pas clairement prévu ceci – pourquoi ne m'y étais-je pas préparé? Skakus ne m'avait-il pas averti? Les signes n'avaient-ils pas été clairs? La Nuit noire ne s'était-elle pas même annoncée à Capharnaüm, alors que j'avais encore le temps de voir ce qui venait et d'y échapper? Non, ce n'était pas la faute d'une avalanche du temps. N'avais-je pas juré dans mon serment d'initié que je ne me laisserais pas aller à m'apitoyer sur moi-même? D'un suprême effort de volonté, je remis mon esprit en ordre, et la flamme dans mon sang grandit encore plus.

Avais-je renoncé à ma volonté tenace de devenir un Maître? Mon but n'était-il pas de me maîtriser moi-même, afin de pouvoir ainsi devenir le Maître de tous les hommes? J'avais promis dans mon serment d'initié de ne jamais chercher, sous aucun prétexte, à contrôler l'esprit de l'homme. Avec un grand soupir, je renonçai même à mon désir de devenir le Maître des hommes. Une flamme rouge cerise monta lécher les cellules noires de mon cerveau.

Avais-je renoncé à mon désir d'apporter une religion nouvelle et différente à toute l'humanité? Non! N'avais-je pas promis dans mon serment d'initié de ne jamais chercher, en aucune circonstance, à saper la foi ou l'opinion de tout homme envers ses propres croyances jusqu'à ce qu'il soit prêt à abandonner l'ancien et à accepter le meilleur? Le monde était-il prêt pour une nouvelle et meilleure religion? Non! Car jamais l'homme ne pourra être libre avant que les sciences d'Osiris l'Égyptien ne soient mariées avec l'humble splendeur du *Tao* de la Chine, avant que la philosophie d'Aristote ne soit unie aux croyances et doctrines de Platon. Au prix d'un grand effort, je renonçai à mon rêve longtemps caressé, et je remis le futur de l'homme entre les mains de Dieu. Car l'homme allait *à son heure* briser le joug des fausses croyances, défaire les chaînes de l'esclavage emprisonnant son esprit et son être, et sciemment s'élever pour devenir semblable à Dieu sur Terre. Je ne pouvais que montrer le but à atteindre – je n'avais d'autre possibilité que de mener le bon combat – et il ne m'était même pas possible de montrer la voie à suivre. Avec cette prise de conscience, une flamme ténue se mit à danser dans les cellules de mon sang et une étincelle de chaleur naquit furtivement en chaque tissu.

Avais-je renoncé aux délices de la dépendance envers mes Maîtres? Non! Ne m'avaient-ils tous pas dit qu'ils ne m'enseignaient leur savoir que dans le seul but de me permettre de transmettre à mon tour un enseignement surpassant ce savoir? N'avais-je pas promis dans mon serment d'initié de puiser dans les talents de ceux qui m'avaient précédé jusqu'à être enfin capable et digne de témoigner de la présence de Dieu sur Terre? Avais-je réellement fait cela? Avais-je surpassé mes Maîtres? D'un sursaut de volonté, je renonçai à ma dépendance envers tous les hommes et demeurai seul sous la bannière du ciel.

En vérité, avais-je renoncé à tous les hommes? Avais-je renoncé à mon père? Avais-je renoncé à ma bien-aimée *Mherikhu*? Avais-je renoncé à moi-même? Non. Pourtant, ne m'avait-on pas demandé dans mon serment d'initié de renoncer à toute ma famille, reconnaissant la beauté éternelle comme ma sœur, le monde comme mon frère, l'énergie créatrice comme ma mère et l'univers comme mon père. Mes frères, mes sœurs – même ma mère – en vérité, il y avait des années que j'avais renoncé à eux. Mais pas à mon père! Je vis qu'il n'était pas mon père; il était le père universel. Je reconnus soudain que les trois modes de naissance virginale n'en formaient qu'un seul. Ma mère avait vu juste durant tous ces jours, car j'étais le Fils du Dieu éternel. Qu'importe si ce fut mon père qui canalisa l'énergie pour l'usage de l'homme... j'étais et je serais à tout jamais le Fils direct de Dieu.

À l'instant même où cette pensée jaillit du tréfonds de mon être, les flammes qui couraient dans mon cœur, mon cerveau et mon sang se mirent à bondir, à briller, à rougeoyer. Une chaleur brûlante se répandit dans tout mon corps. Et mes sensations commencèrent à revenir! Je pouvais sentir! Je pouvais sentir les clous bénis dans mes mains et mes pieds, je pouvais sentir la douleur aiguë dans les muscles de mes jambes, le manque d'air dans mes poumons, les cordes attachées à mes jambes et mes bras, les larmes sur mes joues. Oh! comme c'était bon de sentir!

Je pouvais sentir tout l'amour que j'avais maintenant pour ma douce mère. J'ouvris les yeux malgré le fardeau de la mort qui pesait sur eux et je la cherchai du regard. Je savais qu'elle serait là, tout près de moi. Ma mère adorée, ma tante Marie, qui était l'épouse de Cléophas, et Marie-Madeleine se tenaient près de la croix. Deux d'entre elles pleuraient.

Mais ma mère me regardait fièrement, avec la même joie dans le regard que si elle était en train de contempler un roi conquérant. Comment avais-je pu, durant toutes ces années, avoir été troublé par son amour? Pourquoi n'avais-je pas vu que durant tout ce temps elle m'aimait, non pas pour ce que j'étais potentiellement, mais pour ce que j'étais en réalité, et ce, dès le tout début, parce qu'elle le voulait et le reconnaissait? Son amour n'avait-il pas été le plus fort de tous et ne l'avait-il pas élevée, elle plus que tout autre femme, à une grandeur transcendante? Quelle force lui avait-il fallu pour croire qu'elle avait porté le Fils de Dieu, et pour arriver quand même à vivre avec lui comme s'il était presque humain? Quelle déesse aurait pu faire mieux, quelle mère sur Terre aurait réussi à en faire la moitié autant? Je n'éprouvais pas de pitié pour elle maintenant. Pas pour sa souffrance, pas pour ses espoirs piétinés, pas pour ses années d'efforts – non. Je pense que je l'ai enviée en cet instant, car son rôle n'avait-il pas été le meilleur de tous? N'avait-elle pas connu et ressenti les grâces de la divinité avant qu'elles ne lui soient données? Sa foi et son amour n'étaient-ils pas un exemple pour tous les hommes de tous les temps?

Je souris à son intention avec cette ancienne joie d'enfant et elle me retourna son sourire, un sourire empreint de fierté et d'amour, tout simplement. Devant moi se trouvaient la beauté absolue, le courage indomptable, la *sagesse innée* qui fit de moi un Dieu. Son sourire enjoué, ferme et doux, frais comme l'aube, que j'aimais tant, nulle autre ne l'avait. Durant toutes ces années, je ne l'avais pas assez aimée! Durant ces années où j'avais renoncé à elle, elle n'avait jamais renoncé à moi, mais avait été constante dans son discernement et sa joie. C'est elle qui avait eu le plus grand courage, elle qui avait eu la plus belle grâce, et c'est à elle que revenait le plus doux repos!

Jean de Zébédée était debout près d'elle, levant les yeux vers moi avec cet amour qu'il m'avait toujours porté. « Mère! Voilà ton fils! » Ma mère adorée prit sa main car il était jusqu'à maintenant le fils de sa sœur, Salomé. « Jean! Voilà ta mère! » Il glissa discrètement son bras autour de ses épaules et ils demeurèrent là en tant que mère et fils à me contempler avec des cœurs que rien ne pouvait ébranler.

Ce fut ainsi, avec amour pour les deux, que je renonçai à mon père bien-aimé et à ma mère adorée. Ils m'avaient servi avec dévouement, chacun à sa façon. C'est de cette façon que je les livrai au temps et au monde. En un éclair de prémonition, je vis la place qu'ils occuperaient dans le futur. Ma mère était le symbole de la bienveillance maternelle, l'idole des hommes, l'exemple à suivre pour les femmes. Quant à mon père, je le vis en un temps lointain monter dans l'estime de l'homme et, en même temps, je vis l'émergence de la Vérité éternelle. En ces lointains jours bénis, il serait l'idole de tous les hommes en quête de Vérité, le symbole de l'initié.

Je n'étais pas déçu de découvrir que ma mère serait rapidement mise sur un piédestal et que mon père, Joseph de Nazar, le Maître des âges, tomberait dans l'oubli, même au sein de ma propre religion, jusqu'au jour où la Vérité initiatique serait enfin pleinement révélée à tous les hommes, jusqu'au jour où la science et l'amour convergeraient et s'uniraient.

Avais-je renoncé à ma Bien-aimée? Non! Alors même que l'image de ma douce *Mherikhu* me traversait l'esprit, mon désir pour elle devint si fort qu'il était tel un troupeau d'éléphants lancé à toute vitesse. Mon cœur se mit à battre à tout rompre, porté par la joie profonde qu'une simple pensée pour elle évoquait. Pourrais-je jamais renoncer à elle? N'était-elle pas plus que l'honneur, plus que la gloire, plus que la famille, plus que la vie, plus que la Divinité? N'était-elle pas toute beauté, toute grâce, toute.......

Soudain, le souvenir de la voix rauque de Skakus interrompit brusquement le cours de mes pensées et je me rappelai qu'il avait dit que l'amour pourrait entraîner ma mort. Il avait renoncé à tout sauf à son amour pour les jeunes d'Athènes... et il en était mort! À l'instant même où ces faits me revenaient en tête, ma Bien-aimée parut s'évanouir de mon esprit, de mon cœur, de mon sang, et je criai : « Mon Dieu! Mon Dieu! Pourquoi m'as-*tu* abandonné? » Je ne crois pas, même maintenant, que j'aurais réussi autrement à renoncer à elle. Mais, avec un long soupir amer, je renonçai même à ma Bien-aimée.

Les flammes me traversèrent de toutes parts avec une intensité qui me brûlait. Le centre de chacune de mes cellules était en feu! L'air autour de moi était une flamme vivante! Le monde était une flamme radiante! La flamme de mon cœur monta et s'épanouit en un soleil émeraude qui engouffra le monde. L'énergie du monde entier déferla dans mon cerveau. La majesté et la force revinrent en moi, et la paix se mit à affluer dans mon sang. Toutes mes émotions furent affinées dans le fourneau de ces flammes, et même leurs cendres résiduelles furent absorbées dans la flamme purificatrice.

« J'ai soif! » Les mots parvinrent à mes oreilles et un instant plus tard le contact du vin aigre sur mes lèvres me fit tressaillir et la flamme glorieuse s'évanouit. Mais je comprenais que, dans sa bonne volonté, le soldat ne pouvait comprendre qu'il ne m'avait pas rendu service à ce moment en comblant mon besoin physique.

La flamme était partie, et j'étais conscient de la croix. Mais il ne semblait y avoir aucun poids sur les clous, aucune douleur réelle, uniquement une merveilleuse léthargie. Et sur ce, deux pensées me vinrent à l'esprit. Elles n'étaient plus pour moi, car j'étais maintenant devenu totalement détaché de tout ce qui se rapportait à moi. Je voulais laisser à tous les hommes un signe manifeste que les lieux secrets de la religion, cachés derrière les voiles et les rideaux, ne devraient désormais plus être interdits d'accès à tous les hommes, ni être considérés comme sacrés et saints, ni être l'endroit où un seul homme pouvait racheter les péchés de l'humanité. Je voulais parvenir à la plus haute initiation – non pas pour la fierté que j'en tirerais – mais pour que ce soit là un signe et un symbole montrant à tous les hommes que ce que j'avais fait, ils pouvaient le faire eux aussi et plus encore – beaucoup plus même. Je voulais laisser ce grand symbole afin que tous les hommes puissent connaître Dieu directement, et que tous les hommes puissent s'élever par le travail et le talent pour devenir *consciemment* Dieu.

Je projetai alors ma conscience dans tous les sens en un suprême effort de volonté consciente, et attirai à moi, de la Terre entière, l'essence même de la force. À mesure que cette puissante énergie entrait en moi, le monde autour de moi devenait de plus en plus sombre et le soleil cessa de rayonner à travers l'air obscurci. On aurait dit que j'étais en train de tirer la force et la lumière de l'air, et que le jour en ce monde s'était transformé en une Nuit noire du désespoir. Il faisait noir en plein milieu de l'après-midi et un tel calme de mort flottait dans l'air que les hommes prirent peur et les oiseaux se mirent à tomber en plein vol. Mais je continuai à tirer en moi le fluide vital, au point que la Terre elle-même se mit à faiblir et à trembler, à crier de douleur et à se fendre dans sa torture.

Lorsque j'eus accumulé en moi plus de force et de lumière, plus de cette vie qui anime la nature que je n'en pouvais retenir, je fixai mon esprit sur le rideau géant dans le Temple – ce rideau qui, s'il faut en croire les Juifs, nécessita le concours de trois cents hommes pour être amené et installé. Et je concentrai mon esprit sur la pratique religieuse des Juifs – mais uniquement comme symbole de cette même pratique des hommes où qu'ils soient – selon laquelle il était interdit à tous sauf à un seul homme de franchir ce seuil, ce qu'il ne faisait qu'une fois l'an pour aller encenser le 'Saint des Saints' et ainsi racheter les péchés de l'humanité. Je dirigeai ma volonté pour que cette pratique soit à jamais bannie, afin que tous les hommes puissent connaître Dieu directement et être délivrés des chaînes de 'péchés' qu'ils inventaient plus vite qu'ils ne pouvaient être commis.

Tout d'un coup, le pouvoir jaillit de ma tête en un éclair aveuglant, plus brillant que le soleil. Il frappa le rideau et le déchira de haut en bas, ne laissant pendre que deux lambeaux de chaque côté de l'ouverture béante. Le sanctuaire intérieur était ouvert, le corps de Dieu ne pouvait plus être caché à l'homme – que ce soit en tant que symbole ou en réalité. Mon premier vœu véritablement divin avait été exaucé.

Pendant un moment, je me reposai au milieu des cris de frayeur de ceux qui étaient revenus pour se moquer de moi, et des imprécations des soldats. Puis, peu à peu, je recommençai à absorber le pouvoir de l'univers et à le façonner pour exécuter les ordres de mon esprit et de ma volonté. Je tournai alors mon attention vers ma Bien-aimée. Dans mon esprit et mon cœur, je façonnai une image. Cette merveilleuse image fut formée par le mariage de la représentation de ma Bien-aimée qui était dans toutes mes cellules avec une représentation de moi-même tel que j'avais toujours voulu être. *Mherikhu* devint la *Sita* de la caverne, le symbole de la femme porteuse de vie partout dans l'univers. *Mherikhu* devint la Mère spirituelle de toute la création. Lorsque mon image mentale fut parfaitement constituée, je la projetai à travers le monde avec toute la force de mon être.

Soudain, je n'étais plus sur la croix. J'étais dans les bras de ma bien-aimée *Mherikhu*, dans un paradis d'accueil, de fusion, d'unification, de communion de volontés, de délices, de souffles, de cellules, d'âmes, de corps et d'esprits. Nous n'étions plus séparés et plus jamais nous ne le serions, mais nous formions une unique entité plus grande que le monde, plus belle que la Divinité, plus merveilleuse que toute vie. Un million de voix proférèrent le Verbe, le fiat créateur, et toutes les cellules de mes corps éternels se marièrent avec celles de ma Bien-aimée. Le Verbe devint chair et nous le dotâmes de nos énergies, de nos âmes et de nos esprits. Ils s'entremêlèrent dans le grand mystère de la création jusqu'à ce que la compression du temps et de l'espace explose en une joie destinée à toute l'éternité.

Ma Bien-aimée leva les yeux vers moi avec un rire tendre et un grand amour au fond du regard. Je lui retournai son regard avec une compréhension pure et parfaite – car enfin je savais qu'elle n'avait pas parlé en vain lorsqu'elle avait dit que nul homme ne pouvait défaire les mariages faits dans le ciel. Car nous étions unis pour l'éternité – même en esprit.

Subitement, tous les temples de l'Égypte secrète se mirent à faire sonner leurs grandes cloches, et des esprits messagers firent le tour des lieux secrets du monde pour porter l'heureuse nouvelle d'une grande joie. La Grande Cabale n'avait pas échoué. Pourtant, à cet instant même, ma Bien-aimée, toute à sa joie, me dit en riant : « Rappelle-toi, ce n'est pas l'amour d'un Esprit lumineux que je veux, mais la chair solide de mon homme bien-aimé! »

Sitôt ces paroles dites, j'étais de retour sur la croix, et le monde autour de moi pleurait tandis que j'étais plongé dans l'extase de la réussite, porté par le pouvoir d'une joie infinie. J'étais sûr de pouvoir maintenant transmuter ma chair en esprit et l'enlever de sur la croix. Mais en dépit de tous mes efforts de volonté – une volonté dorénavant désintéressée – je ne pus y parvenir. Toutefois, alors même que je m'efforçai de la sorte, j'aperçus mon père et Skakus qui me faisaient des signes au loin, de par derrière le petit groupe de mes fidèles. Dans ma joie, je leur criai mon chant du triomphe : « C'est accompli! » Mais ils continuèrent à me faire des signes jusqu'à ce que je quitte le corps physique pour les rejoindre, amenant l'âme animale ainsi que toutes les autres âmes et tous les corps. Je me fis un vêtement et nous nous retrouvâmes côte à côte à regarder ensemble les trois corps sur les croix.

« Pourquoi ne puis-je transmuter ma chair? », demandai-je.

Mon père répondit d'une voix douce : « Mon fils, penses-tu réellement avoir réussi l'Épreuve finale? »

N'avais-je pas réussi l'épreuve finale? Je réfléchis sur ce que je pouvais faire de plus, mais à l'instant où j'allais le leur demander, ils me firent comprendre que je devais absolument garder le silence, car plusieurs jours se passeraient avant que je ne puisse parler sans trop dépenser mes énergies. Nous nous sommes alors mêlés à la foule et avons déambulé comme des hommes de la Terre. Nous avons vu le centurion briser les jambes des deux crucifiés afin qu'ils meurent rapidement par suffocation. Nous avons vu la lance qu'il a enfoncée dans les côtes de mon corps parce que j'étais considéré comme étant déjà mort. Peu après, Joseph d'Arimathie arriva du palais de Ponce Pilate porteur d'un ordre pour le centurion de lui remettre mon corps pour l'ensevelissement. Skakus et mon père aidèrent à descendre le corps de la croix. On m'avait dit de demeurer à distance jusqu'à ce qu'on me fasse signe, puis de m'approcher et de me hâter à enlever les clous de mes mains et de mes pieds.

Et c'est ce que je fis, enlevant d'abord le clou de la main droite. Quand je fus près du corps, l'attraction devint si puissante que je faillis succomber à la demande pressante du Soi cellulaire sur mon esprit extériorisé. Mais je me servis moi-même du levier pour libérer mes mains de la barre horizontale et mes pieds du poteau vertical. Que l'on sache que je me suis moi-même enlevé de la croix – et que cette affirmation, simple en apparence, soit entendue par chaque initié dans le monde.

Sur les ordres lancés d'un ton tranchant et mordant par Skakus, je m'éloignai de l'attraction terrible de la chair et j'observai Nicodème arriver avec un linceul de lin propre enroulé. Il porta ma tête tandis que mon père me porta par les pieds et ils se dépêchèrent jusqu'à la crypte toute proche récemment préparée dans le tombeau de mon oncle. Je me tins derrière cinq femmes en larmes et six de mes disciples, et observai tandis que la myrrhe et l'aloès étaient disposés de façon à tenir éloignés les souris et les insectes nécrophages, et mon corps fut enveloppé comme si on l'emmaillotait dans des langes. Je pris alors conscience que j'étais l'aspirant universel à l'initiation aux plus grands Mystères. J'étais le symbole de tout apprentissage initiatique. J'étais l'enfant immortel étendu dans la crèche éternelle.

Il y eut une force invisible qui tint tout le monde à l'écart du rituel sauf ceux qui faisaient partie de la Fraternité. Ils furent les seuls à manipuler mon corps.

Tout ceci fut accompli avec une habileté consommée et une grande promptitude et moins d'une heure plus tard mon corps était laissé dans la crypte et le centurion faisait sceller la tombe par les soldats. C'est de cette façon que ce fut fait. Les prêtres juifs avaient persuadé Pilate que mon corps serait volé afin qu'on puisse ensuite prétendre que j'étais ressuscité d'entre les morts. Une grosse pierre fut déplacée afin de bloquer l'entrée de la caverne, et trois roches de plus petite dimension furent calées contre cette pierre. Chacune fut ensuite scellée en place avec des sceaux de papier et de cire. Quiconque tenterait de remuer ces roches briserait alors ces sceaux.

Lorsque le centurion eut soigneusement apposé les sceaux, un Grand-Prêtre témoin de la scène lança d'un air ricaneur : « Maintenant, nous allons voir si ce Fils de Dieu peut se ressusciter lui-même en trois jours. »

Cependant, un instant plus tard, un messager à bout de souffle arriva en courant porter la nouvelle que le voile du sanctuaire était déchiré, que n'importe quel homme pouvait maintenant entrer dans le lieu sacré et que tous pouvaient clairement voir à l'intérieur.

Le Conseil du monde fut réuni dans la maison de mon oncle. Je reçus les félicitations des Maîtres ascendés, ces êtres immortels. Mais Nicodème arriva précipitamment pour annoncer que le Grand-Prêtre avait décidé de faire voler mon corps et de le cacher en un lieu connu de lui seul. Si mes adeptes, en découvrant que le corps était parti, se mettaient à en répandre la nouvelle et à prétendre que j'étais ressuscité d'entre les morts, le corps serait alors jeté du haut de la tour du Temple afin de prouver pour toujours que nul homme ne pouvait faire partie de Dieu, et ainsi écraser à tout jamais ma religion. La consternation et l'inquiétude du Conseil étaient si vives que j'en fus grandement étonné.

Skakus dit : « Ton corps ne devrait normalement pas être dérangé pendant trois jours, mais tu vas devoir le réinvestir. »

Ce fut ainsi que Nicodème se joignit à la petite troupe du Temple qui se rendit voler mon corps. Voici comment il advint qu'ils trouvèrent la tombe vide. Je ne pouvais pas encore transmuter ma chair. Mais je pouvais rentrer à l'intérieur du corps et le ranimer. Toutefois, ceci ne pouvait rien changer au fait que le corps de chair demeurerait à l'intérieur de la tombe scellée sans aucun moyen d'en sortir. Cependant, il y avait une étroite crypte à l'entrée de la caverne où je pouvais me dissimuler, et il suffisait qu'un homme se place devant pour en obstruer la vue. Il fut donc convenu que j'allais reprendre possession de mon corps et me cacher là. Nicodème allait quant à lui se placer devant pour me dissimuler aux yeux des autres, tenant bien haut une torche, jusqu'à ce que la plupart, sinon tous, soient entrés à l'intérieur. Je devais alors sortir dehors et me joindre au groupe avec lui.

Lorsque les prêtres découvrirent que la tombe scellée était 'vide', ils s'enfuirent si rapidement dans la nuit que je pus sortir sans me presser de la tombe au petit jour et aller attendre dans le jardin que mes Frères viennent. Skakus et mon père arrivèrent et ils étaient en train d'examiner la crypte lorsque Marie-Madeleine survint en larmes au point du jour. « Pourquoi chercher dans une tombe celui qui est vivant? », lui lança Skakus de sa voix grinçante.

Elle demeura figée de terreur, ne sachant trop quoi faire. Je prononçai son nom et elle me reconnut. Elle aurait bien voulu m'embrasser, mais je n'osai pas encore me prêter au contact humain et lui dis : « Ne me touche pas encore. Je n'ai pas entièrement réussi, mais va dire à mes disciples que j'ai prouvé que chacun a la possibilité de parvenir jusqu'à son Esprit Radiant, moi à mon Dieu et chaque autre à son Dieu. »

Une charrette me transporta rapidement à la Confrérie essénienne à Béthanie, et là on me pressa de quitter à nouveau mon corps. Cela fait, on me dit qu'il faudrait maintenant trois jours avant que les tissus puissent à nouveau recevoir les corps spirituels sans qu'ils ne s'y agrippent et s'y attachent. C'est là une vérité connue de chaque initié avancé et on en retrouve l'expression dans certaines religions sous la forme d'une croyance en des esprits désincarnés qui hantent le corps pendant trois jours après la mort.

Je me montrai à trois autres reprises, car mes disciples avaient besoin de voir et de savoir que le Christ intérieur peut être ressuscité de la tombe de chair. Ils allaient avoir besoin de courage pour affronter les dures épreuves qui les attendaient. Je leur enseignai qu'il était possible d'extérioriser l'âme humaine, et qu'elle sort d'eux par la voie du souffle. C'est ainsi qu'il leur fut donné de voir l'Esprit Saint.

Lors d'une autre occasion, j'apparus encore devant eux pour leur enseigner à croire au Christ Radiant et à la résurrection sans pour autant avoir la possibilité de voir une preuve physique de celui qui est ressuscité. Je leur enseignai que toute personne ayant la conviction que j'étais un Christ ressuscité, et que cela était aussi à sa portée, pouvait s'élever jusqu'à la vie éternelle en suivant la voie que j'avais tracée.

Je leur apparus une fois encore afin de pouvoir leur enseigner le pardon. Je manifestai également pour eux le pain et le poisson cuits au-dessus du feu de la volonté, afin qu'ils soient le symbole éternel de la capacité qu'ont tous les hommes de réaliser par leurs efforts le mariage du corps et de l'Esprit Radiant ouvrant la voie à la vie éternelle. Je leur fis comprendre que même ceux qui m'avaient renié à trois reprises – comme Simon-Pierre l'avait fait – allaient se rallier à ma foi, garder mon troupeau, nourrir mes agneaux – qui sont les esprits de tous les hommes ayant soif de Vérité. Je leur enseignai que chaque homme expie lui-même tout péché, et qu'il est le signe annonciateur charnel du Dieu éternel.

J'enseignai encore et toujours plus. Simon-Pierre était le symbole de l'orthodoxe, travailleur laborieux, content de lui – grand, fort et avide. Jean de Zébédée était le symbole de la Vraie Foi acquise par l'amour mystique, le service et l'effort constant. Il parviendrait un jour au plus haut degré mais, au début, il serait surpassé. Je séparai les deux, montrant ainsi que le plus grand devait attendre mon retour, et que le plus petit serait détruit – après avoir fait son temps.

Il y a une chose cependant que je n'ai jamais enseignée – et jamais je ne le ferai – soit l'idée que les hommes doivent être liés par de fortes organisations et une autorité centrale. En vérité, je vous le dis, aucune église ne peut contenir mon enseignement, car j'enseigne que le cœur fervent de chaque homme est le centre de cette religion, l'église de son âme, l'édifice de son culte. Ma religion ne peut être contenue dans des choses de pierre ou de bois, ou dans quelque structure que ce soit, ni enseignée par des prêtres rémunérés. Ma religion ne pourra se propager qu'en dehors de toute contrainte et sans dîme ni impôt, de cœur à cœur, d'esprit à esprit, d'âme à âme. Le fanatisme de la nouvelle foi n'était pas ce que j'avais choisi. Ce n'est pas ma volonté que la religion que j'ai fondée soit ensevelie dans une église. Ce que je détestais le plus fut imposé aux gens pour toujours!

Lorsque je leur eus enfin enseigné tout ce que je pouvais, je n'avais toujours pas triomphé de la dernière de mes propres épreuves. Ce qu'elle devait être, je ne le savais pas, et je n'arrivais pas à persuader aucun des Maîtres de m'en parler. Je ne pouvais quitter mes disciples et je retournai donc leur enseigner que l'idée du péché ne venait pas de Dieu mais de l'esprit de l'homme, et qu'ils pouvaient le créer ou le dénier par leur état d'esprit. Je leur enseignai que toute maladie est le résultat de la croyance au péché, et que celui qui a pardonné ses fautes au monde ne pourra trouver ni péché ni maladie en lui-même. Je leur enseignai à guérir par l'imposition des mains, et aussi que la guérison est le plus facile à maîtriser des pouvoirs mystiques et qu'elle devient le piège dans lequel se prennent souvent les pieds de ceux qui suivent le sentier mystique.

Mais j'ignorais toujours ce qui me faisait défaut pour compléter mes propres épreuves. Je leur enseignai donc que de servir son prochain, c'est servir Dieu – on ne sert pas ses semblables parce qu'ils sont beaux, méritants ou bons, mais parce que tel est le devoir de l'homme envers son Soi Radiant et envers Dieu. J'arrivai au bout de ce que je pouvais leur enseigner. Mais je ne savais toujours pas ce qu'il me restait à faire dans mon développement et je me mis à prier.

Soudain, alors que je priais devant mes bien-aimés disciples sur une petite colline à l'extérieur de Béthanie, je pris conscience que Skakus était mon ultime épreuve. Skakus! De fait, il avait toujours été mon plus grand obstacle, alors que pourtant il était celui qui m'avait le plus aidé. Le fait même de son indifférence, de son impénétrabilité – voilà bien ce qu'était ma dernière épreuve. Tout cela avait été aussi soigneusement planifié que la tombe, prête juste au bon moment, dans le jardin de la crucifixion. Il lui fallait m'enseigner qu'aucune règle ne renferme toute la vérité, qu'aucune parole ne pouvait contenir la Vérité.

Je me rendis compte que je devais maintenant renoncer à tout ce que l'on m'avait appris – ou du moins en partie. J'avais dit qu'aucun amour n'est plus grand que celui d'un homme qui sacrifie sa vie pour un ami. Pourtant, à tous les jours des hommes sacrifient leur vie uniquement par devoir, et ils le font sans la moindre pensée d'héroïsme. Moi qui pensais tout connaître sur l'amour, j'étais allé sur la croix sans même connaître le plus grand amour. En vérité, il y a un amour plus grand que celui d'un homme qui donne sa vie pour l'humanité, ou pour son prochain. Il y a un amour plus grand que celui d'un homme qui aime son prochain encore plus que lui-même. En vérité, je vous le dis, il y a un amour encore plus grand que celui d'un homme qui aime ceux qui se servent de lui tout en le méprisant, ou ceux qui lui font délibérément du tort. Il n'est jamais facile d'aimer même lorsqu'il y a compréhension – particulièrement s'il s'agit d'une compréhension malveillante. Mais l'initié s'élève rapidement au-dessus des choses qu'il comprend, il s'élève jusqu'à une vérité supérieure.

En vérité, il y a un amour encore plus grand. De cet amour émerge un commandement pour ce Nouvel âge. Un commandement qui amènera l'harmonie dans le monde et la paix entre les nations. Ce commandement, je vous le donne maintenant : aimez bien ceux que vous ne comprenez pas tout comme vous aimez votre Soi Radiant.

Voilà en quoi consistait mon ultime épreuve. J'avais bien aimé tous mes Maîtres – à l'exception seulement de Skakus. Il était mon épreuve, et il avait donné sa vie entière pour m'enseigner son savoir et me mettre à l'épreuve. Depuis la graisse d'ours à l'odeur fétide jusqu'à sa voix rauque et ses yeux voilés dissimulant un étrange contentement; depuis son apparente lâcheté jusqu'à son insolence dans la manière dont il disait 'Garçon'; depuis sa brusquerie calculée dans le travail jusqu'à sa confiance excessive – tout faisait partie de mon initiation finale. Alors même que je priais pour comprendre, je fus emporté par un tourbillon au plus profond d'un océan d'énergie.

Tout d'un coup, je me retrouvai au milieu de tous mes Maîtres, et ils me regardaient tous avec des yeux brillants d'amour. Skakus était là et il me regardait, et lentement le voile recouvrant ses yeux se leva, car j'avais découvert de l'amour en mon cœur pour ce Maître qui ne voulait pas permettre qu'on le comprenne. Je vis qu'il y avait en son cœur un Soleil de Jade, et Skakus tomba à genoux et se mit à chanter les louanges de notre Dieu Tout-Puissant en disant : « Oh! Dieu, Maître de toute Divinité, Suprême et Immuable, Immanent et Parfait. Élève-nous dans Ton éternelle félicité. Accepte maintenant ce tout nouveau Maître de l'Univers que voici. »

Skakus me remit alors l'épée d'or des Druides. Mes Maîtres me rendirent les joyaux de mes différentes étapes de maîtrise et le sceptre des Christ de Perse, et j'étais extrêmement heureux. Puis, soudain, une grande lumière nous entoura et la musique des sphères s'éleva autour de nous. Nos corps changèrent de plan vibratoire et, d'un simple acte de volonté, je transmutai le mien. Je vis les âmes parfaites de mes Maîtres et en chacune brillait un glorieux Soleil de Jade, rayonnant pour toute l'éternité avec plus d'éclat qu'un million de soleils.

Alors que la gloire divine s'intensifiait autour de nous, je me transportai d'un mouvement de volonté sur la plage de l'île d'On. Là, sous la tonnelle fleurie se trouvait mon épouse bien-aimée qui, levant les yeux vers moi, ouvrit les bras pour m'accueillir. Elle m'attendait avec le nouveau Fils de Dieu, l'Avatar du Nouvel âge, qu'elle portait sous son cœur. Je la touchai et fus emporté dans une vague de bonheur.

Me touchant à son tour, elle dit : « Je suis si heureuse! Mon amour n'est pas pour un Dieu auréolé de lumière, mais pour un homme qui a toute sa vigueur. »

C'est alors seulement que j'eus la certitude d'être Dieu.

ÉMERGENCE D'UN NOUVEAU MONDE
L'ENGAGEMENT S'INTENSIFIE

Mouvement fédérateur

Divers éléments d'information convergent à cette heure pour stimuler un mouvement fédérateur à l'intérieur de la mouvance spirituelle que vivent le Québec et la France. Les lecteurs des Éditions Ariane sont bien au fait que les institutions actuelles de l'humanité sont appelées à se transformer de façon majeure. À tour de rôle, les peuples manifesteront leur opposition au joug politique, religieux ou économique et chercheront des voies alternatives de fonctionnement en société. Ces voies alternatives sont en train d'être révélées à ceux qui sont prêts à les vivre. Déjà, sur le plan de la relation avec la Terre nourricière, plusieurs initiatives sont bien en marche. Cependant, pour vous, chers lecteurs, l'intérêt premier est aussi de recevoir, des êtres qui guident l'humanité, une vision et des outils catalyseurs de la transformation aujourd'hui essentielle. Comment émergera le Nouveau Monde ?

Comment pouvons-nous participer à la transition de la présente société à une société de paix ? Comment transformer nos institutions actuelles de prime abord si puissantes ? Comment sera organisée la société dans le Nouveau Monde ? Par exemple, quelle forme prendront nos cités ?

Quelle relation aurons-nous avec la nature, plus particulièrement avec la conscience dans la nature ? Enfin, comment évolueront les premiers contacts avec les frères de l'extraterre et de l'intraterre ?

Se rassembler

Les défis qui nous attendent sont importants et il devient essentiel de s'accorder un moment pour se rencontrer tous ensemble, partager, et s'encourager tout au long du chemin. Tel sera le but de nos conférences, tout en présentant notre rapport sur l'émergence du Nouveau Monde.

En général, nous proposons un événement sur deux jours. Le premier jour sera organisé de façon plus traditionnelle, mais le deuxième sera interactif et structuré en vue de créer une ambiance favorisant un ressenti réel de notre nature profonde. Potentiellement une expérience de groupe puissante « guidée » afin de stimuler des prises de conscience collectives importantes.

La guidance est orientée pour qu'en groupe nous puissions créer un lien interactif avec la grille de conscience nouvelle actuellement en formation autour de la terre, et ainsi participer à son émergence dans notre réalité. (Voir « Émergence d'un nouveau monde » et autres conférences Ariane dans la rubrique « VIDÉO » de notre site Web (***www.editions-ariane.com***) et sur YouTube.)

Triangle d'émergence du Nouveau Monde

Nos conférences viseront aussi à créer un lien spécial entre trois régions de la planète. On nous informe qu'en Amérique du Nord, la Californie et le Québec sont particulièrement sensibles au processus planétaire en cours. En Europe, plusieurs régions autour de la Méditerranée le sont aussi, surtout le sud de la France et le sud-est de l'Espagne. En Amérique du Sud, on remarque le Brésil et les Andes, notamment la région de la Patagonie (Argentine, Chili). Ariane Éditions organise donc ses conférences afin d'optimiser un lien énergétique et informationnel entre le Québec, la France et l'Amérique du Sud. Les dates des conférences sont choisies de telle sorte que chacun puisse profiter d'un moment de l'année inspirant avant tout par la beauté de la nature. Ainsi, au Québec, ces conférences auront lieu en début octobre, pour le festival d'arbres en couleurs. Dans le sud de la France, cela se passera au mois de mai, alors tout en fleurs. Et en Patagonie, ces conférences se tiendront en janvier, qui correspond à l'été austral.

Marc Vallée, Éditeur
info@editions-ariane.com